한글
2010

Hangul 2010

한글 2010
Hangul 2010

Contents

Contents

Chapter 06 도형을 이용하여 문서 작성하기

Chapter 07 복잡한 문서 깔끔하게 편집하기

Chapter 08 한글 2010 기초 표 만들기

Chapter 09 수치 계산표와 차트 작성하기

Chapter 10 메일 머지로 우편발송 라벨 만들기

렉스미디어 자료 다운로드 방법

렉스미디어 사이트(www.rexmedia.net)에 접속한 후 [자료실]–[대용량 자료실]을 클릭하면 렉스미디어 출판사에서 제공하는 자료를 다운로드 할 수 있습니다.

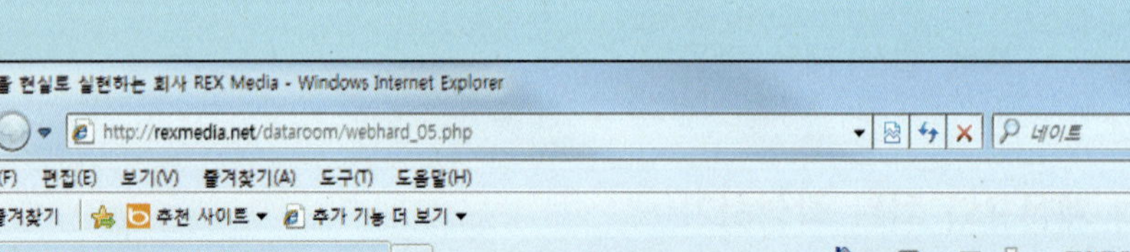

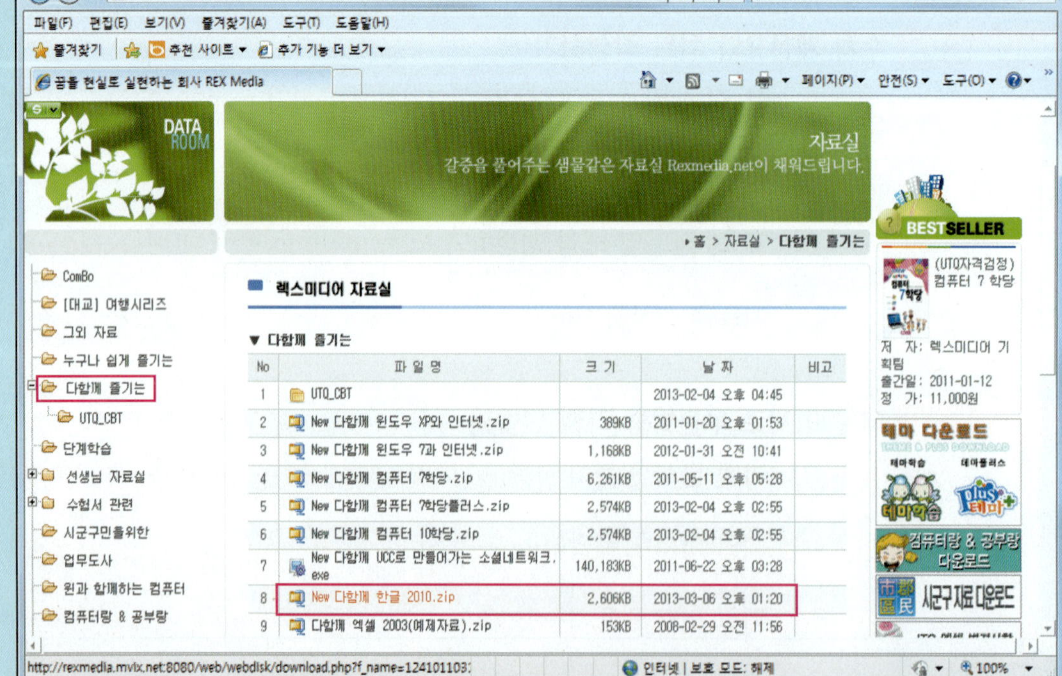

2010 Hangul

한글 2010

한글 2010 화면 구성

Hangul 2010

제목 표시줄

문서의 파일 이름과 경로(문서의 위치)가 표시되는 곳입니다. 문서가 저장되지 않은 경우 '빈 문서1'과 같이 표시됩니다.

기본 도구 상자

자주 사용하는 메뉴를 기능별로 묶어 놓은 곳으로 메뉴 탭의 선택에 따라 그룹 별로 다양한 기능이 제공됩니다.

작업 창

작업 창을 활용하면 문서 작업 속도를 높이고 편집 시간을 줄이는 등 효율적인 문서작업을 할 수 있습니다. [작업 창 접기/펴기]를 클릭하면 창을 접을 수 있습니다.

상태 표시줄

커서의 위치나 삽입/수정 상태 등을 표시합니다.

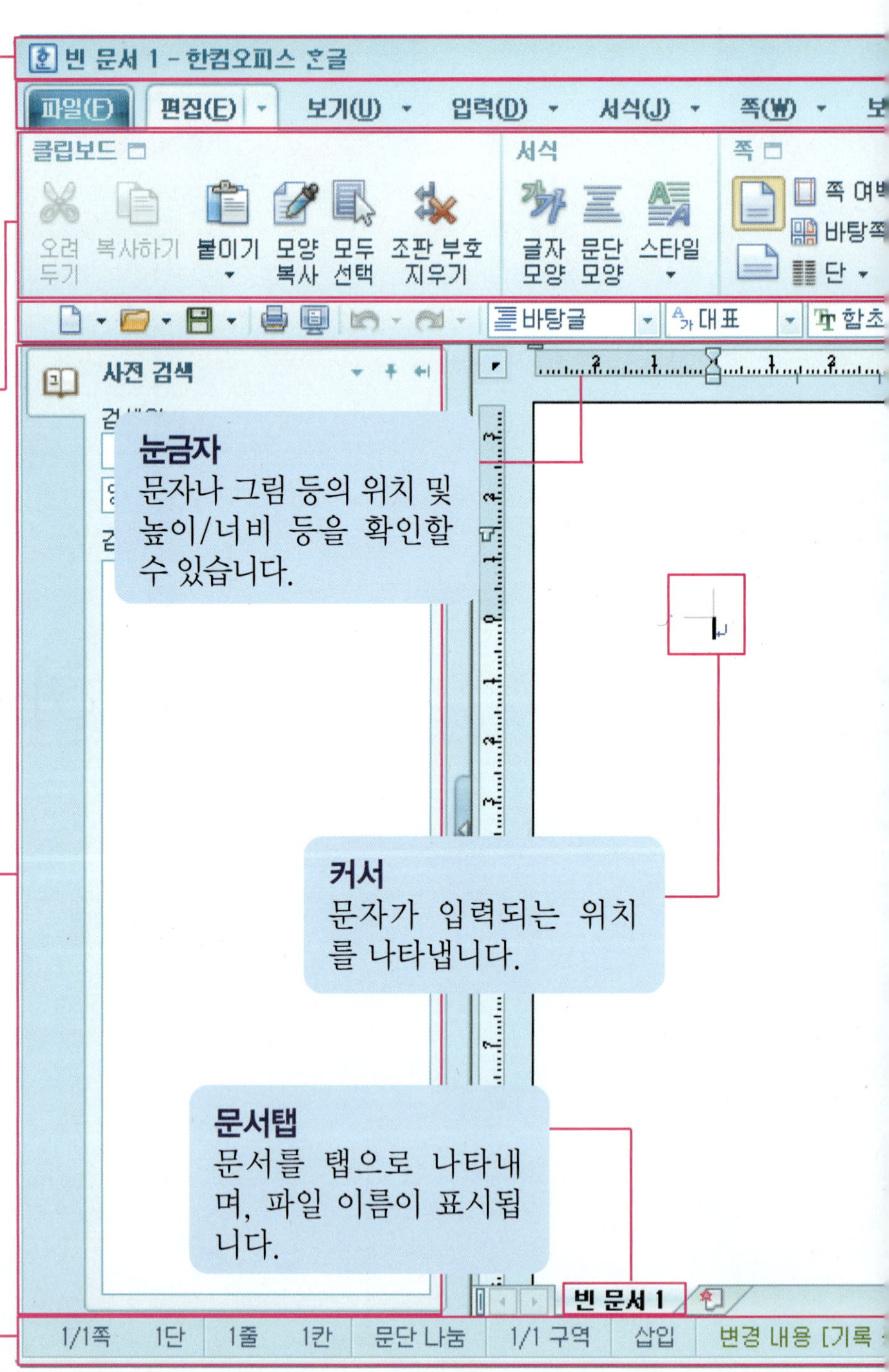

눈금자

문자나 그림 등의 위치 및 높이/너비 등을 확인할 수 있습니다.

커서

문자가 입력되는 위치를 나타냅니다.

문서탭

문서를 탭으로 나타내며, 파일 이름이 표시됩니다.

한글 2010의 화면은 제목 표시줄, 메뉴 표시줄, 기본 도구 상자, 서식 도구 상자, 작업 창, 문서 창 등으로 구성되어 있습니다.

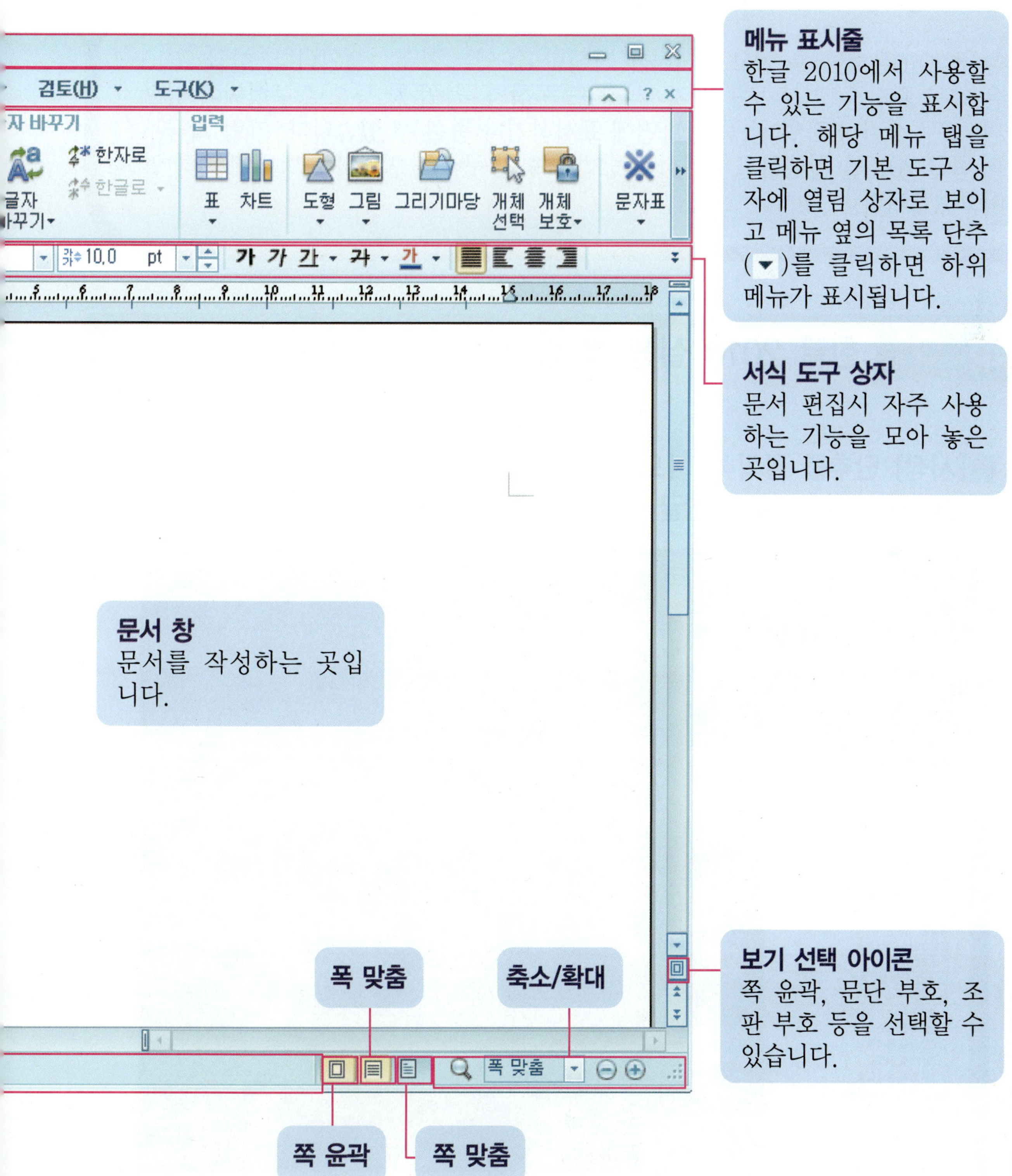

메뉴 표시줄
한글 2010에서 사용할 수 있는 기능을 표시합니다. 해당 메뉴 탭을 클릭하면 기본 도구 상자에 열림 상자로 보이고 메뉴 옆의 목록 단추(▼)를 클릭하면 하위 메뉴가 표시됩니다.

서식 도구 상자
문서 편집시 자주 사용하는 기능을 모아 놓은 곳입니다.

문서 창
문서를 작성하는 곳입니다.

보기 선택 아이콘
쪽 윤곽, 문단 부호, 조판 부호 등을 선택할 수 있습니다.

한글 2010 시작하기

Chapter 01

한글 2010은 문서를 쉽고 편리하게 작성할 수 있는 프로그램입니다. 한글 2010은 제목 표시줄, 기본 도구 상자, 서식 도구 상자, 작업 창 등으로 구성되어 있으며, 도구 상자나 작업 창 등은 화면에 표시하거나 숨길 수 있습니다. 그럼 지금부터 한글 2010을 실행하고 종료하는 방법과 화면 구성을 변경하는 방법에 대해 알아보겠습니다.

Step·01 한글 2010 실행 및 종료하기

1 [시작] 단추를 클릭하고 [모든 프로그램]-[한글과컴퓨터]-[한컴오피스 한글 2010]-[한컴오피스 한글 2010]을 클릭합니다.

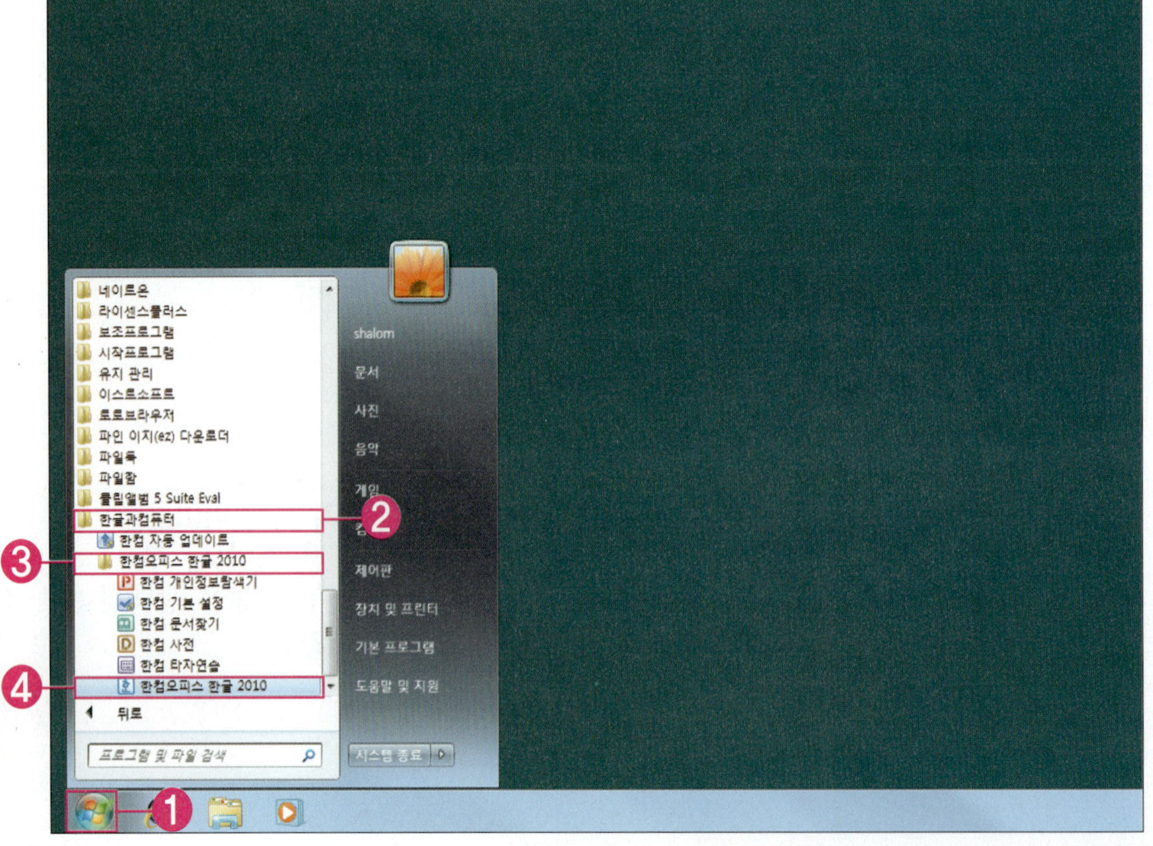

2 한글 2010 프로그램이 실행됩니다.

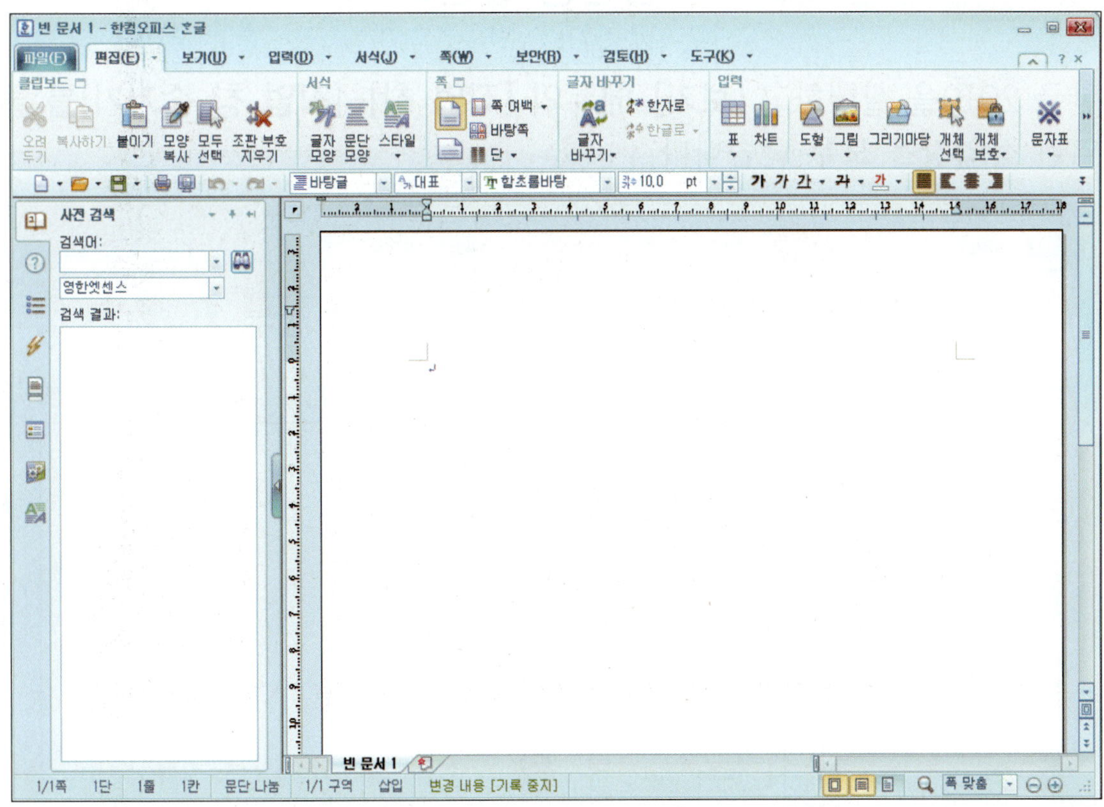

3 **[파일] 메뉴의 [끝]을 클릭**하면 한글 2010 프로그램을 종료할 수 있습니다.

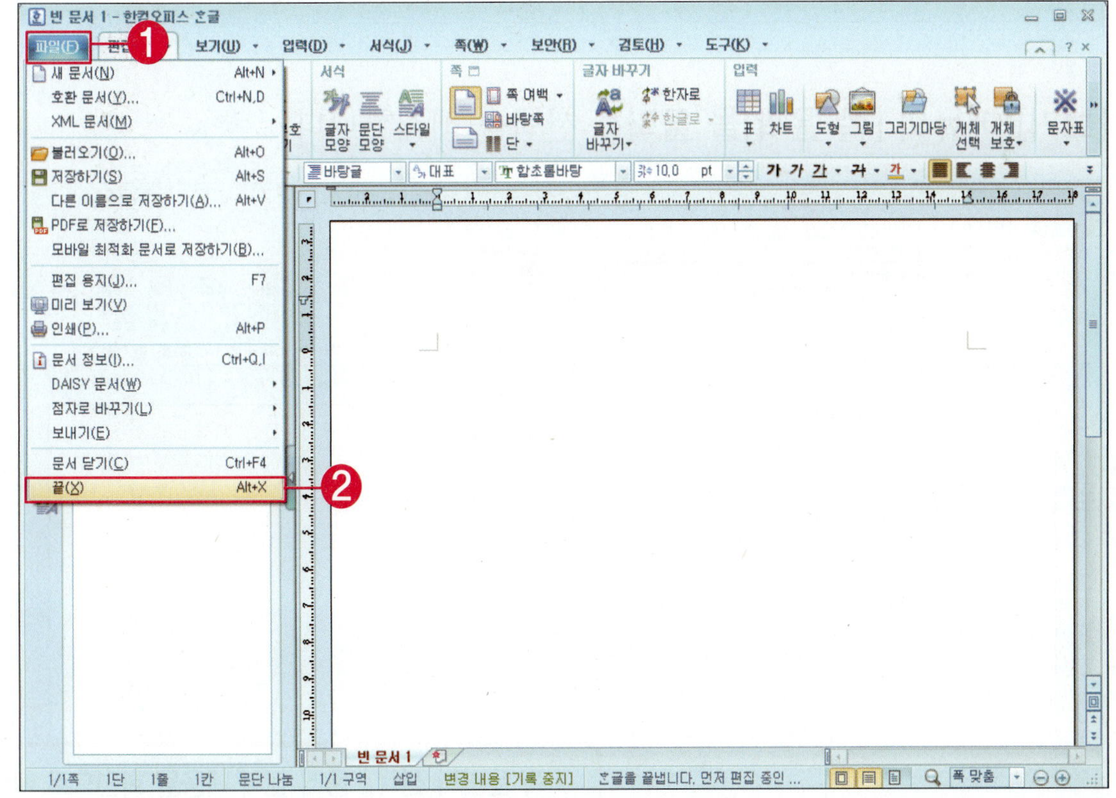

Tip

창의 오른쪽 위에 표시된 ✖ [닫기] 아이콘을 클릭하거나 Alt + X 를 눌러도 프로그램이 종료됩니다.

1 한글 2010을 실행하고 [보기] 메뉴의 [작업 창]-[작업 창 숨기기]를 클릭해 열린 작업창을 모두 닫습니다.

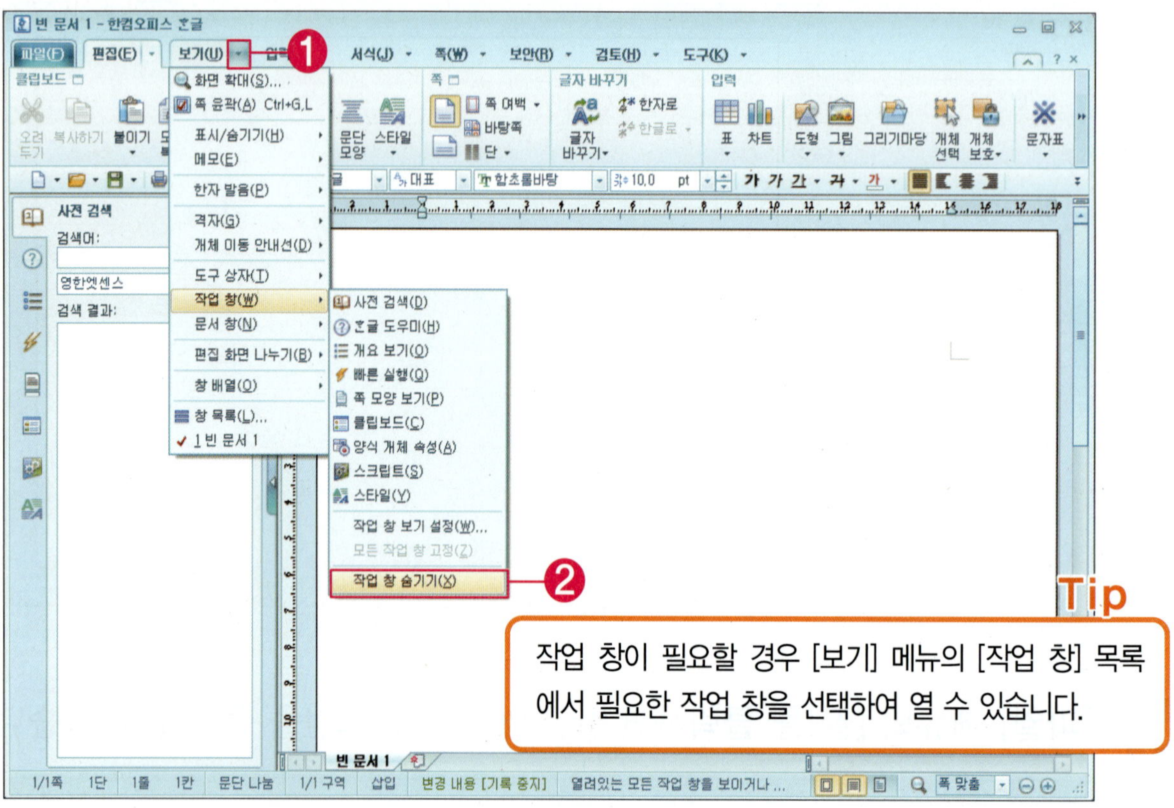

Tip

작업 창이 필요할 경우 [보기] 메뉴의 [작업 창] 목록에서 필요한 작업 창을 선택하여 열 수 있습니다.

2 [보기] 메뉴의 [쪽 윤곽]을 클릭해 선택을 해제합니다.

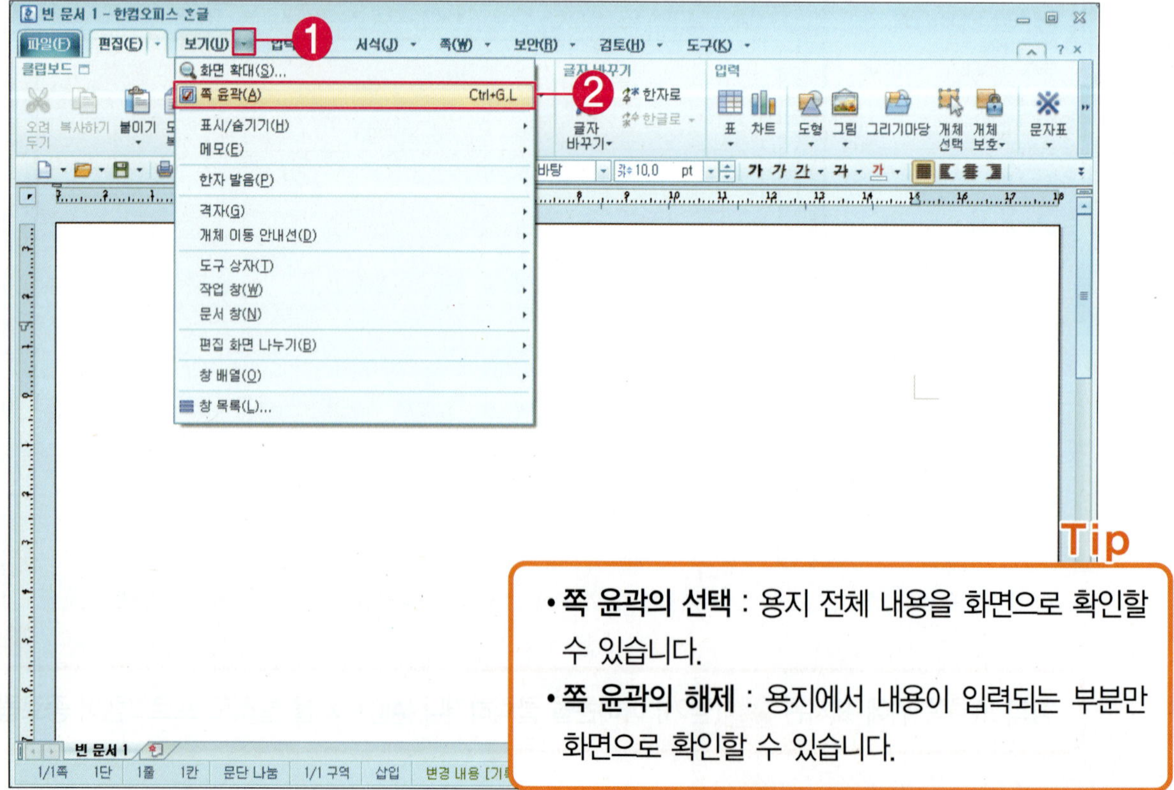

Tip

• 쪽 윤곽의 선택 : 용지 전체 내용을 화면으로 확인할 수 있습니다.

• 쪽 윤곽의 해제 : 용지에서 내용이 입력되는 부분만 화면으로 확인할 수 있습니다.

3 새 문서를 열기 위해 [파일] 메뉴의 [새 문서]를 클릭합니다.

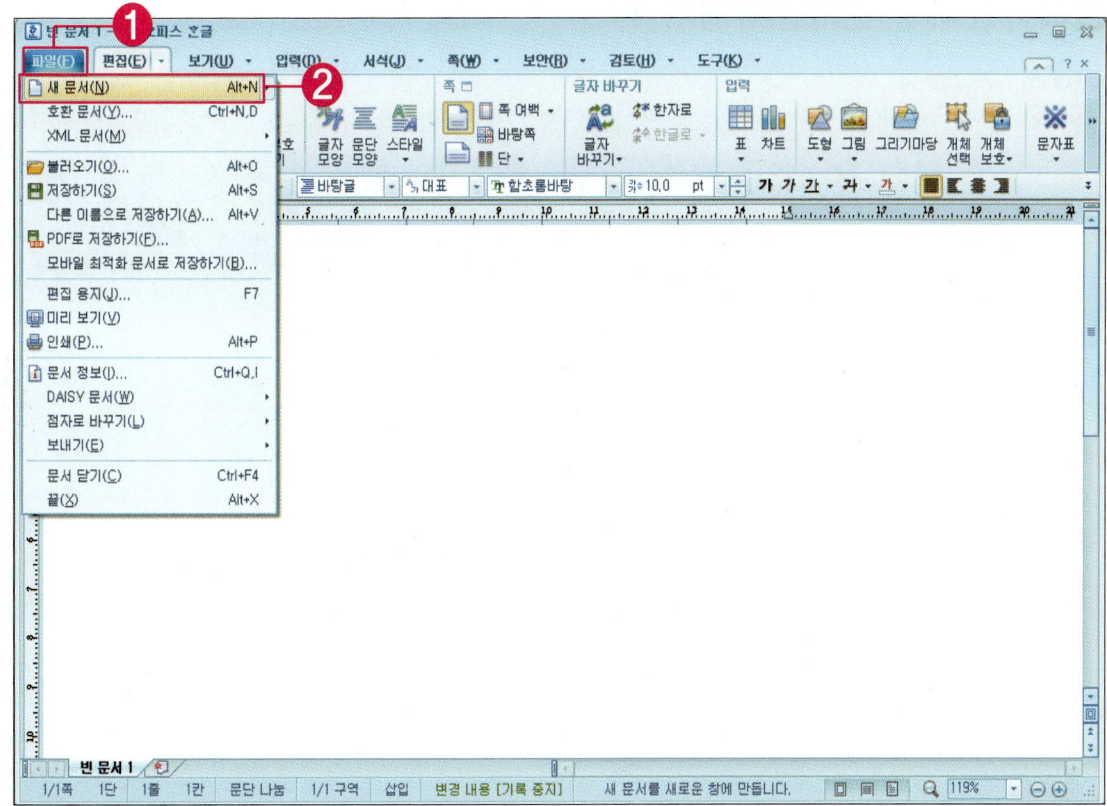

4 새로운 창이 열리면서 빈 문서(빈 문서 2)가 표시되면 [파일] 메뉴의 [새 문서] ▶-[새 탭]을 클릭합니다.

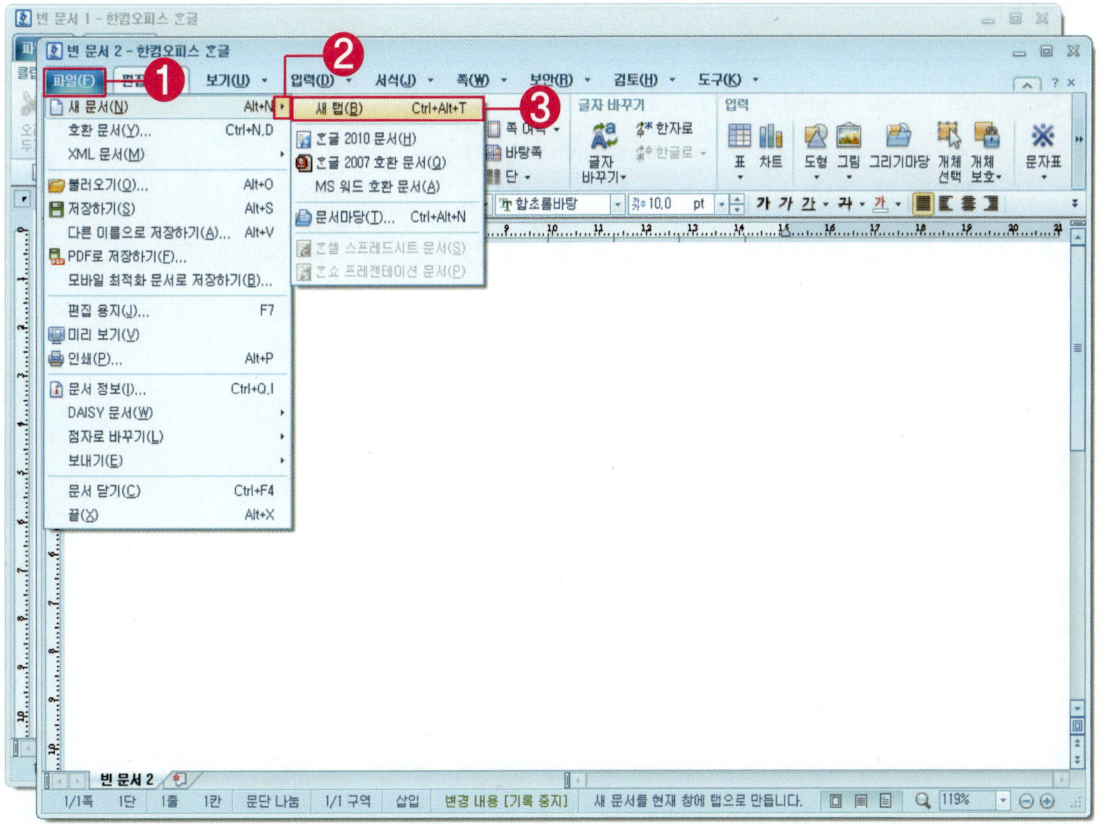

5 현재 열린 창에 빈 문서(빈 문서 3)가 탭으로 표시됩니다. ⊠[문서 닫기]를 **클릭**하면 해당 문서만 닫힙니다.

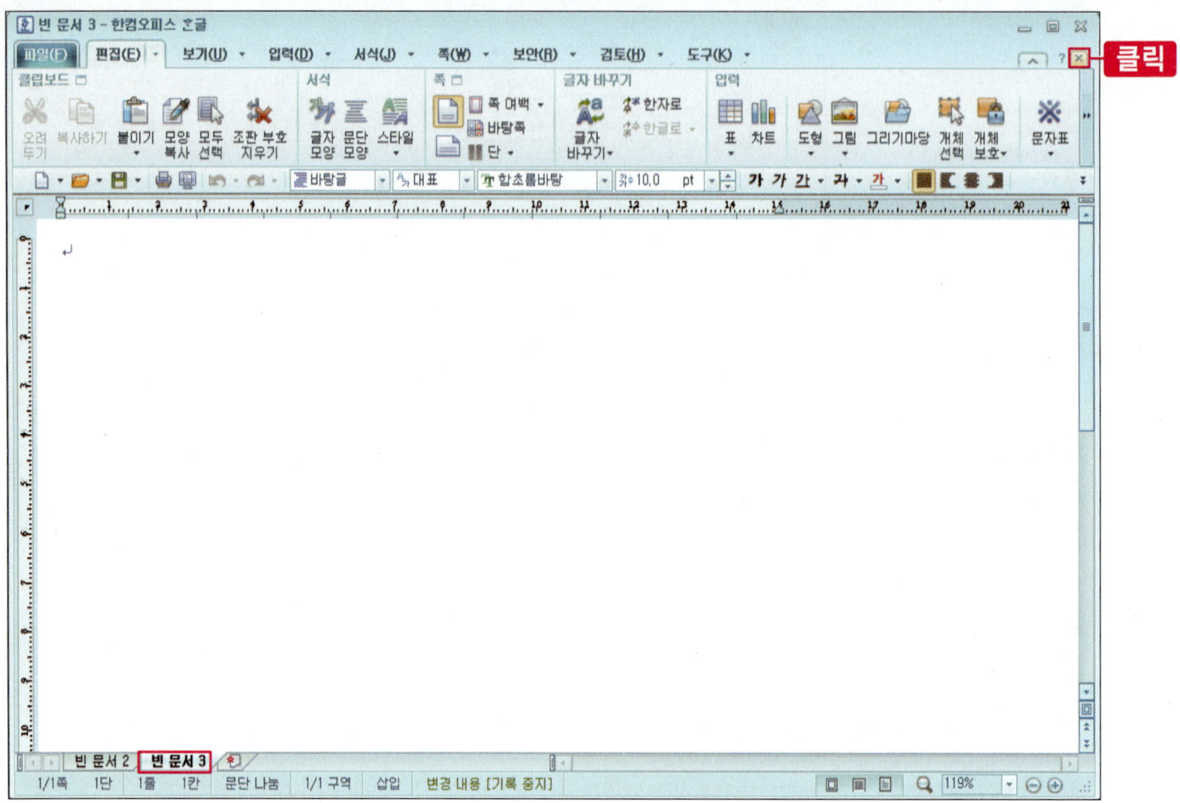

6 현재 열린 창과 함께 빈 문서(빈 문서 2)를 종료하기 위해 ⊠[닫기]를 클릭합니다.

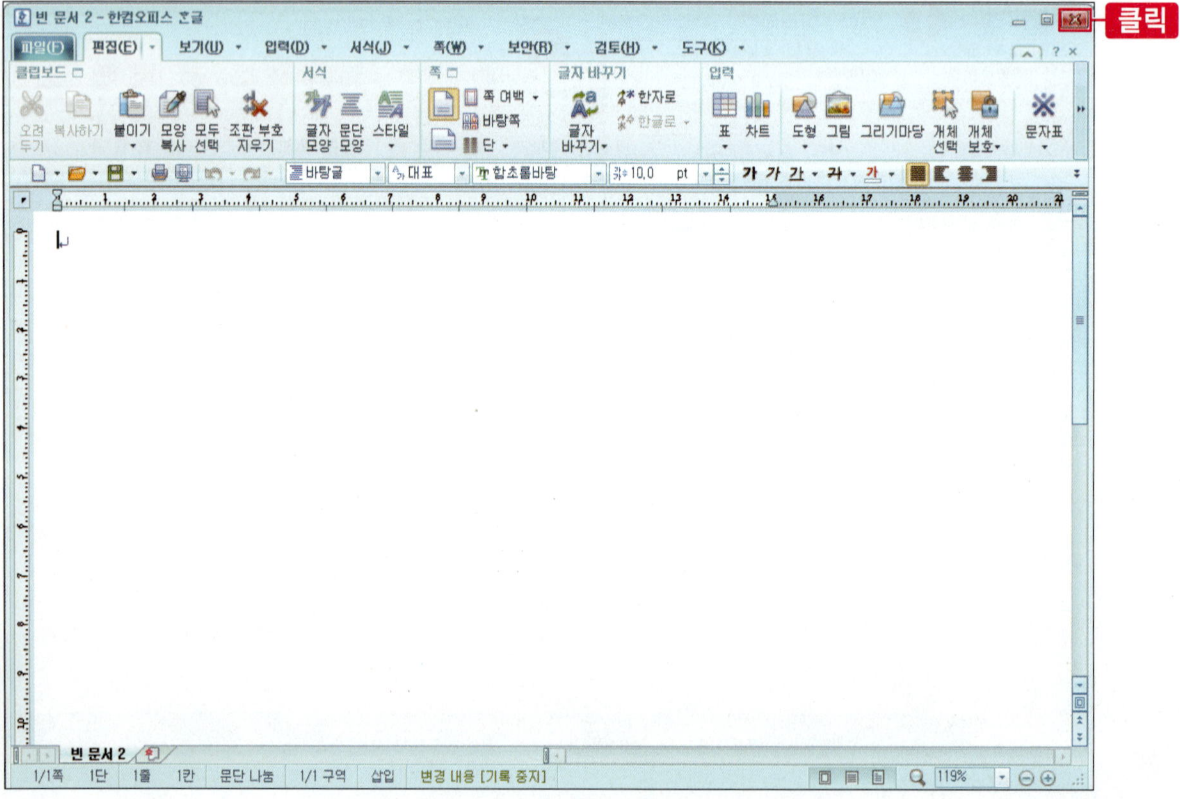

7 빈 문서에 다음과 같이 **내용을 입력**하고 **[보기] 탭을 클릭**한 다음 **[확대/축소] 그룹의 목록 단추(▾)를 눌러 [200%]를 선택**합니다.

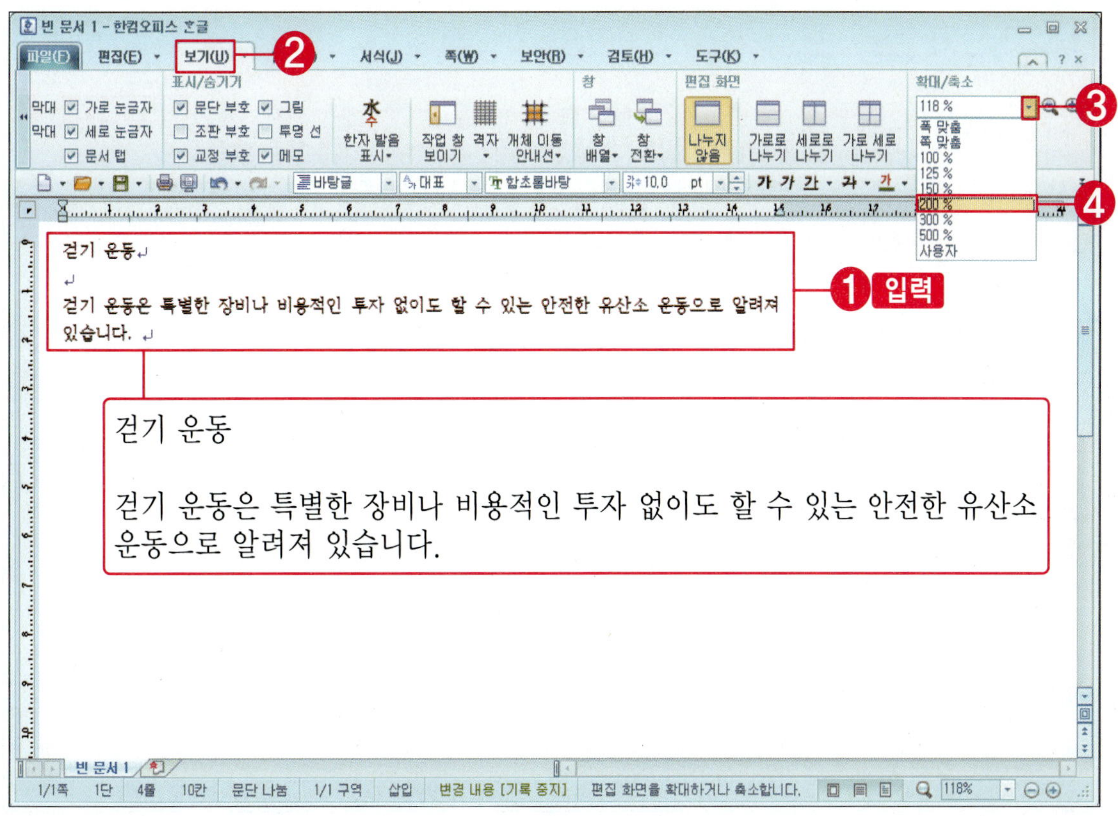

8 화면을 200% 확대하여 문서 내용을 표시합니다.

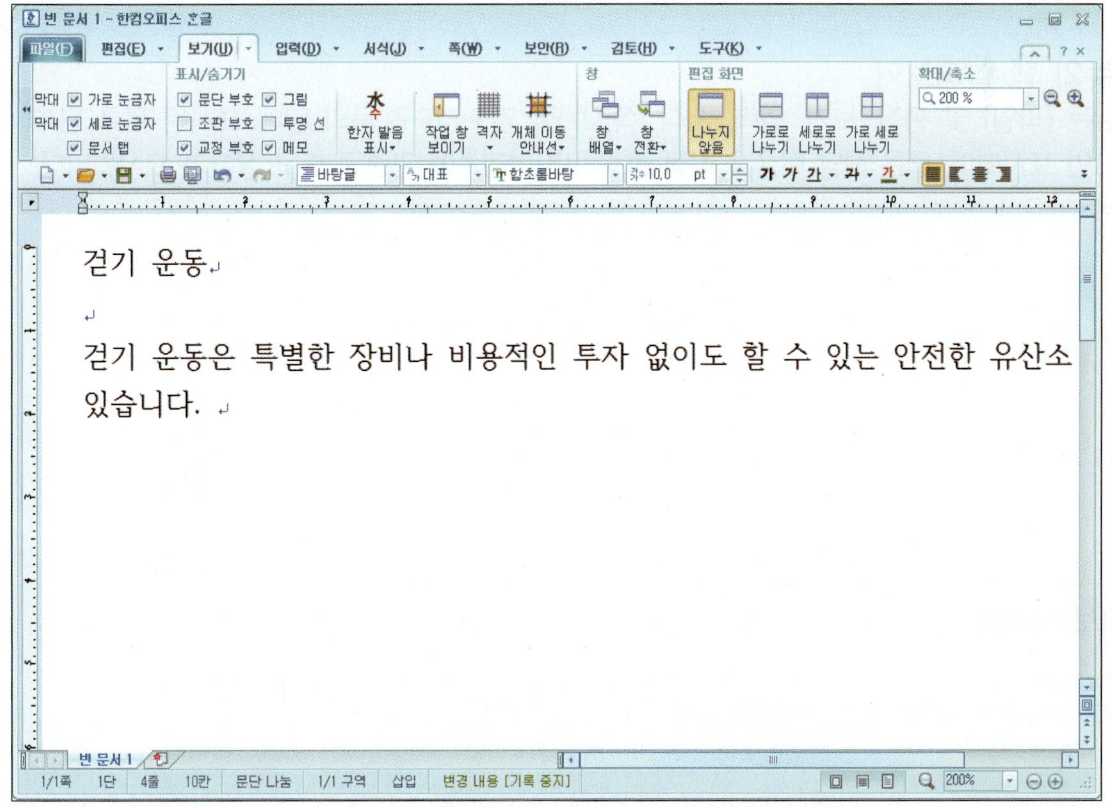

9 다시 **[확대/축소] 그룹의 목록 단추(▾)를 눌러 [폭 맞춤]을 선택**하면 창의 폭에 맞춰 화면을 표시합니다.

잠깐 만요!

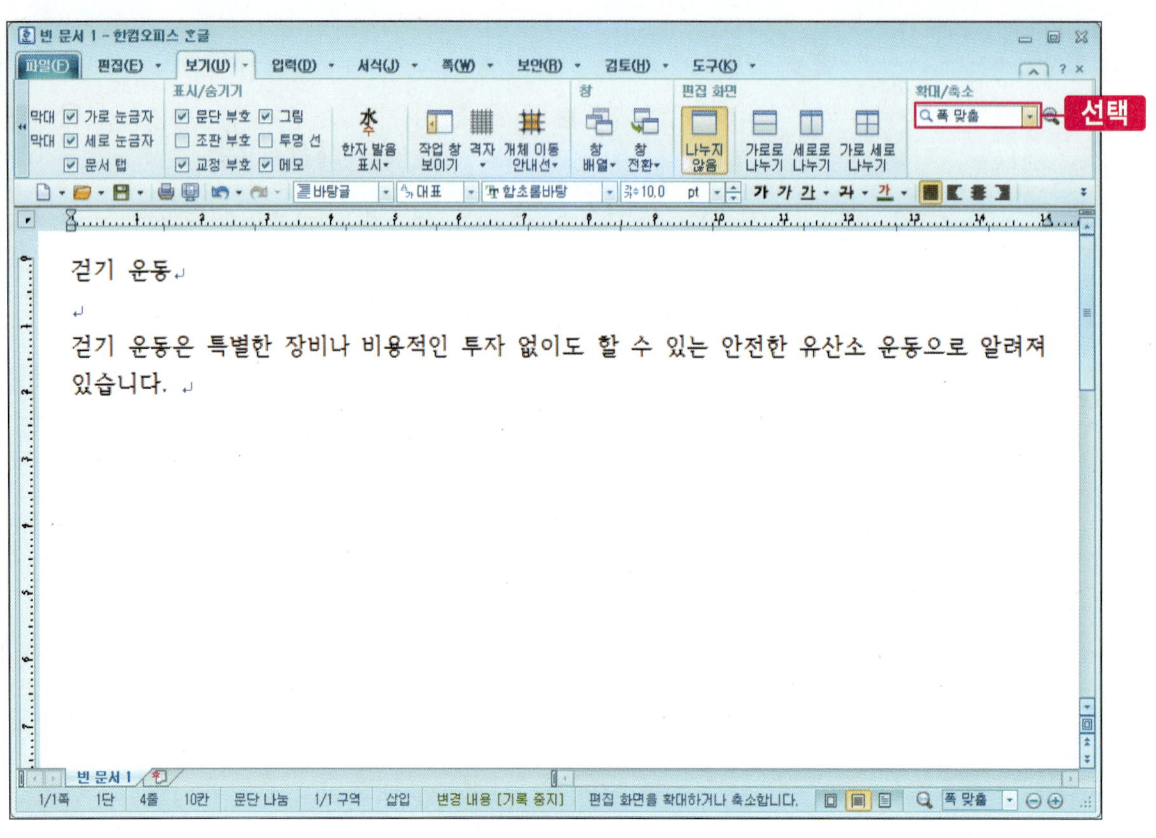

메뉴와 탭 살펴보기

메뉴는 [파일] 및 편집, 보기, 입력, 서식, 쪽, 보안, 검토, 도구 등의 옆에 표시된 목록 단추(▾)를 누르면 표시되며, 탭은 해당 이름을 직접 클릭하면 아래쪽에 관련된 도구 상자가 표시됩니다.

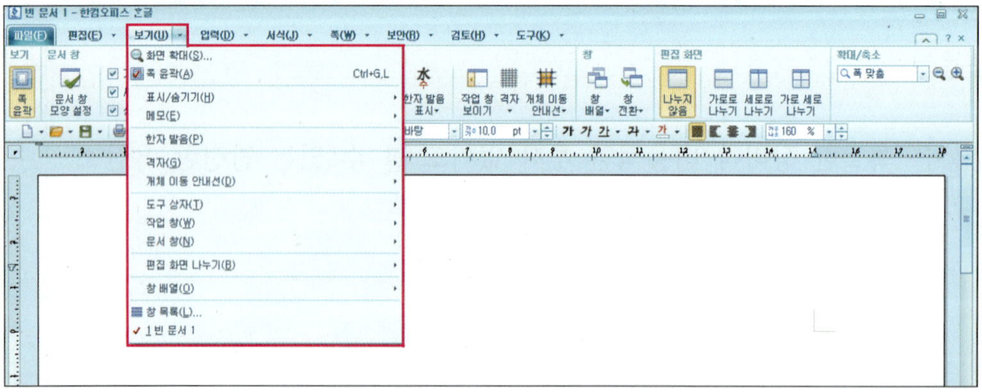

▲ [보기] 메뉴

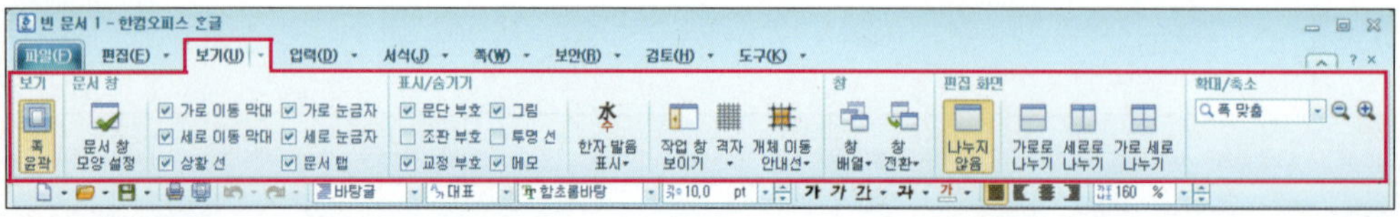

▲ [보기] 탭의 기본 도구 상자

1 상태 표시줄에 현재 상태가 '삽입' 상태인지 확인한 다음 **"안전한"** 단어 앞
에 커서를 위치합니다.

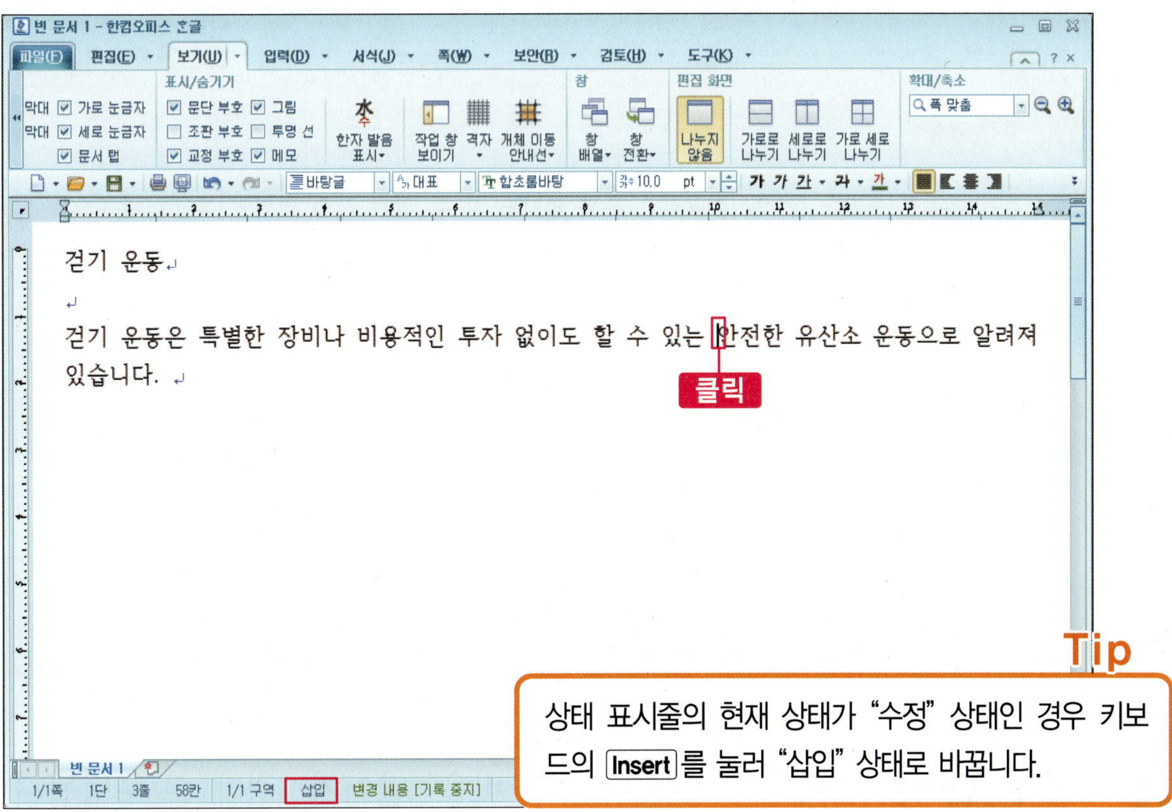

2 키보드를 이용하여 **"가장 "**을 **입력**하면 "안전한" 단어 앞에 삽입됩니다.

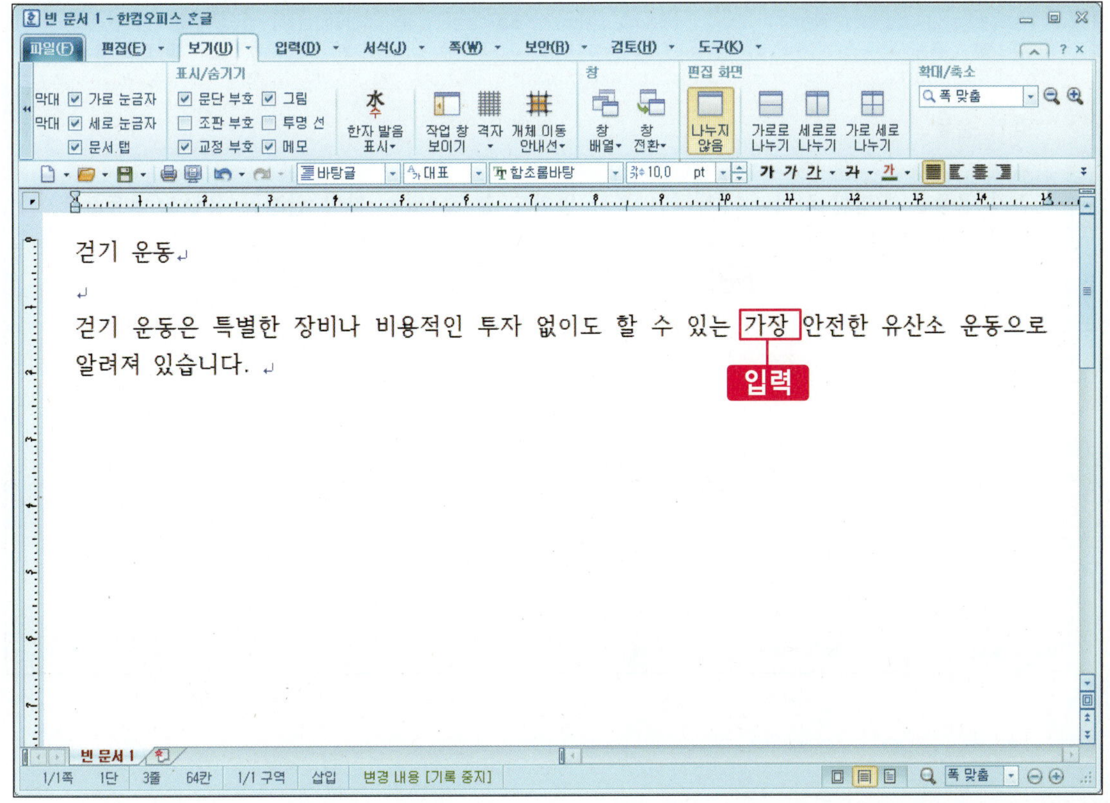

3 키보드의 Insert 를 눌러 상태 표시줄에 현재 상태가 '수정' 상태로 변경되었는지 확인한 다음 **"비용적인" 단어 앞에 커서를 위치**합니다.

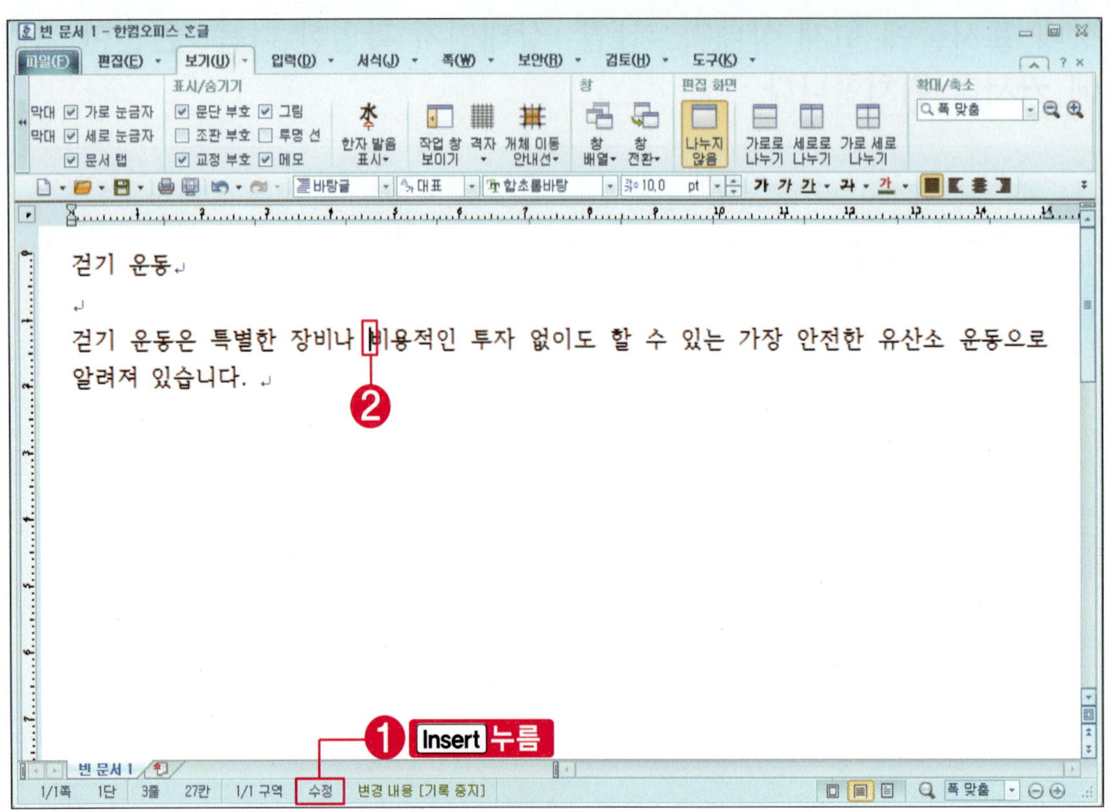

4 **"경제" 단어를 입력**하면 커서 위치의 "비용" 단어가 "경제"로 수정됩니다.

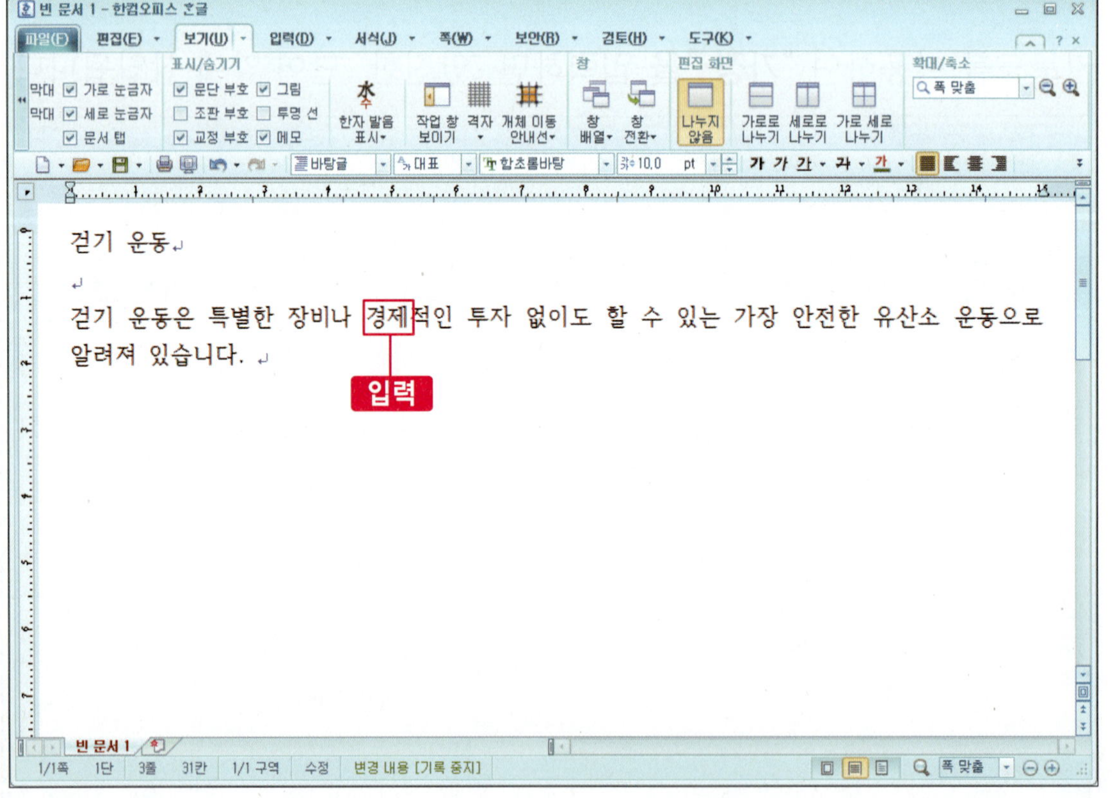

5 키보드의 Insert를 눌러 다시 '삽입' 상태로 전환한 후 **"특별한 장비나 경제적인 투자 없이도"**를 드래그하여 블록으로 지정한 다음 **"누구나 쉽게"**를 입력합니다.

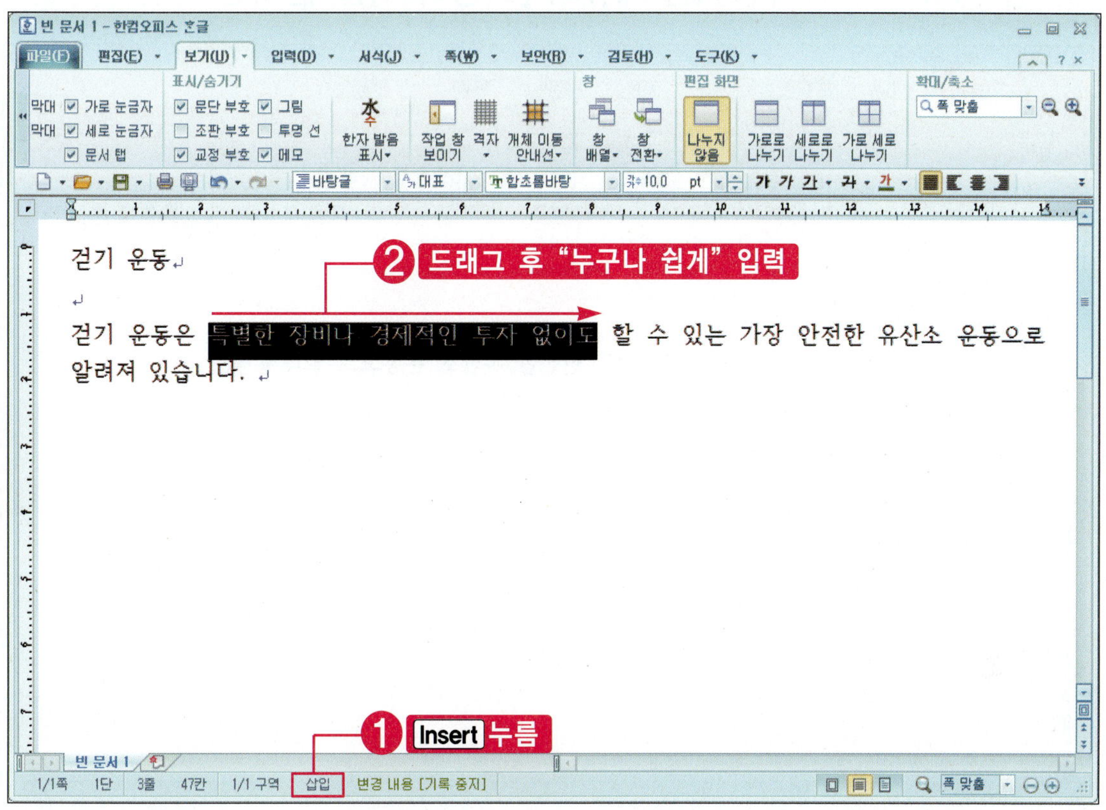

6 블록 지정한 내용이 지워지면서 입력한 "누구나 쉽게"가 추가됩니다.

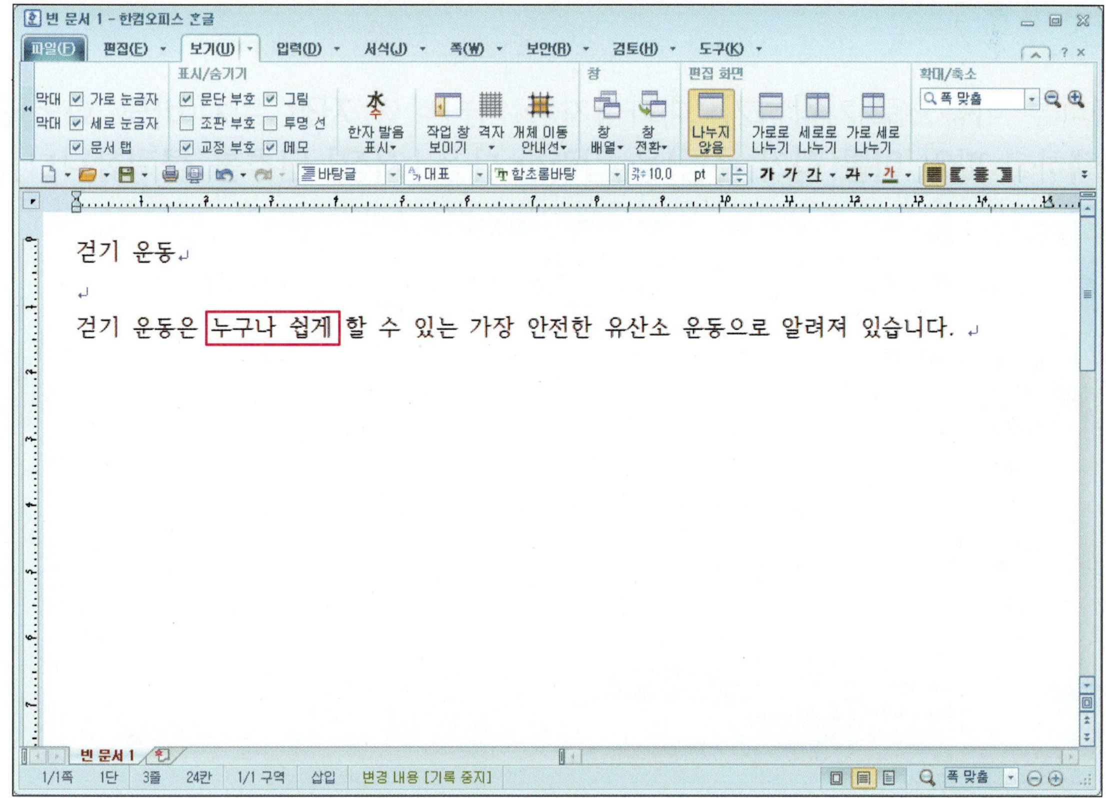

1 문서를 저장하기 위해 [파일] 메뉴의 [저장하기]를 클릭합니다.

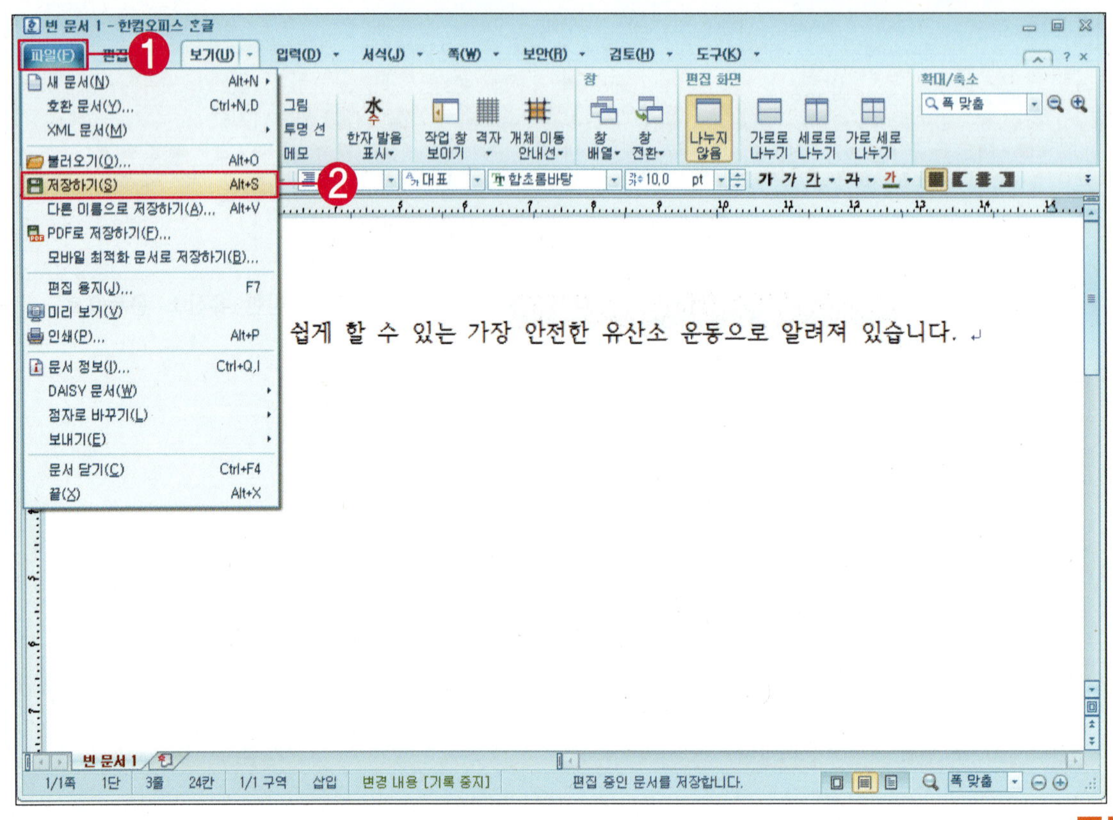

서식 도구 상자의 🖫 [저장하기] 아이콘을 클릭해도 됩니다.

2 [다른 이름으로 저장하기] 대화상자가 나타나면 **저장 위치(바탕 화면)를 선택**하고 **파일 이름(걷기 운동)을 입력**한 다음 [저장] 단추를 클릭합니다.

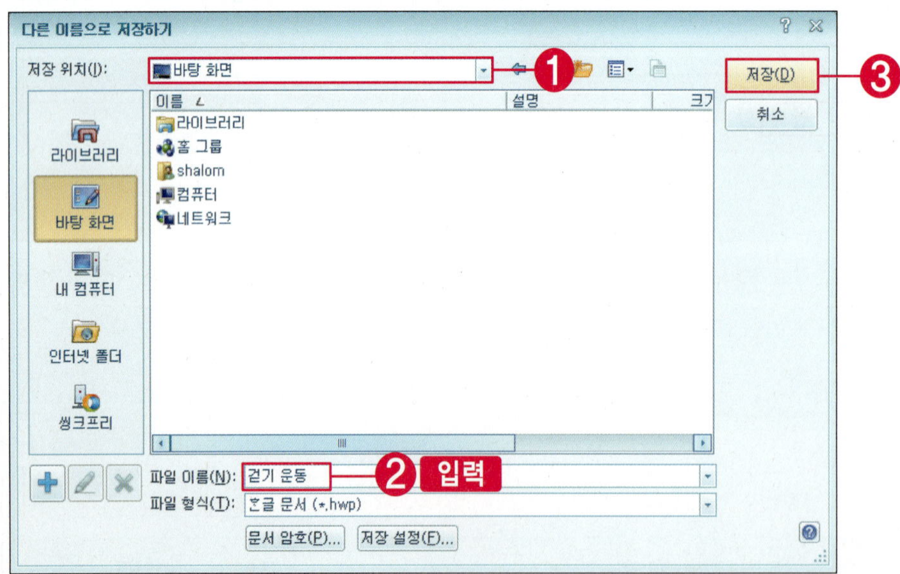

3 제목 표시줄에 저장한 파일 이름(수업 내용) 및 저장 위치가 표시됩니다. **[파일] 메뉴의 [끝]을 클릭**하여 종료합니다.

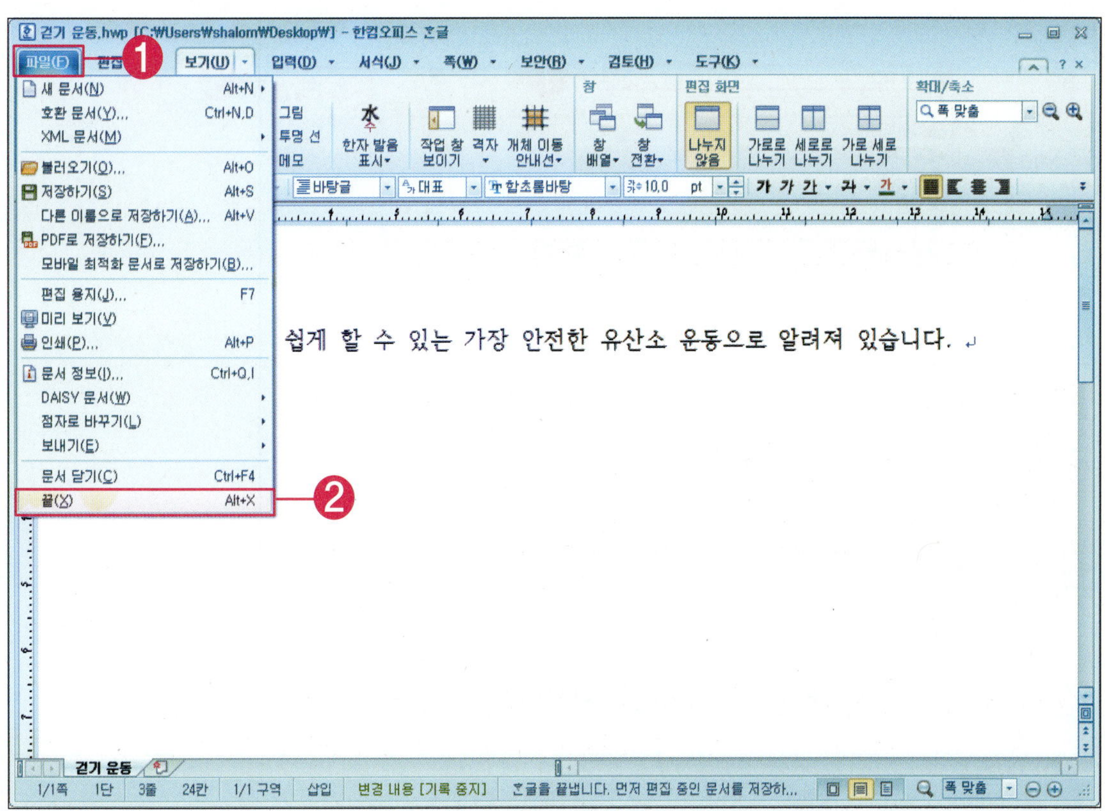

4 한글 2010 프로그램을 실행하고 **[파일] 메뉴의 [불러오기]를 클릭**합니다.

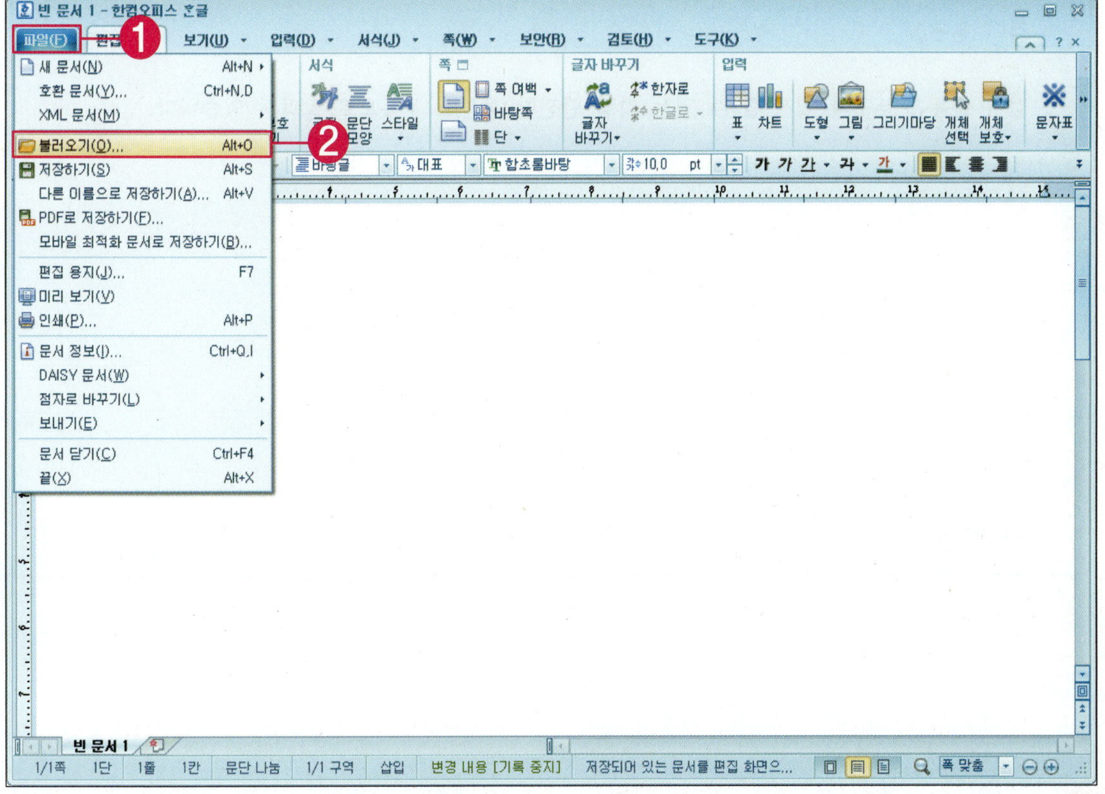

서식 도구 상자의 📁[불러오기]를 클릭하거나 Alt+O를 눌러도 문서를 불러올 수 있습니다.

5 [불러오기] 대화상자가 나타나면 **찾는 위치(바탕 화면)를 선택**하고 **불러올 파일(걷기 운동)을 선택**한 다음 **[열기] 단추를 클릭**합니다.

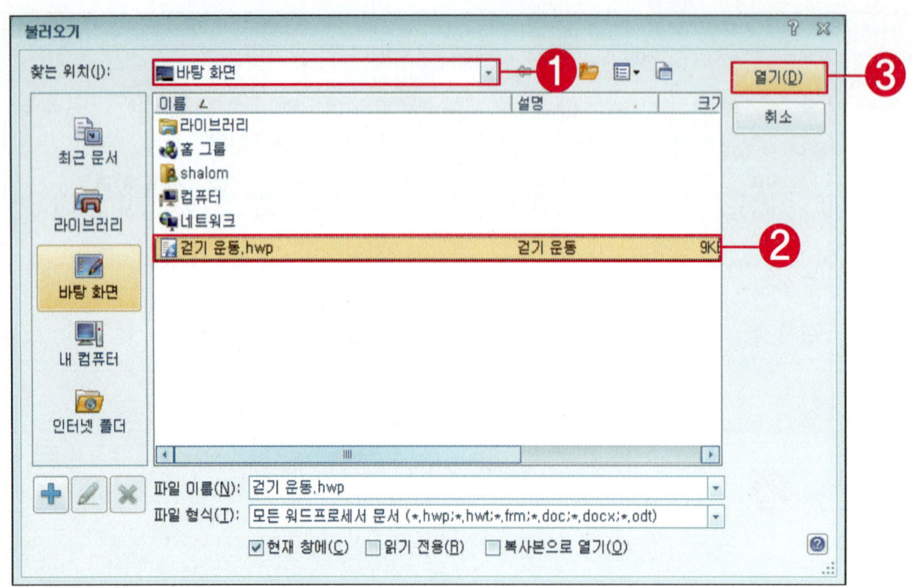

6 '걷기 운동' 문서가 열리는 것을 확인할 수 있습니다.

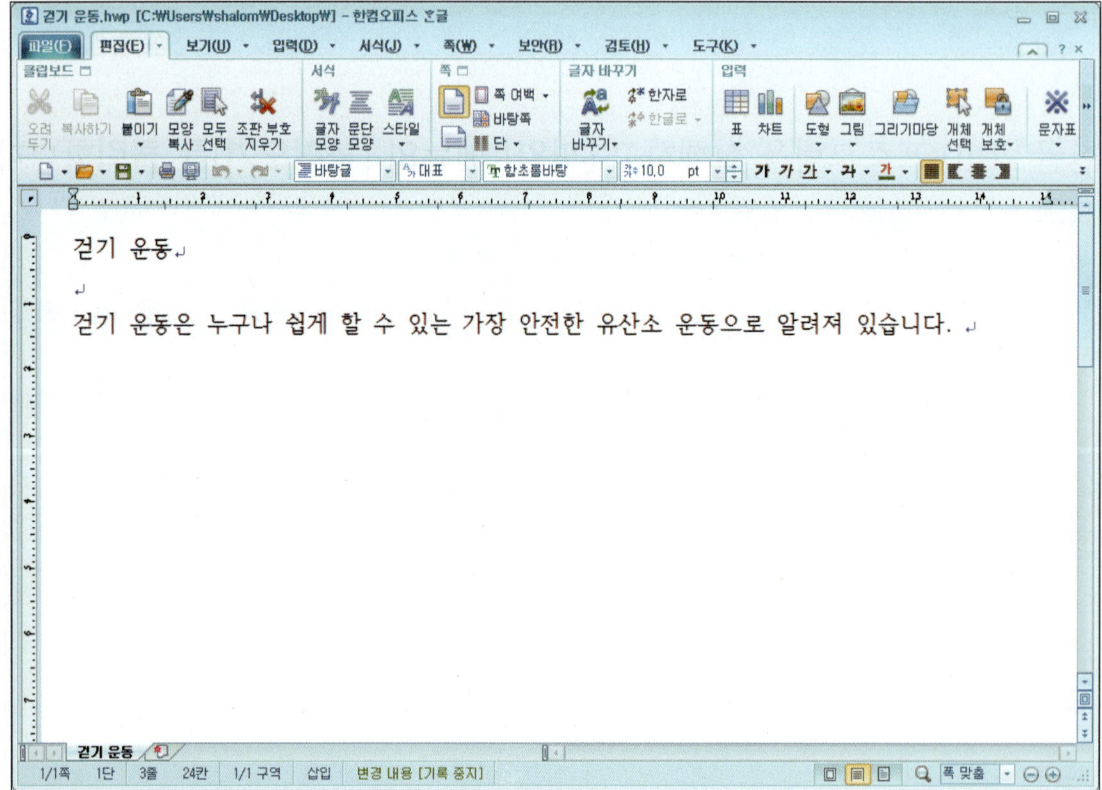

암호를 지정하여 문서 저장하기

일기와 같이 사적인 문서나 중요한 문서 등을 다른 사람이 열어 볼 수 없도록 암호를 지정하여 저장하는 방법입니다.

❶ 한글 2010에서 문서를 작성한 후 [파일] 메뉴의 [저장하기]를 클릭합니다.

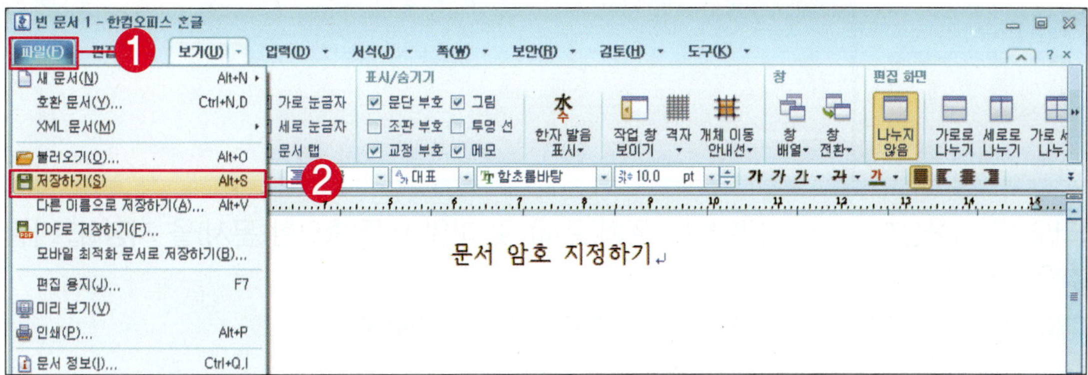

❷ [다른 이름으로 저장하기] 대화상자가 나타나면 저장 위치(문서)를 지정하고 파일 이름(중요한 문서)을 입력한 다음 [문서 암호] 단추를 클릭합니다.

❸ [문서 암호 설정] 대화상자가 나타나면 문서 암호와 암호 확인에 같은 이름(12345)을 입력하고 보안 종류(보안 수준 보통)를 선택한 다음 [설정] 단추를 클릭합니다.

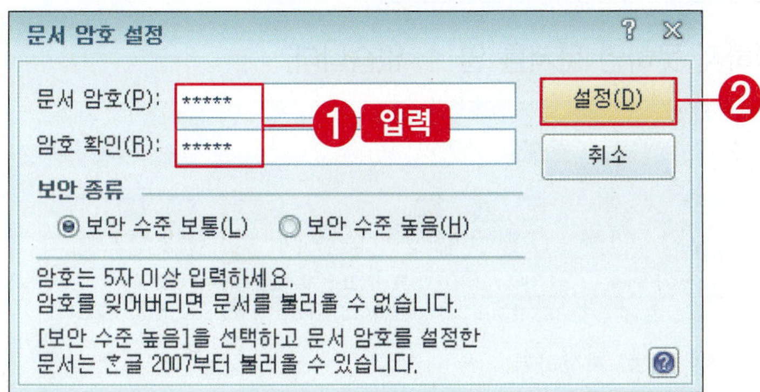

❹ [다른 이름으로 저장하기] 대화상자의 [저장] 단추를 클릭한 다음 저장한 문서를 종료합니다.

❺ 한글 2010 프로그램에서 [파일] 메뉴의 [불러오기]를 클릭합니다.

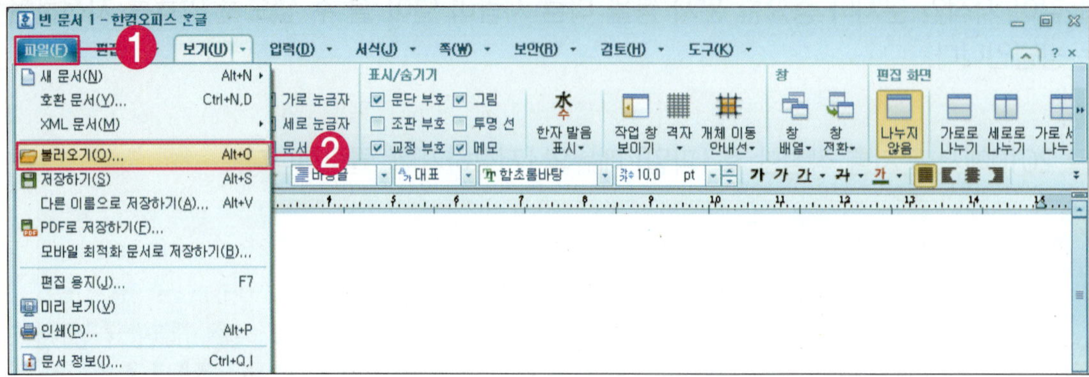

❻ [불러오기] 대화상자가 나타나면 찾는 위치(문서) 및 파일 이름(중요한 문서)을 지정하고 [열기] 단추를 클릭합니다.

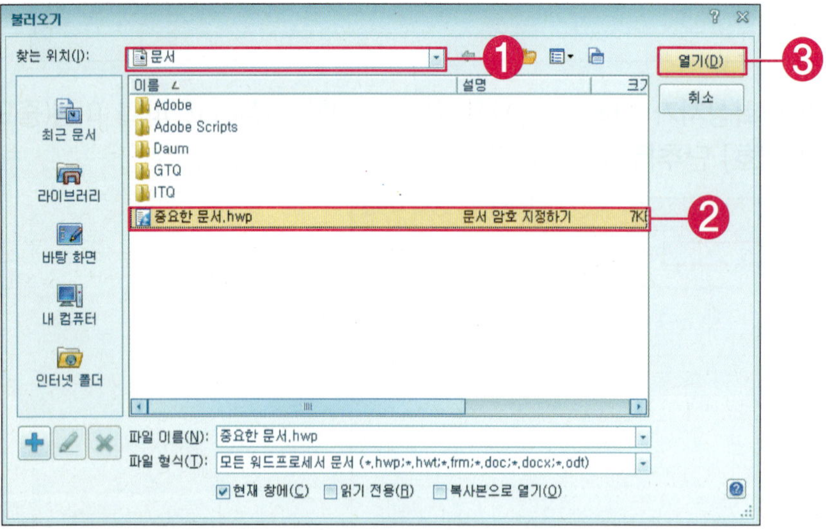

❼ [문서 암호] 대화상자가 나타나면 현재 암호(12345)를 입력한 다음 [확인] 단추를 클릭합니다.

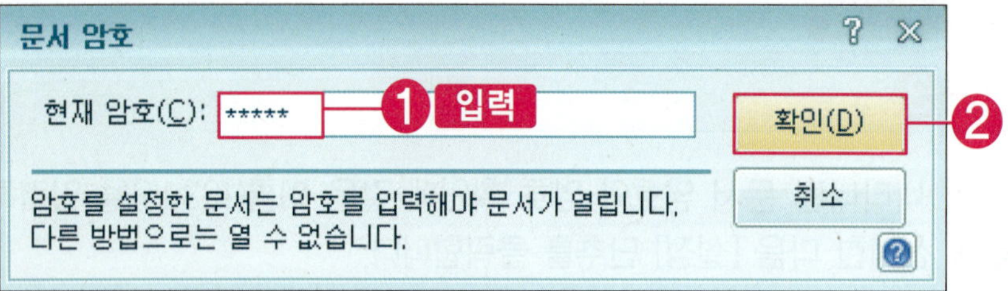

❽ 해당 문서가 열립니다. 암호를 입력하지 못하면 문서를 열 수 없습니다.

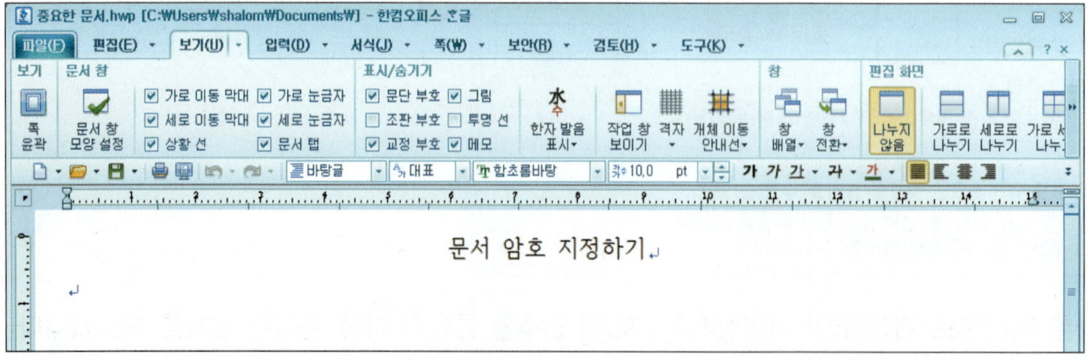

01 다음과 같이 문서를 작성하고 저장해 보세요.

- 저장 위치 : 바탕 화면
- 파일 이름 : 연락처

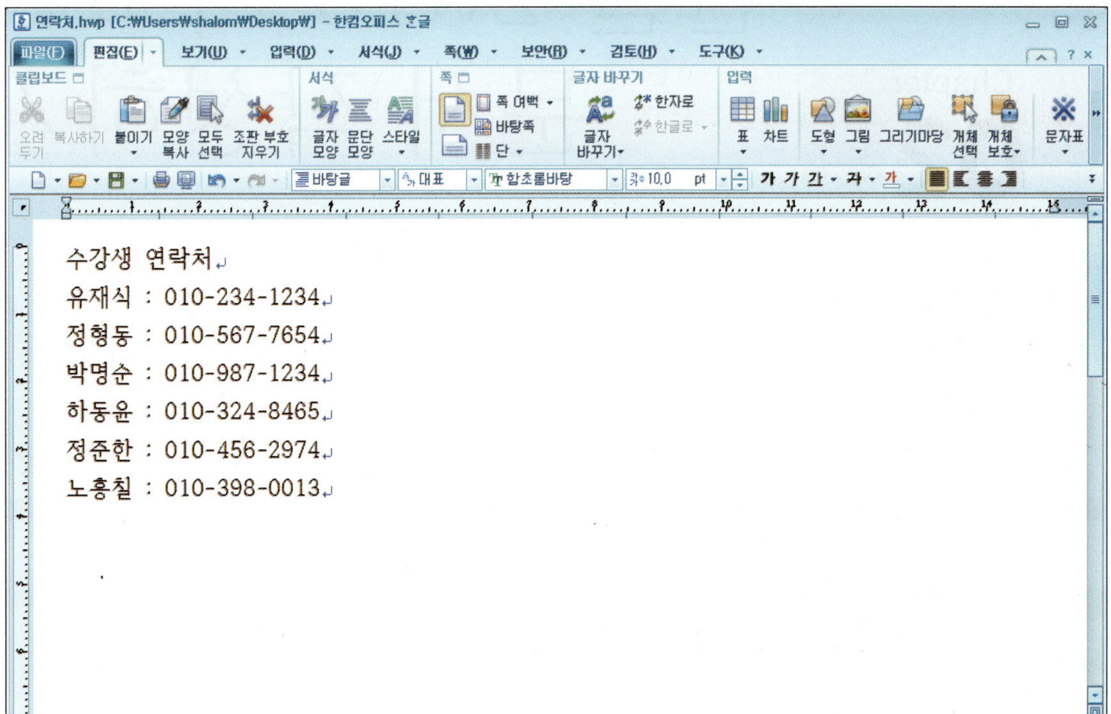

02 다음과 같이 문서를 작성하고 저장해 보세요.

- 저장 위치 : 바탕 화면
- 파일 이름 : 약국정보

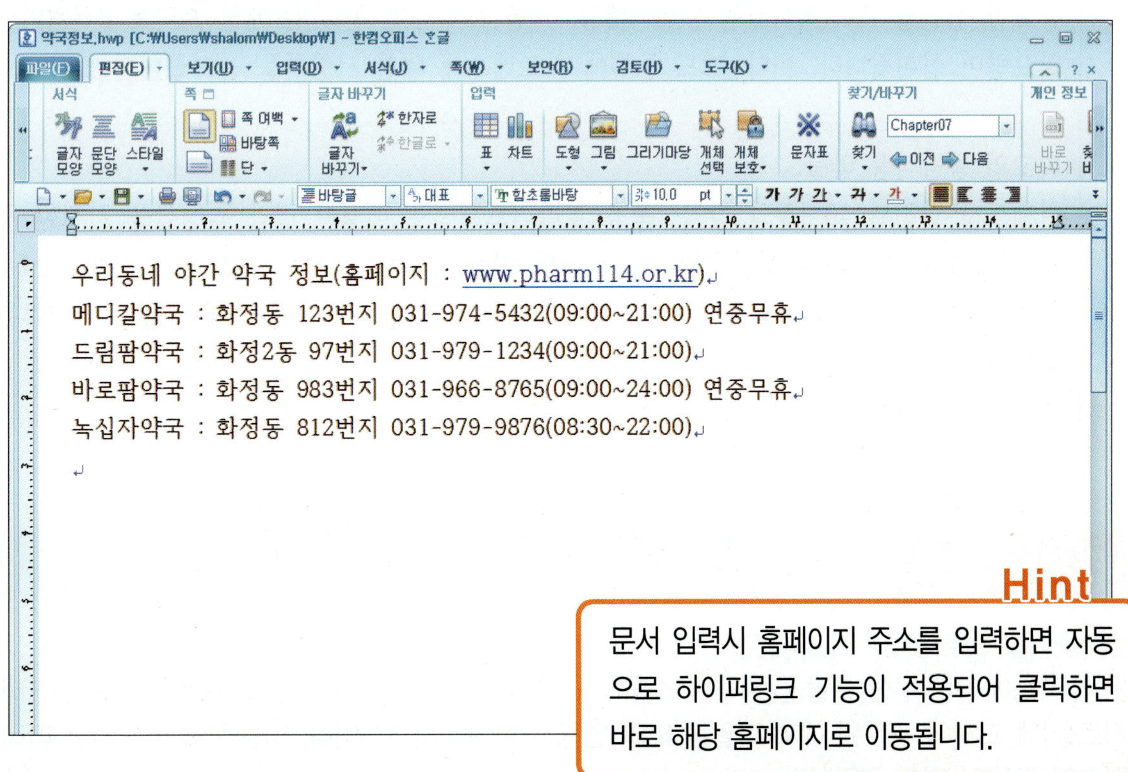

Hint

문서 입력시 홈페이지 주소를 입력하면 자동으로 하이퍼링크 기능이 적용되어 클릭하면 바로 해당 홈페이지로 이동됩니다.

한글 2010 기초 문서 작성하기

Chapter 02

글꼴, 글자 크기, 글자색 등의 글자 모양을 지정하거나 왼쪽/오른쪽/가운데 정렬, 줄 간격 등의 문단 모양을 지정하면 문서를 보기 좋게 꾸밀 수 있습니다. 그럼 지금부터 글자 모양과 문단 모양을 지정하는 방법에 대해 알아보겠습니다.

Step·01 글자 모양 바꾸기

1 빈 문서에 다음과 같이 내용을 입력합니다.

세계인의 장수식품 토마토↵

토마토와 같이 붉은 색 과일에 주로 들어있는 라이코펜, 리코펜은 노화방지, 항암효과에 가장 중요한 성분입니다. 라이코펜은 위, 췌장, 자궁암 예방에 좋으며, 매일 토마토 2개씩이면 하루 필요량이 섭취됩니다. 비타민C도 풍부해 스트레스에 대한 저항력을 높여줍니다.↵
↵
최고의 항암식품 마늘↵
현재까지 발견된 40여종의 항암식품을 피라미드형으로 배열한 결과 최정상을 차지한 것이 바로 마늘입니다. 마늘은 항암 작용 및 심장병 예방, 간 기능 개선, 숙취 등에도 매우 좋습니다. 특히, 쌀밥 위주의 식생활을 하는 우리에게 마늘은 결핍되기 쉬운 비타민을 보급해주는 창고입니다. ↵

잠깐만요!

텍스트를 입력하기 어려워요!
문서 작성에 어려우신 분들을 위해 렉스미디어 홈페이지(www.rexmedia.net)의 [자료실]–[대용량 자료실]에 교재에 관련된 예제 파일을 미리 입력하여 준비하였습니다. 다운로드 받으시면 따라하기 연습에 도움이 되실 것입니다.

2 제목을 **드래그**하여 블록 지정하고 도구 상자의 **글꼴 항목에서 목록 단추(▾)**를 눌러 **[맑은 고딕]**을 클릭합니다.

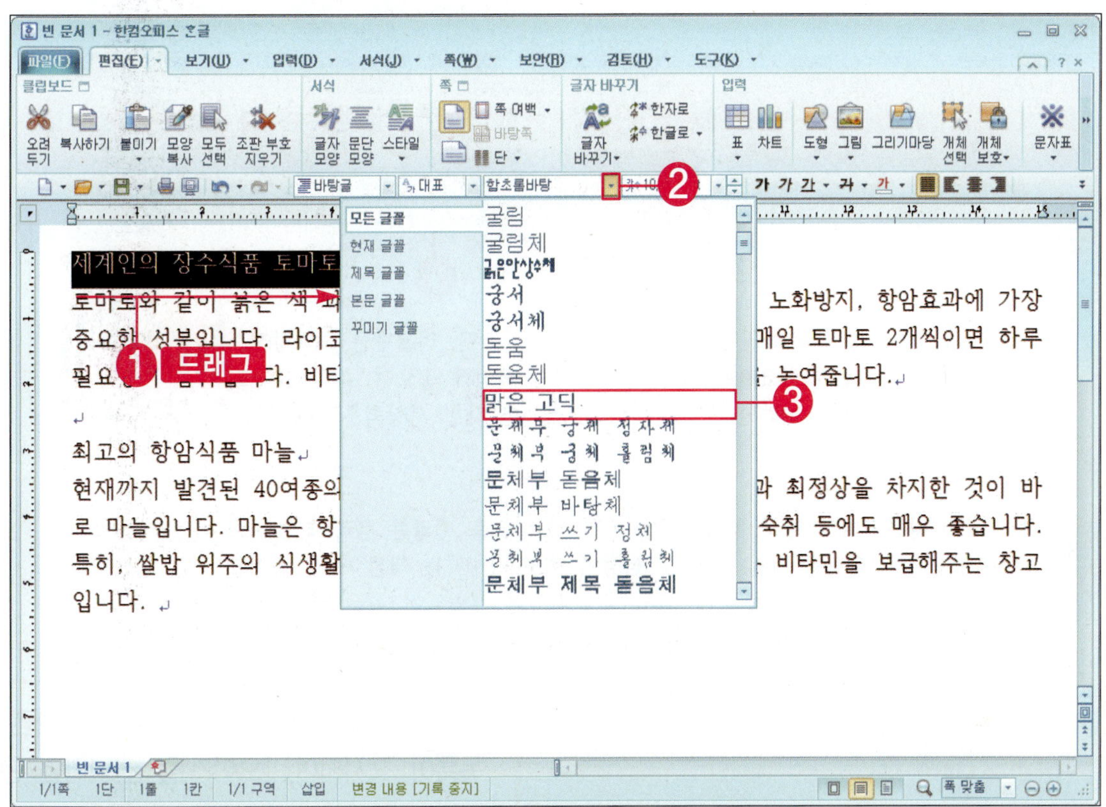

3 블록 지정한 내용의 글꼴이 맑은 고딕으로 바뀝니다.

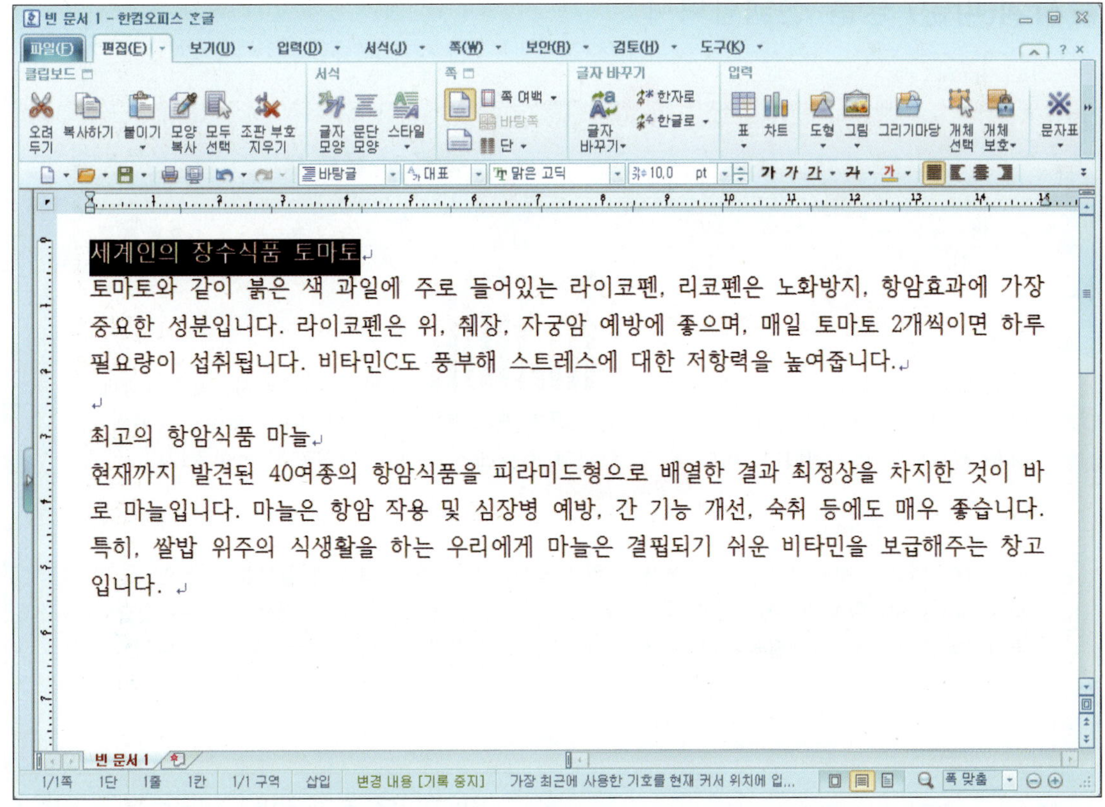

4 블록이 지정된 상태에서 같은 방법으로 **글자 크기(20), 글자색(빨강) 등을 선택**합니다.

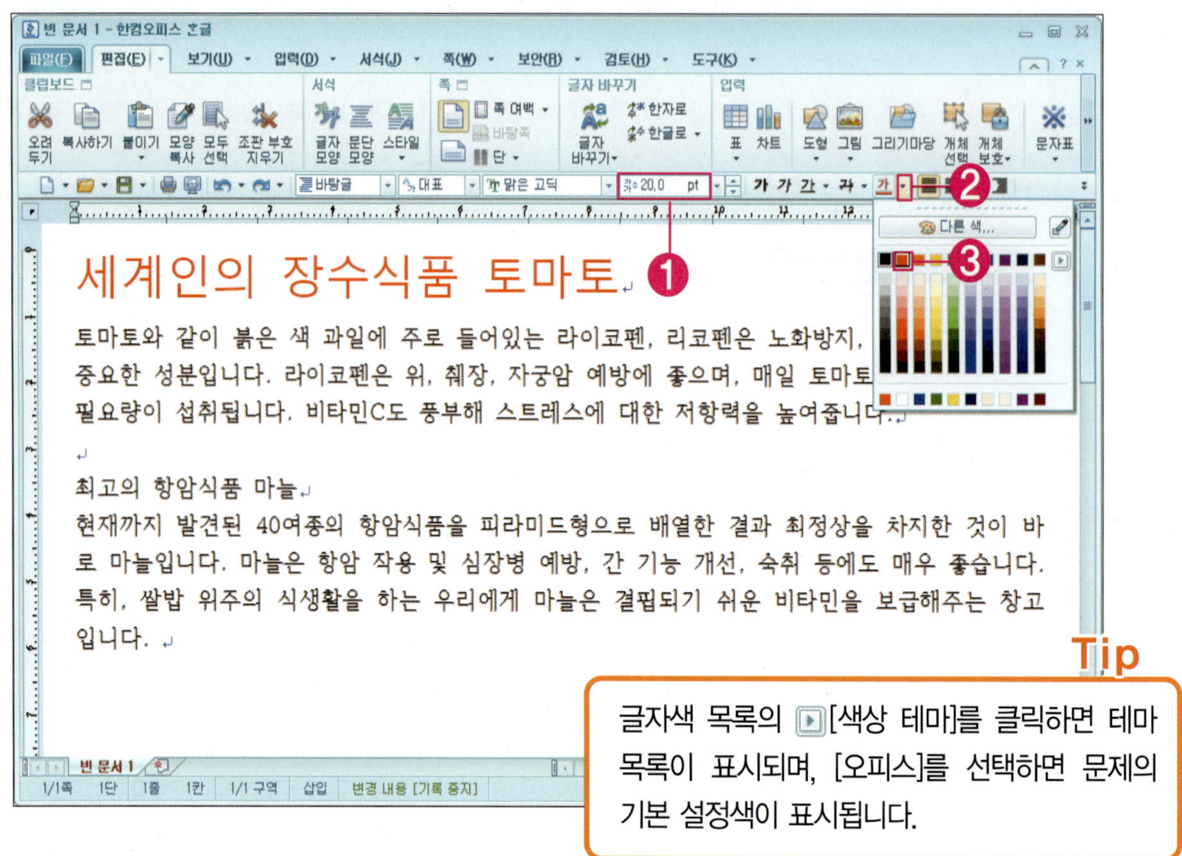

5 내용 부분을 **드래그**하여 블록 지정하고 **[서식] 탭의 글꼴(굴림),** 가**[진하게], 글자색(파랑) 등을 선택**합니다.

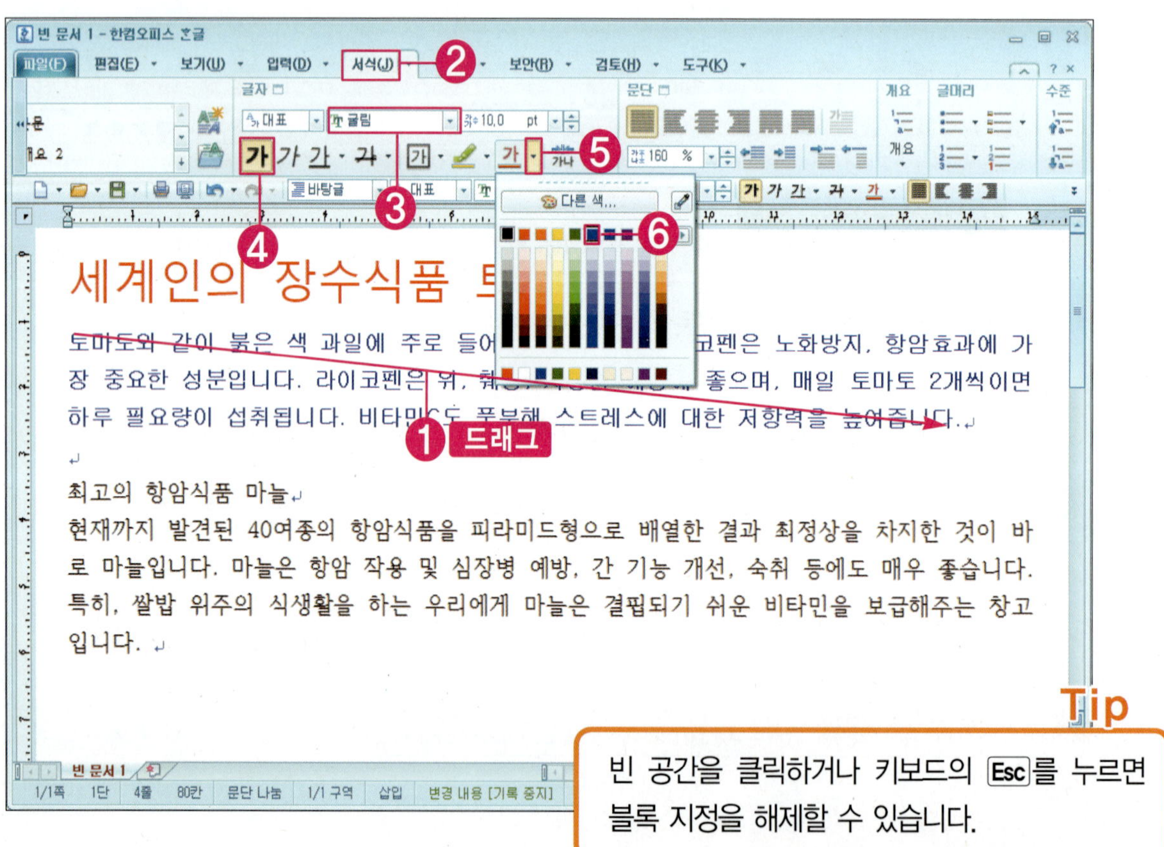

6 블록 지정한 내용에 글꼴 서식이 수정됩니다.

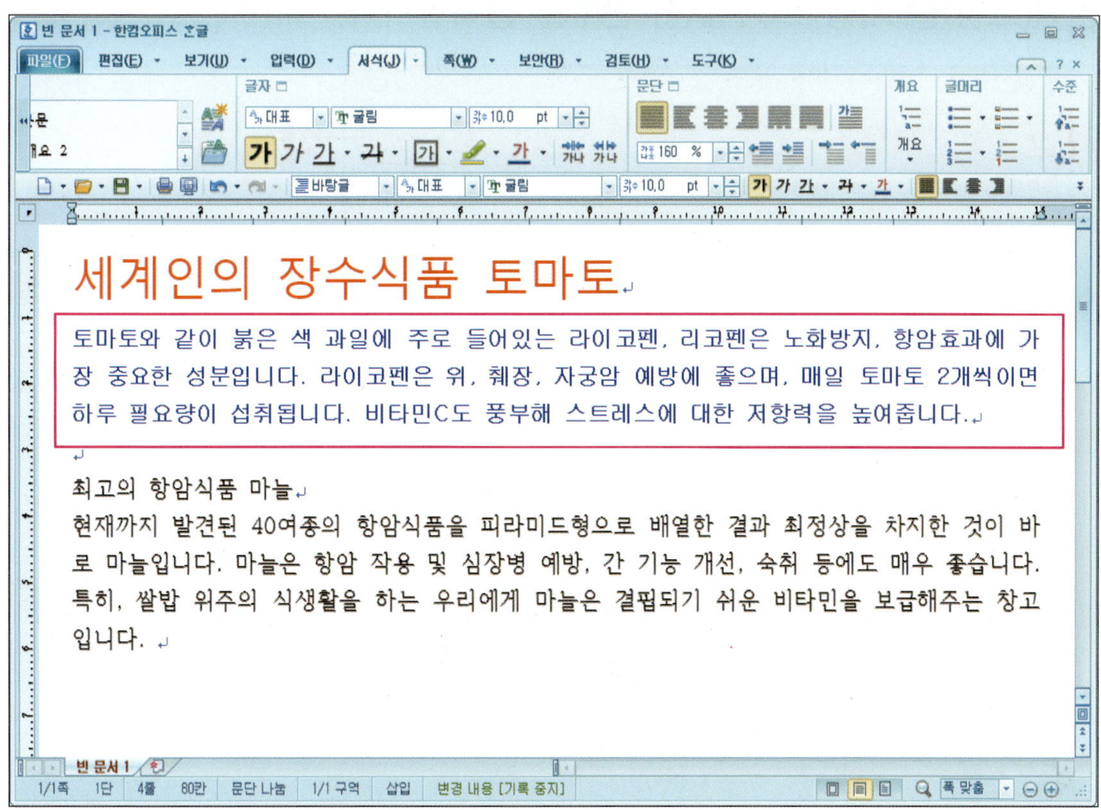

7 "토마토" 단어의 글꼴 서식을 수정하기 위해 드래그하여 블록 지정하고 **[서식] 메뉴의 [글자 모양]**을 클릭합니다.

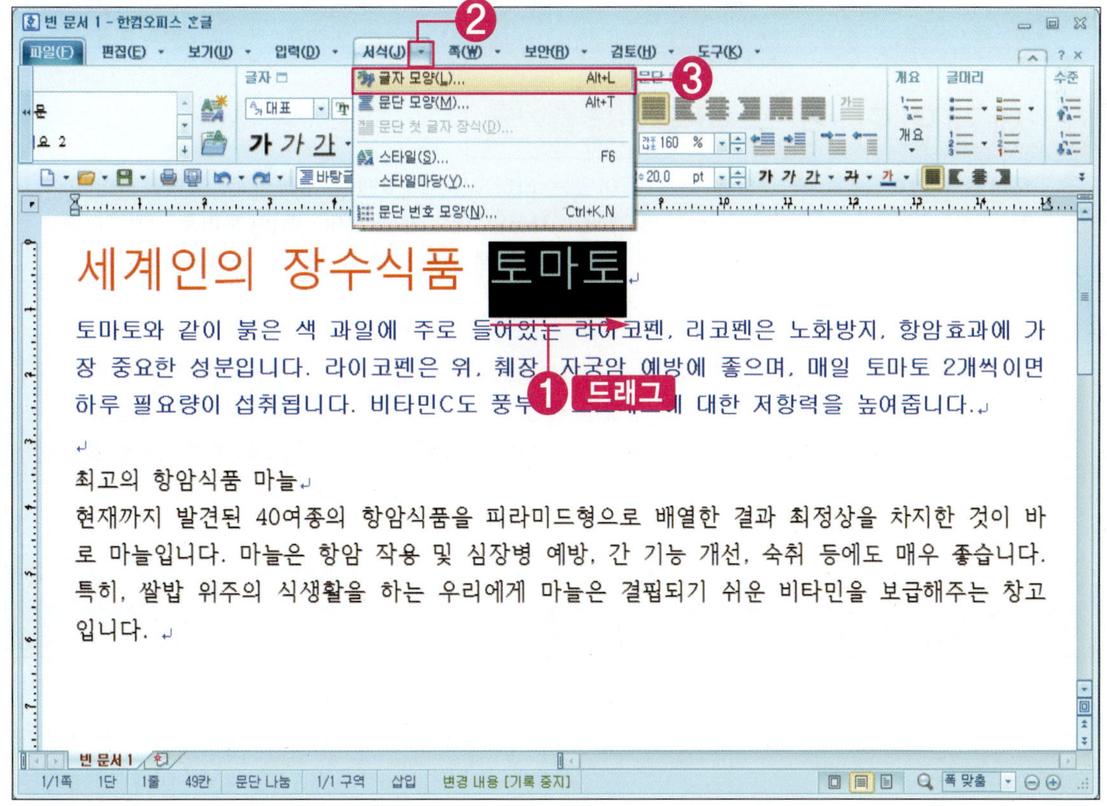

8 [글자 모양] 대화상자가 나타나면 [기본] 탭에서 글자 속성의 [가][**양각**]과 음영색(노랑)을 지정하고 [설정] 단추를 클릭합니다.

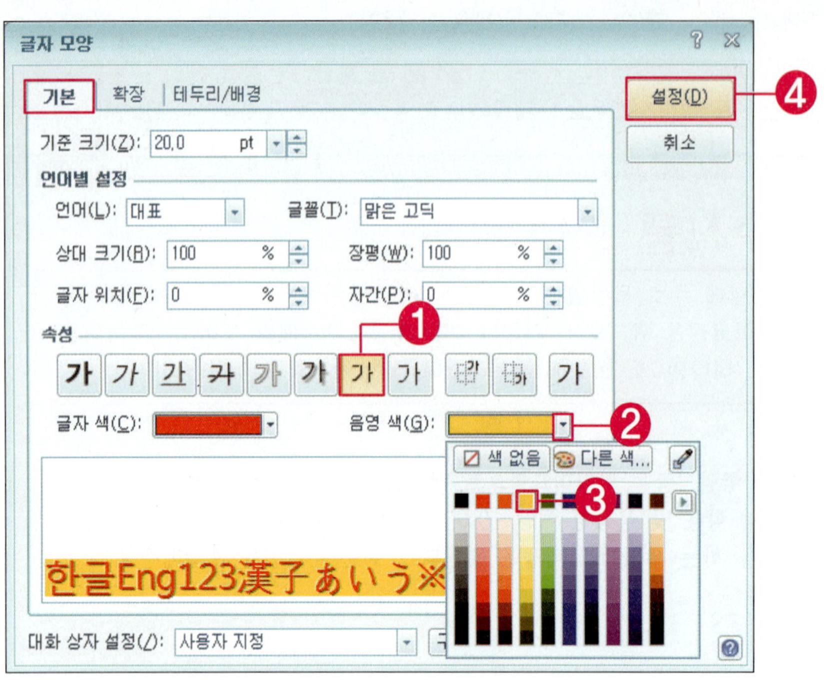

9 "토마토" 단어의 글꼴 서식이 수정된 것을 확인할 수 있습니다.

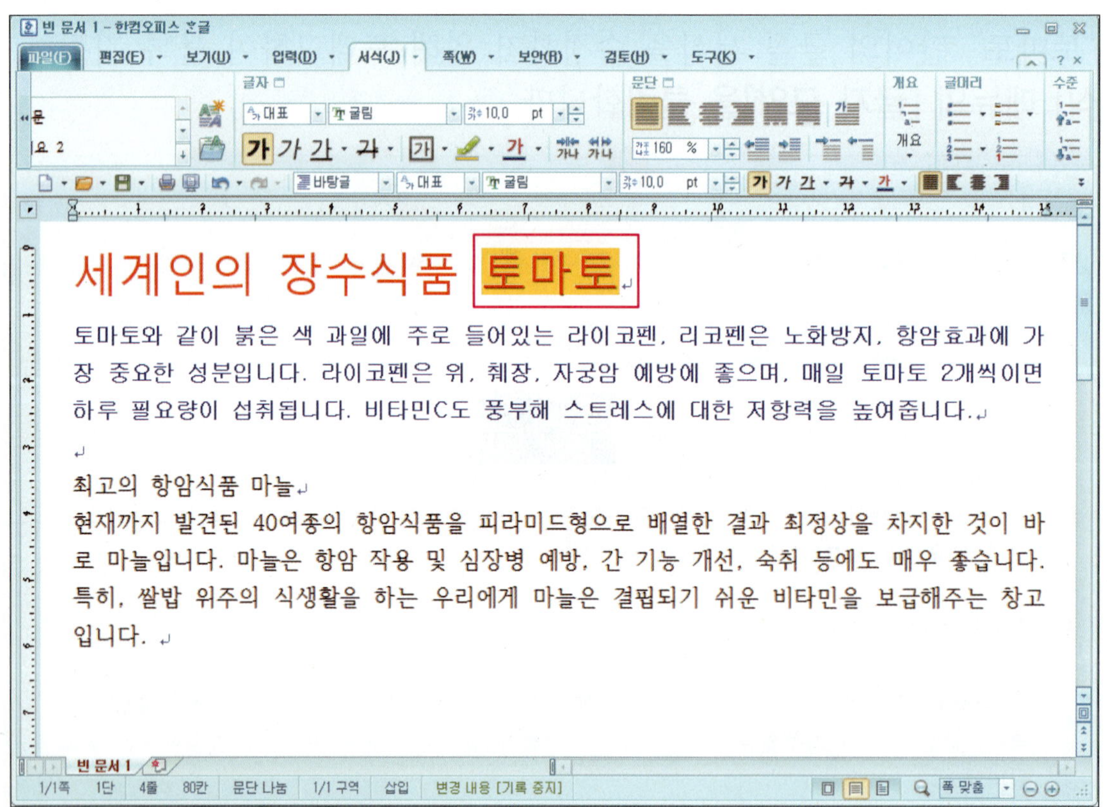

[글자 모양] 대화상자를 이용한 다양한 글꼴 서식 만들기

- **[기본] 탭** : 기준 크기, 글꼴, 장평, 자간, 속성, 글자색, 음영색 등을 지정합니다.
- **[확장] 탭** : 글자에 그림자, 밑줄, 취소선, 강조점 등을 지정합니다.
- **[테두리/배경] 탭** : 글자의 테두리 및 배경 등을 지정합니다.

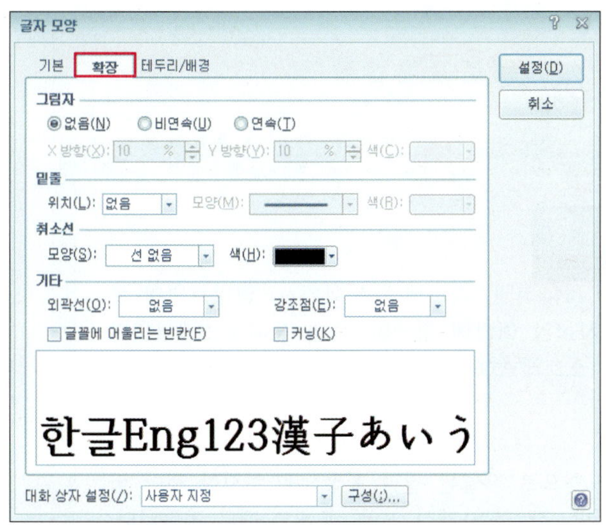

◀ [글자 모양] 대화상자의 [확장] 탭

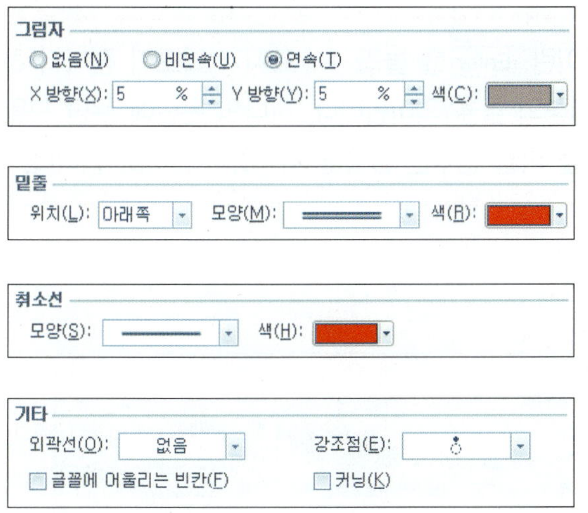

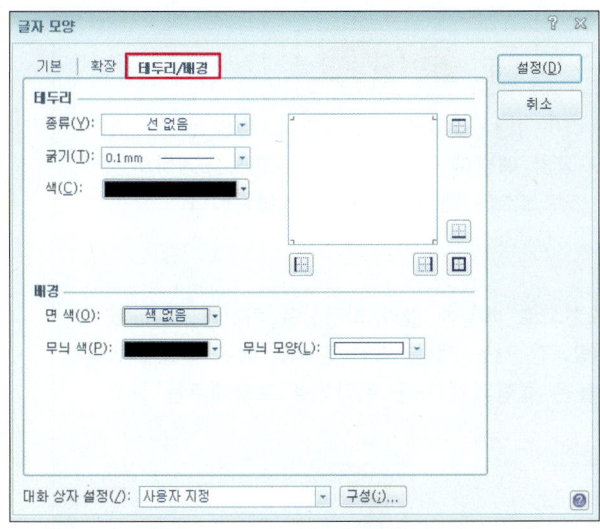

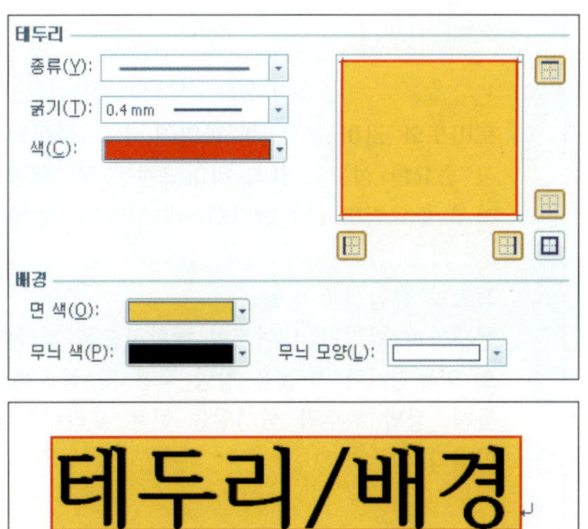

▲ [글자 모양] 대화상자의 [테두리/배경] 탭

1 제목을 드래그하여 블록 지정하고 [서식] 탭에서 ▤[가운데 정렬]을 클릭합니다.

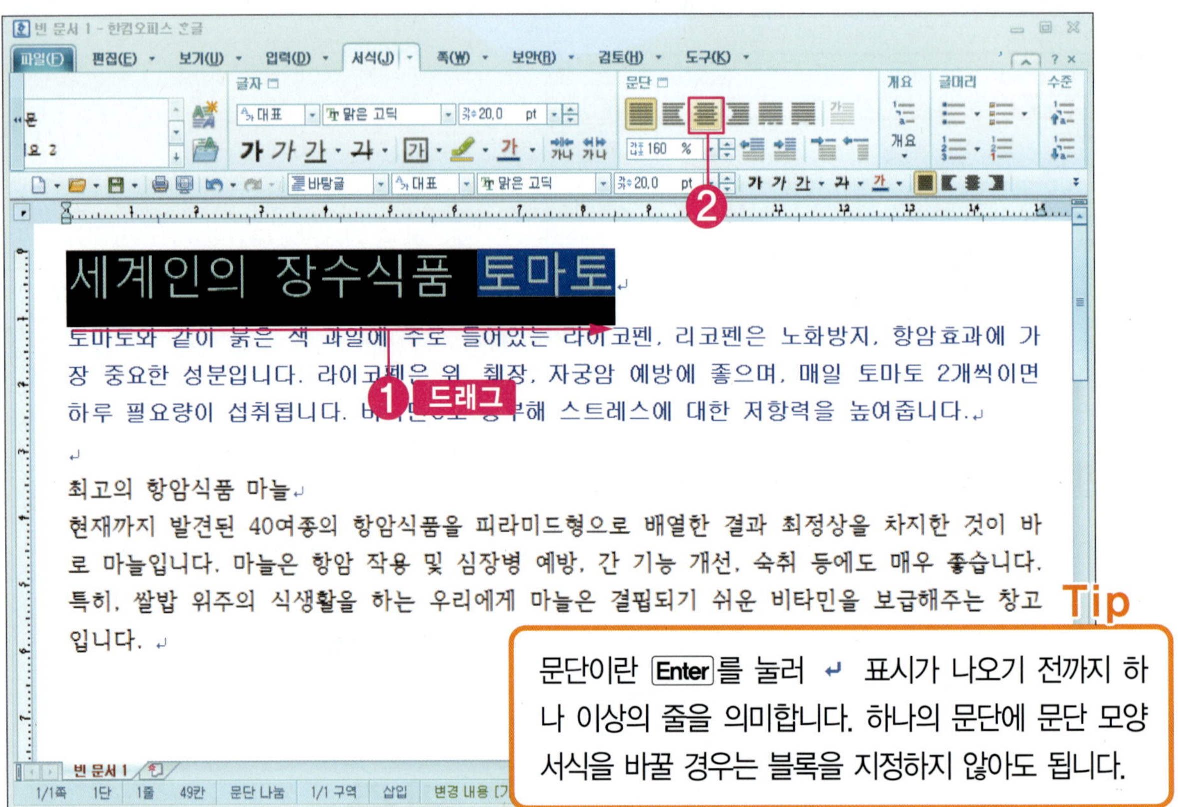

> **Tip**
>
> 문단이란 Enter 를 눌러 ↵ 표시가 나오기 전까지 하나 이상의 줄을 의미합니다. 하나의 문단에 문단 모양 서식을 바꿀 경우는 블록을 지정하지 않아도 됩니다.

2 제목의 위치가 가운데로 정렬됩니다.

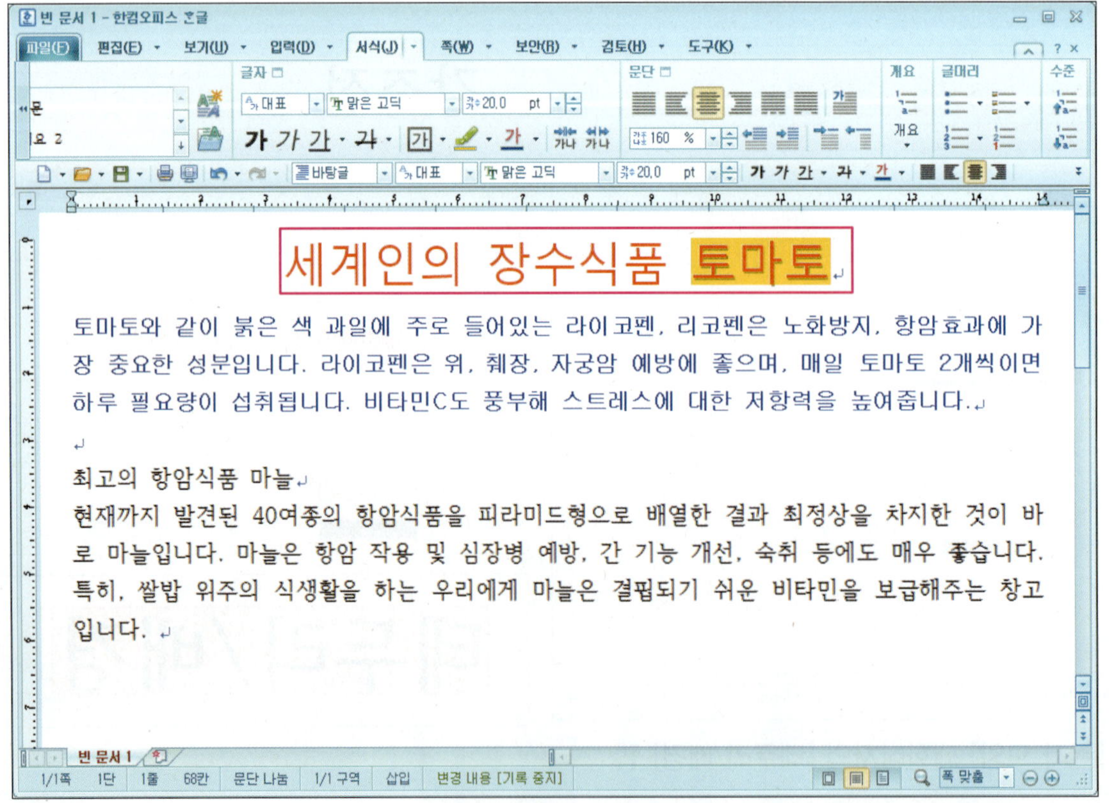

3 내용 부분을 드래그하여 블록 지정하고 [서식] 메뉴의 [문단 모양]을 클릭합니다.

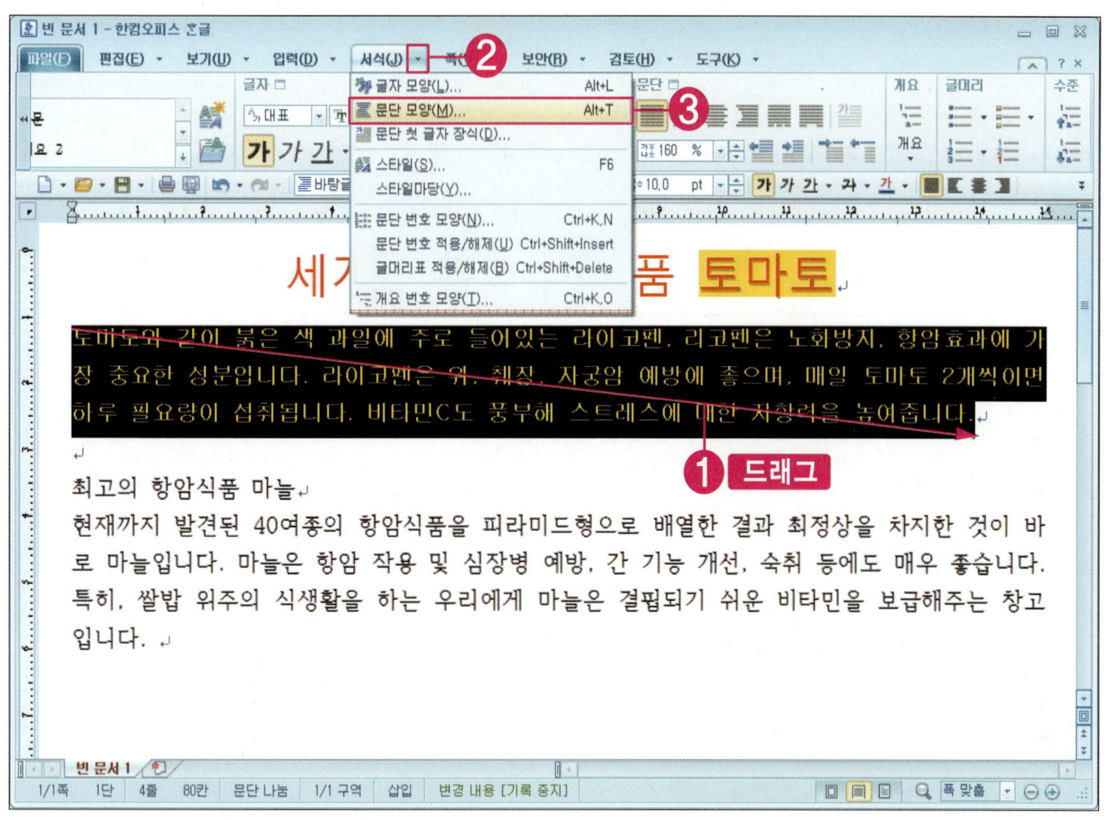

4 [문단 모양] 대화상자가 나타나면 [기본] 탭에서 **왼쪽(20), 오른쪽(20) 여백, 첫 줄의 들여쓰기(20) 및 줄 간격(200)**을 수정한 다음 [설정] 단추를 클릭합니다.

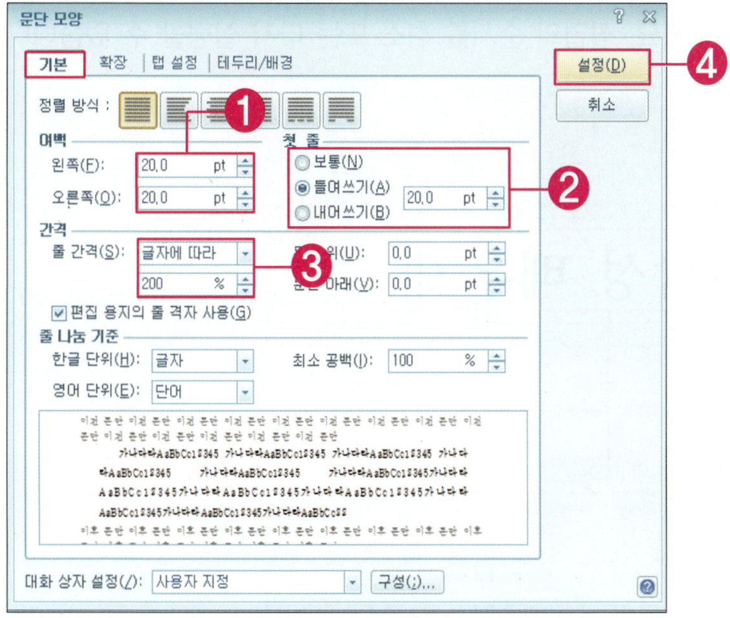

5 내용 부분에 왼쪽/오른쪽 여백 및 들여쓰기, 줄 간격 등이 바뀐 것을 확인할 수 있습니다.

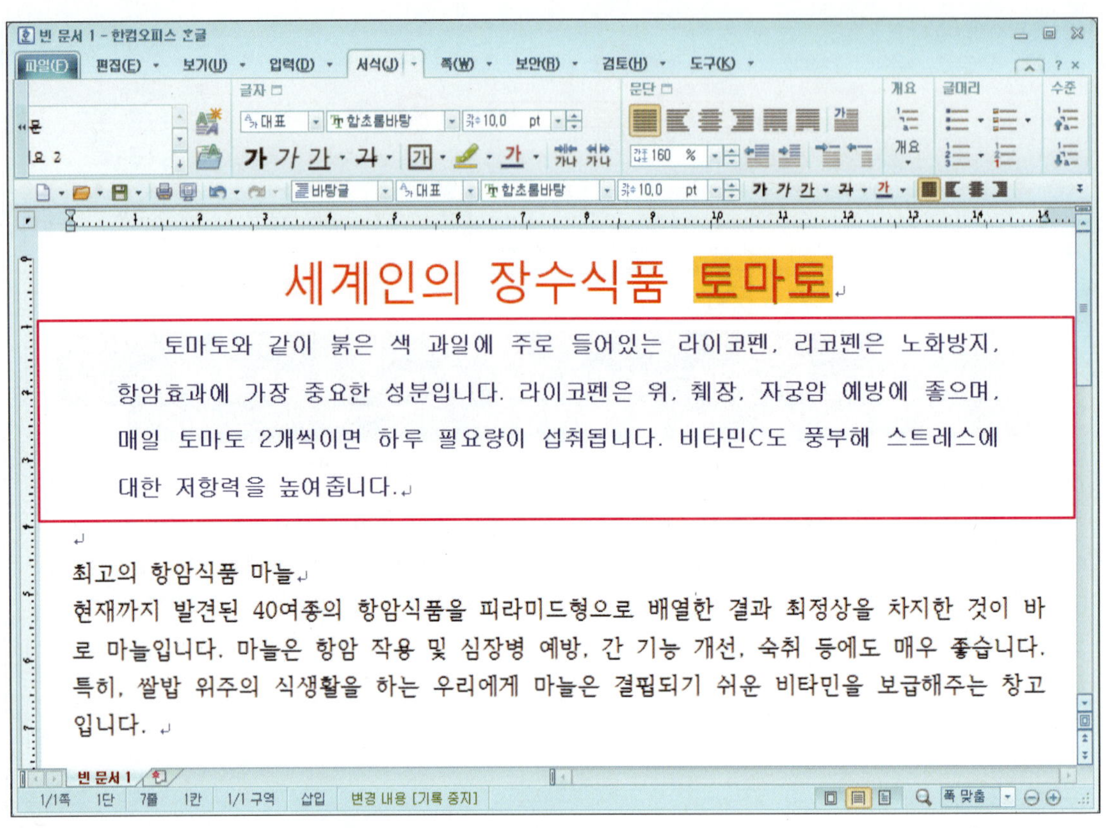

잠깐만요!

되돌리기 및 다시 실행하기

한글 2010에서는 입력이나 명령 실행 등 모든 작업 순서를 순서대로 기록하고 있습니다. 만약, 잘못된 입력이나 명령 실행을 취소해야 할 경우 도구 상자의 [되돌리기(Ctrl+Z)] 또는 [다시 실행(Ctrl+Shift+Z)]을 클릭해 보세요. 작업의 순서를 취소 또는 다시 실행할 수 있습니다.

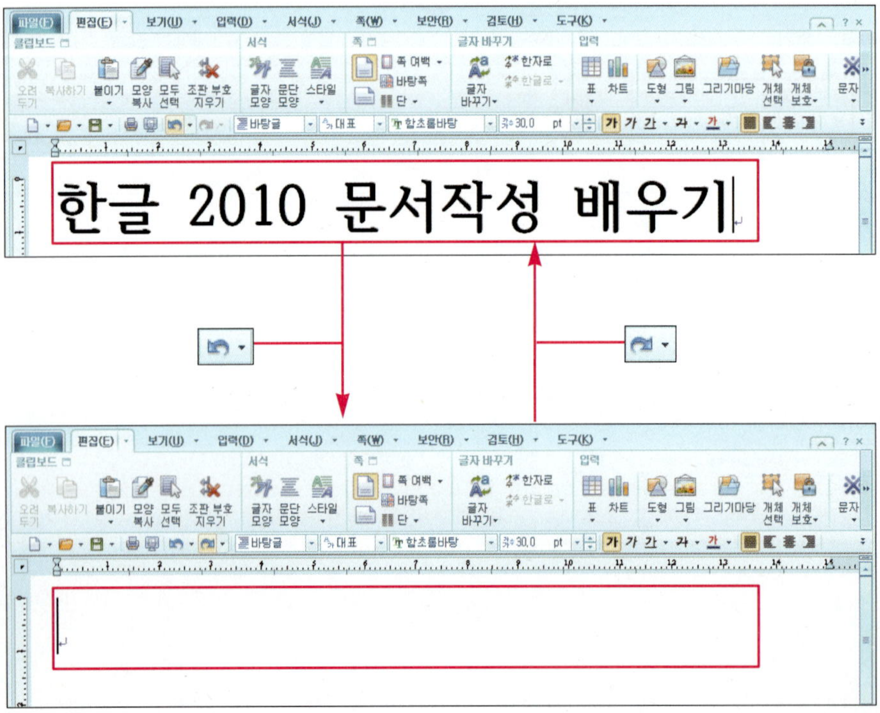

1 제목에 설정한 글자 모양 및 문단 모양을 복사하기 위해 **제목에 커서를 위치시키고 [편집] 탭에서 [모양 복사]를 클릭**합니다.

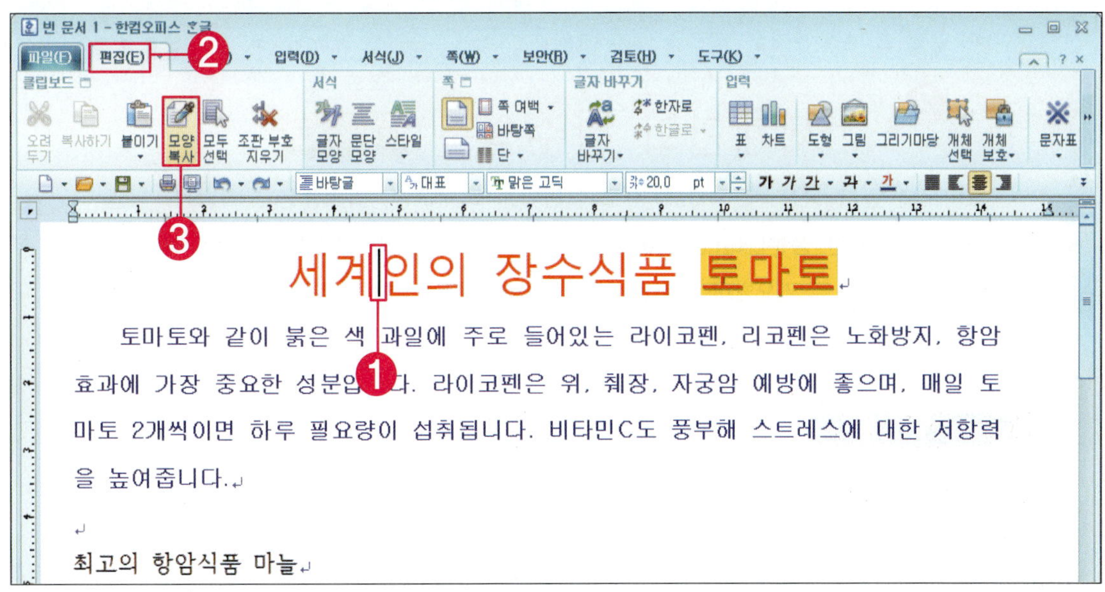

2 [모양 복사] 대화상자가 나타나면 **[글자 모양과 문단 모양 둘 다 복사]를 선택**하고 **[복사] 단추를 클릭**합니다.

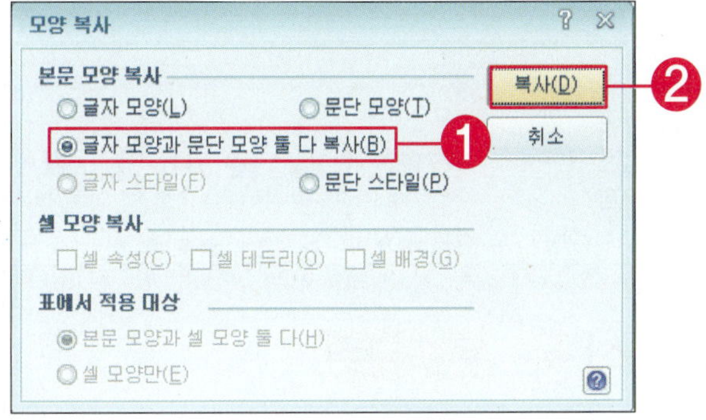

[모양 복사] 대화상자 살펴보기

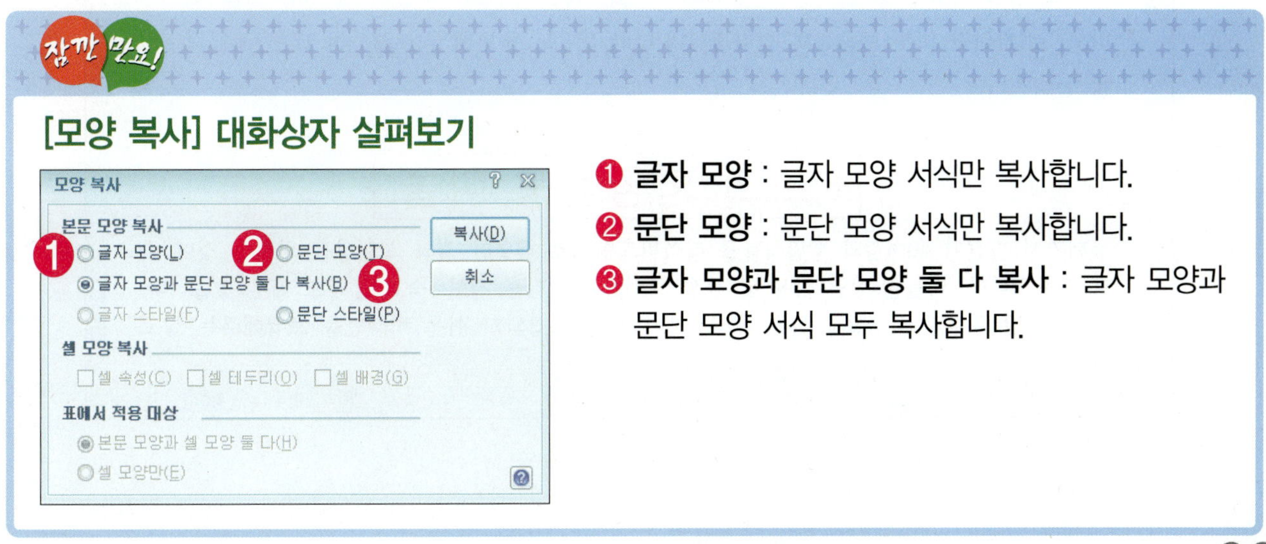

❶ **글자 모양** : 글자 모양 서식만 복사합니다.

❷ **문단 모양** : 문단 모양 서식만 복사합니다.

❸ **글자 모양과 문단 모양 둘 다 복사** : 글자 모양과 문단 모양 서식 모두 복사합니다.

3 제목에 설정된 글자 모양과 문단 모양이 복사되면 **아래쪽 제목을 드래그**하여 블록 지정하고 **[편집] 탭**에서 **[모양 복사]**를 클릭합니다.

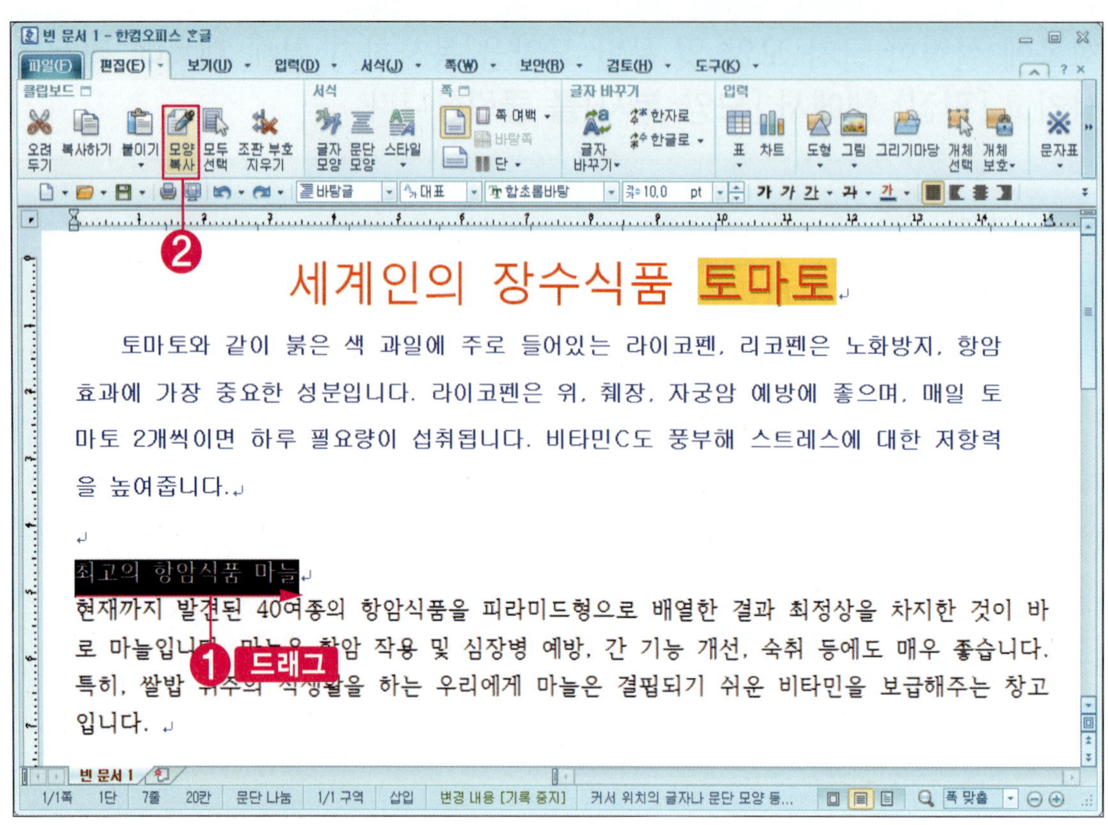

4 위쪽 제목에서 복사한 글자 모양 및 문단 모양이 아래쪽 제목에 지정됩니다.

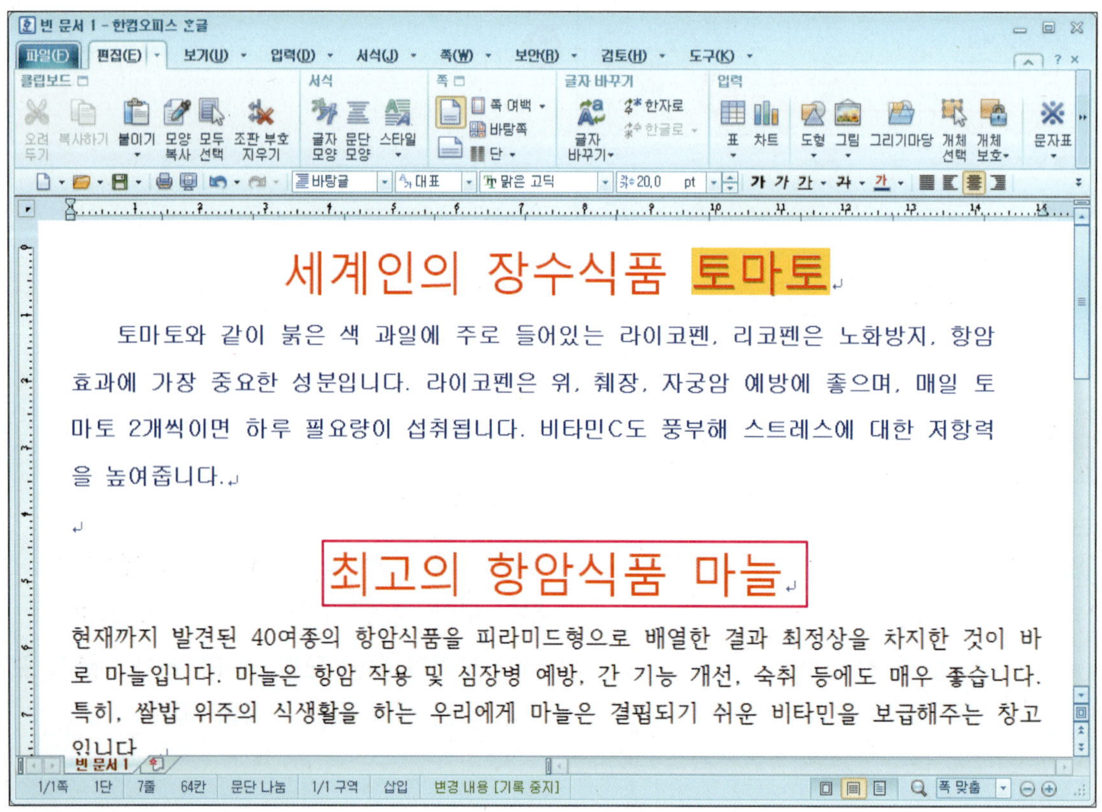

5 같은 방법으로 **위쪽 내용에 커서를 위치**하고 [편집] 탭에서 [모양 복사]를 클릭합니다.

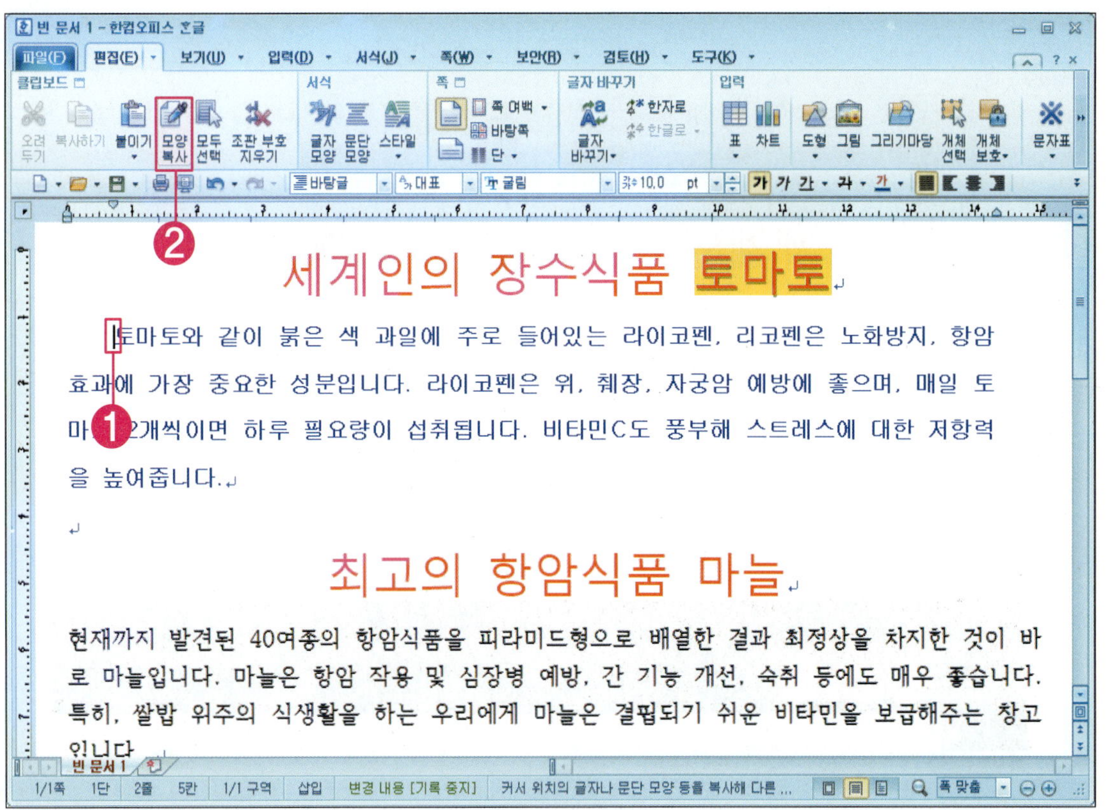

6 [모양 복사] 대화상자가 나타나면 **[글자 모양과 문단 모양 둘 다 복사]**를 선택하고 **[복사]** 단추를 클릭합니다.

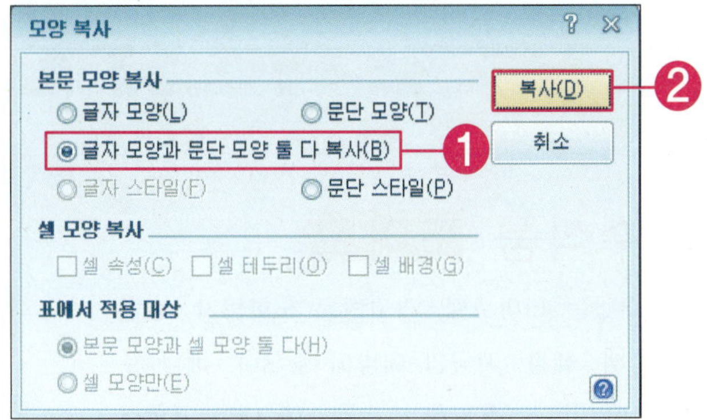

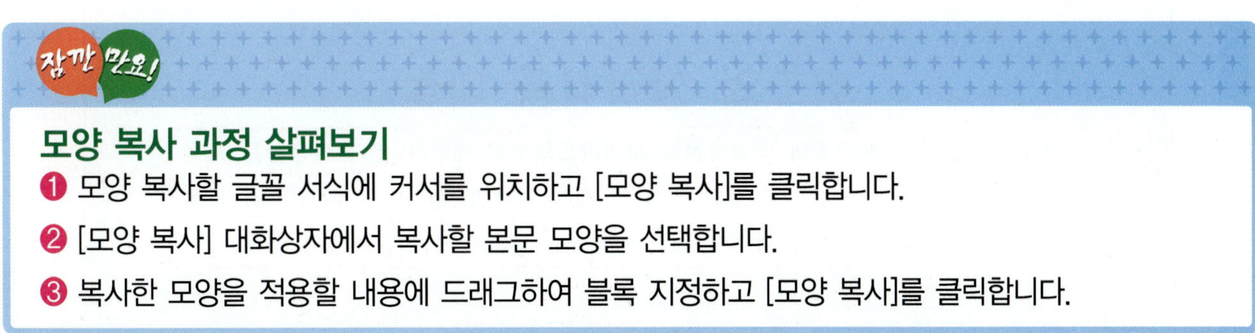

모양 복사 과정 살펴보기
❶ 모양 복사할 글꼴 서식에 커서를 위치하고 [모양 복사]를 클릭합니다.
❷ [모양 복사] 대화상자에서 복사할 본문 모양을 선택합니다.
❸ 복사한 모양을 적용할 내용에 드래그하여 블록 지정하고 [모양 복사]를 클릭합니다.

7 내용에 설정된 글자 모양과 문단 모양이 복사되면 **아래쪽 내용을 드래그하여** 블록 지정하고 **[편집] 탭에서 [모양 복사]를 클릭**합니다.

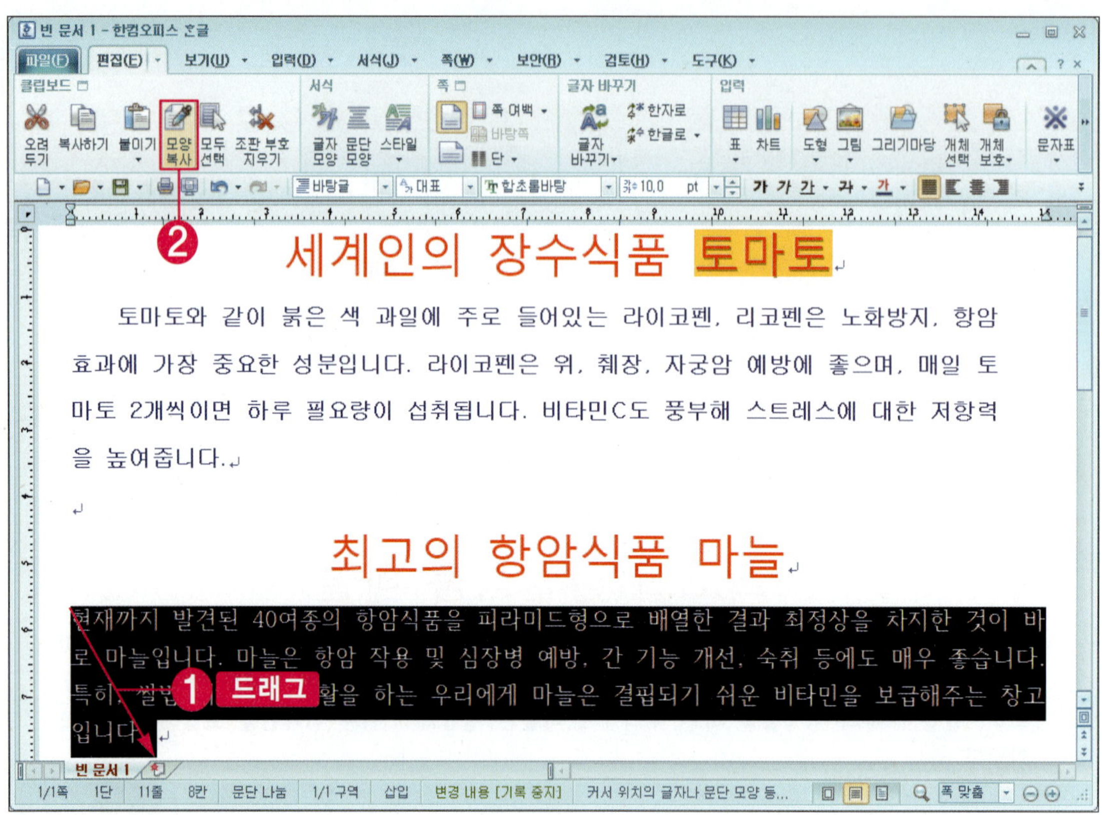

8 위쪽 내용에서 복사한 글자 모양 및 문단 모양이 아래쪽 내용에 지정됩니다.

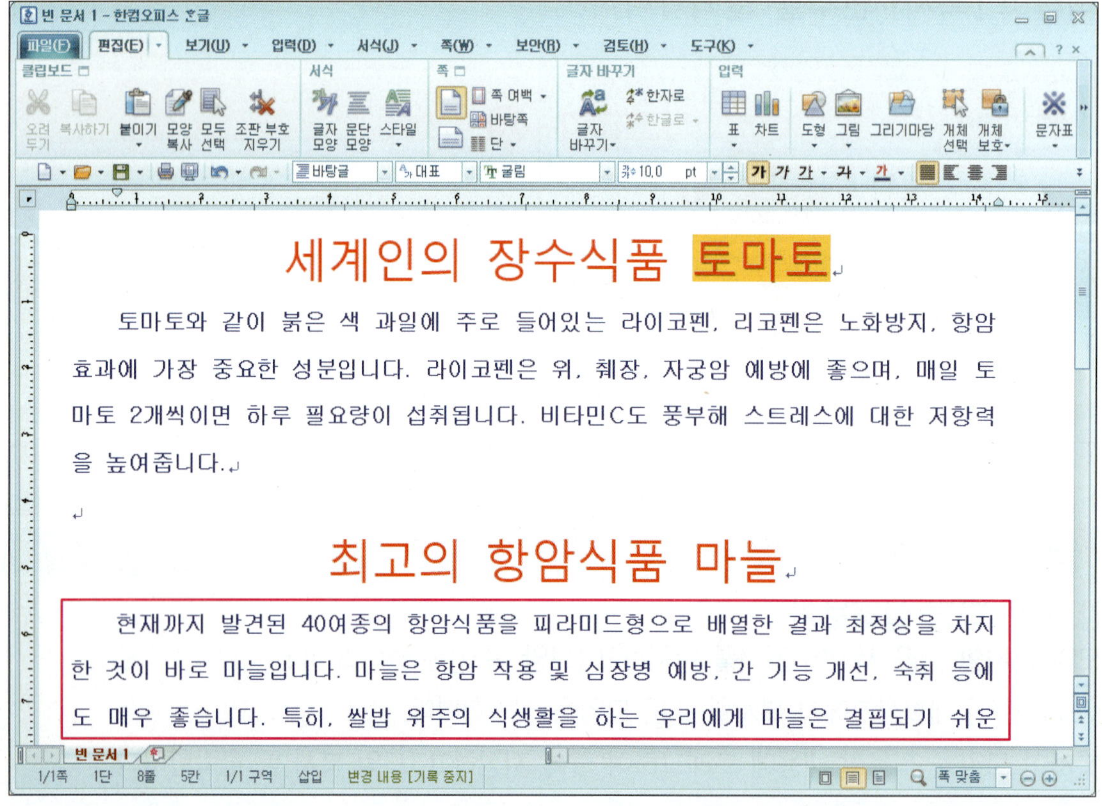

문단 테두리 및 배경 지정하기

❶ [보기] 탭에서 [쪽 윤곽]을 클릭하여 문서 전체가 표시되도록 수정합니다.

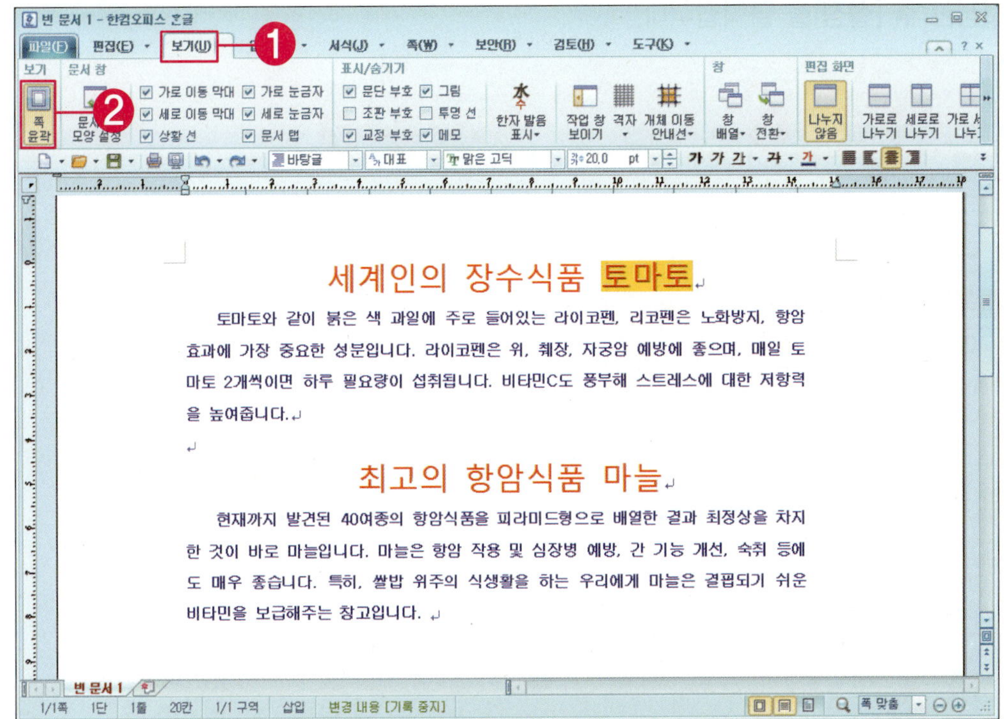

❷ 위쪽 두 개의 문단 내용을 드래그하여 블록 지정하고 [서식] 메뉴의 [문단 모양]을 클릭합니다.

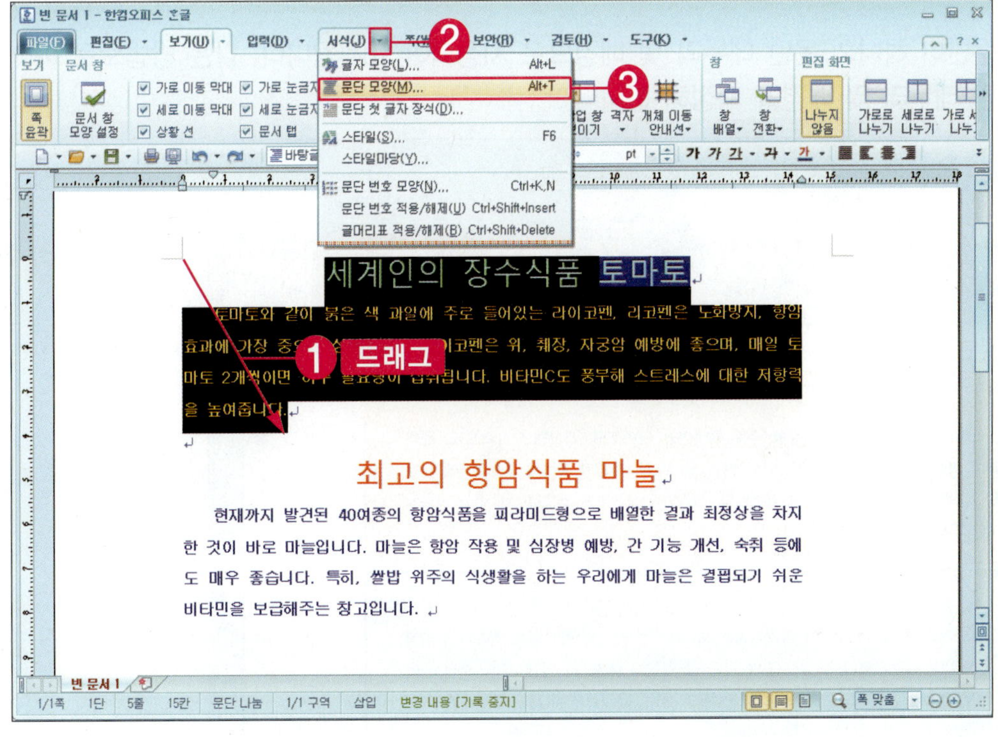

❸ [문단 모양] 대화상자가 나타나면 [테두리/배경] 탭에서 종류(실선), 굵기(0.4mm), 색(빨강) 등을 지정하고 [문단 테두리 연결]을 체크 표시한 다음 면 색(노랑), 간격(왼쪽/오른쪽/위쪽/아래쪽 – 2mm) 등을 지정한 후 [설정]을 클릭합니다.

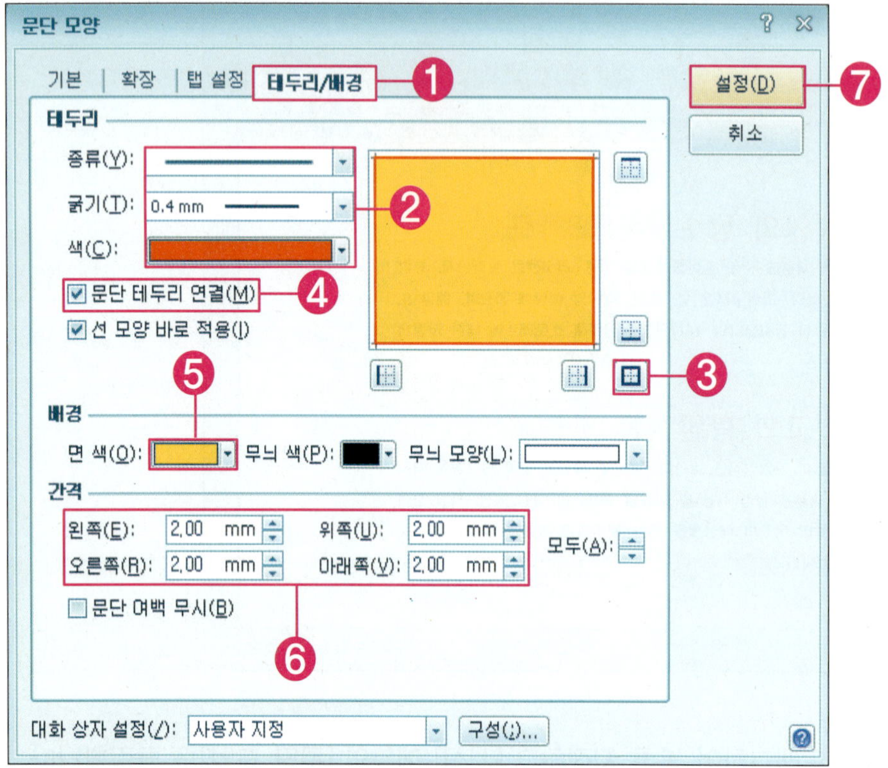

❹ 블록 지정한 문단이 하나의 문단 테두리 및 배경으로 지정되어 표시됩니다. 같은 방법으로 아래쪽 내용에 문단 테두리 및 배경을 지정해 봅니다.

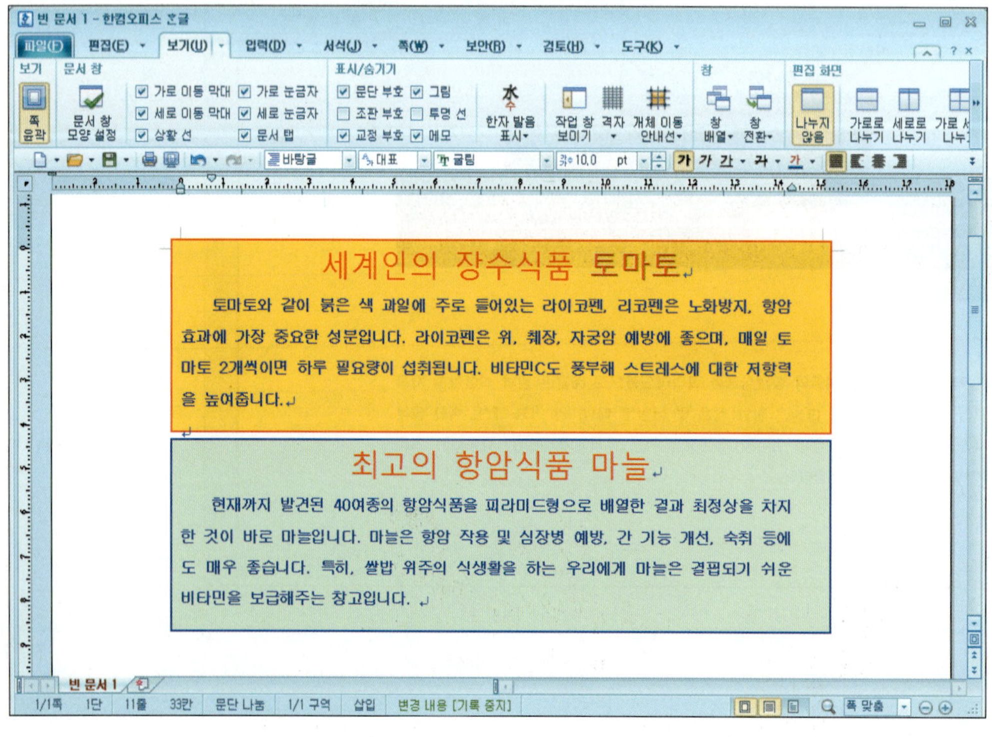

01 다음과 같이 문서를 작성하고 글자 모양과 문단 모양을 수정해 보세요.

- 글자 모양 : 제목(HY헤드라인M, 15pt), 내용(맑은 고딕, 10pt, 굵게, 기울임, 글자색(녹색))
- 문단 모양 : 제목(가운데 정렬), 내용(왼쪽/오른쪽 여백 : 20, 내어쓰기 : 10)

뇌기능을 향상시키는 고등어

고등어에는 단백질, 지방, 칼슘, 인, 나트륨, 칼륨, 비타민A, B, D 등의 영양소가 풍부합니다. 또한 생선에만 들어있는 특수 영양소인 EPA와 DHA가 많이 함유되어 노인성 치매에 좋고 콜레스테롤 대사를 원활하게 해 줌으로써 혈액순환과 함께 심장과 혈관의 근육수축을 조절하고 우리몸이 정상적인 혈압을 유지하도록 돕습니다.

호흡기 면역을 키워주는 고추
고추에는 비타민C가 굴보다 2~3배나 풍부하고 매운 맛을 내는 성분인 캡사이신은 신진대사를 증진시켜 다이어트에 좋습니다. 또한 고추에 함유된 또 다른 성분인 베타카로틴은 호흡기 계통의 감염에 저항력을 높이고 면연력을 증진시켜 질병의 회복을 빠르게 합니다.

Hint

렉스미디어 홈페이지(www.rexmedia.net)의 [자료실]–[대용량 자료실]에 예제 파일을 미리 입력하여 준비하였습니다.

02 모양 복사 기능을 이용하여 위쪽 내용을 아래쪽 내용에 적용해 보세요.

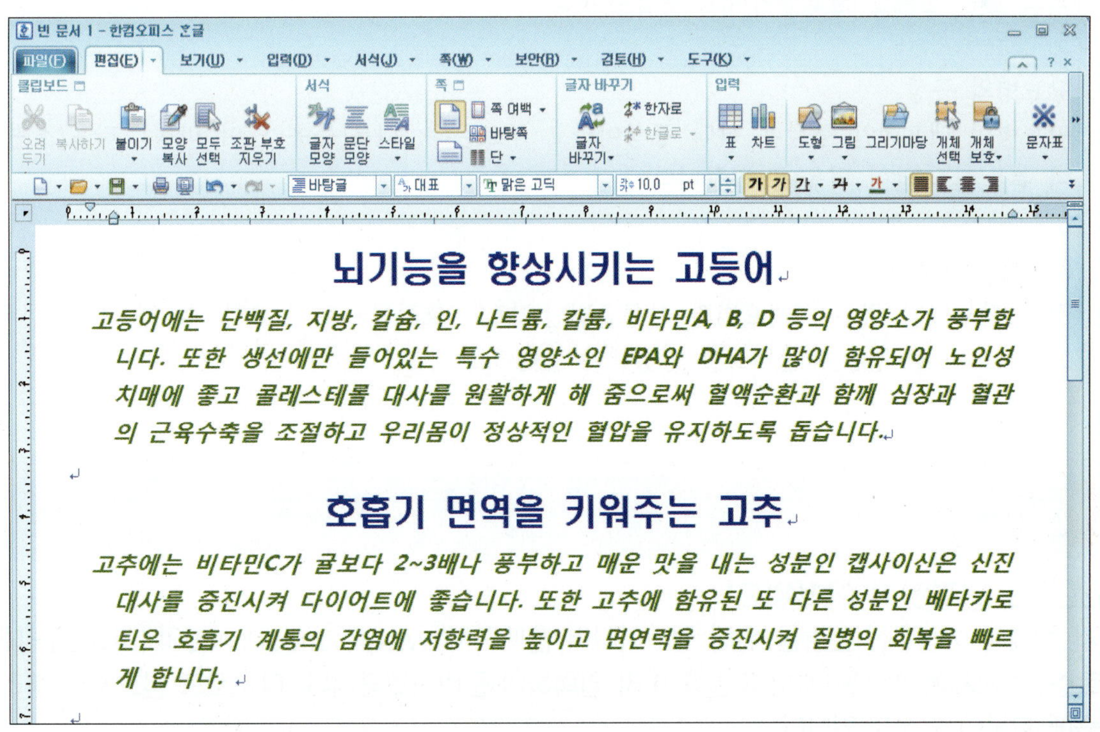

다양한 문자 삽입하기

Chapter
03

키보드로 입력할 수 없는 다양한 특수 문자는 [문자표 입력] 대화상자를 이용하며, 한자는 한글을 입력한 다음 한자를 눌러 바꿉니다. 만약 한자 변환시 단어로 등록되어 있지 않은 경우 한자 단어 등록 후 사용할 수 있습니다. 그럼 이번에는 특수 문자 및 한자의 입력 방법과 문서의 특정 부분을 이동, 복사, 삭제하는 방법에 대해서 알아보겠습니다.

Step · 01 특수 문자 입력하기

1 빈 문서에 다음과 같이 내용을 입력합니다.

당뇨병의 정의↵
당뇨병이란 소변으로 포도당이 배출된다고 하여 붙여진 병으로 췌장에서 분비되는 인슐린이 모자라거나 제대로 일을 못하는 상태가 되면 혈당이 상승하게 되며 이로 인해 혈당이 지속적으로 높은 상태를 당뇨병이라고 부릅니다.↵
↵
당뇨병의 증상↵
당뇨병의 대표적인 증상은 삼다 증상이라고 부르는데, 다음(물을 많이 마심), 다뇨(소변을 많이 봄), 다식(많이 먹음)을 말합니다.↵
↵
당뇨병의 치료↵
경한 당뇨병의 경우 식사요법과 운동요법만으로도 효과적으로 치료할 수 있으며, 이 두가지 요법으로 안될 경우 약물치료를 병행해야 합니다.↵

잠깐만요!

텍스트를 입력하기 어려워요!
문서 작성에 어려우신 분들을 위해 렉스미디어 홈페이지(www.rexmedia.net)의 [자료실]−[대용량 자료실]에 교재에 관련된 예제 파일을 미리 입력하여 준비하였습니다. 다운로드 받으시면 따라하기 연습에 도움이 되실 것입니다.

2 특수 문자를 삽입하기 위해 **"당뇨병의 정의"** 단어 앞에 커서를 위치 시키고 [입력] 메뉴의 [문자표]를 클릭합니다.

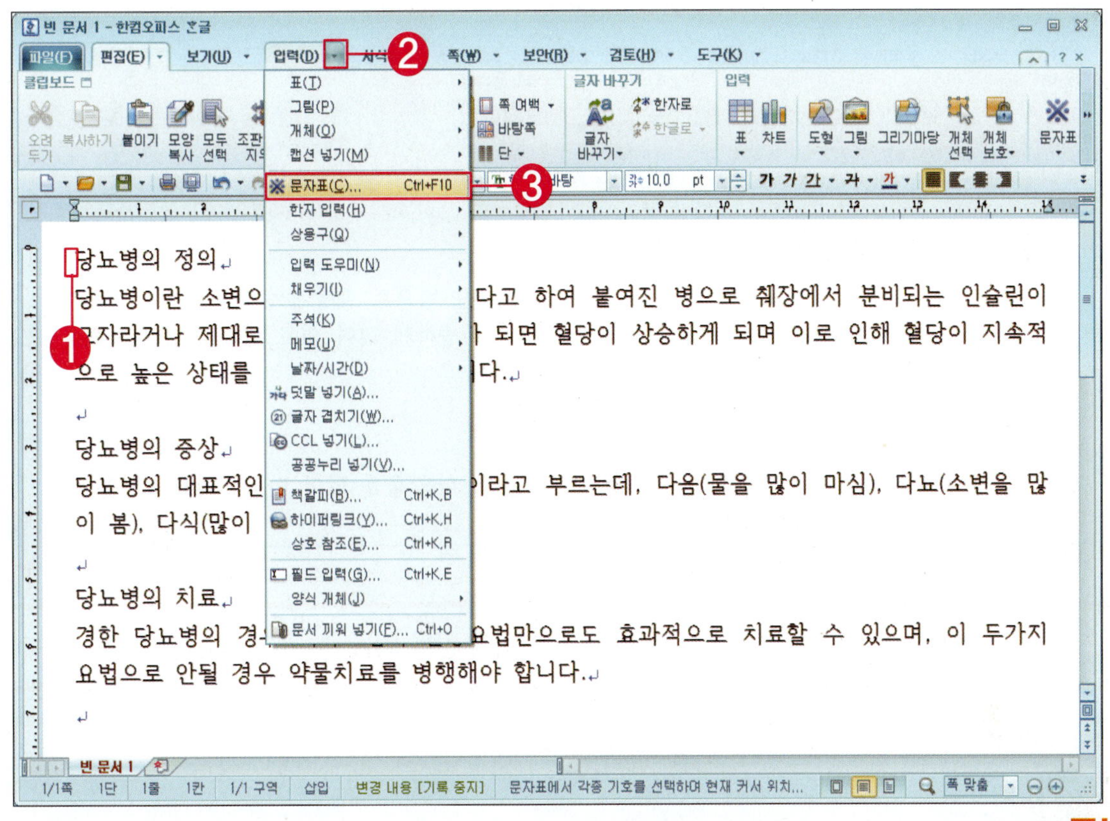

3 [문자표 입력] 대화상자가 나타나면 [훈글(HNC) 문자표] 탭에서 [전각 기호 (일반)] 영역의 원하는 **특수 문자를 선택**하고 [넣기] 단추를 클릭합니다.

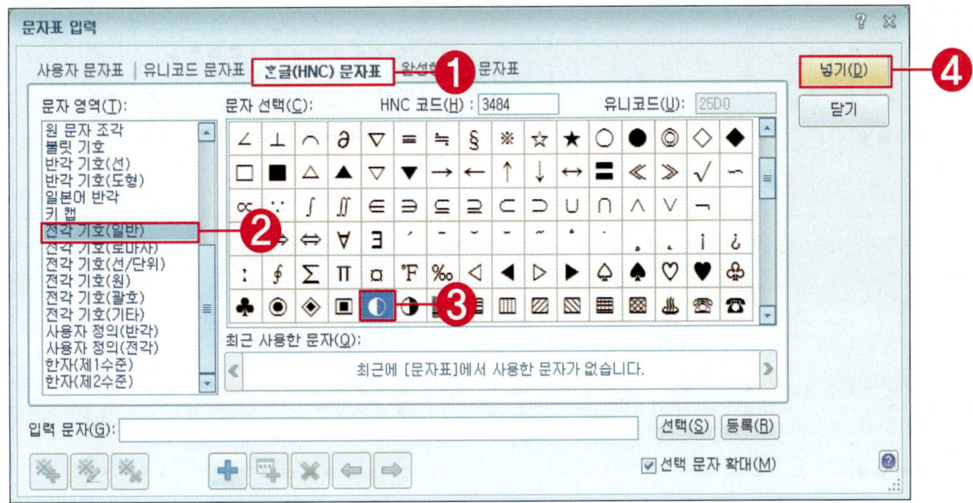

4 커서의 위치에 선택한 특수 문자가 입력됩니다. 같은 방법으로 단어 뒤에 특수 문자를 입력합니다.

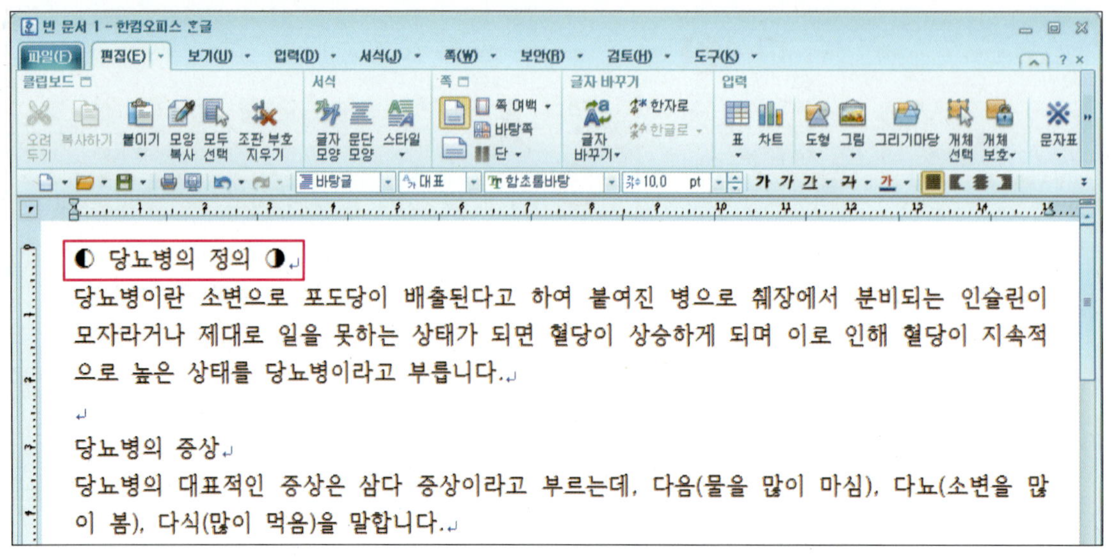

Tip

키보드의 SpaceBar 를 누르면 특수 문자와 단어 사이에 칸을 띄울 수 있습니다.

잠깐만요!

[문자표 입력] 대화상자 살펴보기

[문자표 입력] 대화상자의 [사용자 문자표], [유니코드 문자표], [한글(HNC) 문자표], [완성형(KS) 문자표] 등은 유니코드, HNC 코드, KS 코드 등으로 분류하여 놓은 특수 문자 목록으로 어떤 탭에서든지 원하는 특수 문자를 선택하고 [넣기] 단추를 클릭하면 특수 문자를 삽입할 수 있습니다.

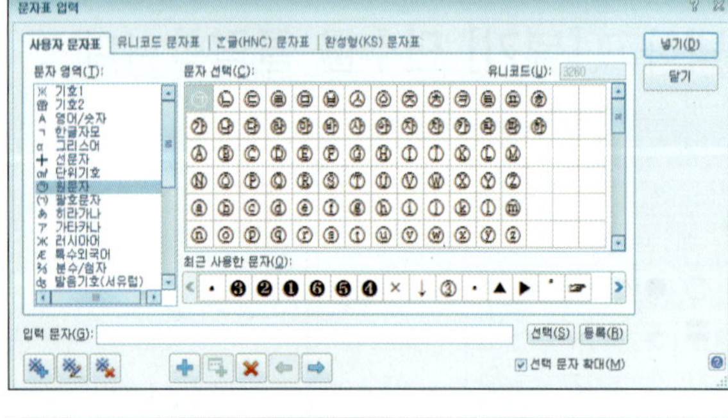
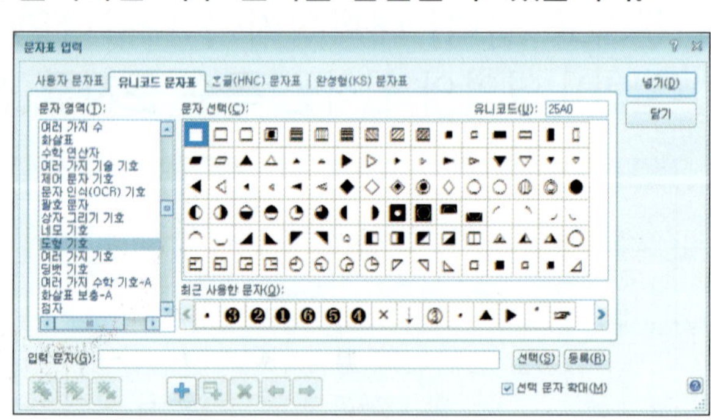
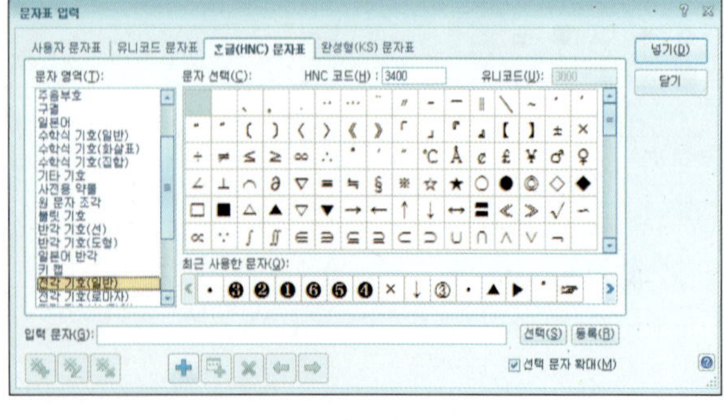
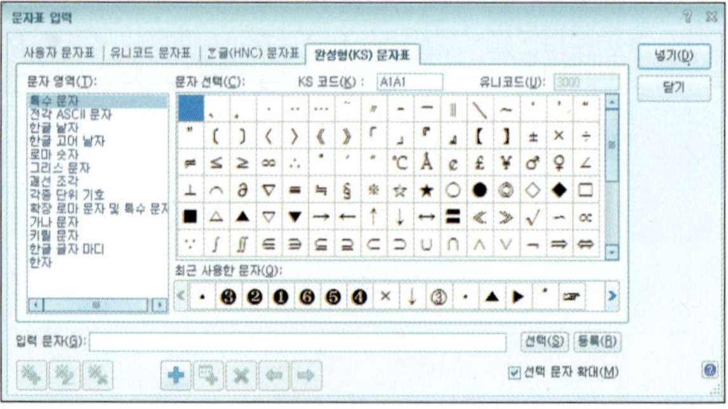

5 특수 문자를 한꺼번에 삽입하기 위해 **"당뇨병의 증상"** 단어 앞에 커서를 위치 시키고 **[입력] 탭에서 [문자표]–[문자표]를 클릭**합니다.

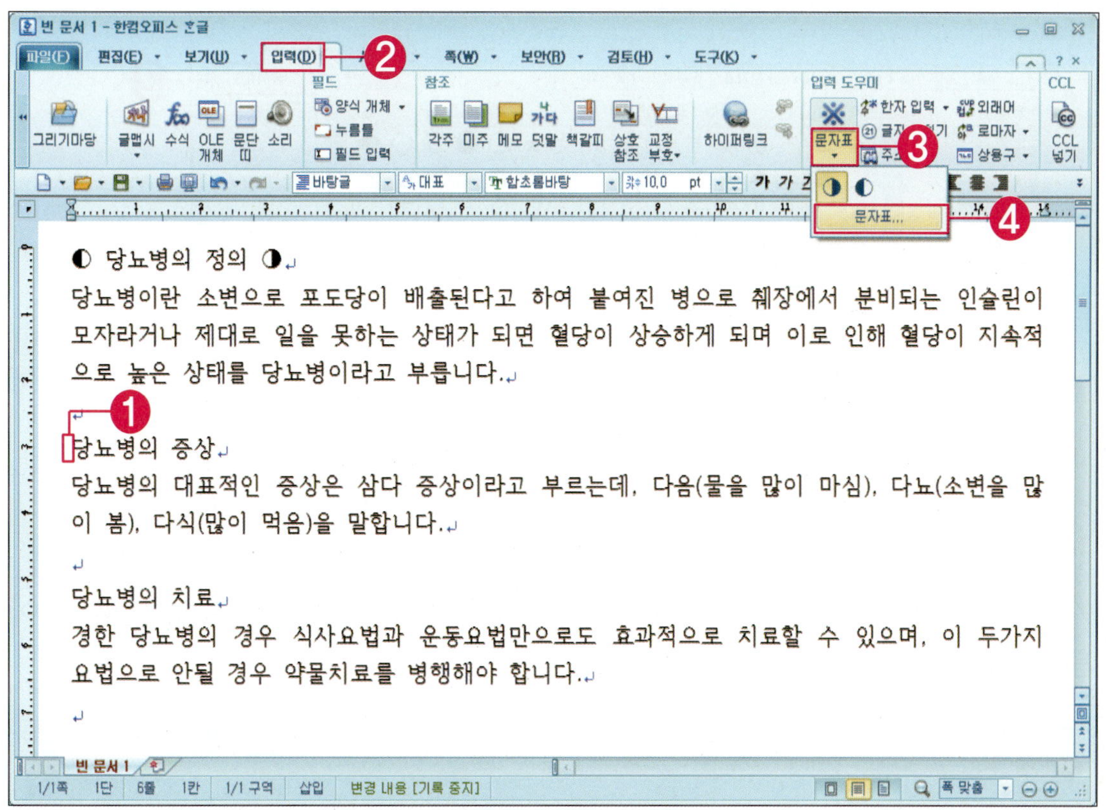

6 [문자표 입력] 대화상자가 나타나면 [한글(HNC) 문자표] 탭에서 [전각 기호(일반)] 영역의 **원하는 특수 문자를 더블클릭**하여 입력 문자에 표시되는지 확인합니다.

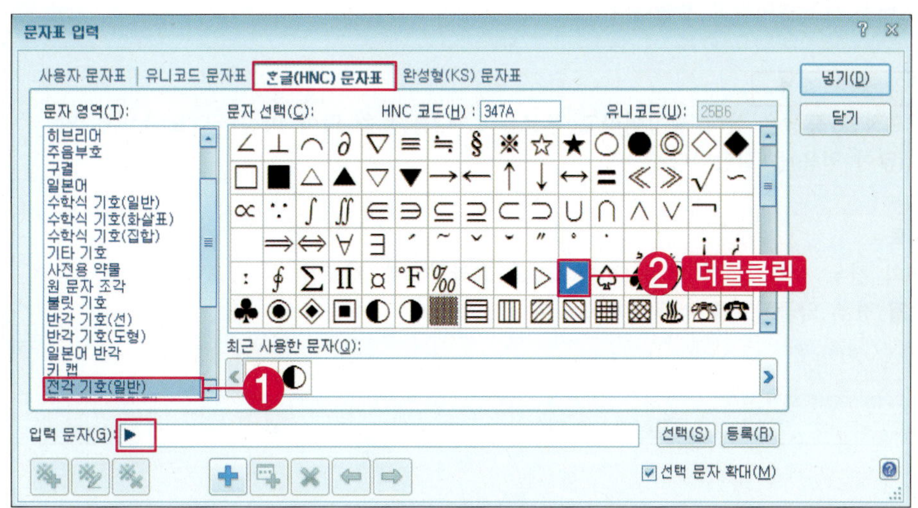

7 같은 방법으로 원하는 **특수 문자를 더블클릭하여 입력 문자에 표시**한 다음 [넣기] 단추를 클릭합니다.

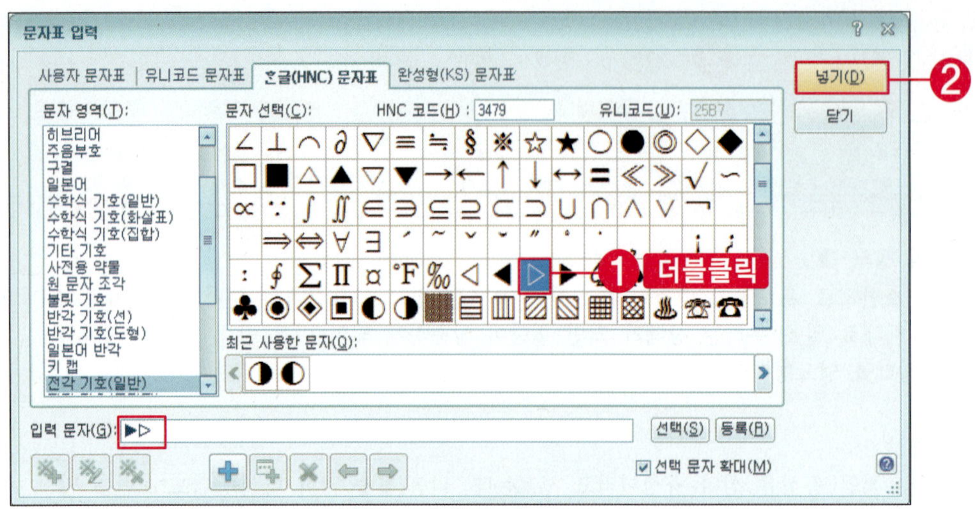

8 커서의 위치에 특수 문자가 한꺼번에 표시됩니다. 같은 방법으로 단어 뒤에 특수 문자를 입력합니다.

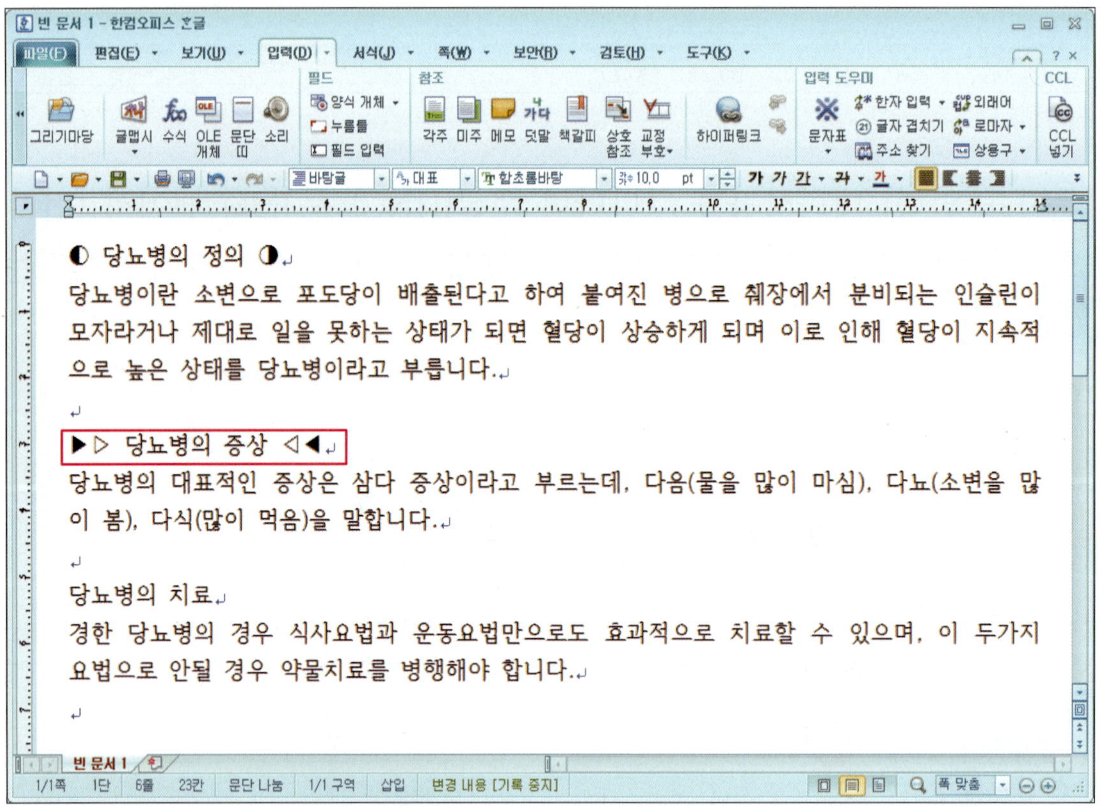

9 글자 겹치기를 통해 특수 문자를 삽입하기 위해 **"당뇨병의 치료"** 단어 앞에 커서를 위치 시키고 [입력] 메뉴의 [글자 겹치기]를 클릭합니다.

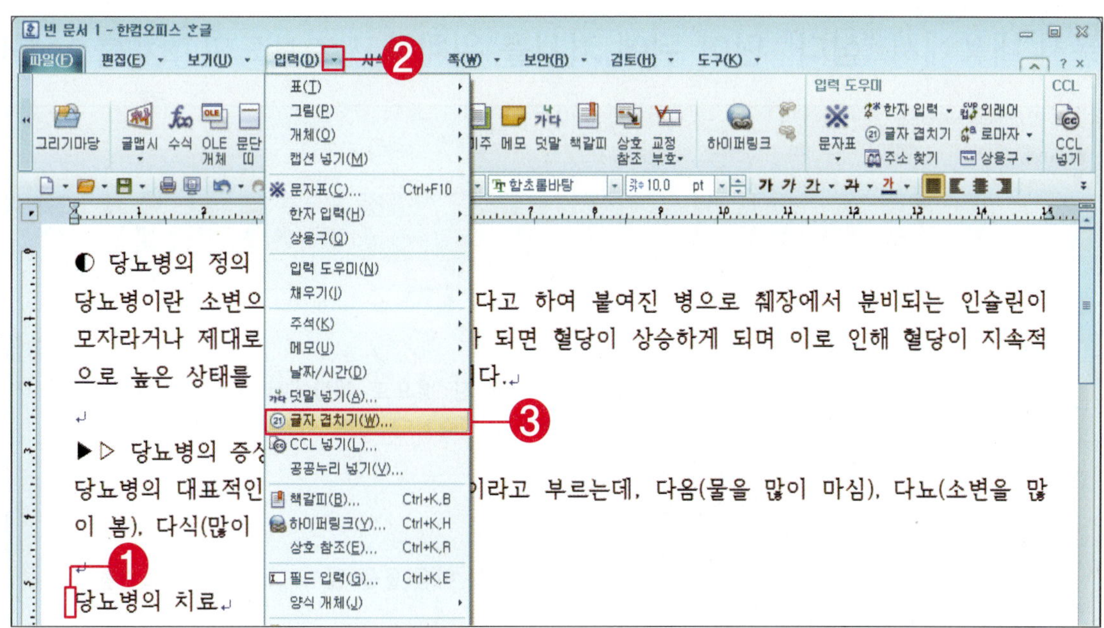

10 [글자 겹치기] 대화상자가 나타나면 [모양과 겹치기] 및 ① 모양을 선택하고 글자 크기 조절(90), 겹쳐 쓸 글자(90)를 지정한 다음 [넣기] 단추를 클릭합니다.

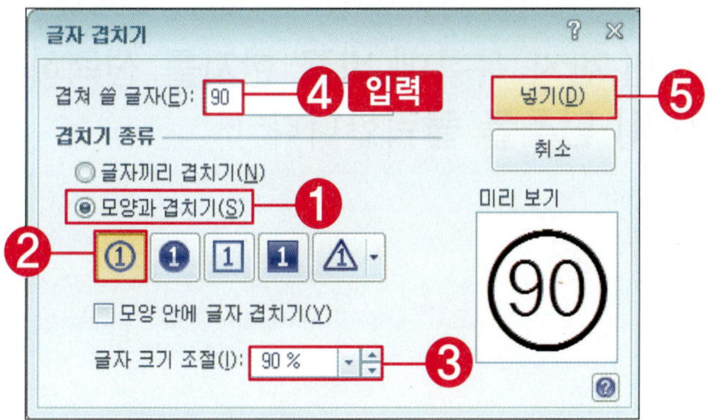

11 커서의 위치에 특수 문자가 입력됩니다. 같은 방법으로 단어 뒤에 특수 문자를 입력합니다.

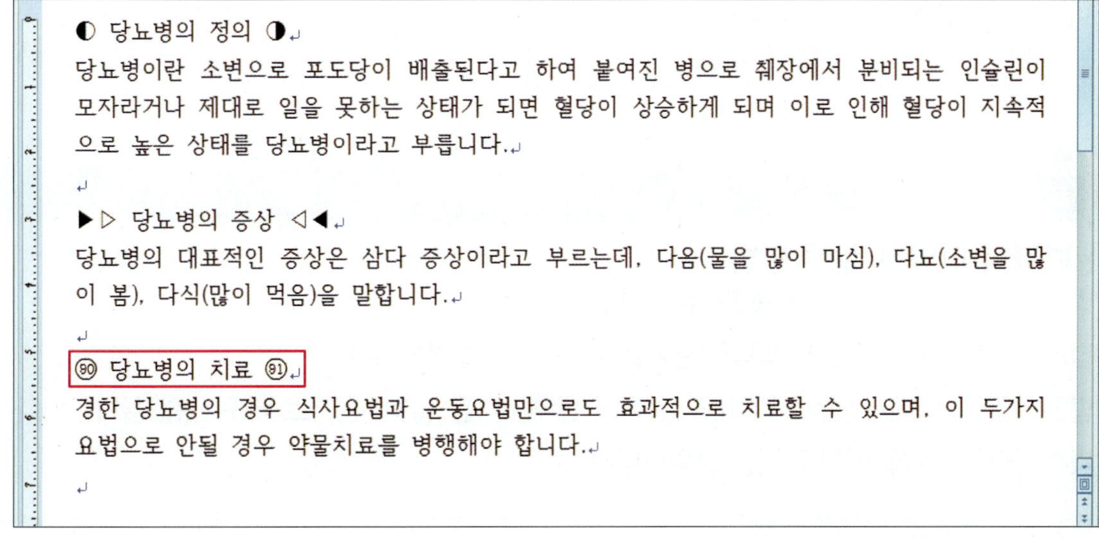

1 문서 내용에서 "삼다" 단어 뒤에 커서를 위치하고 키보드의 [한자]를 누릅니다.

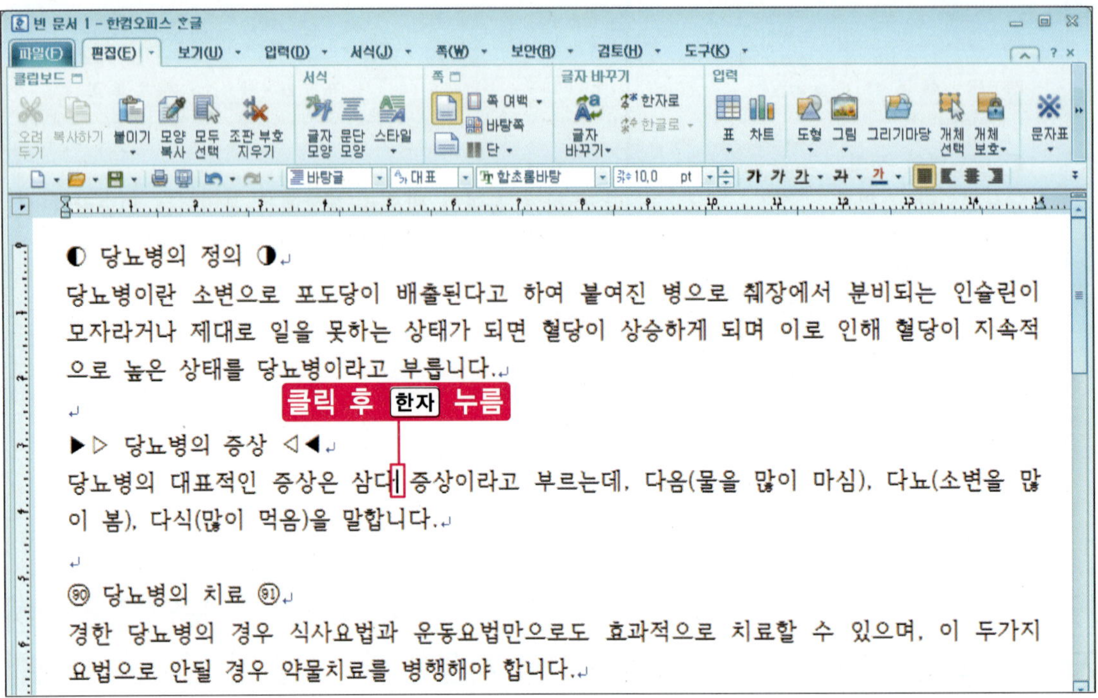

2 [한자로 바꾸기] 대화상자가 나타나면 한자 목록에 **바꿀 한자를 선택**하고 **입력 형식(漢字)을 선택**한 다음 **[바꾸기] 단추를 클릭**합니다.

한자 변경의 다양한 실행 방법

- **방법1** : 키보드의 [한자] 또는 [F9]를 누릅니다.
- **방법2** : [입력] 메뉴의 [한자 입력]–[한자로 바꾸기]를 클릭합니다.
- **방법3** : [입력] 탭에서 [한자 입력] 또는 목록 단추(▼)를 눌러 [한자로 바꾸기]를 클릭합니다.
- **방법4** : [편집] 탭에서 [한자로]를 클릭합니다.

3 한글로 입력된 "삼다" 단어가 한자(三多)로 바뀐 것을 확인할 수 있습니다.

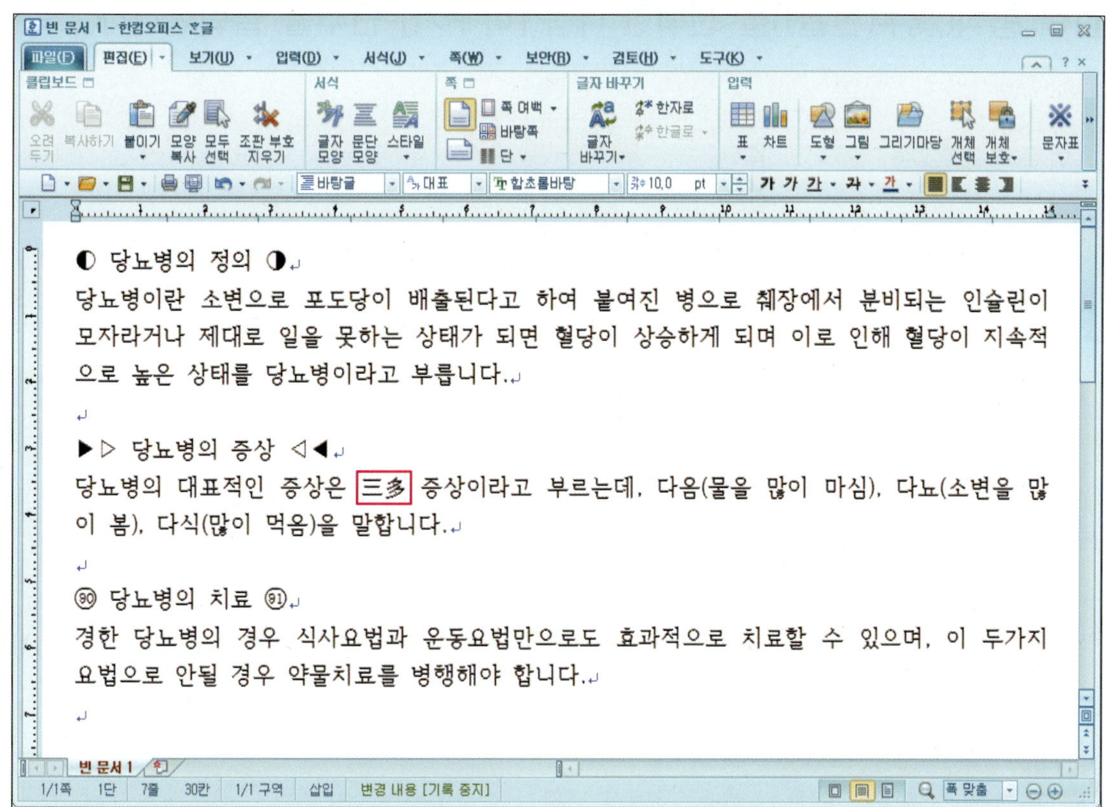

4 이번에는 **"다음"** 단어 뒤에 커서를 **위치**하고 키보드의 한자를 **누릅니다.**

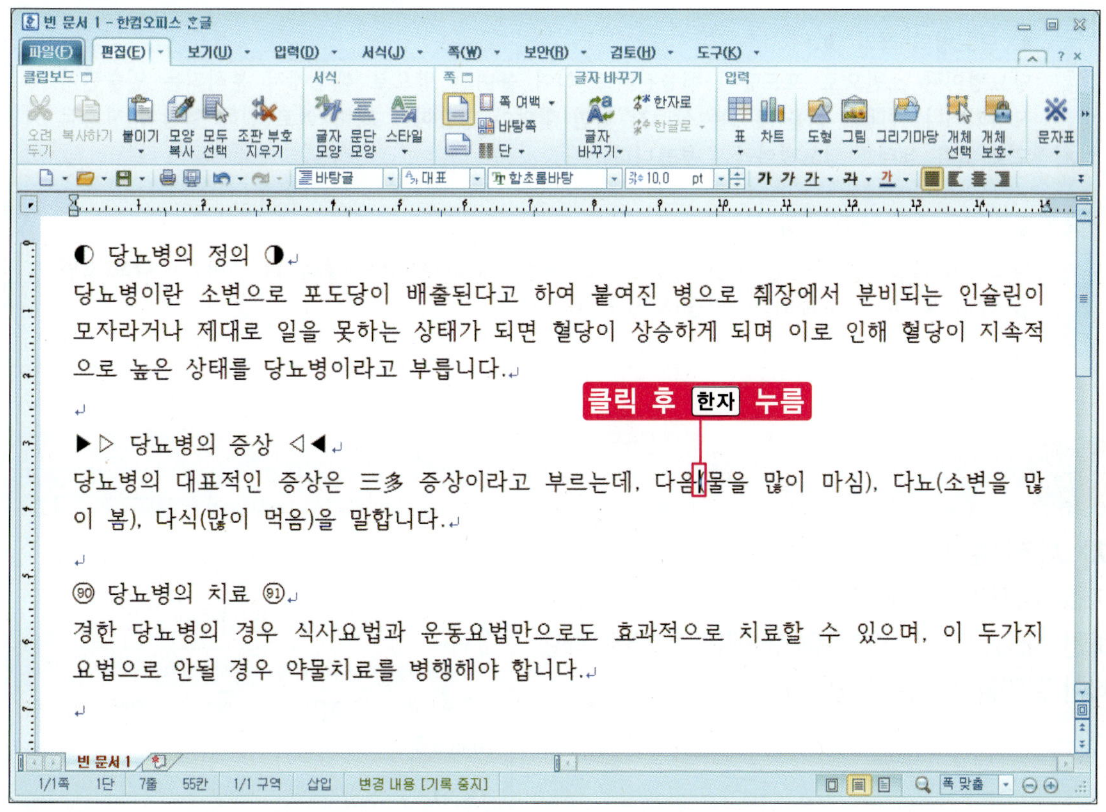

5 [한자로 바꾸기] 대화상자가 나타나면 한자 목록에서 **바꿀 한자를 선택**하고 **입력 형식(漢字(한글))을 선택**한 다음 [바꾸기] 단추를 클릭합니다.

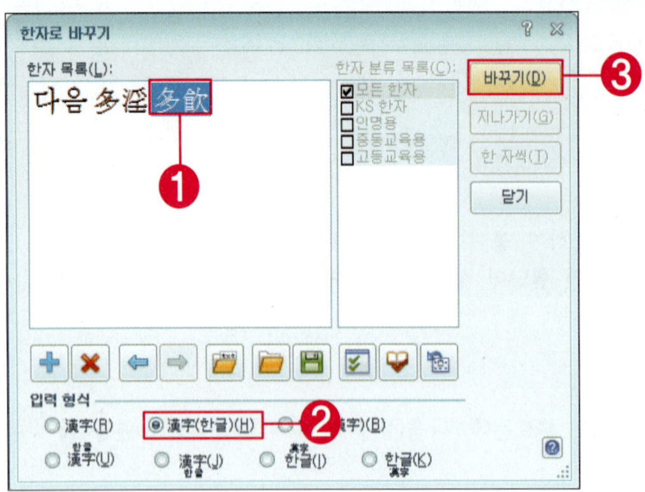

6 "다음" 단어가 "多飮(다음)"으로 바뀐 것을 확인할 수 있습니다. 같은 방법으로 "다식" 단어를 "다식(多食)"으로 바꿉니다.

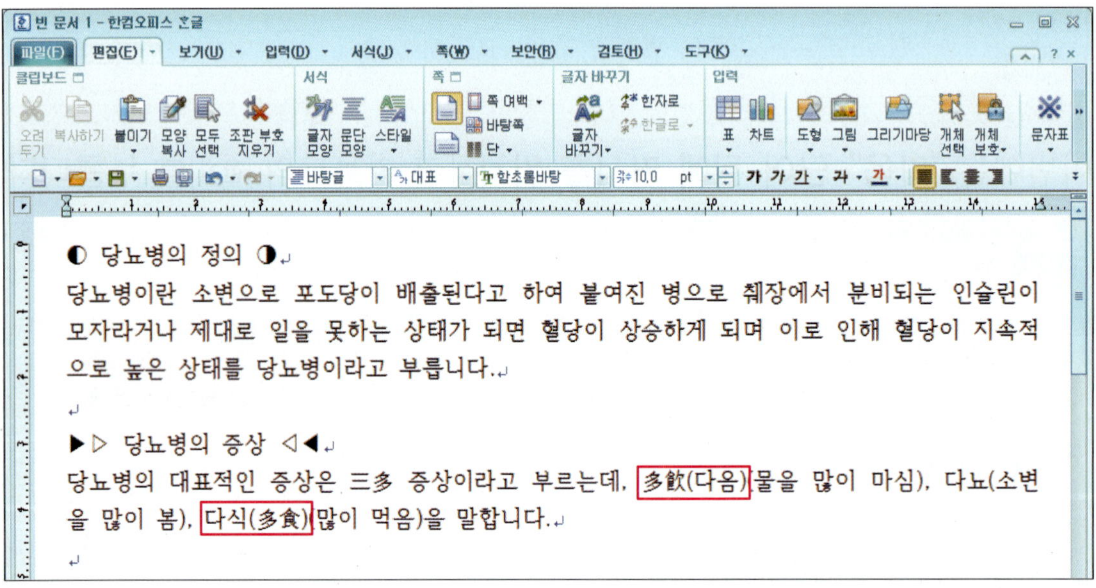

한자 자전 보기

[한자로 바꾸기] 대화상자의 [자전 보이기]를 클릭하면 대화상자의 아래쪽에 선택한 한자에 대한 자세한 설명을 볼 수 있습니다.

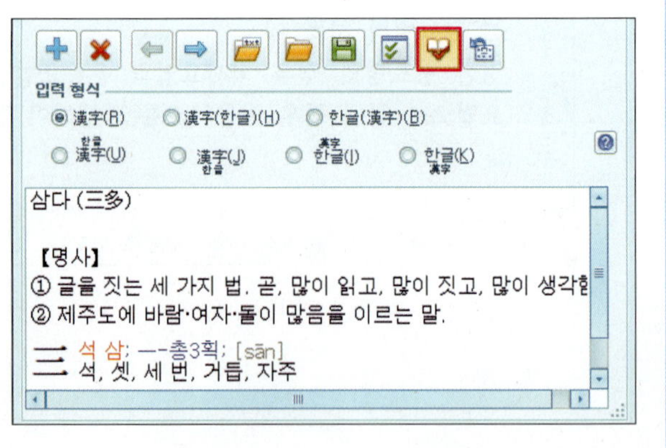

7 "다뇨" 단어가 등록되어 있지 않아 한꺼번에 바뀌지 않을 경우 등록을 위해 단어 뒤에 커서를 위치하고 **[입력] 메뉴의 [한자 입력]–[한자 단어 등록]을** 클릭합니다.

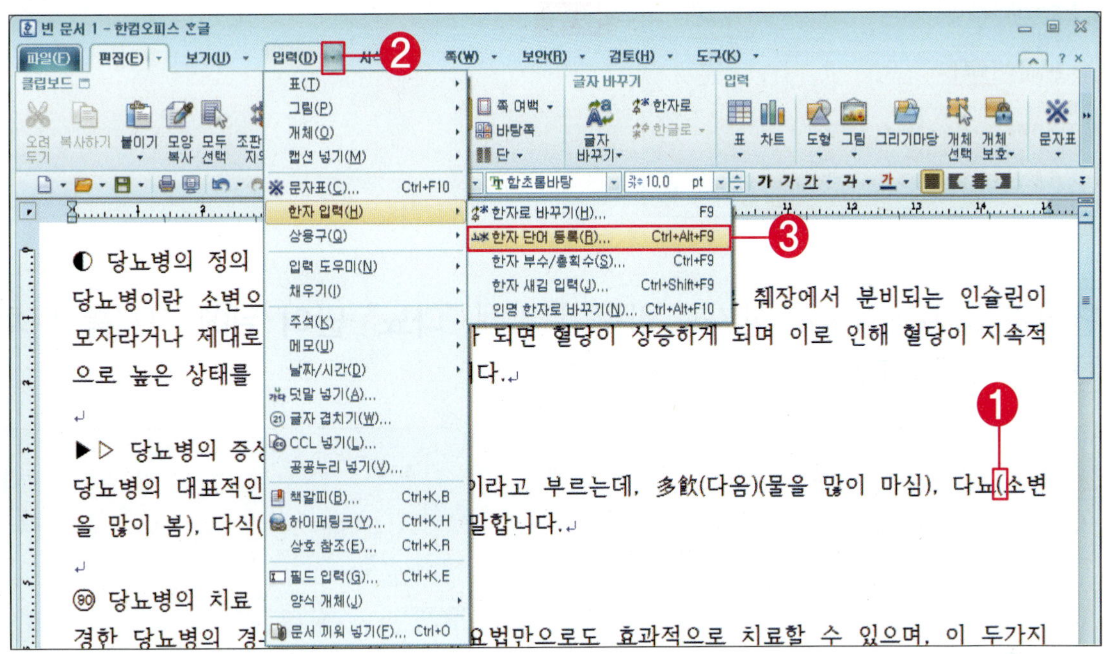

8 [한자 단어 등록] 대화상자가 나타나면 **[한 글자씩 연속 바꾸기]를 선택**하고 **[한자로] 단추를 클릭**합니다.

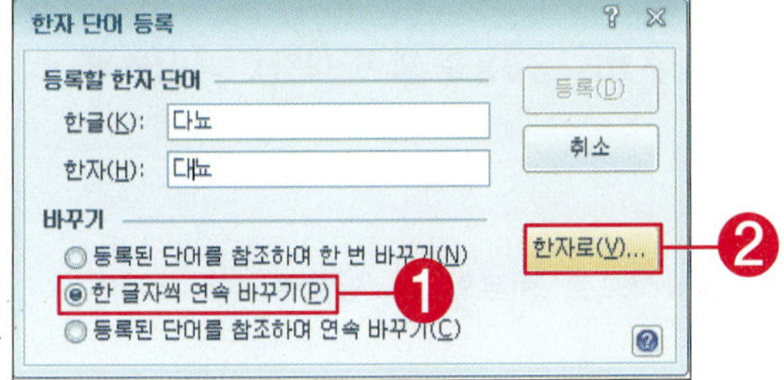

9 [한자로 바꾸기] 대화상자가 나타나면 **"다"에 해당하는 한자(多)를 선택**하고 **[바꾸기] 단추를 클릭**합니다. 같은 방법으로 **"뇨"에 해당하는 한자(尿)를 선** 택하고 **[바꾸기] 단추를 클릭**합니다.

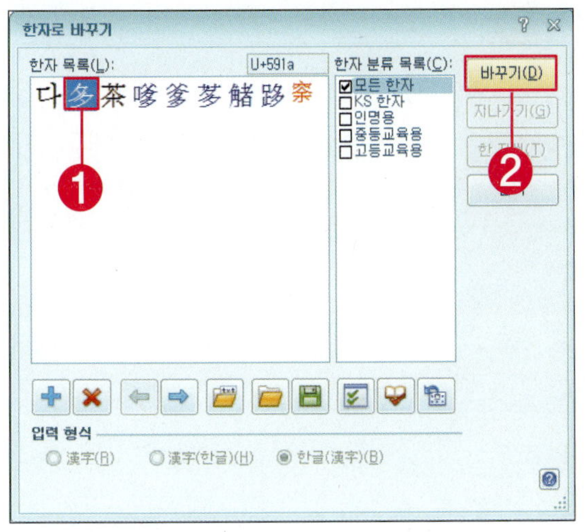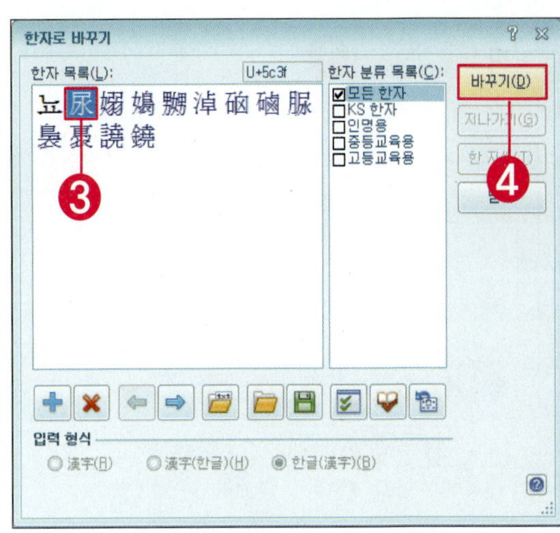

10 [한자 단어 등록] 대화상자에서 한글(다뇨)에 해당하는 한자(多尿)로 바뀌면 **[등록]** 단추를 클릭합니다.

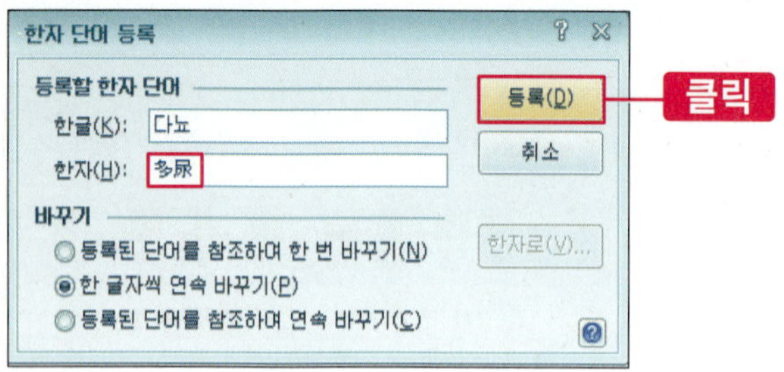

11 단어가 등록되었으면 한자로 바꾸기 위해 **"다뇨"** 단어 뒤에 커서를 위치하고 한자를 누릅니다.

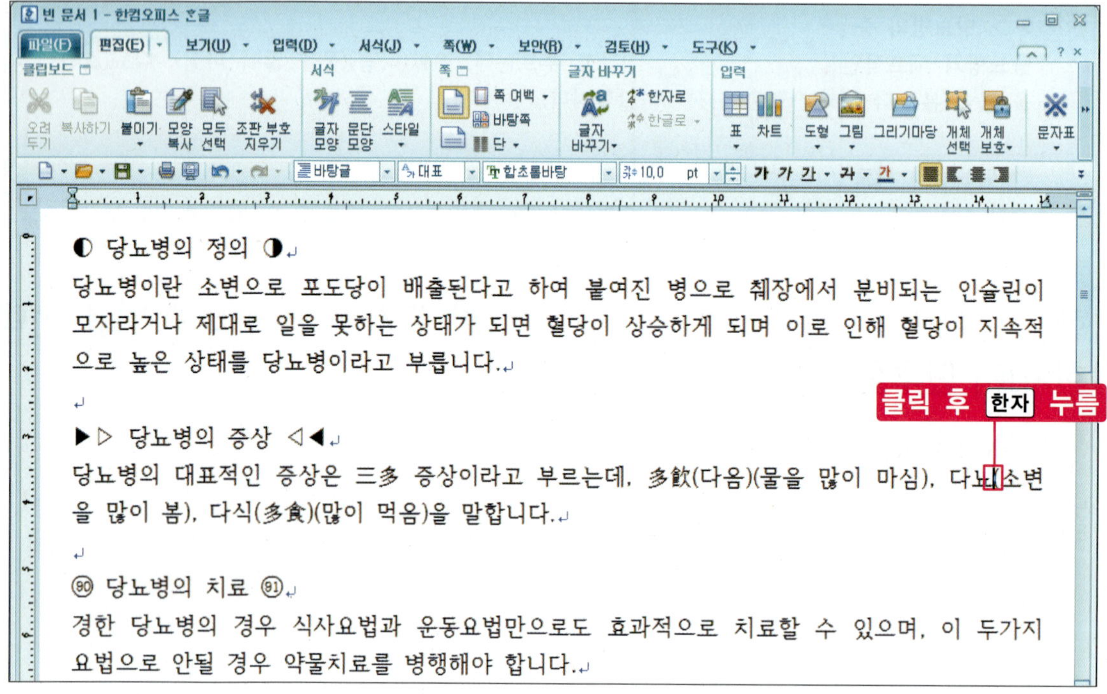

12 [한자로 바꾸기] 대화상자가 나타나면 한자 목록에서 **등록한 한자를 선택**하고 **입력 형식(漢字)을 선택**한 다음 [바꾸기] 단추를 클릭합니다.

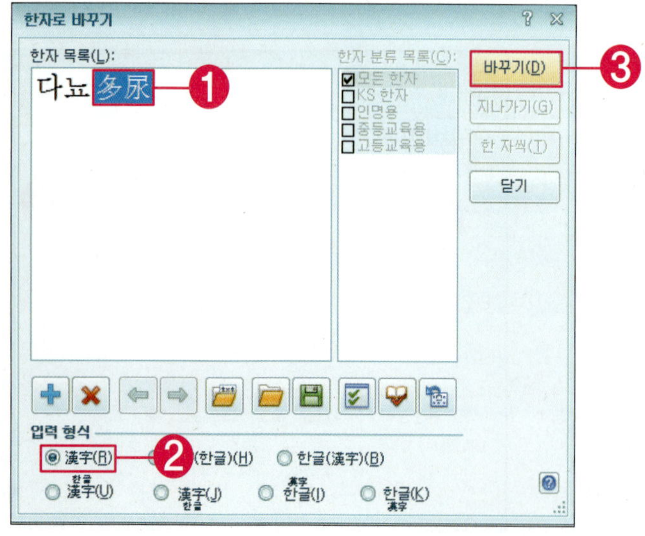

13 한글로 입력된 "다뇨" 단어가 **한자(多尿)로 바뀐** 것을 확인할 수 있습니다.

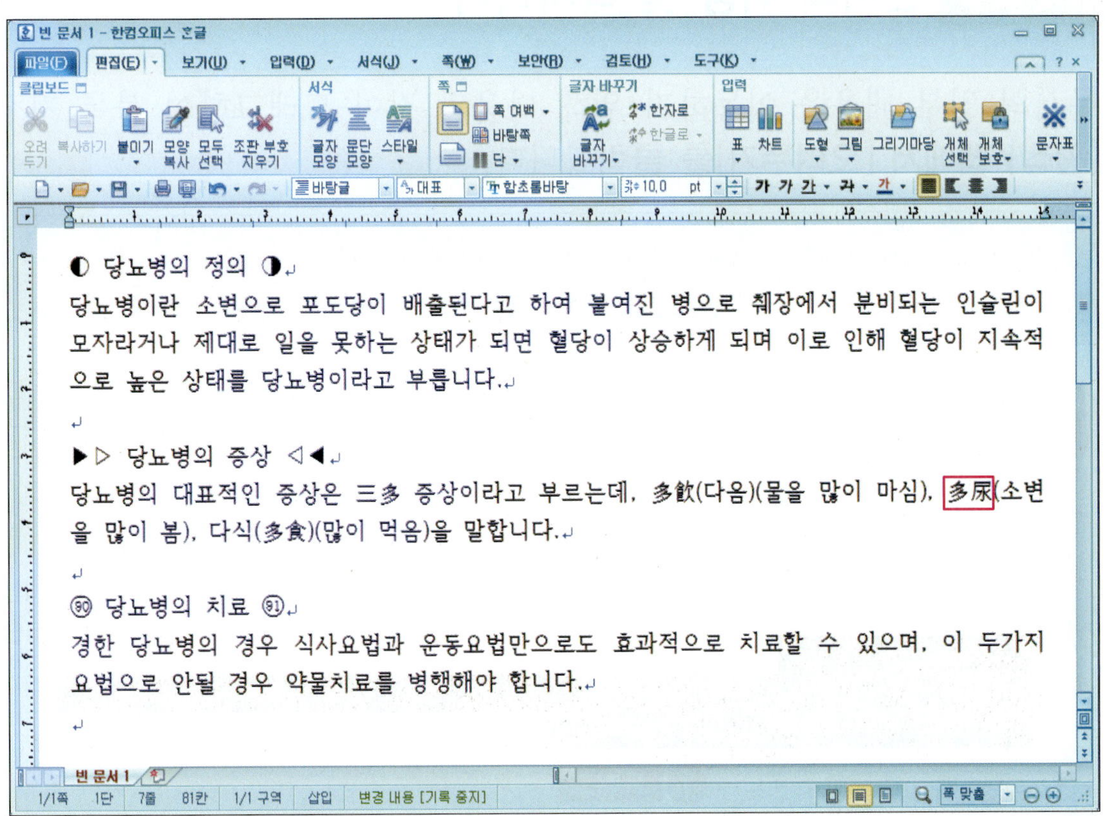

등록된 한자 단어 삭제하기

[한자로 바꾸기] 대화상자에서 삭제할 한자를 선택하고 ✖[단어 지우기]를 클릭하면 선택한 한자 단어를 지울 것인지 묻는 대화상자가 표시되고 [확인] 단추를 클릭하면 지울 수 있습니다.

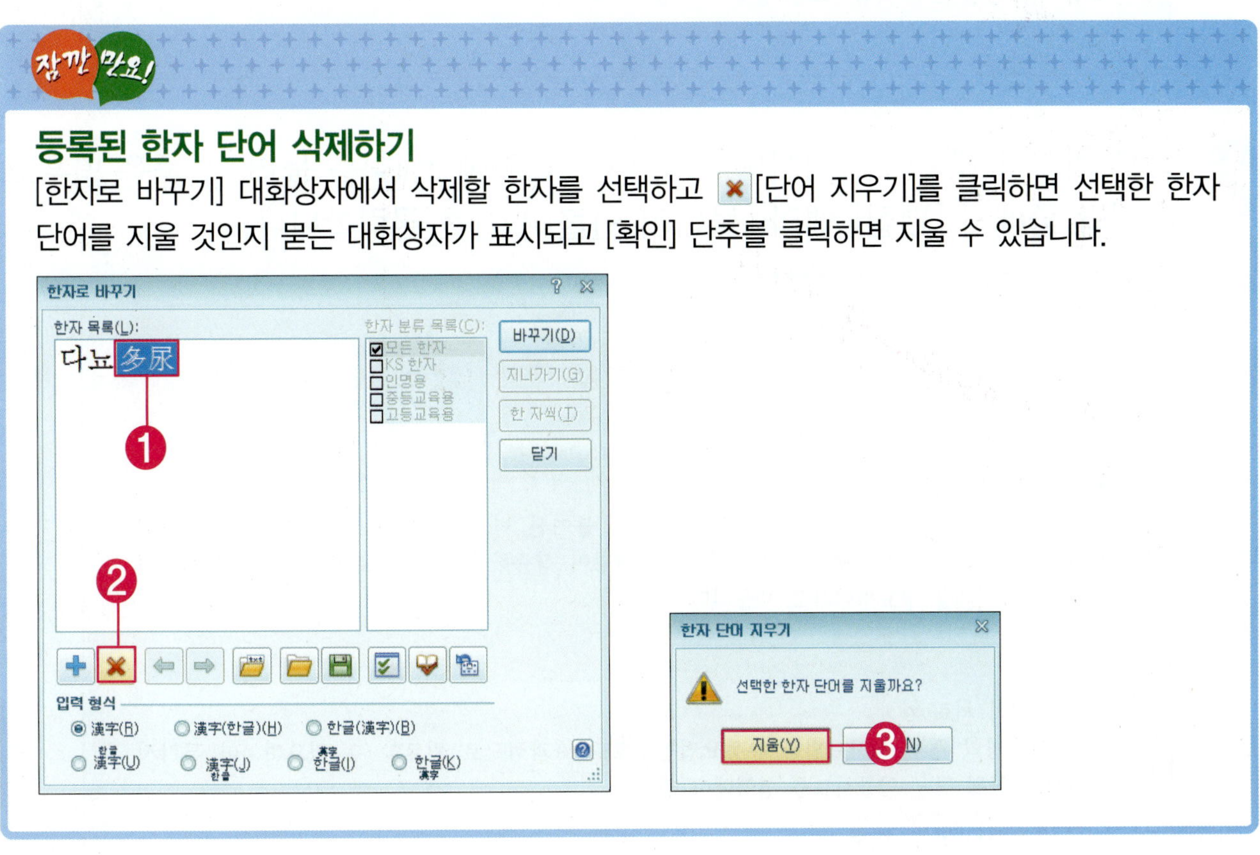

1 문서의 일부 내용을 이동하기 위해 다음과 같이 드래그하여 블록 지정하고
[편집] 탭에서 [오려두기]를 클릭합니다.

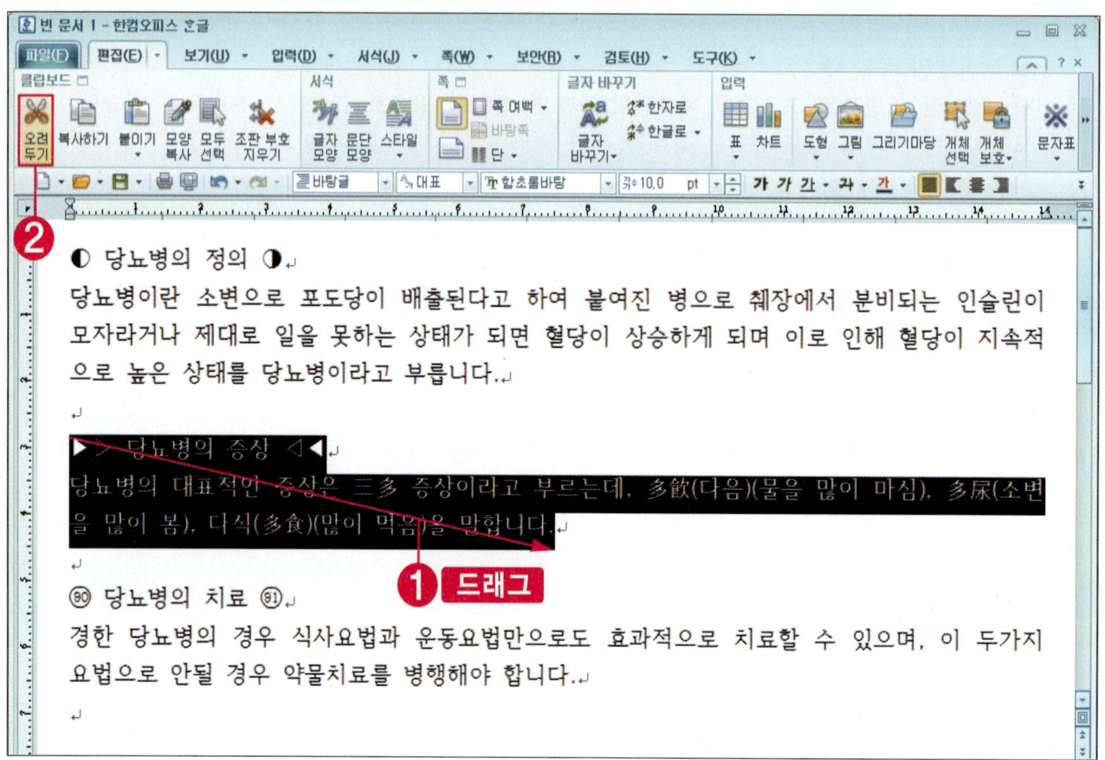

2 블록 지정한 내용이 감춰지면 문서 맨 아래쪽에 Enter 를 눌러 한 줄을 띄우고
마지막 줄에서 [편집] 탭의 [붙이기]-[붙이기]를 클릭합니다.

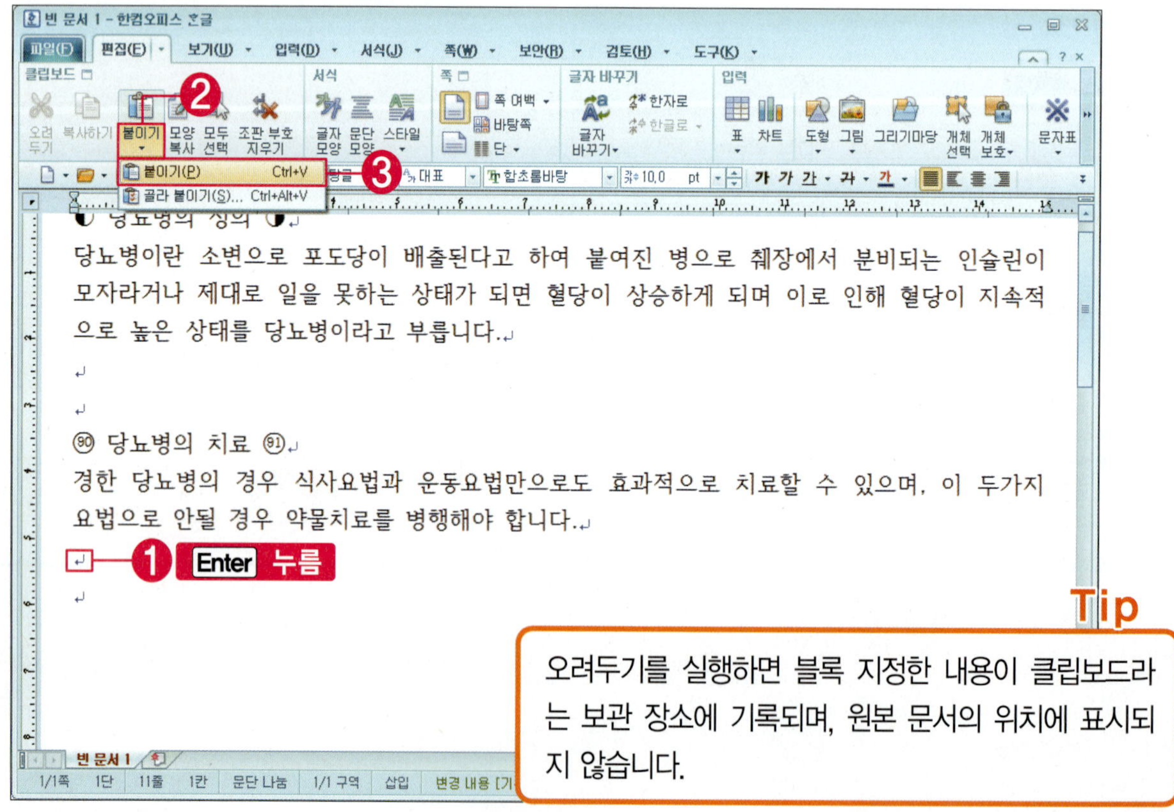

Tip

오려두기를 실행하면 블록 지정한 내용이 클립보드라는 보관 장소에 기록되며, 원본 문서의 위치에 표시되지 않습니다.

3 오려둔 내용이 문서의 아래쪽으로 이동된 것을 확인할 수 있습니다.

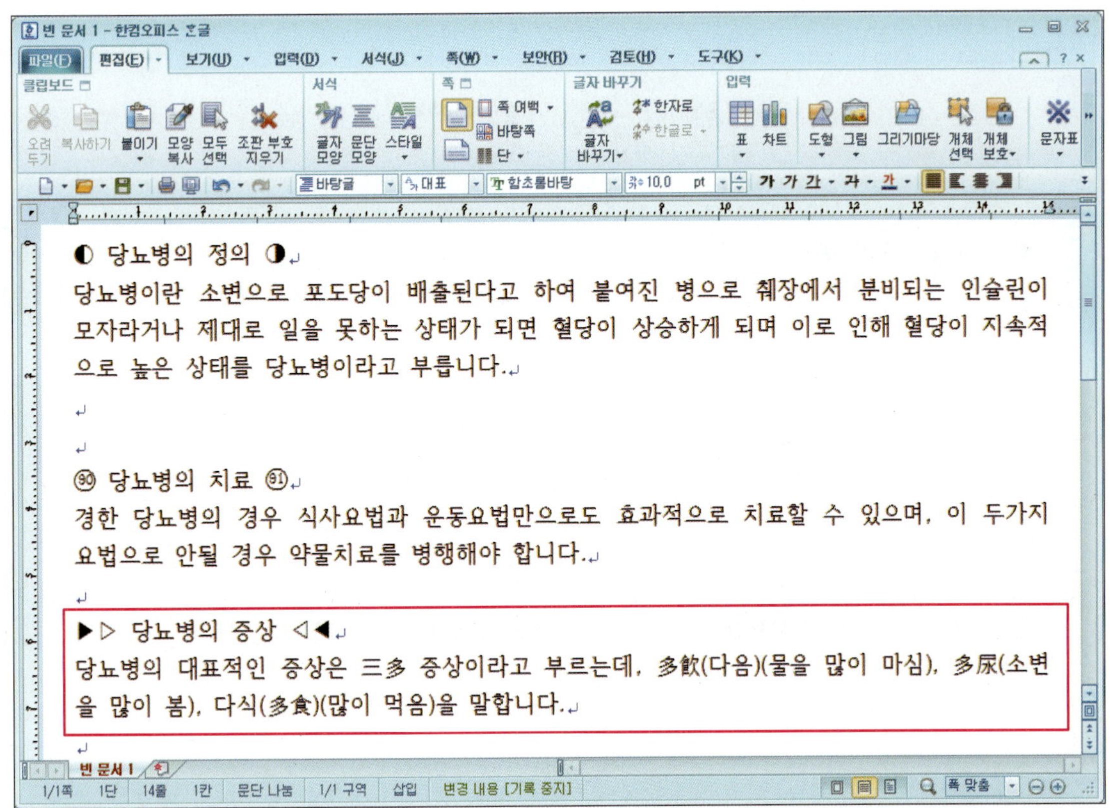

4 이번에는 **이동한 내용을 다시 드래그**하여 블록 지정하고 블록 지정된 범위 안에 마우스 포인터를 위치한 상태에서 **원래 있던 문서의 위치까지 마우스를 드래그**합니다.

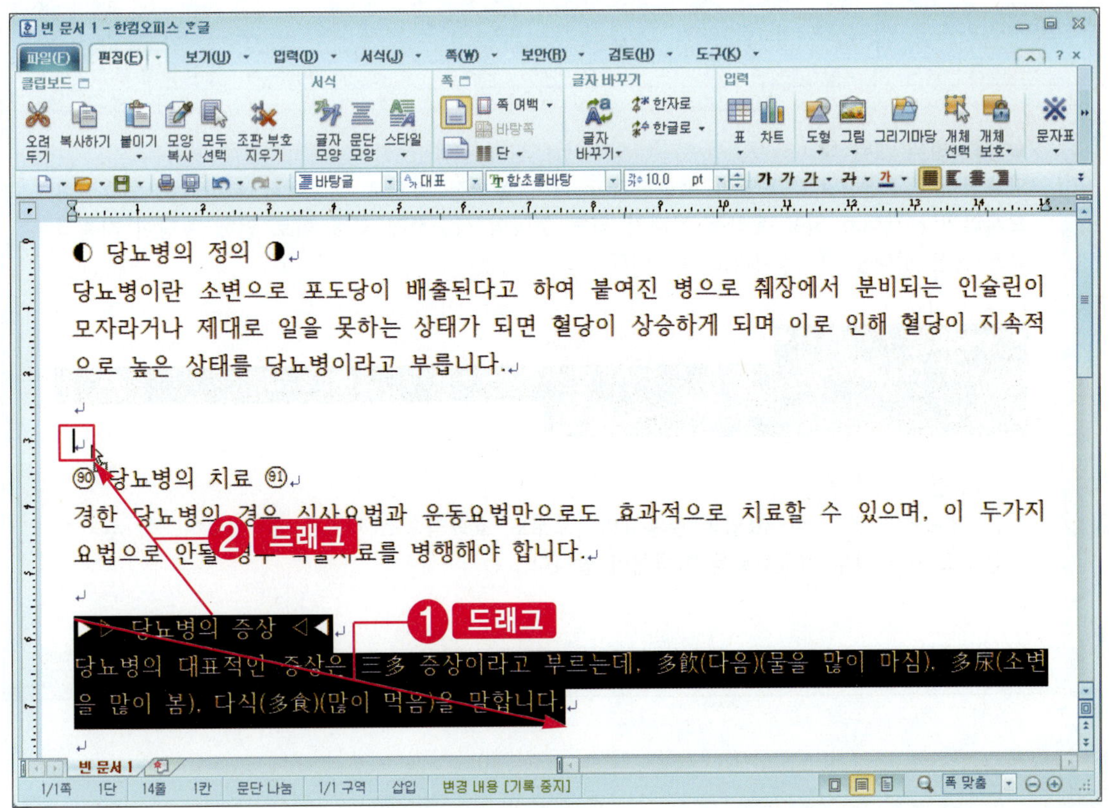

5 블록 지정한 내용이 원래의 위치로 이동된 것을 확인할 수 있습니다.

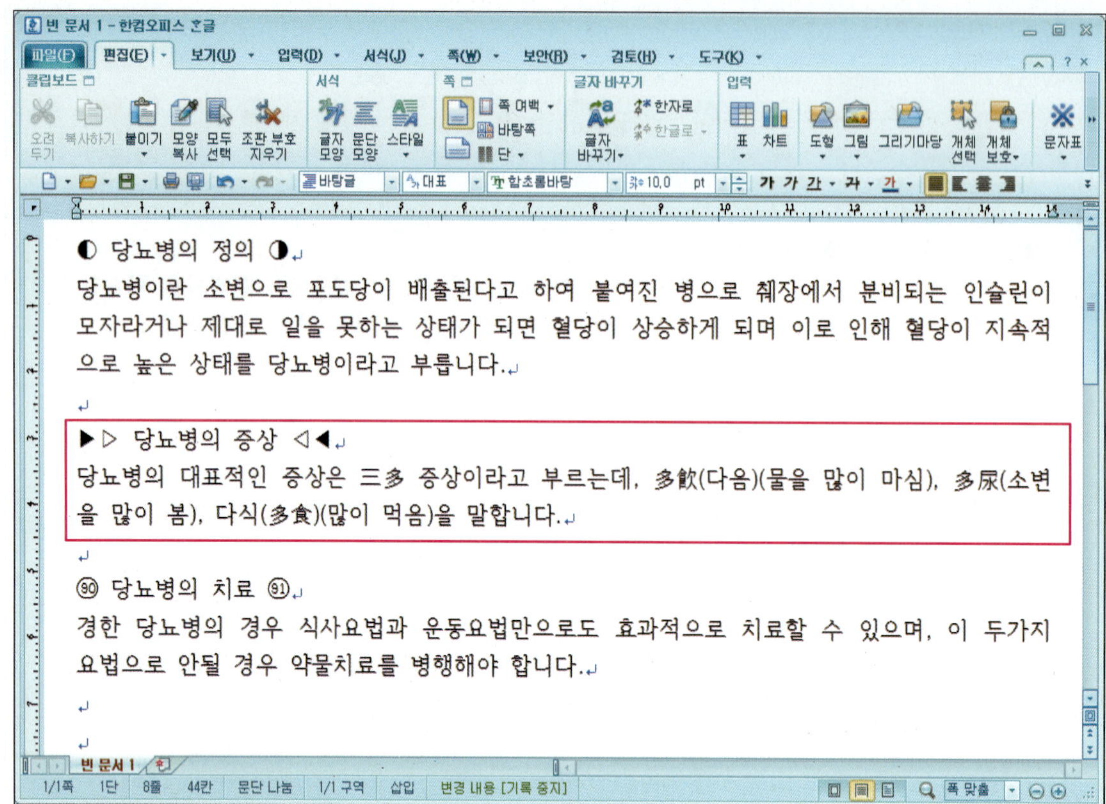

6 문서 내용을 복사하기 위해 **당뇨병의 증상 내용을 드래그**하여 블록 지정하고 **[편집] 탭에서 [복사하기]를 클릭**합니다.

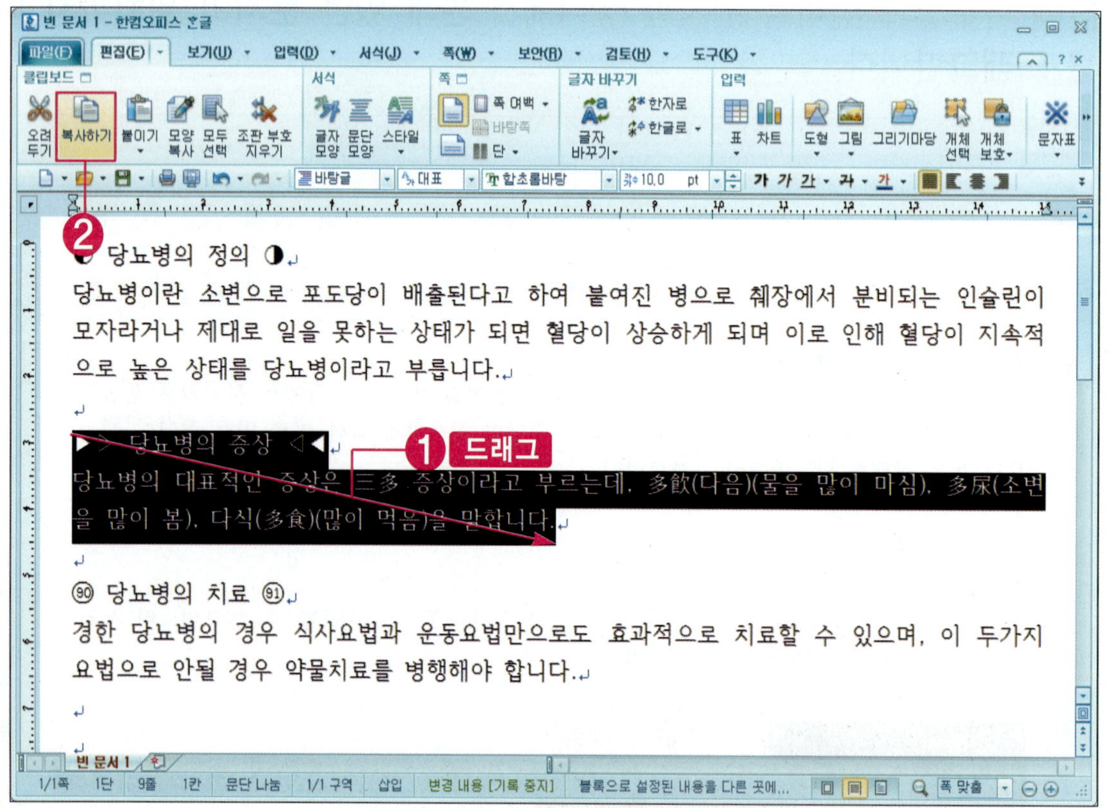

7 블록 지정한 내용을 복사했으면 **문서의 가장 아래쪽 부분에 커서를 위치**하고 **[편집] 탭에서 [붙이기]-[붙이기]**를 클릭합니다.

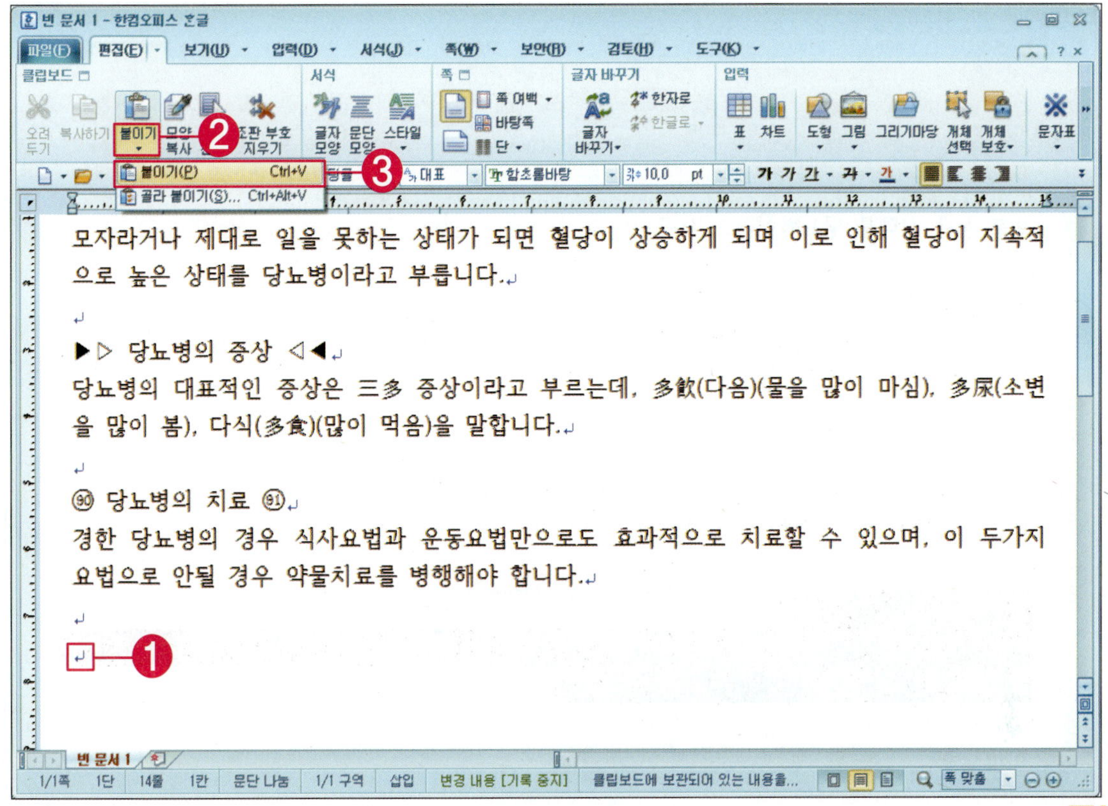

Tip

복사하기를 실행하면 블록 지정한 내용이 클립보드라는 보관 장소에 기록되며, 원본 문서에는 아무런 변화가 생기지 않습니다.

8 커서가 위치한 문서의 아래쪽에 복사된 내용이 표시됩니다.

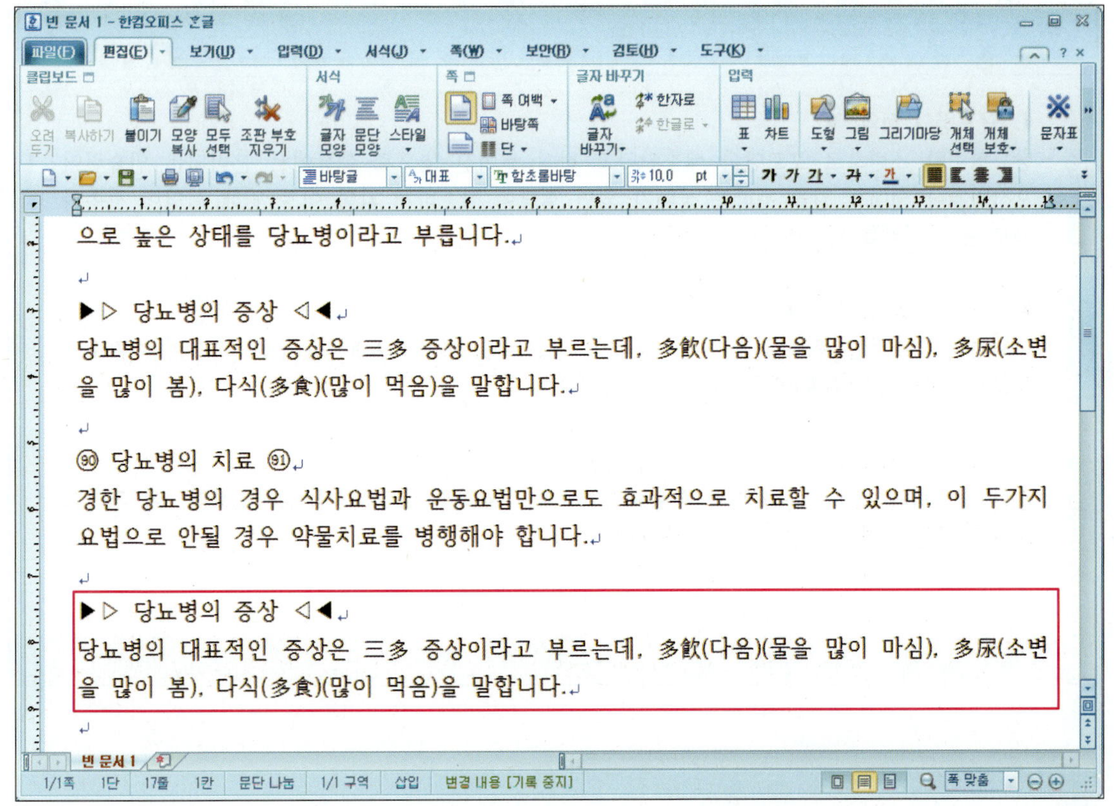

9 문서 내용을 삭제하기 위해 **복사된 내용을 드래그**하여 블록 지정하고 키보드의 Delete 를 **누릅니다.**

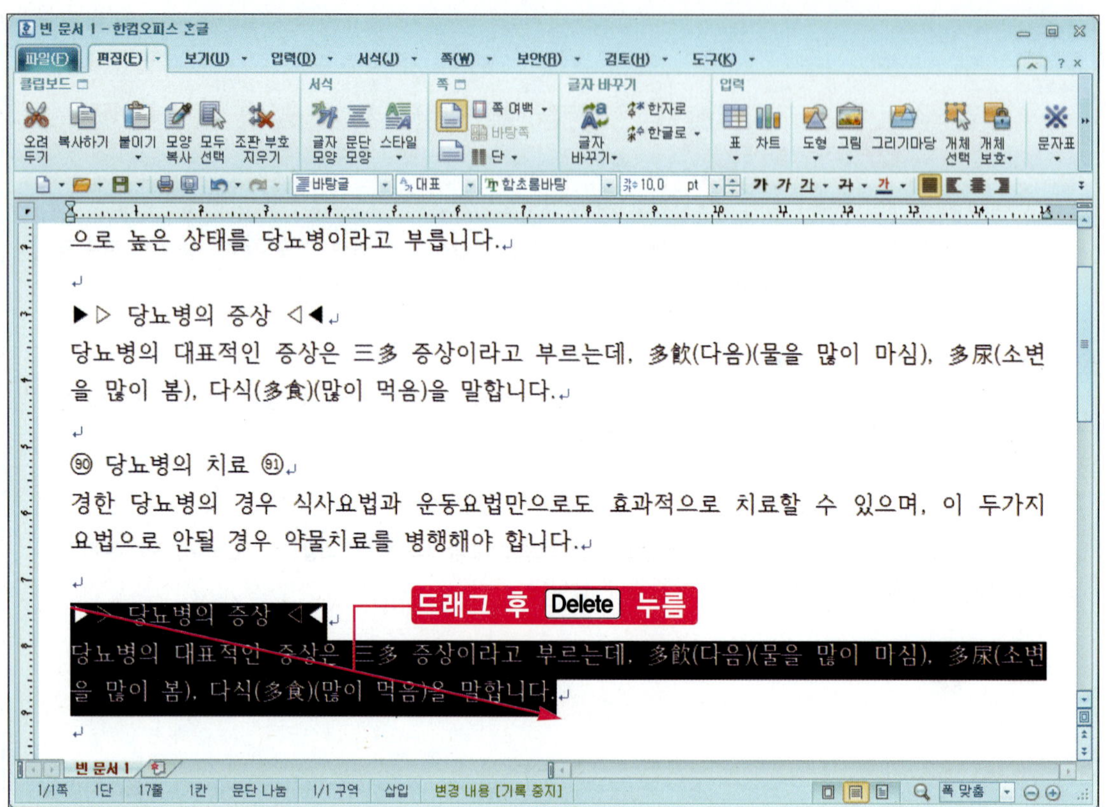

10 블록 지정한 내용이 삭제됩니다.

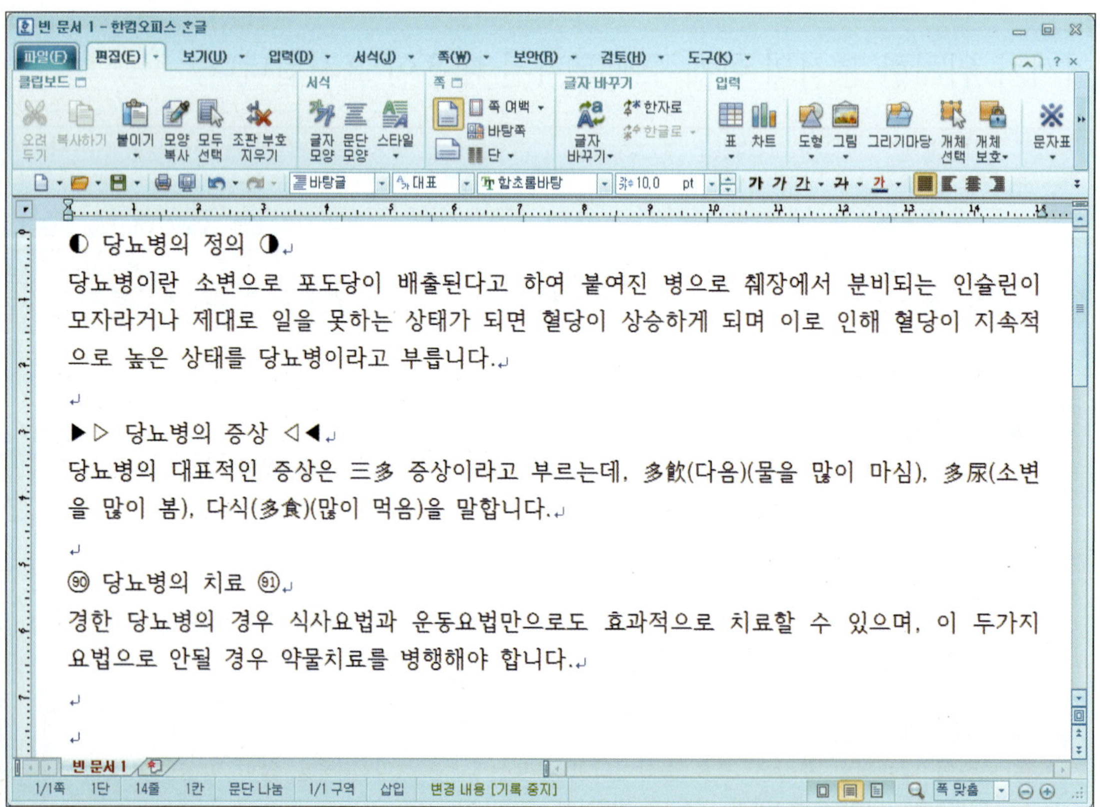

01 다음과 같이 내용을 입력하고 특수 문자 및 한자를 변환해 보세요.

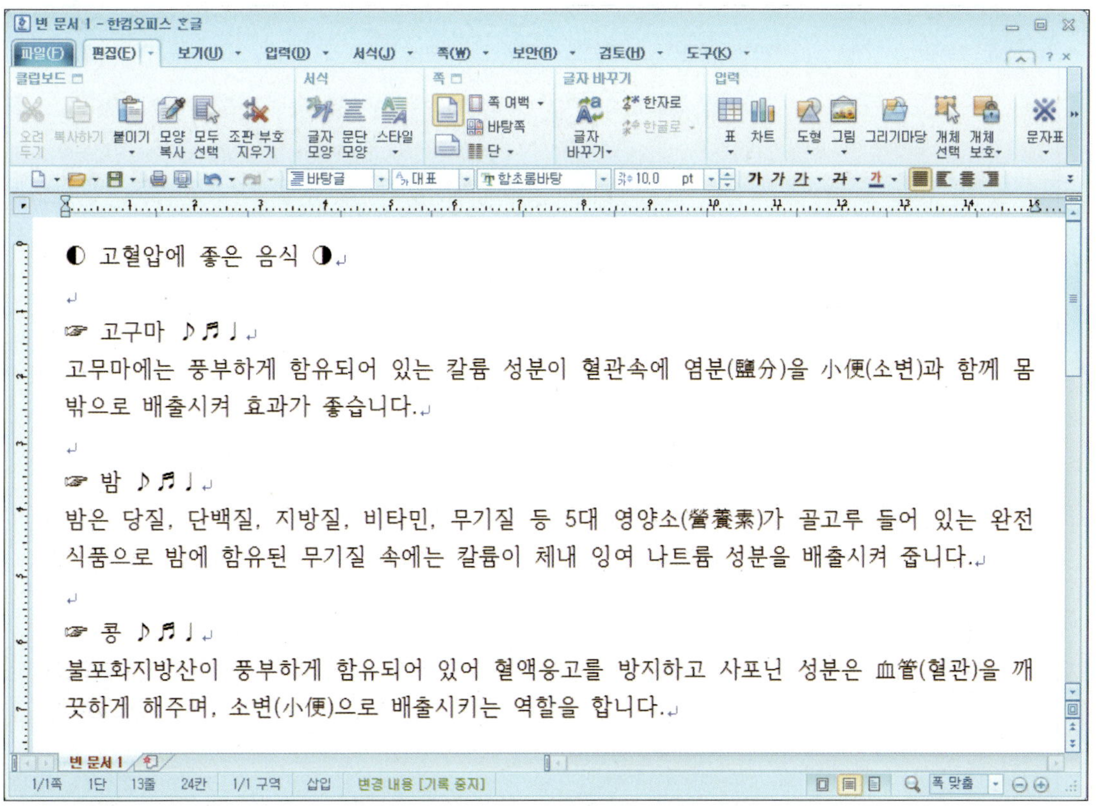

02 문서 내용을 이동하여 다음과 같이 순서를 바꾸어 보세요.

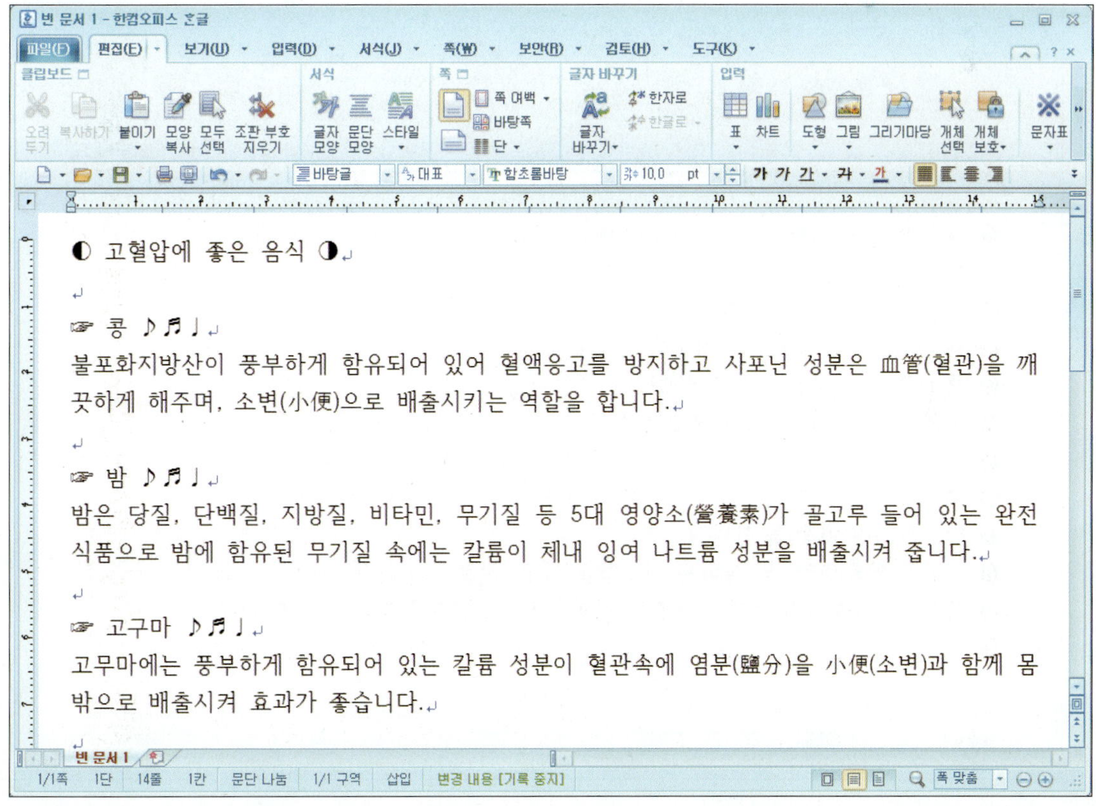

03 다음과 같이 내용을 입력하고 한자를 변환해 보세요.

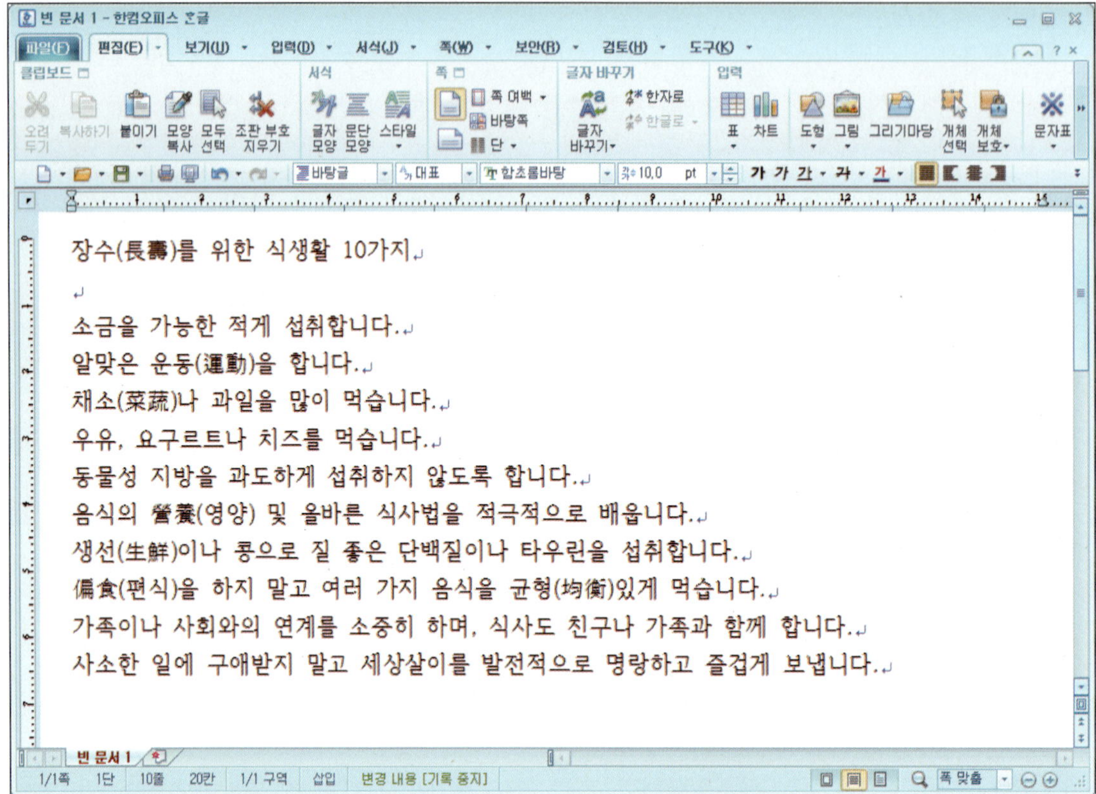

04 문서 내용을 이동하여 순서를 변경하고 특수 문자를 삽입해 보세요.

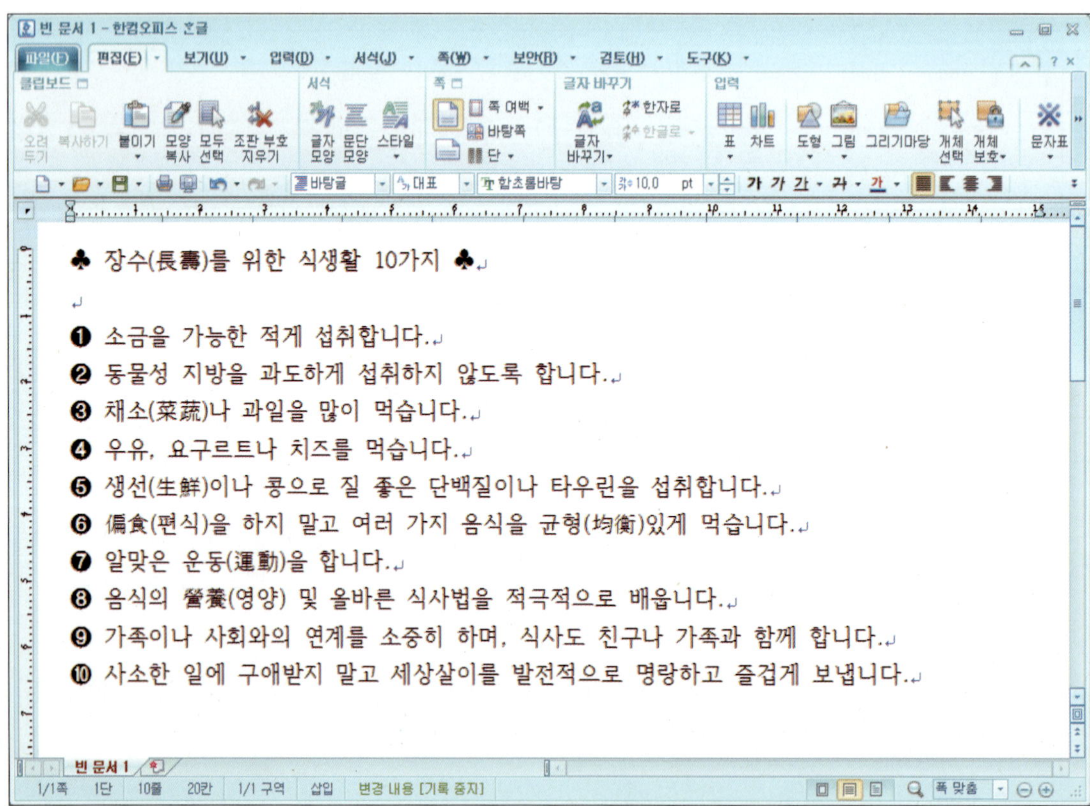

Chapter 04

문서 꾸미고 인쇄하기

쪽 테두리/배경은 테두리에 선 종류 및 두께, 색 등을 지정하고 배경으로 단색, 그라데이션, 그림 등을 표시하여 꾸미는 기능이며, 글맵시는 글자에 그림자, 채우기 색, 선 색, 회전 등의 효과를 주어 글자를 꾸미는 기능입니다. 편집 용지 설정 및 인쇄는 용지 종류 및 방향, 여백 등을 지정하여 문서의 규격을 설정하고 프린터를 이용하여 인쇄하는 기능입니다.

Step · 01   편집 용지 설정 및 쪽 테두리/배경 지정하기

1 빈 문서에 **글꼴(맑은 고딕)** 및 **글자 크기(14)**를 수정하고 다음과 같이 **내용을 입력**합니다.

> 회원들의 친목 도모와 건강을 위해 이번 모임에서 관악산 등반을 계획하였습니다. 회원님들의 많은 참여 부탁드립니다.
>
> 참가 안내
> 참가 인원 : 선착순 20명
> 신청 기간 : 5월 11일(토요일)까지
> 문의 사항 : 김제동 총무(010-1234-5678)
> 참가 비용 : 회원(40,000), 비회원(50,000)
> 등산 일정
> 등산 일시 : 5월 25일(토요일) 오전 9시
> 모임 장소 : 지하철 2호선 서울대입구역 3번출구
> 등산 코스 : 만남의 광장 - 무너미고개 - 팔봉능선 - 정상

2 [보기] 탭에서 [쪽 윤곽]을 클릭하여 문서 전체가 표시되도록 수정합니다.

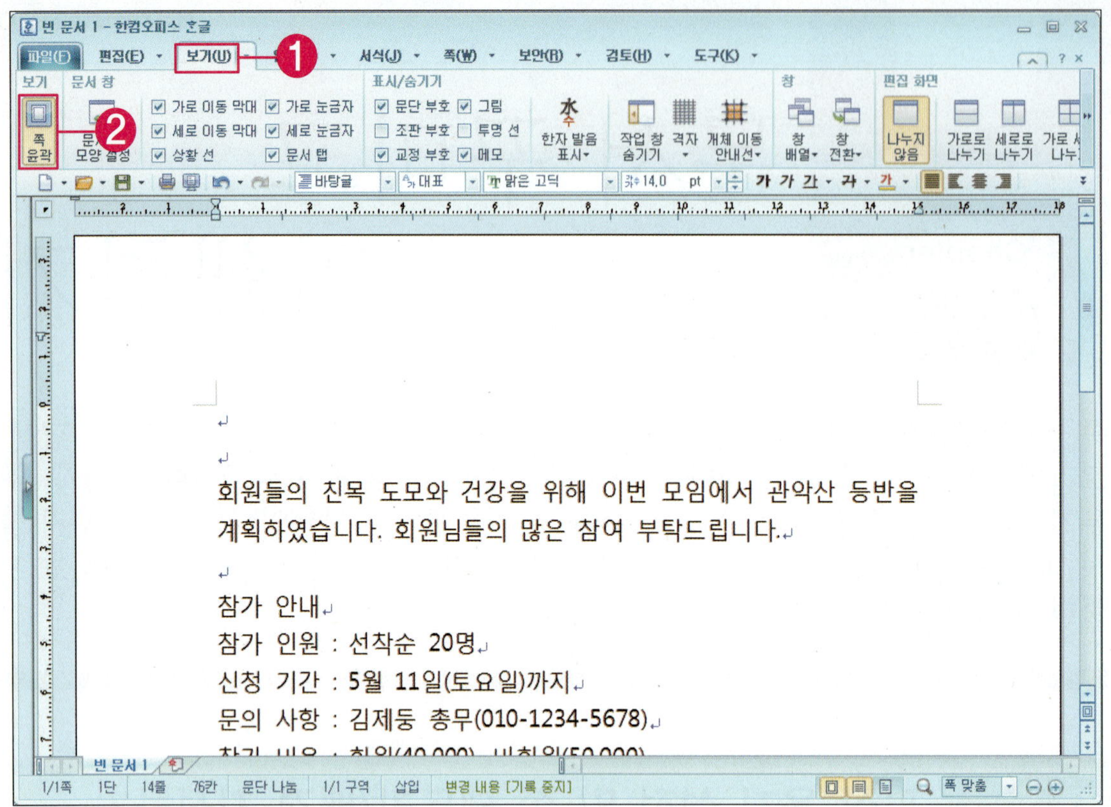

3 문서의 용지를 설정하기 위해 **[쪽]** 메뉴의 **[편집 용지]**를 클릭합니다.

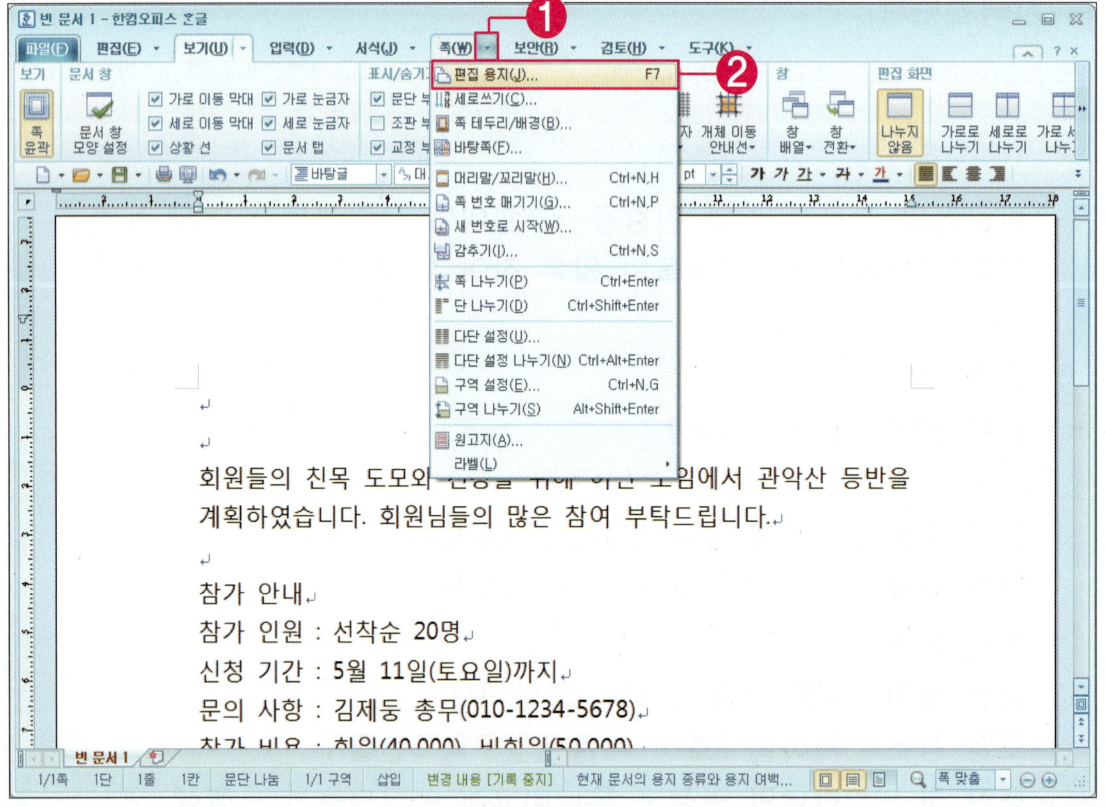

Tip

키보드의 F7 을 눌러도 [편집 용지] 대화상자를 표시할 수 있습니다.

4 [편집 용지] 대화상자가 나타나면 [기본] 탭에서 **용지 방향(가로) 및 왼쪽/오른쪽/위쪽/아래쪽(30), 머리말/꼬리말(0)** 등을 지정하고 [설정] 단추를 클릭합니다.

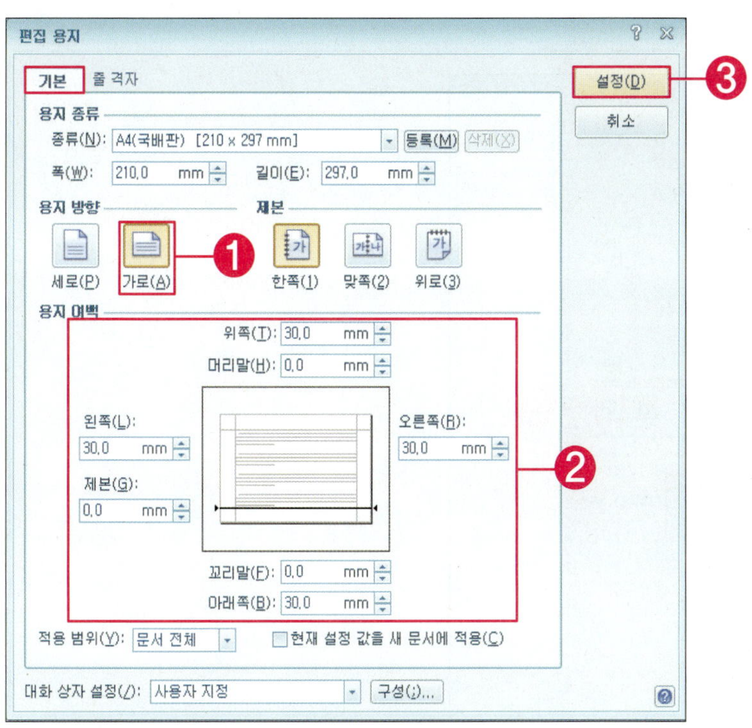

5 용지의 방향(가로) 및 여백이 수정되어 표시됩니다.

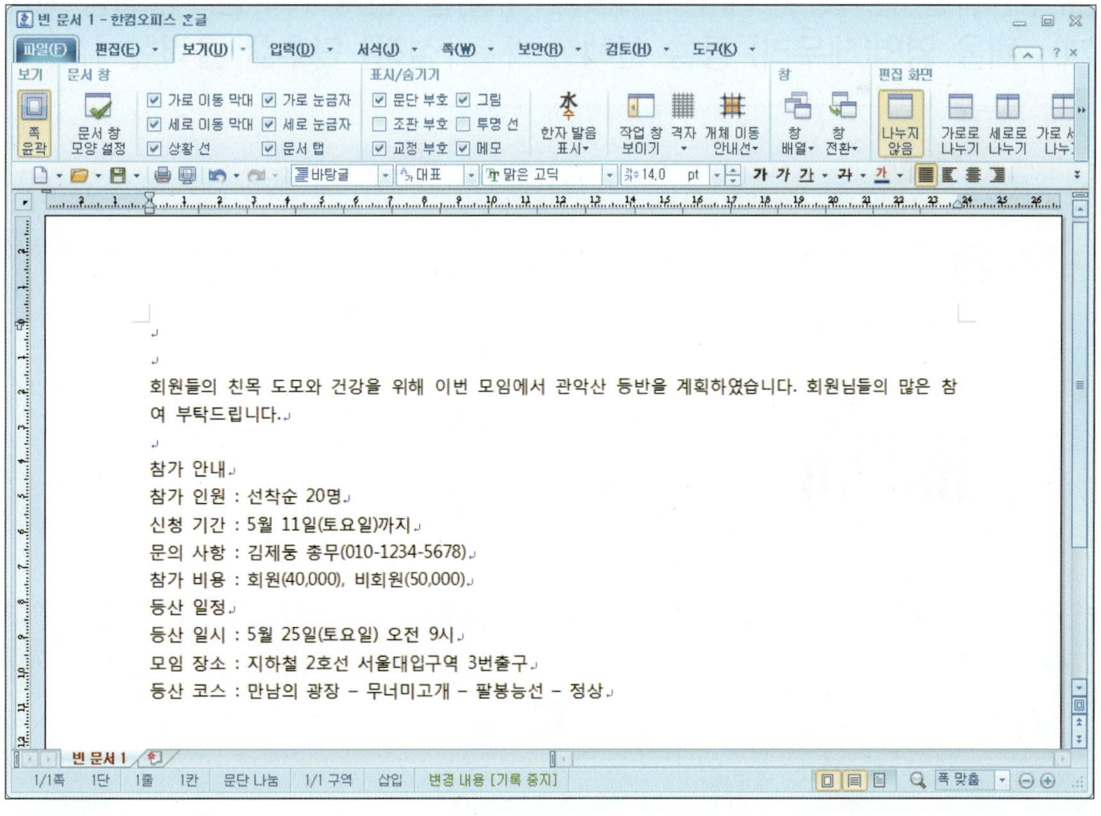

6 쪽 테두리 및 배경을 지정하기 위해 **[쪽] 메뉴의 [쪽 테두리/배경]**을 클릭합니다.

7 [쪽 테두리/배경] 대화상자가 나타나면 [테두리] 탭에서 테두리의 **종류(이중 실선)**, **굵기(0.5mm)**, **색(빨강)** 등을 **지정**하고 ▦**[모두(5)]**를 클릭한 다음 위치를 [**쪽 기준**]으로 **선택**한 후 **왼쪽/오른쪽/위쪽/아래쪽 모두 "10mm"로 수정**합니다.

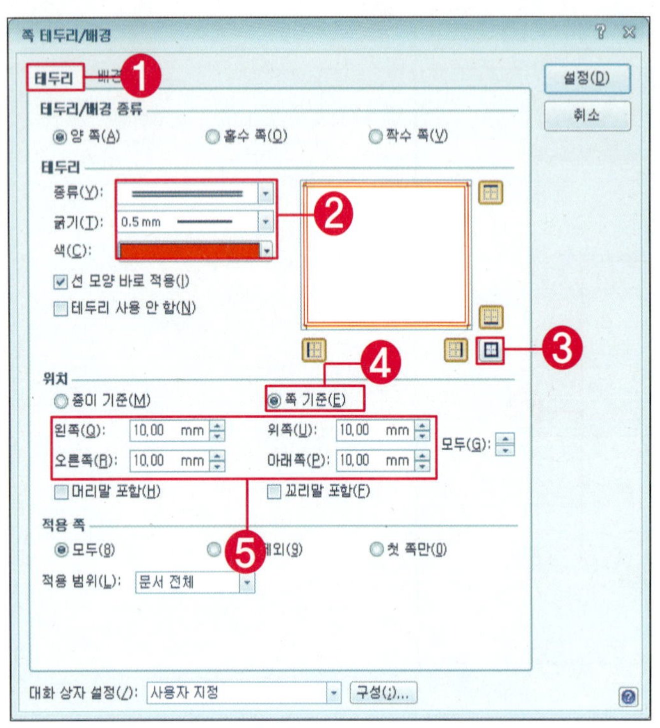

8 [배경] 탭을 클릭하여 채우기 항목의 **[색]**을 **선택**하고 **면 색(노랑 60% 밝게)**, **채울 영역(테두리)** 등을 **선택**한 다음 [**설정**] 단추를 **클릭**합니다.

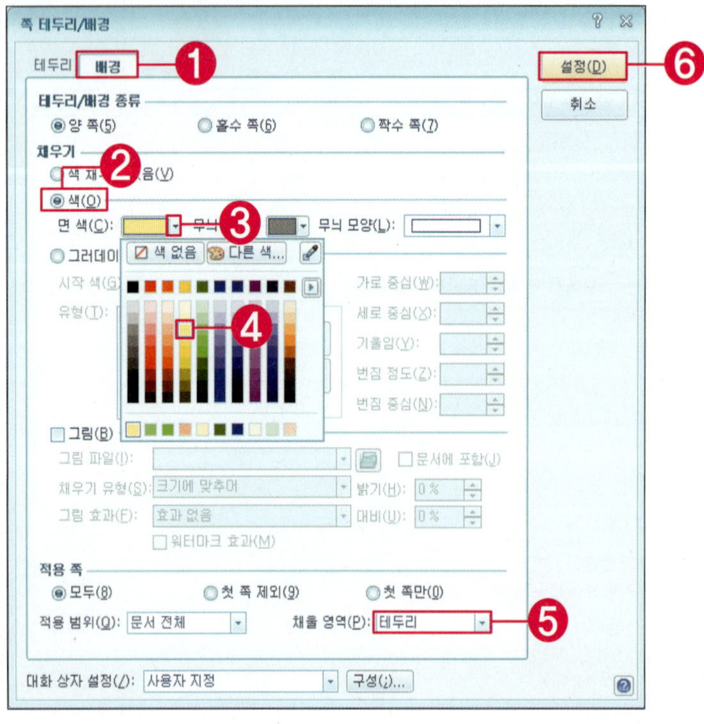

9 문서에 쪽 테두리 및 배경이 지정됩니다.

잠깐 만요!

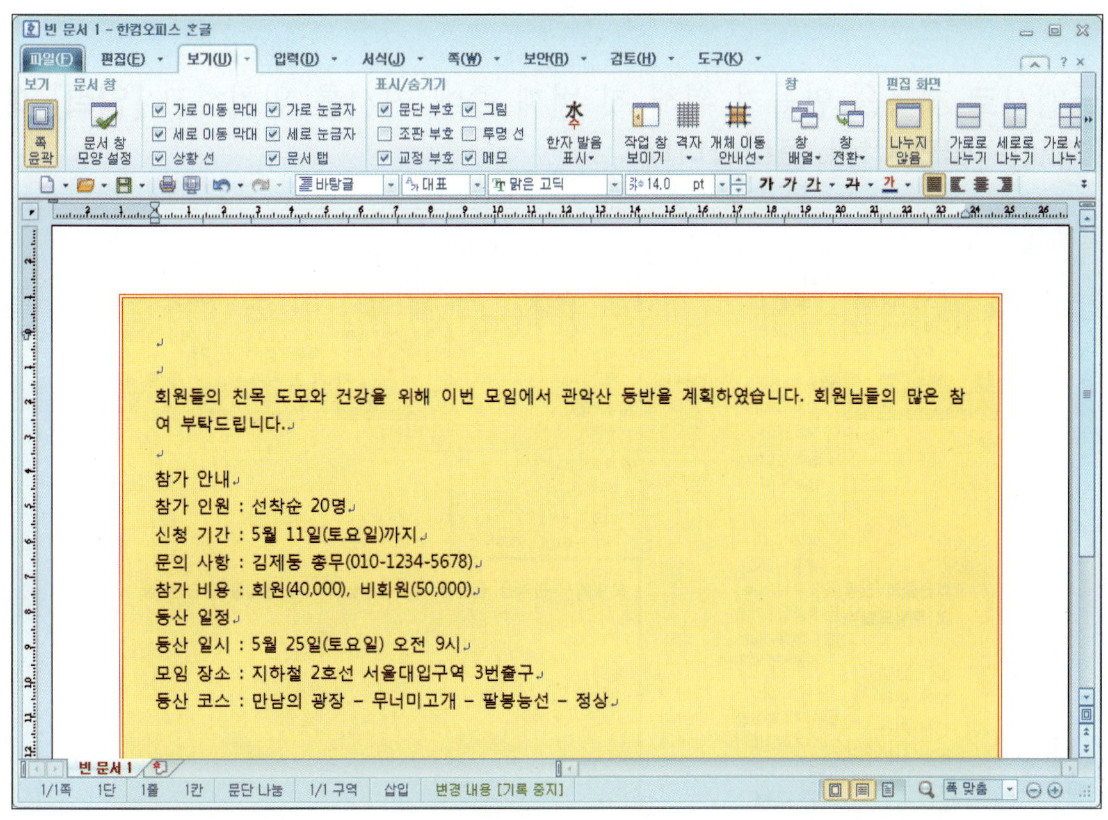

쪽 테두리 및 배경 살펴보기

▲ 종이 기준

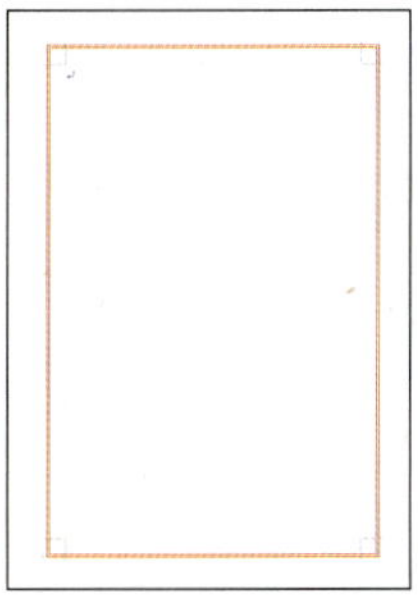

▲ 쪽 기준

▲ 채울 영역(종이)

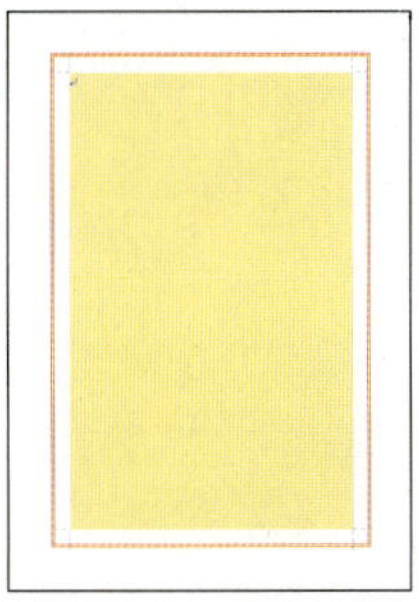

▲ 채울 영역(쪽)

▲ 채울 영역(테두리)

1 글맵시로 제목을 만들기 위해 첫 번째 줄에 커서를 위치하고 **[입력]** 메뉴의 **[개체]–[글맵시]**를 클릭합니다.

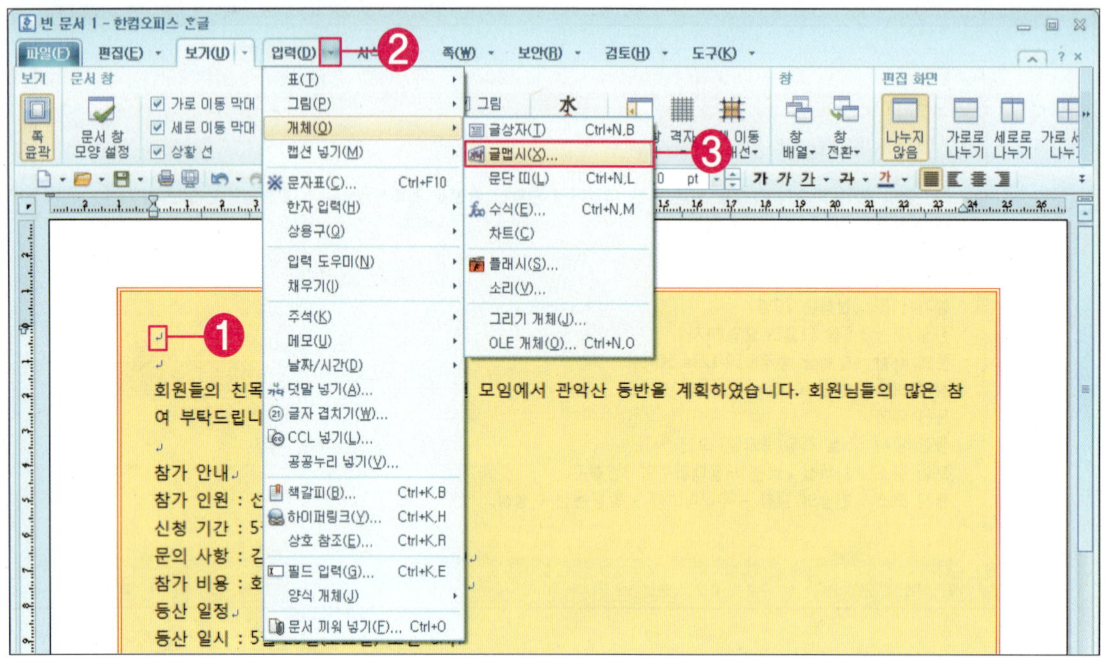

2 [글맵시 만들기] 대화상자가 나타나면 **내용(관악산등산모임안내)을 입력**하고 **글꼴(HY헤드라인M) 및 글맵시 모양(◣)을 선택**한 다음 **[설정]** 단추를 클릭합니다.

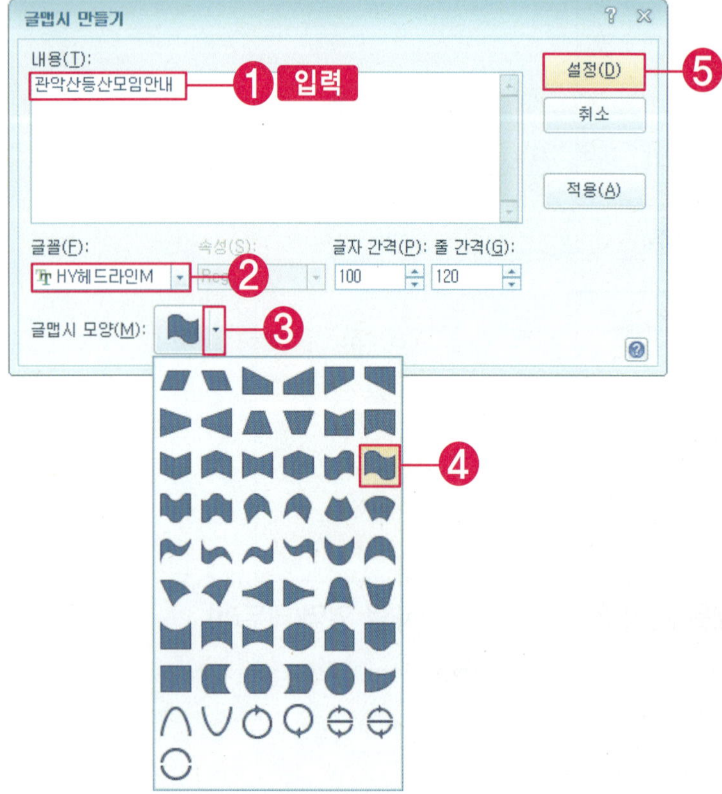

3 문서에 글맵시를 이용한 제목이 표시됩니다. [글맵시] 탭에서 **[글자처럼 취급]을 체크**하고 **가로(150), 세로(40) 크기를 수정**합니다.

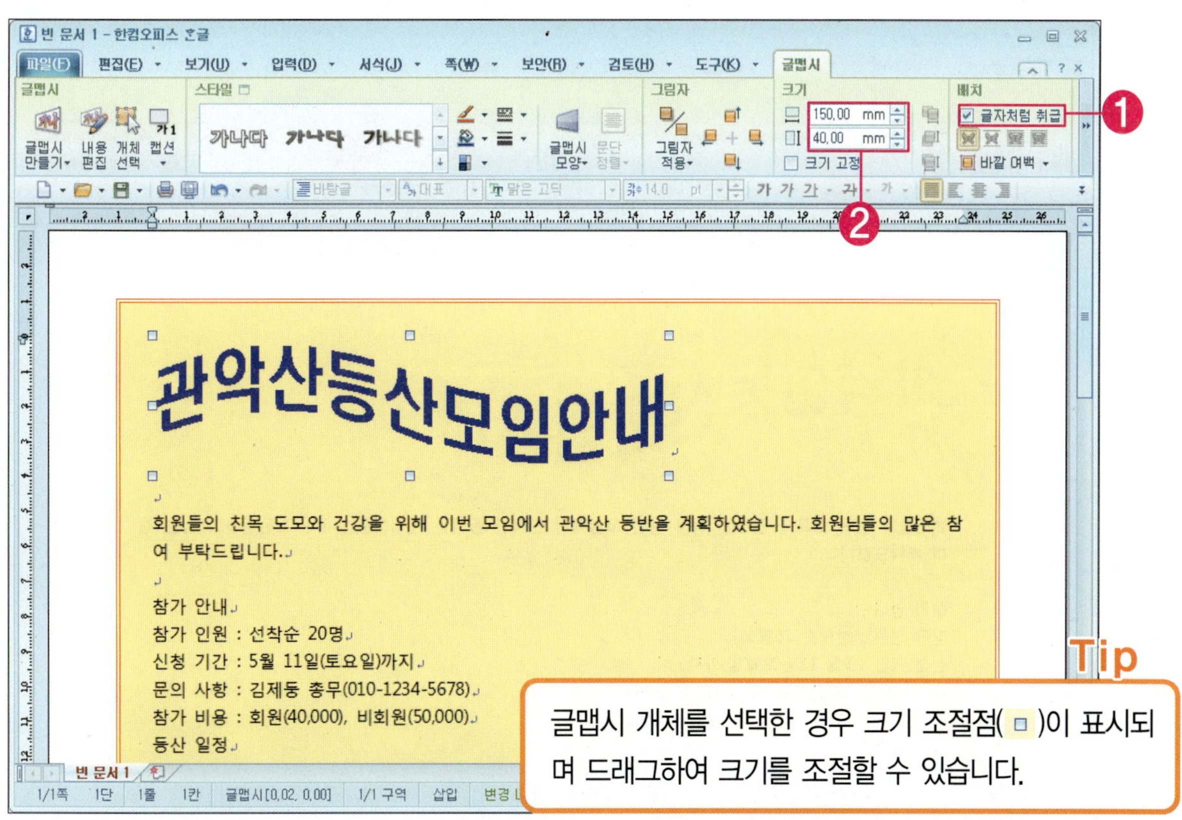

4 글맵시 제목의 채우기색을 수정하기 위해 [글맵시] 탭에서 ❧ ▾ **[채우기]의 목록 단추(▾)**를 눌러 **[초록 60% 밝게]**를 클릭합니다.

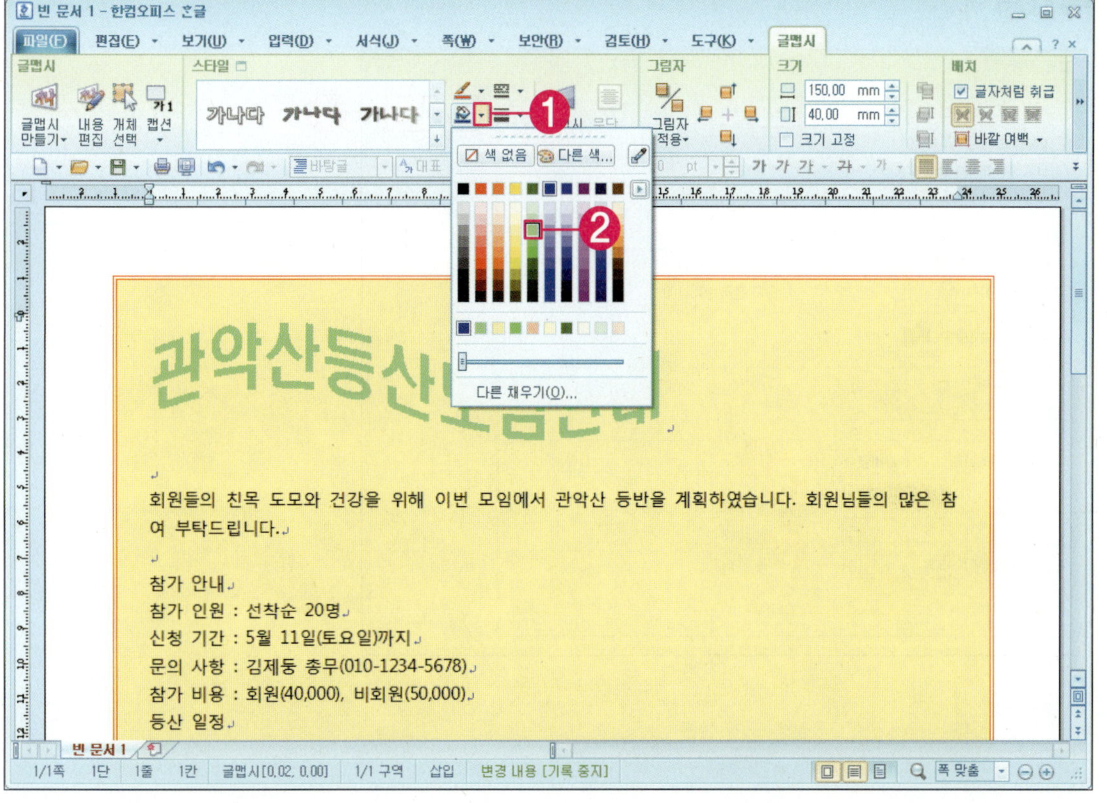

5 글맵시 제목에 그림자를 설정하기 위해 [글맵시] 탭에서 **[그림자 적용]-[그림자 설정]을 클릭**합니다.

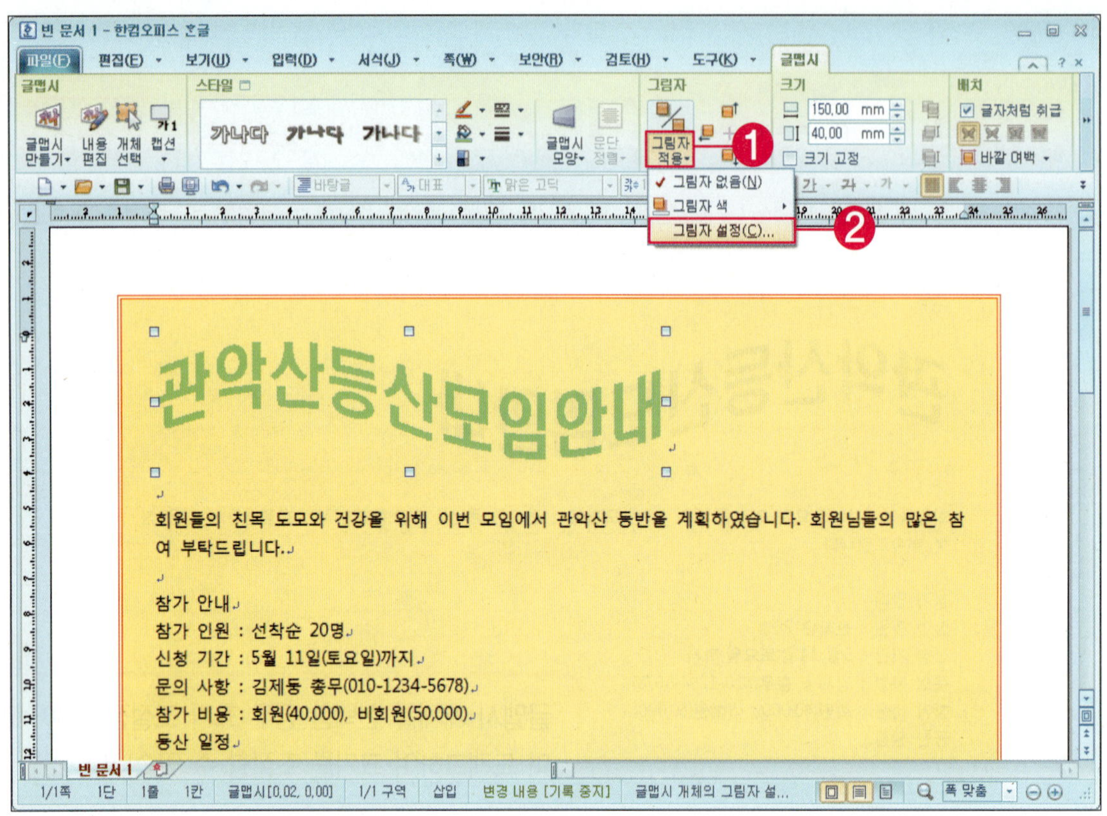

6 [개체 속성] 대화상자의 [글맵시] 탭이 나타나면 그림자의 **[비연속]을 선택**하고 **색(녹색), X 위치(1%), Y 위치(3%) 등을 수정**한 다음 **[설정] 단추를 클릭**합니다.

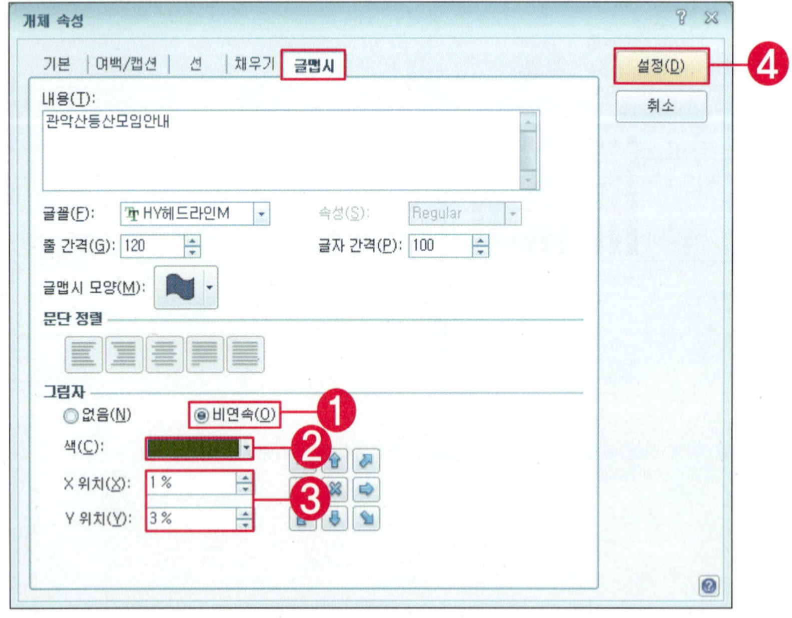

7 글맵시 제목에 그림자가 설정됩니다.

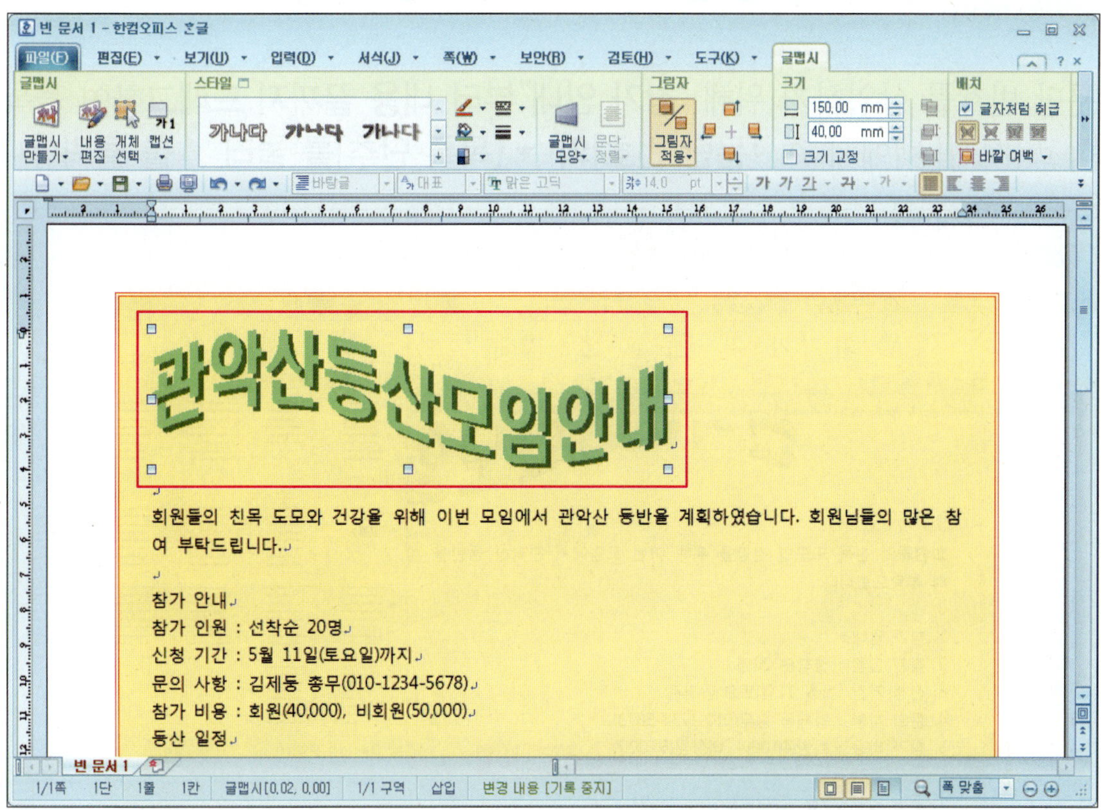

8 글맵시 제목 뒤에 커서를 위치 시키고 도구 상자의 ▤[가운데 정렬]을 클릭
하여 제목을 가운데 표시합니다.

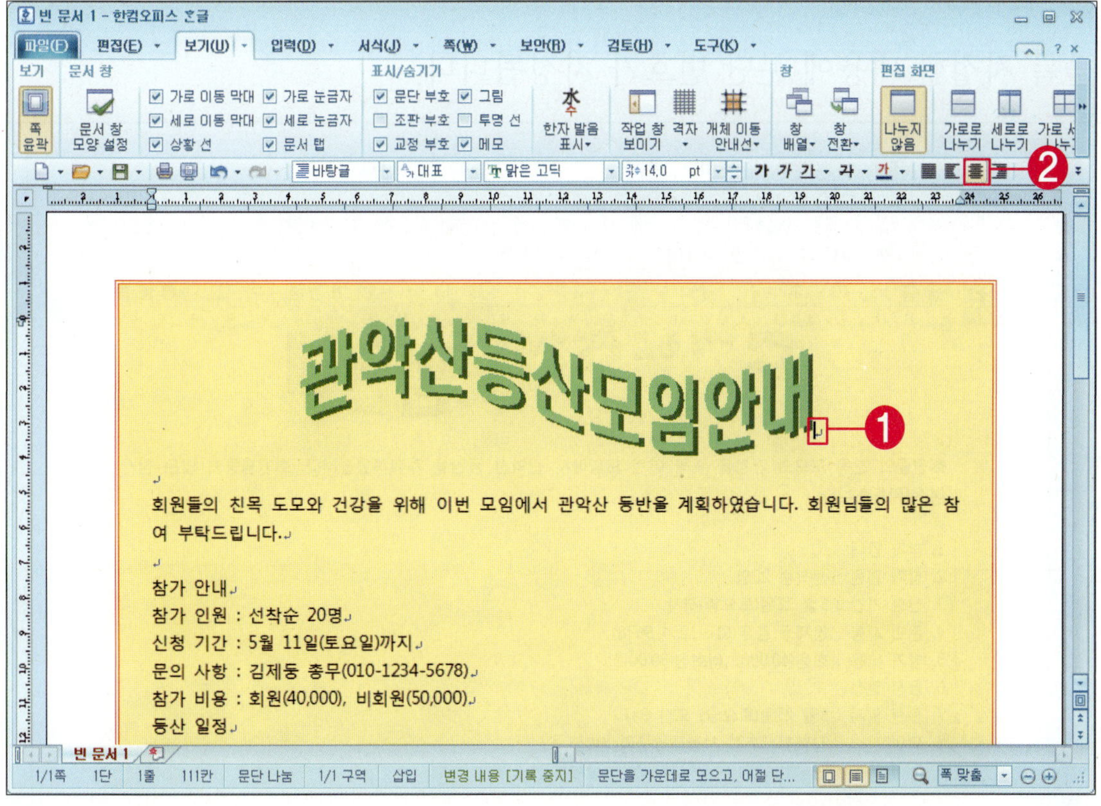

1 문단 번호를 삽입하기 위해 **"참가 안내"부터 내용 끝까지 드래그**하여 블록 지정하고 [서식] 탭에서 ⅓· [문단 번호]의 ▼ [목록 단추]를 눌러 ☰를 클릭합니다.

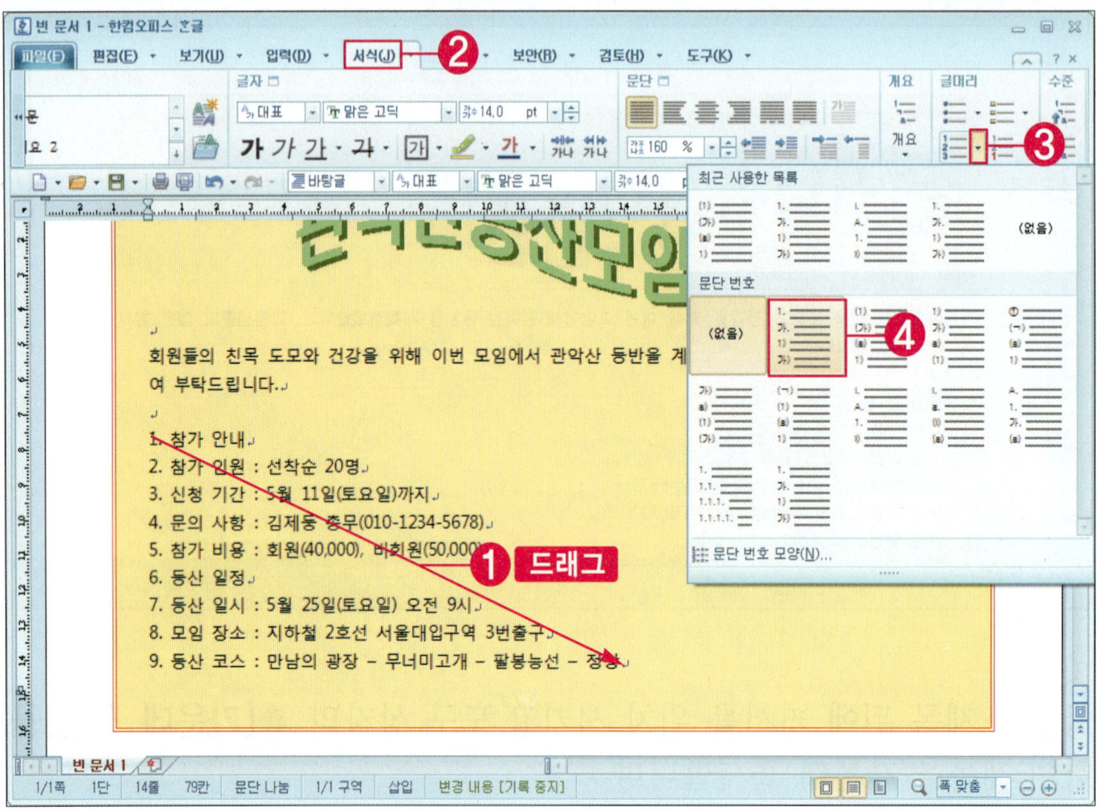

2 블록 지정한 내용에 문단 번호가 지정됩니다.

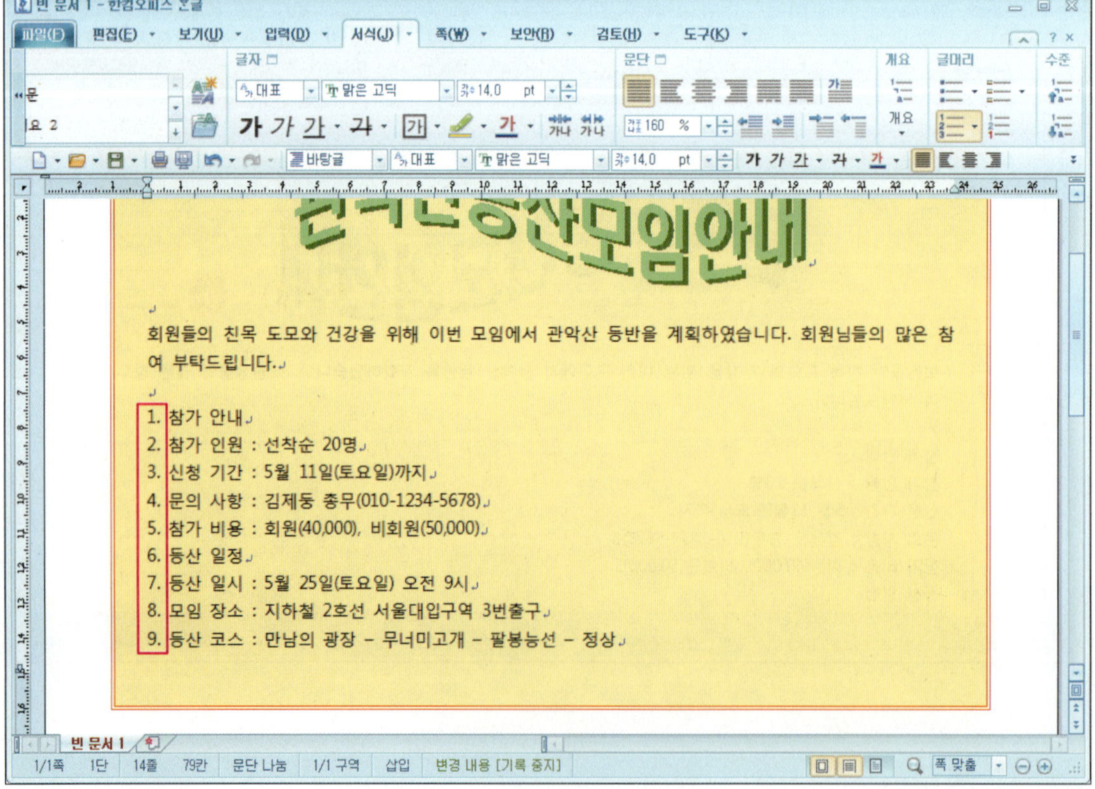

3 그림 글머리표를 삽입하기 위해 **"참가 인원"**부터 **"참가 비용"**까지의 문단을 드래그하여 블록 지정하고 ≣·[그림 글머리표]의 ▼[목록 단추]를 눌러 ≣를 클릭합니다.

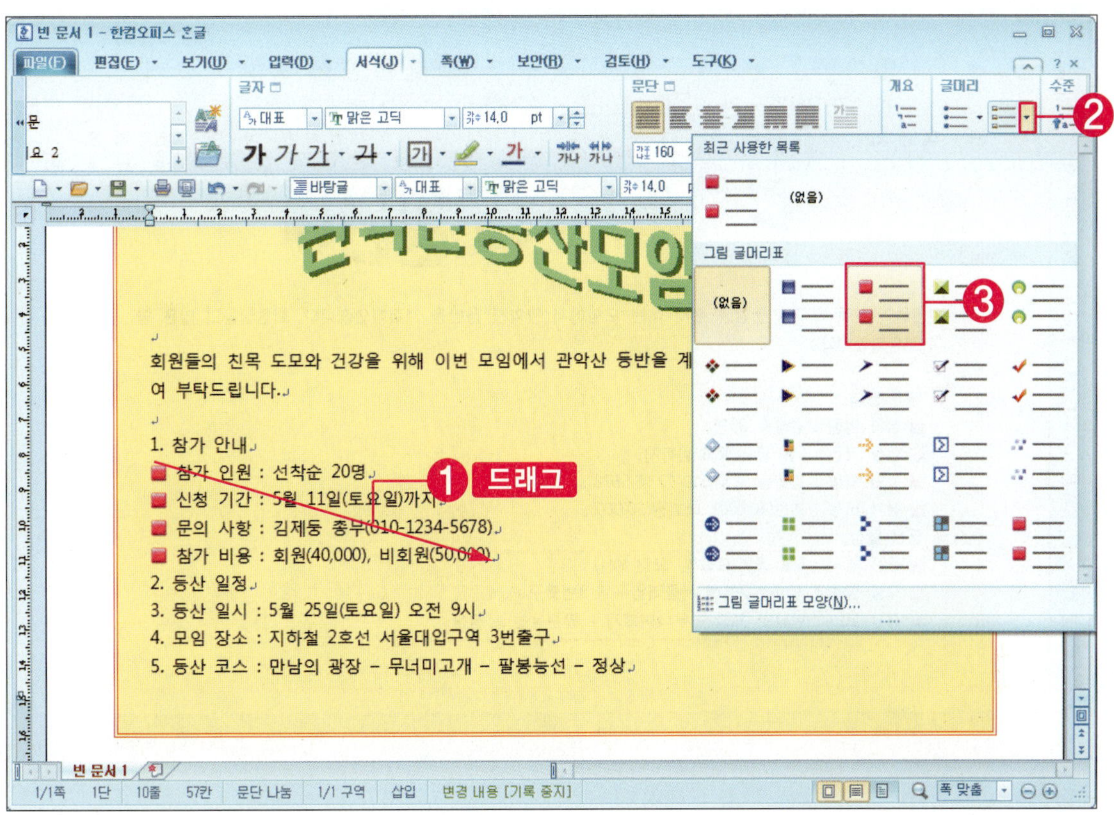

4 선택한 문단이 그림 글머표로 바뀌면 ≣[왼쪽 여백 늘리기]를 15회 클릭하여 여백을 늘려줍니다.

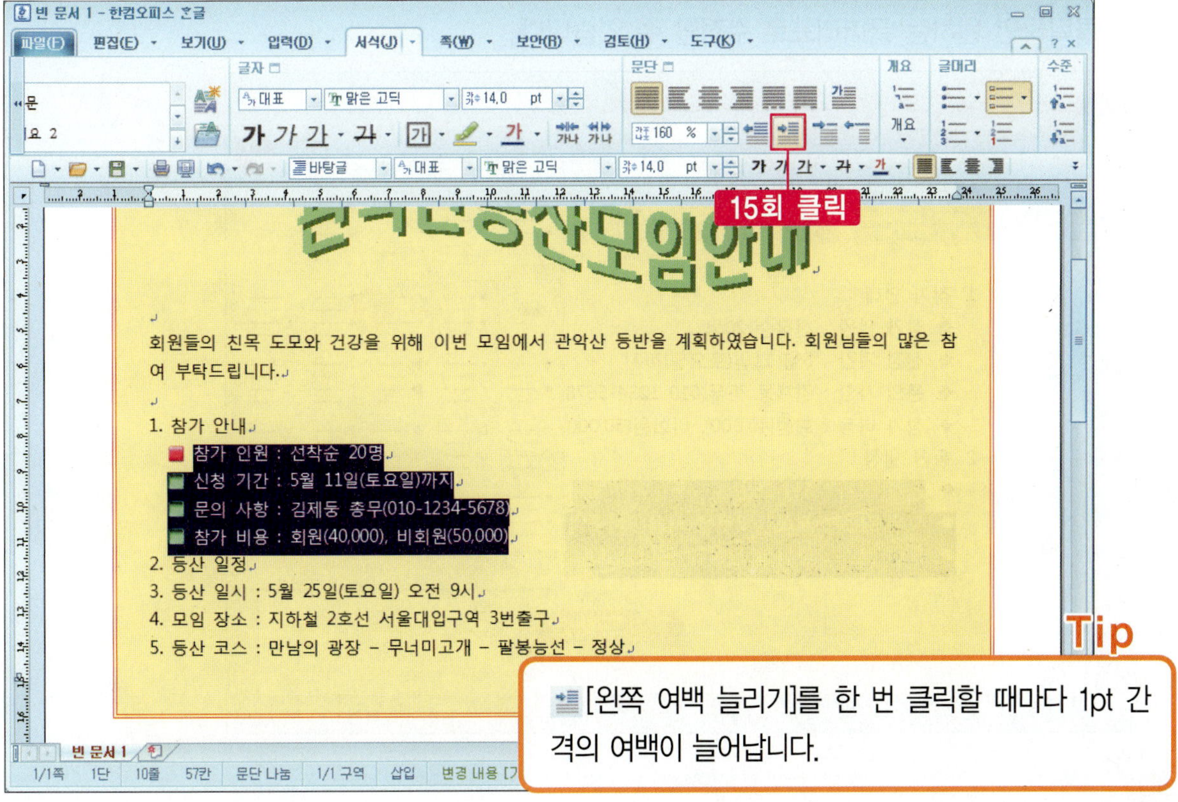

5 같은 방법으로 "등산 일정" 문단을 제외한 나머지 문단에도 [그림 글머리표] 및 [왼쪽 여백 늘리기]로 다음과 같이 수정합니다.

잠깐 만요!

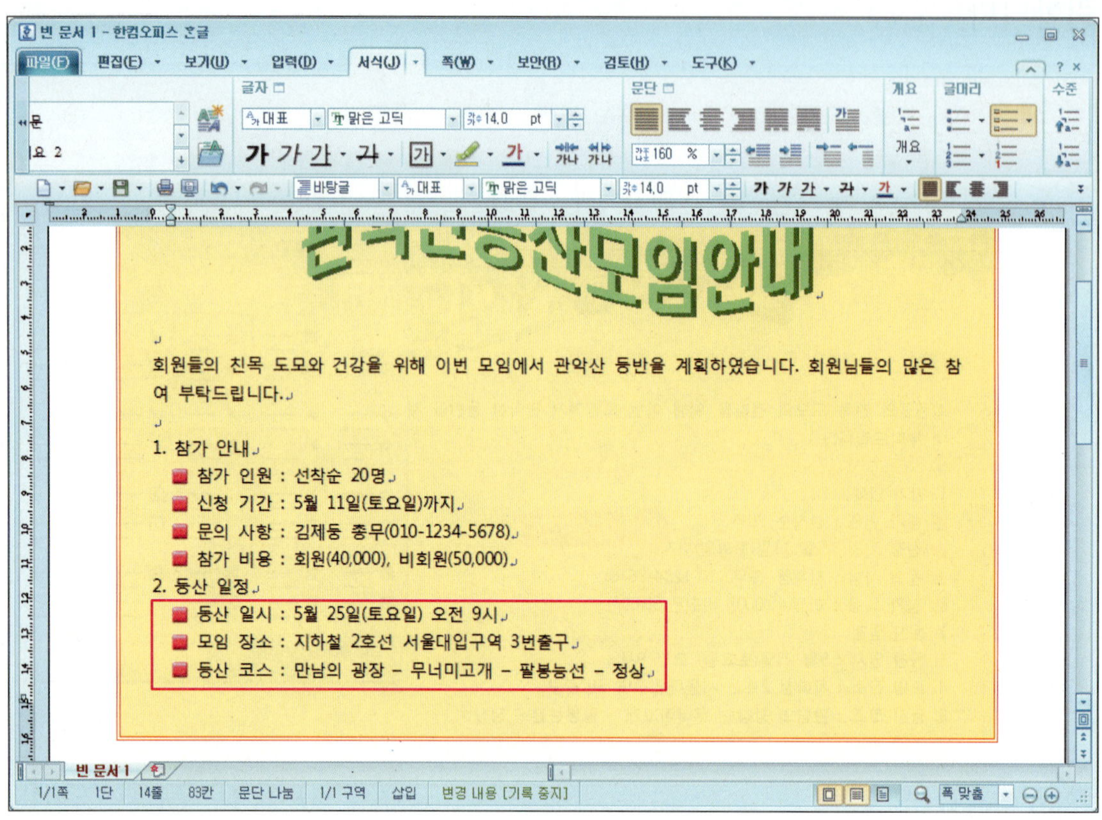

글머리표 사용하기

글머리표로 바꿀 문단을 드래그하여 블록 지정하고 [서식] 탭에서 ☰·[글머리표]의 ▼ [목록 단추]를 클릭하면 원하는 글머리표로 수정할 수 있습니다.

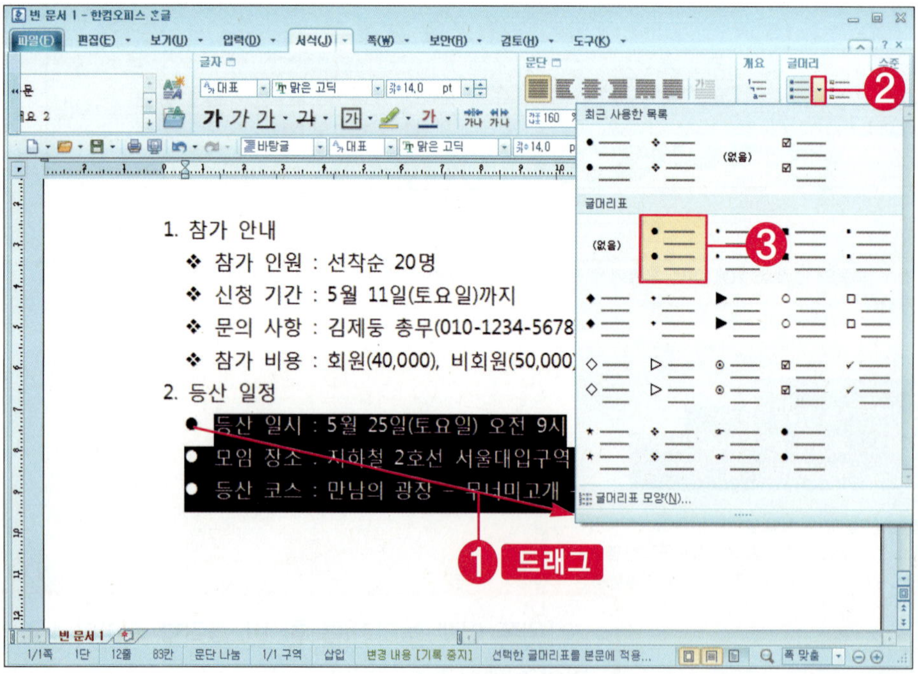

1 [파일] 메뉴의 [미리 보기]를 클릭합니다.

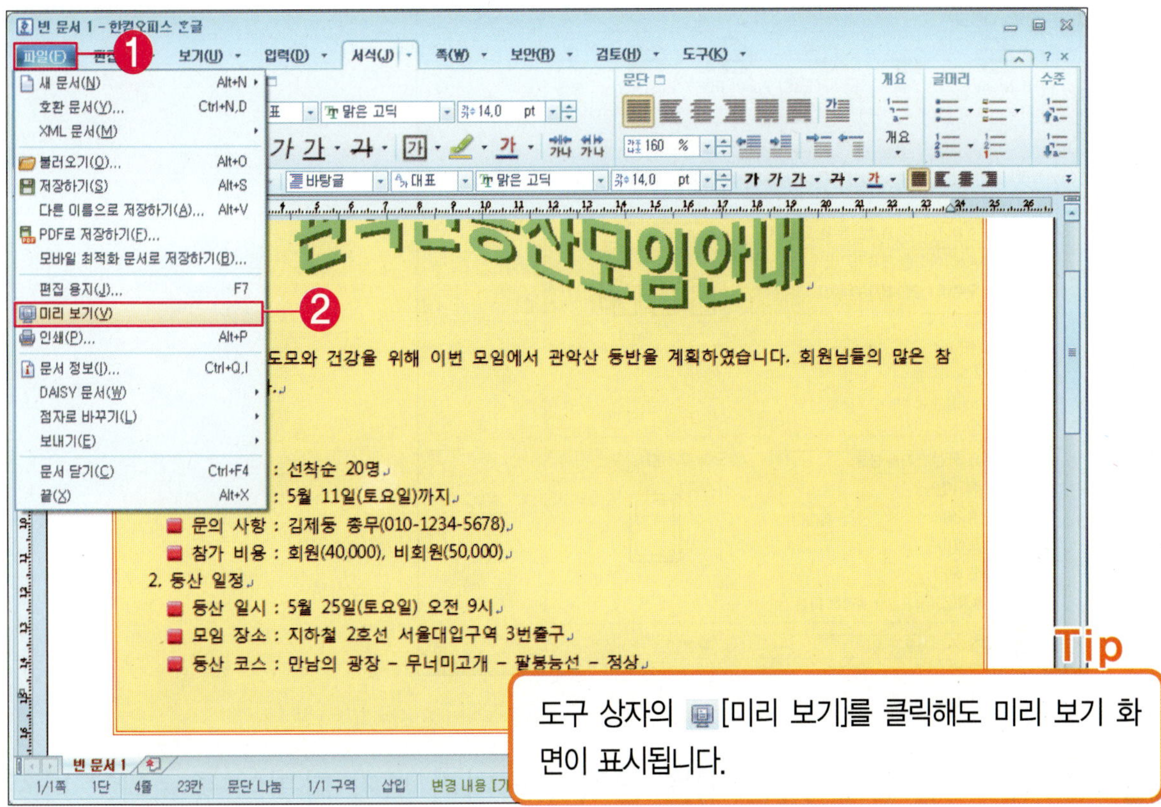

2 미리 보기 화면이 표시되며 문서 내용을 확인할 수 있습니다. 문서 인쇄를 위해 [인쇄]를 클릭합니다.

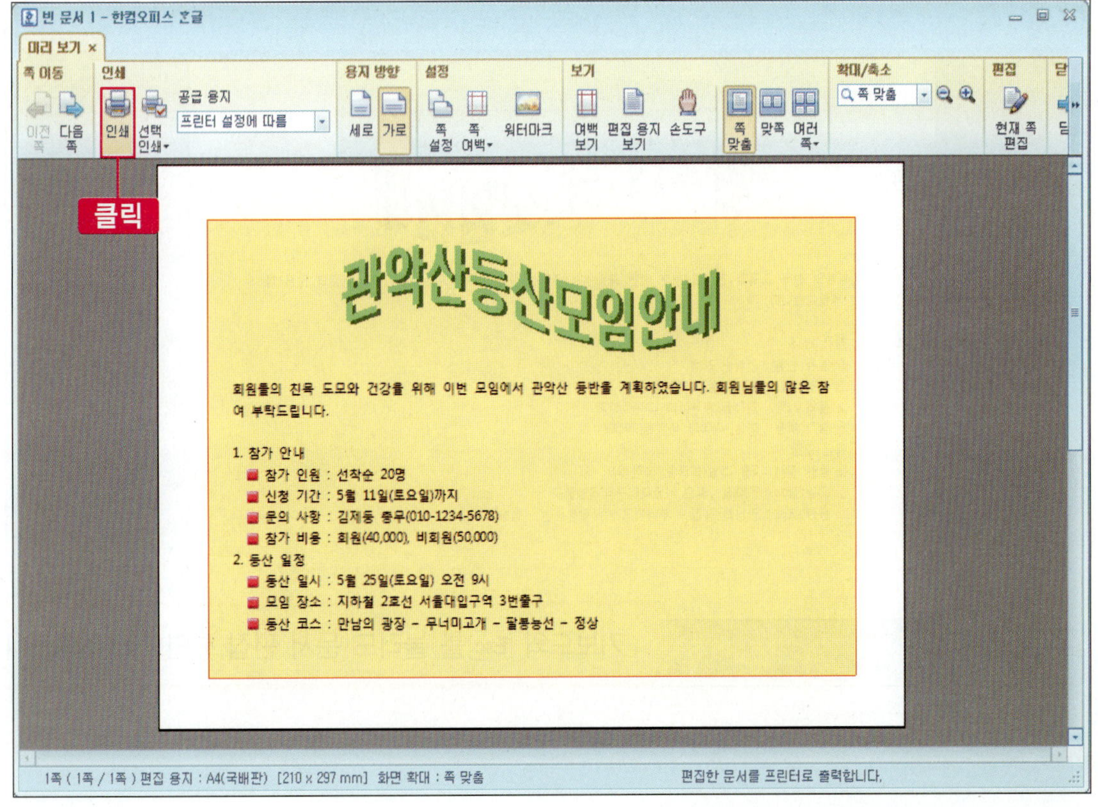

3 [인쇄] 대화상자가 나타나면 **프린터 선택 및 인쇄 범위(문서 전체), 매수(1)
등을 지정**하고 **[인쇄] 단추를 클릭**합니다.

4 [미리 보기] 탭에서 **[닫기]를 클릭**하면 미리 보기 화면이 종료되고 다시 문서
편집 화면으로 이동됩니다.

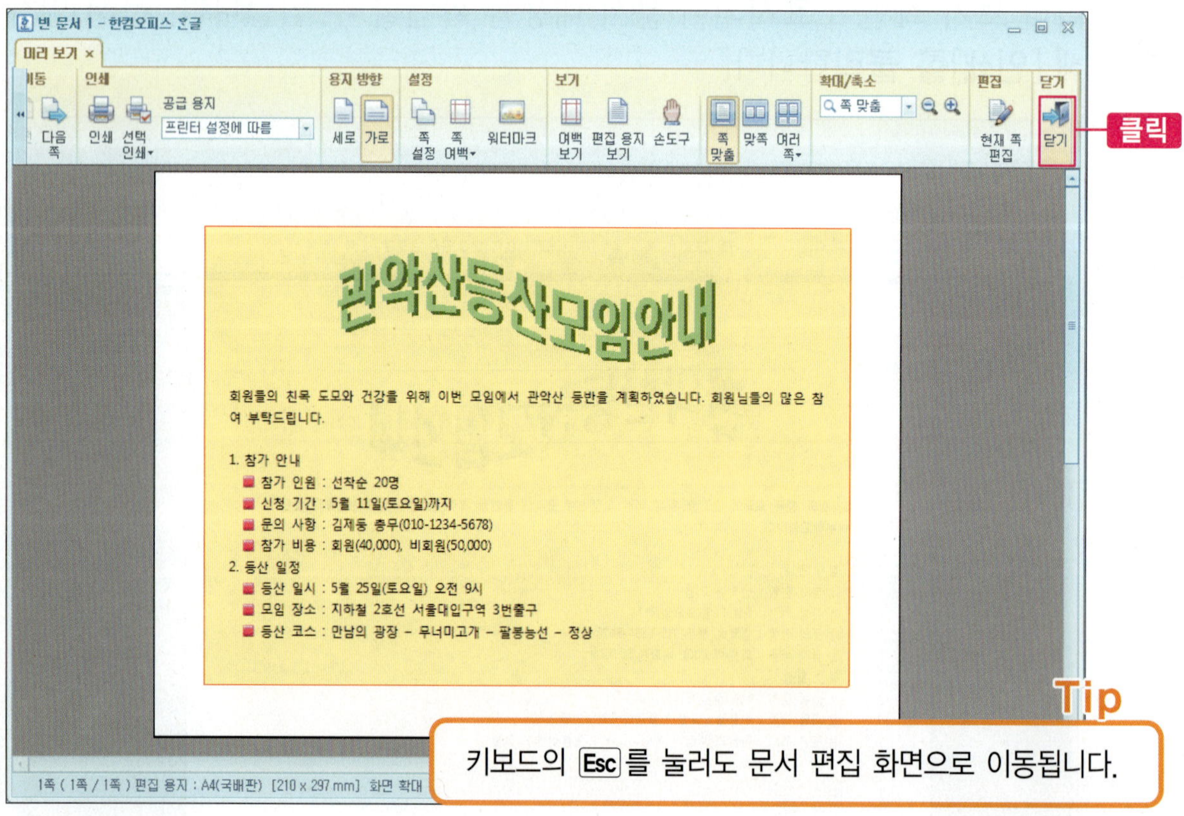

01 다음과 같이 입력하여 문서를 완성해 보세요.

- **쪽 테두리/배경** : 테두리(실선, 0.5mm, 초록), 배경(초록 90% 밝게)
- **글맵시** : 글꼴(HY울릉도B), 모양 및 채우기색, 그림자 등은 결과화면 참고
- **내용** : 글꼴(굴림), 글자 크기(15), 진하게, 문단 번호 및 그림 글머리 기호는 결과화면 참고

실내청소의법칙

매일 매일 청소를 한다면야 먼지 쌓일 시간이 없어 더러워질 걱정이 없겠지만 대게의 경우는 주중 행사가 되기 십상입니다. 그럼 지금부터 청소를 계획성있게 진행하는 요령에 대해 알아보겠습니다.

① 방향성이 있어야 한다.
- ✔ 청소는 위에서 아래로, 안에서 바깥쪽으로 한다.
- ✔ 위에서 아래로 : 천장, 조명, 벽, 바닥 청소로 한다.
- ✔ 안에서 바깥으로 : 침실, 거실, 현관의 순서로 한다.

② 작은 때부터 심한 때로 청소한다.
- ✔ 가벼운 대를 먼저 청소하고 심한 때를 필요에 따라 세제를 이용해 청소한다.
- ✔ 처음에 물로 다음엔 세제로 그래도 안돼면 클렌저를 이용한다.

③ 청소 후 환기를 시켜줘야 한다.
- ✔ 공중에 떠다니는 먼지가 가라앉을 때까지 15분 정도 창을 열어두는 것이 좋다.

연습해보세요···

02 다음과 같이 입력하여 문서를 완성해 보세요.

- **쪽 테두리/배경** : 테두리(이중실선, 0.5mm, 빨강), 배경(주황 90% 밝게)
- **글맵시** : 글꼴(HY헤드라인M), 모양 및 채우기색, 그림자 등은 결과화면 참고
- **내용** : 글꼴(맑은 고딕), 글자 크기(15), 문단 번호 및 그림 글머리 기호는 결과화면 참고

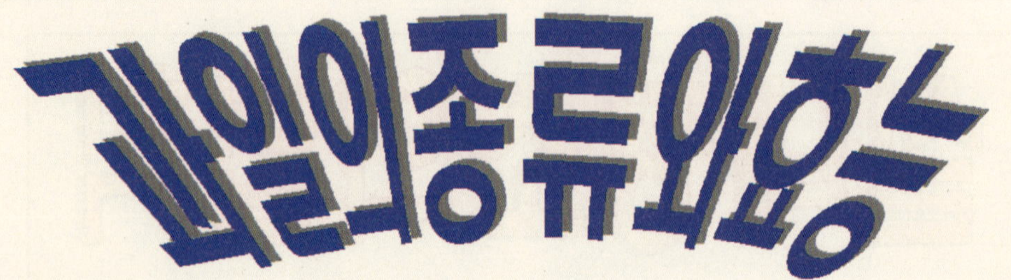

가) 포도
- 박테리아 및 바이러스의 저항력을 높여줍니다.
- 염증의 저항력을 높여주고 노화방지에 좋습니다.
- 피부를 아름답게 해주고 두뇌에 좋습니다.
- 위장질환 및 심장질환에 좋습니다.
- 동맥을 유연하게 하고 전립선암을 억제합니다.

나) 배
- 세포조직을 복구하며, 모세혈관을 강화합니다.
- 세포막을 보호하고 외상 및 타박상 치료에 좋습니다.
- 대장운동을 정상화하고 유해독성물질을 제거합니다.
- 시력을 보호하고 혈당을 조절합니다.
- 심장을 건강하게 유지하고 감염을 예방합니다.

다) 키위
- 혈당 및 콜레스테롤을 조절합니다.
- 대장내 독소 제거 및 대장/전립선암을 예방합니다.
- 활성산소로부터 DNA를 보호합니다.
- 피부암 예방 및 검버섯 생성을 예방 및 치료합니다.

문서에 그림 삽입하기

Chapter
05

문서에 그림을 삽입하는 방법은 인터넷 등에서 표시되는 사진을 직접 복사 후 한글 문서에 붙여넣는 방법과 컴퓨터에 저장 후 문서에 불러오는 방법으로 표시할 수 있습니다. 또한 문서에 표시된 그림은 다양한 방법의 그림 스타일과 효과 등을 지정하여 꾸밀 수 있습니다.

Step·01 인터넷 사진 복사하기

1 렉스미디어 사이트(www.rexmedia.net)로 이동하여 [도서 소개]−[입문/활용서 교재]를 클릭합니다.

2 [입문/활용서] 교재에 관한 도서 소개 내용이 표시되면 **원하는 교재의 그림을 클릭**합니다.

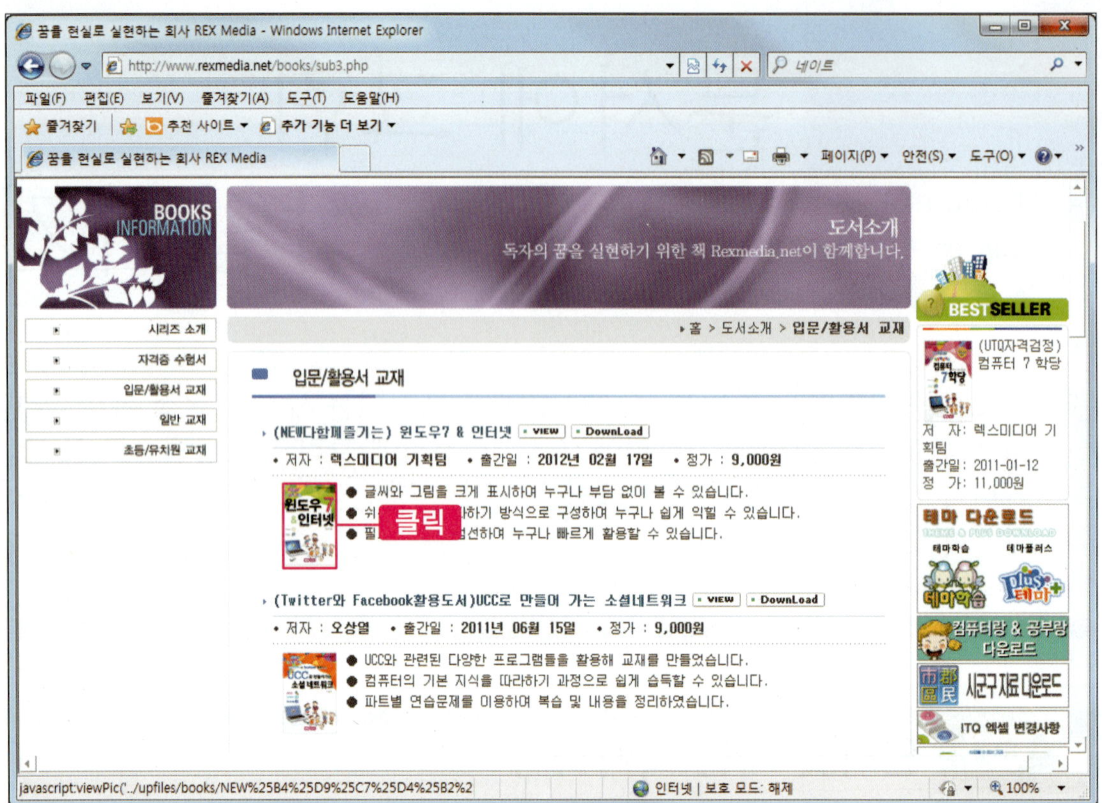

3 그림이 크게 표시되면 그림 안에서 마우스 오른쪽 단추를 눌러 바로 가기 메뉴의 **[복사]**를 클릭합니다.

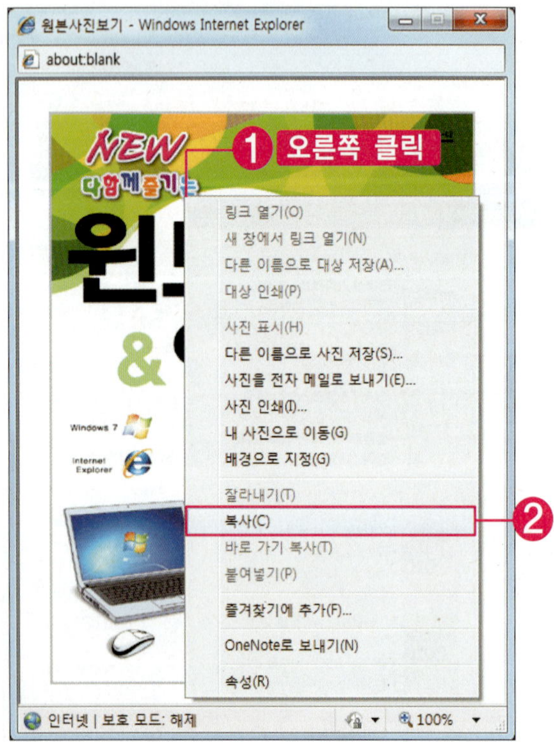

4 그림이 복사되면 한글 2010 프로그램 창을 클릭하여 한글 문서로 이동한 다음 [편집] 탭에서 **[붙이기]-[붙이기]**를 클릭합니다.

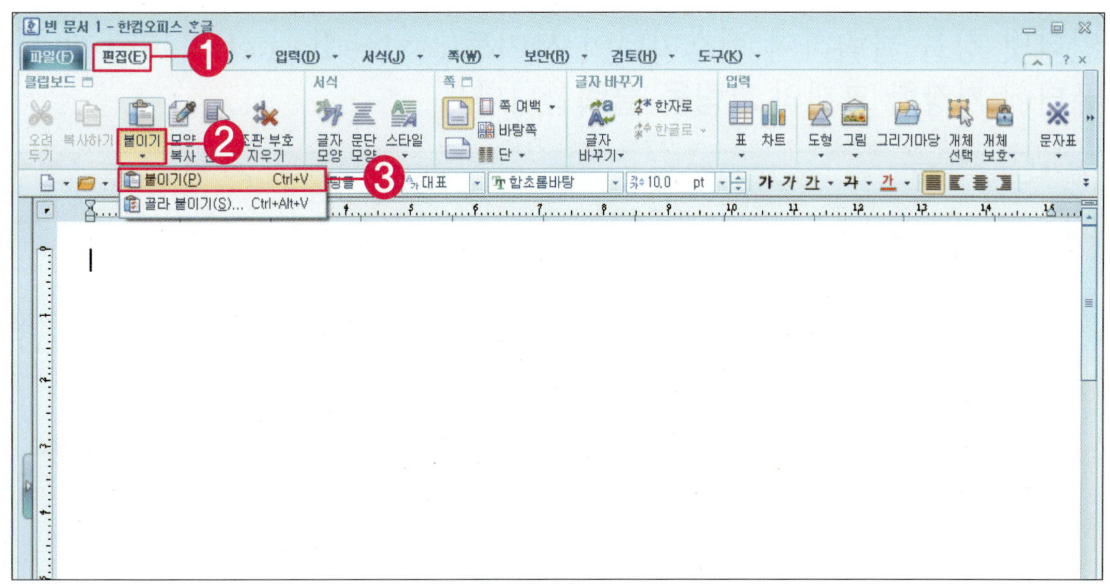

5 [HTML 문서 붙이기] 대화상자가 나타나면 **[원본 형식 유지]를 선택**하고 **[확인] 단추를 클릭**합니다.

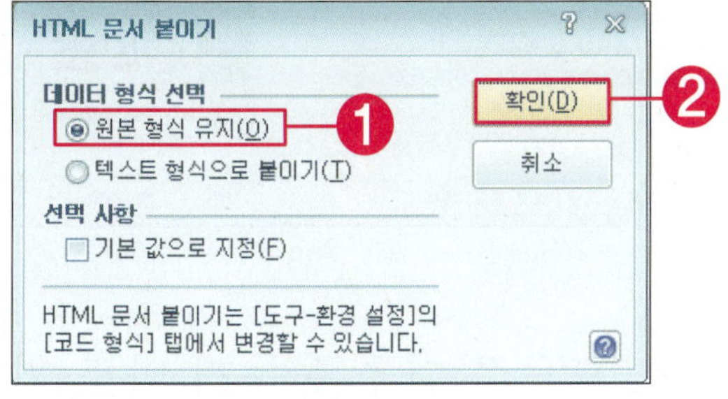

6 문서에 그림이 표시되면 [그림] 탭에서 **그림의 크기(가로 - 40, 세로 - 50)를** 수정합니다.

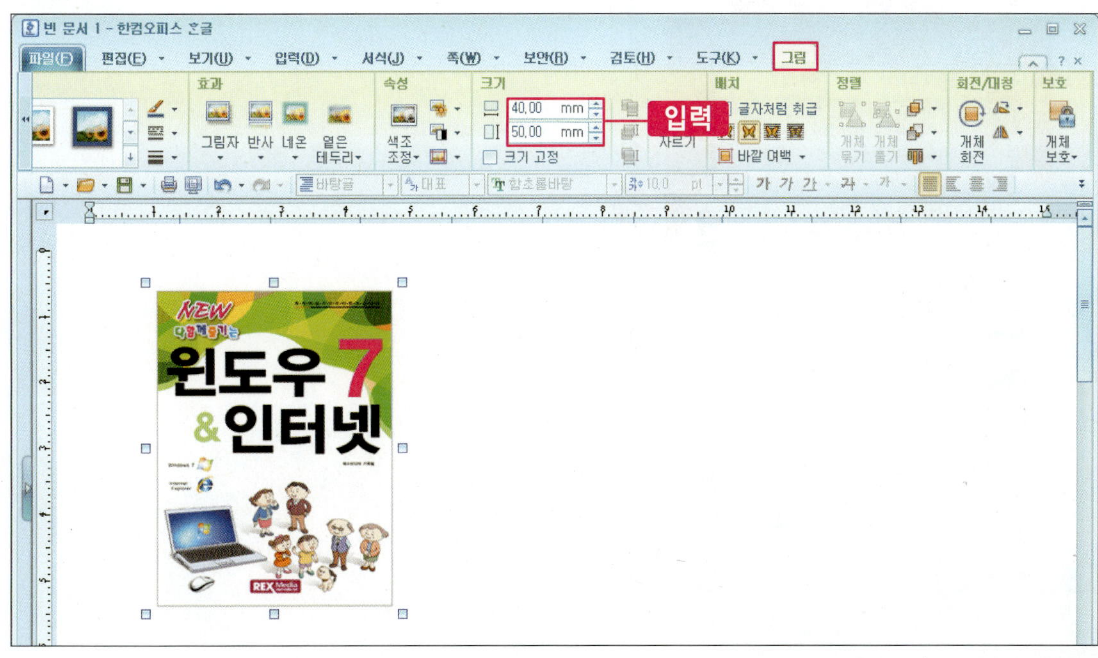

1 인터넷 창을 클릭하여 렉스미디어 사이트(rexmedia.net)로 이동한 다음 컴퓨터에 저장할 교재의 **그림을 클릭**합니다.

2 그림이 크게 표시되면 그림 안에서 마우스 오른쪽 단추를 눌러 바로 가기 메뉴의 **[다른 이름으로 사진 저장]**을 클릭합니다.

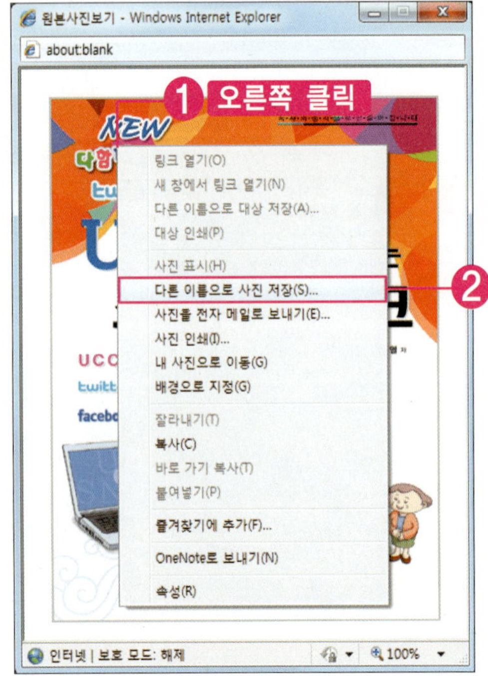

3 [사진 저장] 대화상자가 나타나면 **저장 위치(문서)를 선택**하고 **파일 이름(표지그림)을 입력**한 다음 **[저장] 단추를 클릭**합니다.

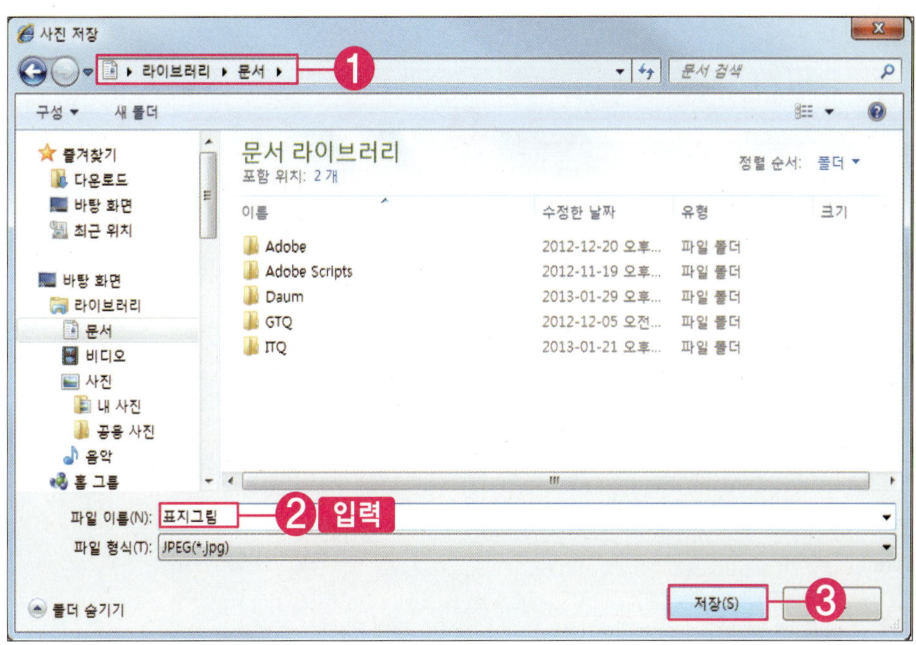

4 그림이 저장되면 한글 2010 프로그램 창을 클릭하여 한글 문서로 이동한 다음 [입력] 탭에서 **[그림]-[그림]을 클릭**합니다.

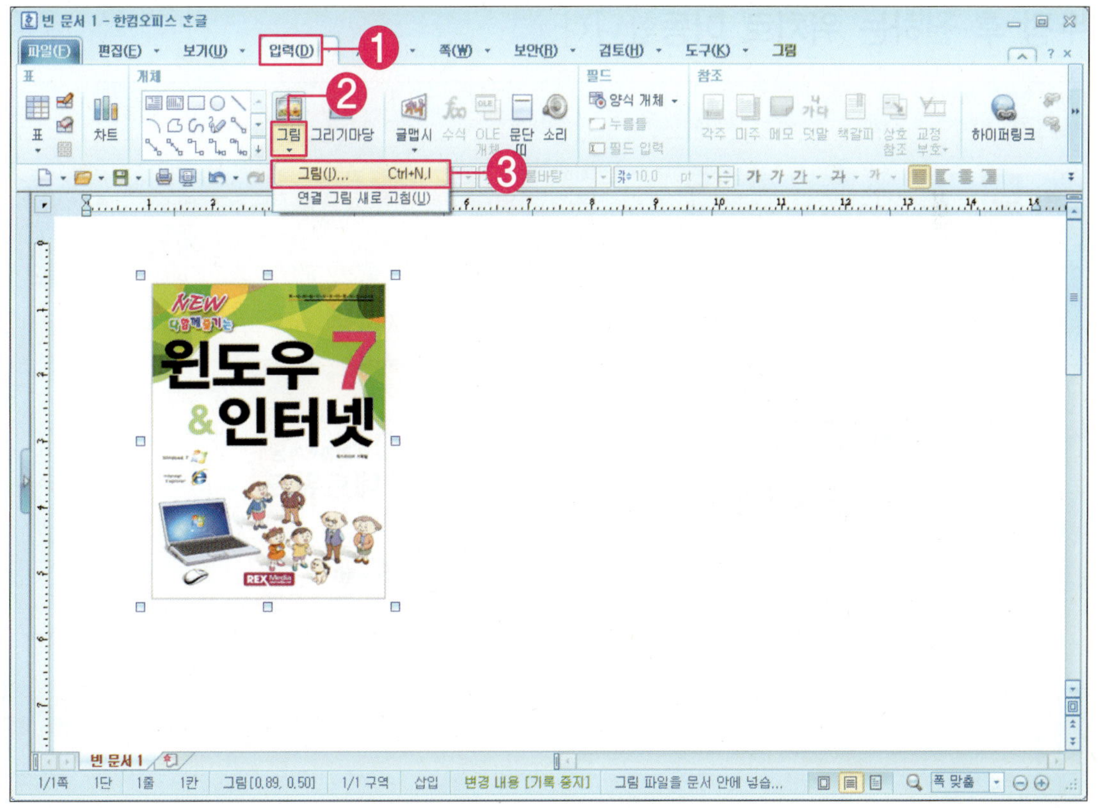

키보드의 Ctrl+N, I 를 눌러도 저장한 그림을 불러올 수 있습니다.

5 [그림 넣기] 대화상자가 나타나면 **저장 위치(문서) 및 파일 이름(표지그림)을 선택**한 다음 **[문서에 포함]을 체크, [글자처럼 취급] 체크 해제 후 [넣기] 단추를 클릭**합니다.

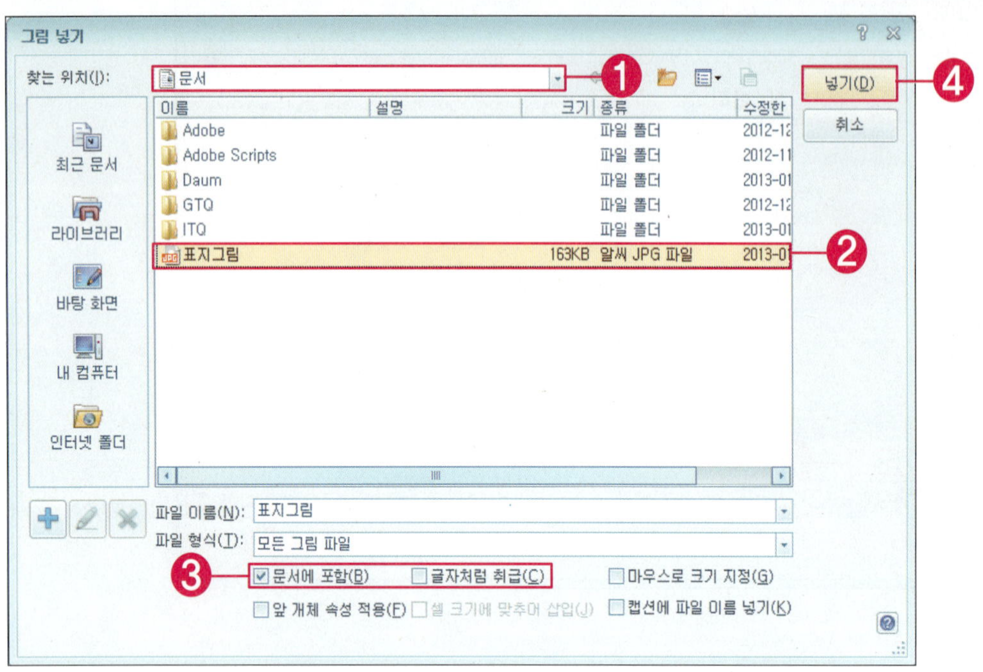

6 문서에 그림이 삽입되면 [그림] 탭에서 **그림의 크기(가로 − 40, 세로 − 50)를 수정 후 원하는 위치로 이동**합니다.

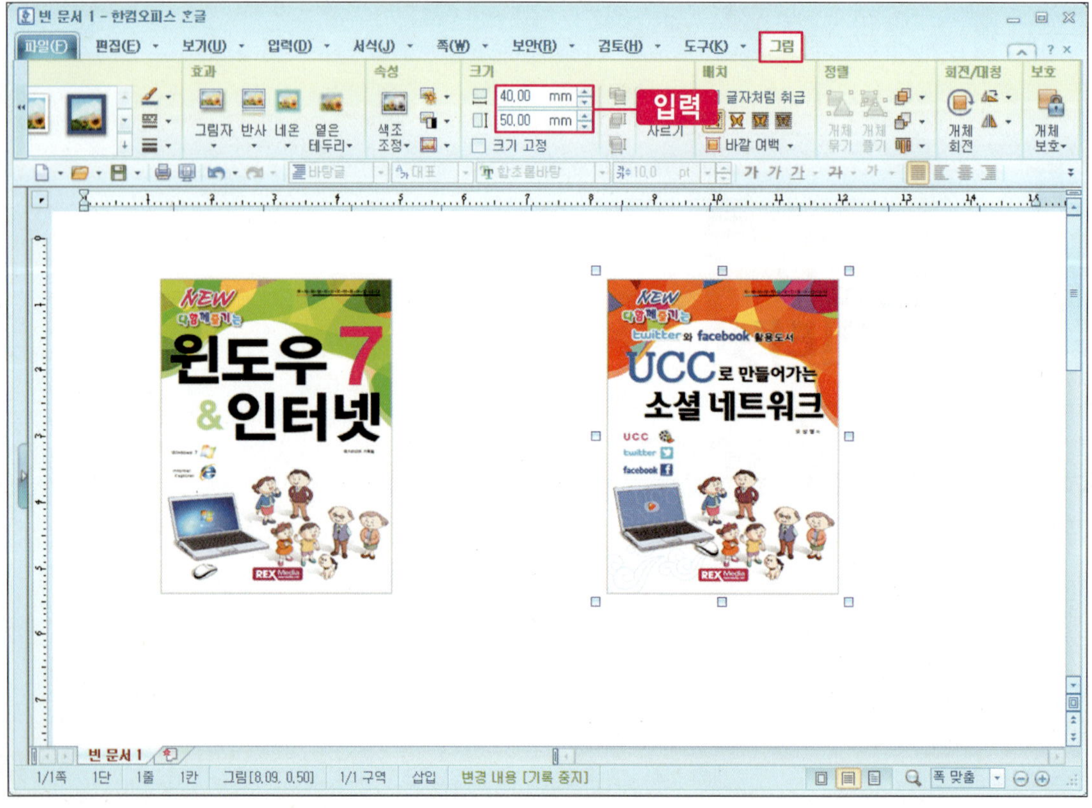

1 오른쪽 그림을 선택하고 [그림] 탭의 **[자르기]**를 클릭합니다.

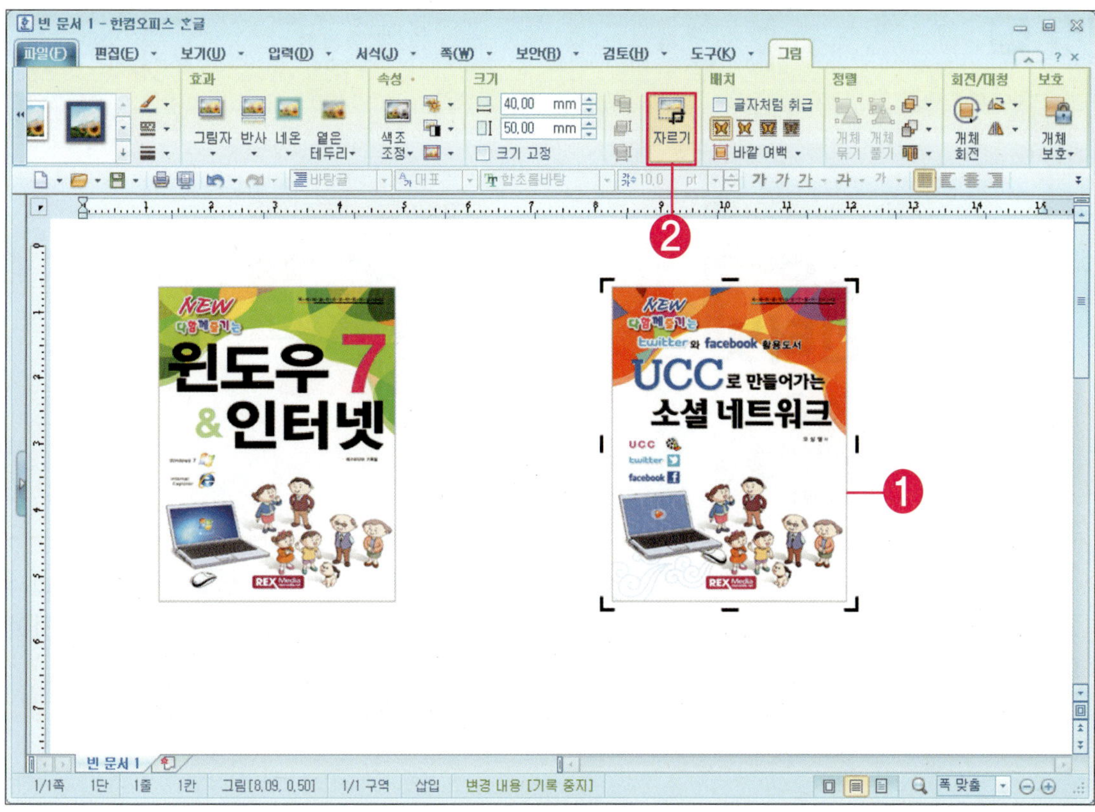

2 그림 테두리가 자르기 모양으로 바뀌면 드래그하여 **필요한 부분만 표시**합니다. Esc를 누르면 자르기 기능이 해제됩니다.

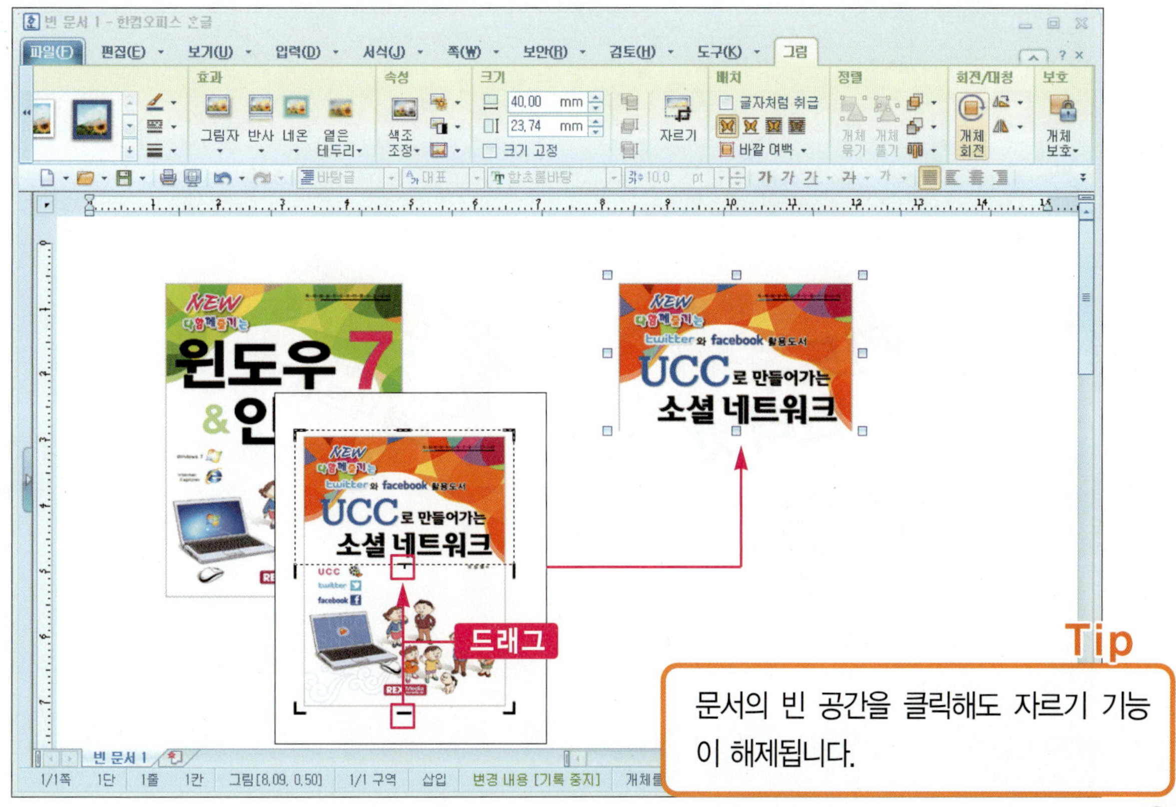

Tip
문서의 빈 공간을 클릭해도 자르기 기능이 해제됩니다.

3 오른쪽 그림이 선택된 상태에서 **[개체 회전]**을 **클릭**하여 모서리 부분에 회전 조절점(●)이 표시되면 **원하는 방향으로 드래그하여 회전**합니다.

Tip

회전 조절점(●)에 마우스 포인터가 위치하면 포인터 모양이 ↻ 모양으로 바뀌며, 이 때 드래그하여 회전 합니다.

4 같은 방법으로 **왼쪽 그림을 선택**하고 **회전 조절점(●)을 드래그**하여 원하는 방향으로 회전한 다음 Esc 를 눌러 개체 회전 기능을 해제합니다.

1 왼쪽 그림을 선택하고 [그림] 탭의 스타일 그룹에서 [자세히]를 클릭합니다.

2 스타일 목록이 나타나면 원하는 스타일을 선택합니다.

3 그림의 테두리 선 색을 수정하기 위해 그림이 선택된 상태에서 [그림] 탭에서 ✎ ·[선 색]–[바다색]을 클릭합니다.

4 선 색이 수정되면 [그림] 탭의 ≡ ·[선 굵기]–[2mm]를 클릭하여 테두리 선의 굵기를 수정합니다.

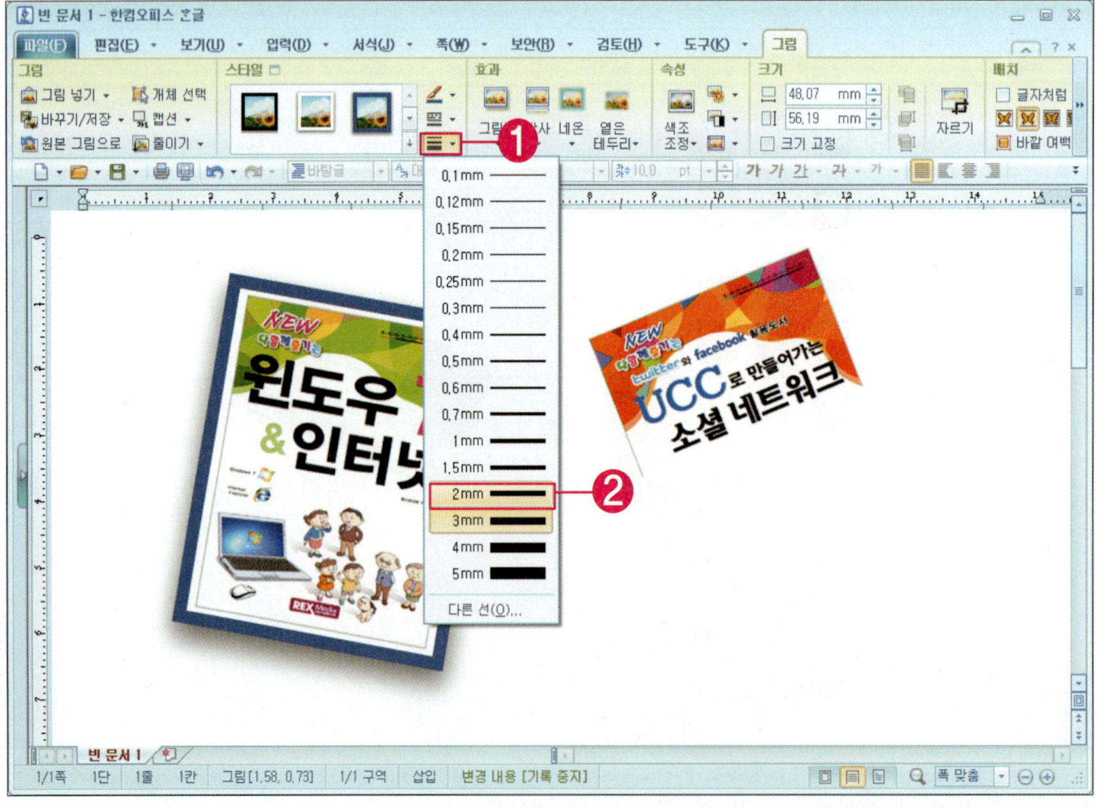

5 반사 효과를 지정하기 위해 **[반사]-[1/3크기, 근접]**을 **클릭**합니다.

6 같은 방법으로 오른쪽 그림에 그림 스타일 및 효과를 지정합니다.
- 그림 스타일 : [검정색 아래쪽 그림자]
- 효과 : [네온]- [강조색 2, 10pt], [반사]- [1/2크기, 4pt]

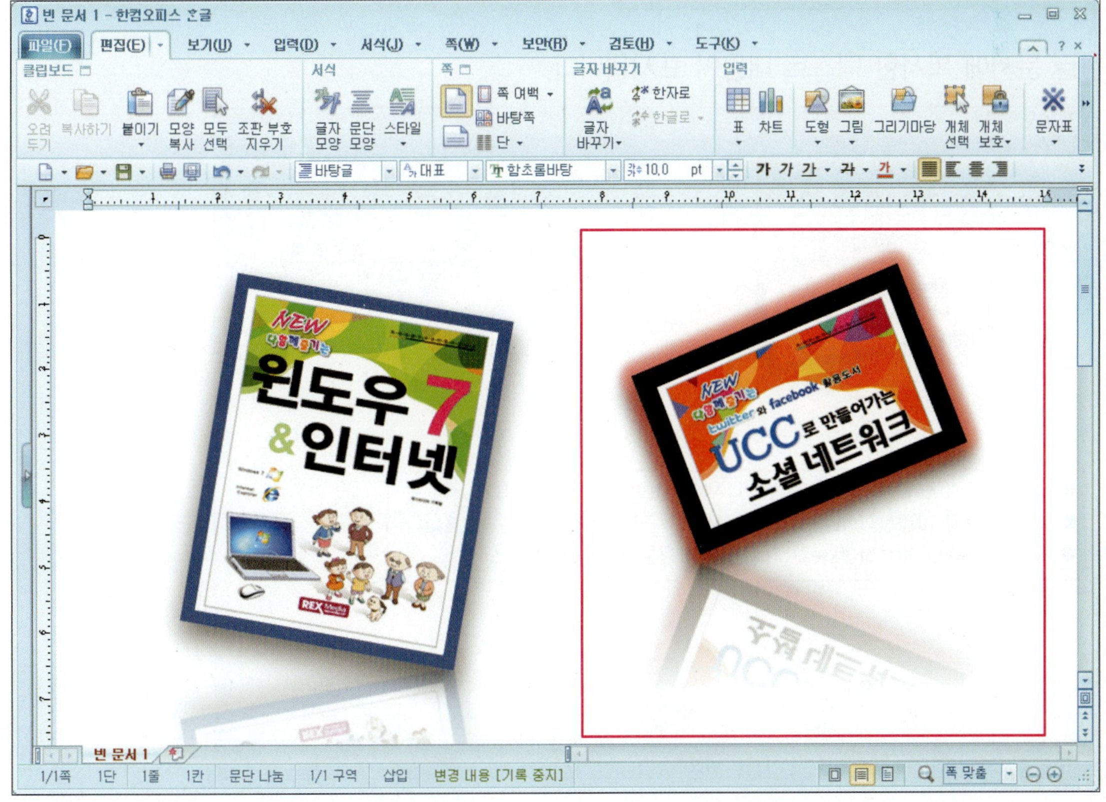

인터넷의 텍스트 내용을 한글 문서에 복사하기

❶ 인터넷의 텍스트을 드래그하여 블록으로 지정하고 바로 가기 메뉴의 [복사]를 클릭합니다.

❷ 한글 문서에서 [편집] 탭의 [붙이기]–[붙이기]를 클릭한 후 [HTML 문서 붙이기] 대화상자가 나타나면 붙여넣을 데이터 형식을 선택하고 [확인]을 클릭합니다.

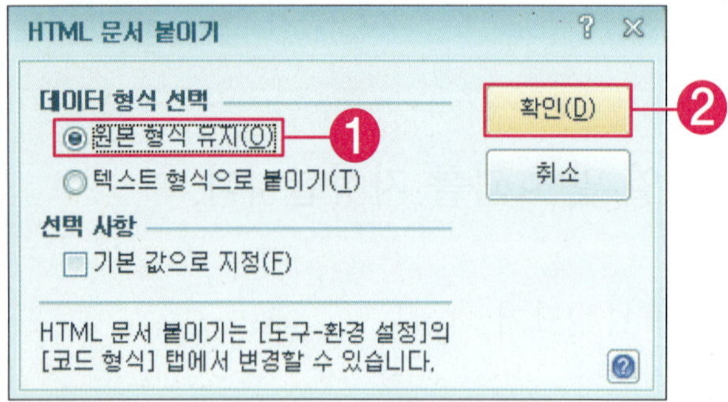

❸ 한글 문서에 복사한 텍스트 내용이 표시됩니다.

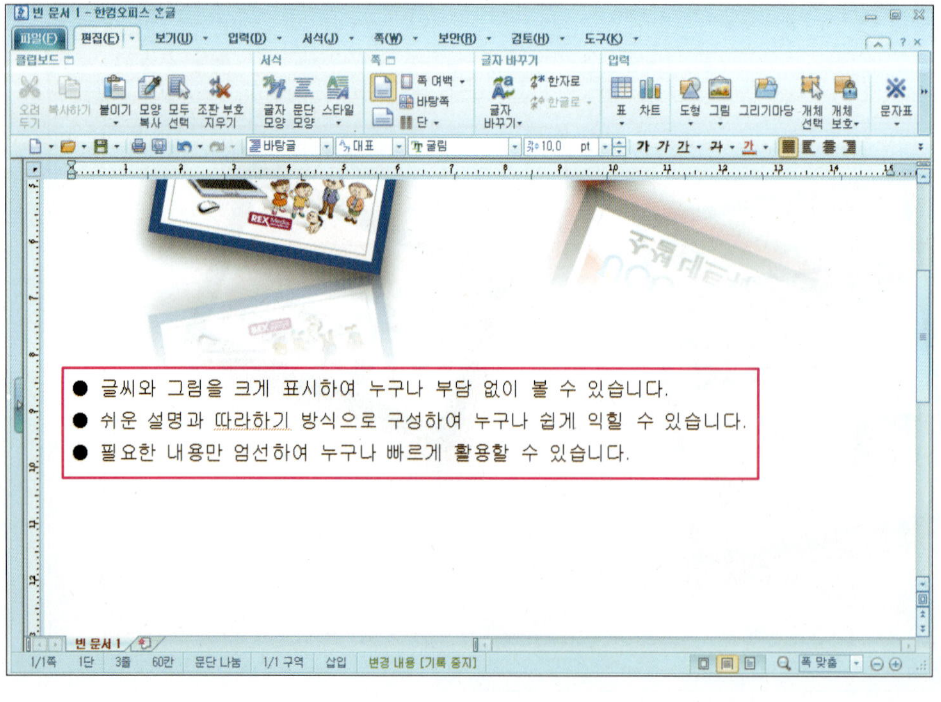

01 국립고궁박물관(www.gogung.go.kr)의 주요 유물 중에서 원하는 유물의 사진을 복사하고 임의로 스타일을 지정해 보세요.

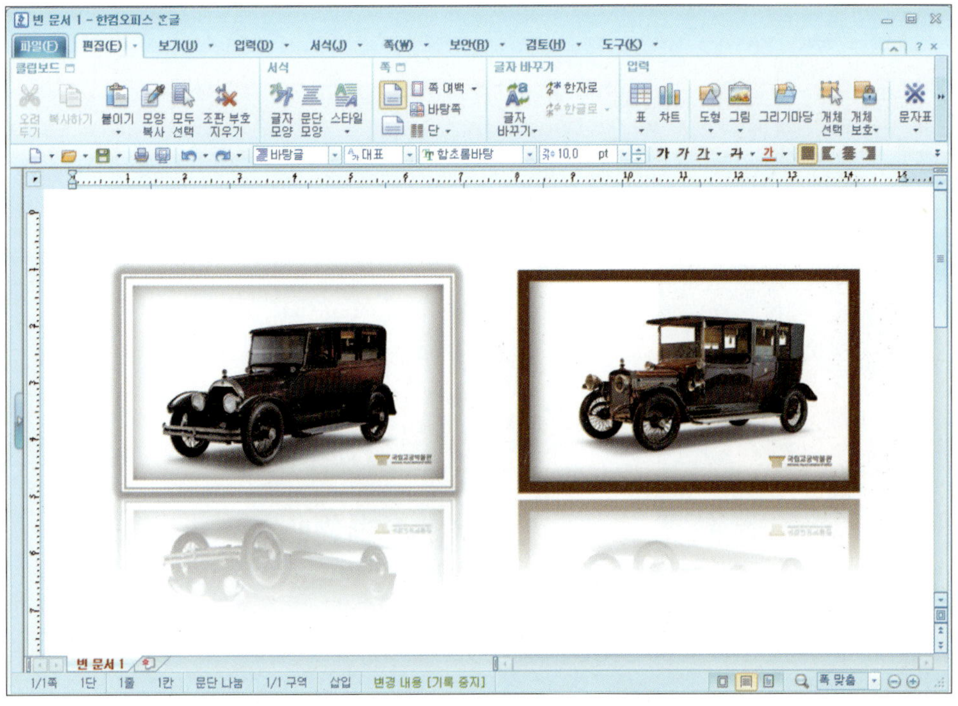

02 인터넷에서 북한산에 관련된 사진을 복사하고 다음과 같이 스타일을 지정해 보세요.

- **그림 스타일** : [검정색 아래쪽 그림자], 선 색(주황), 선 두께(2mm)

- **그림자 효과** : [대각선 오른쪽 위]

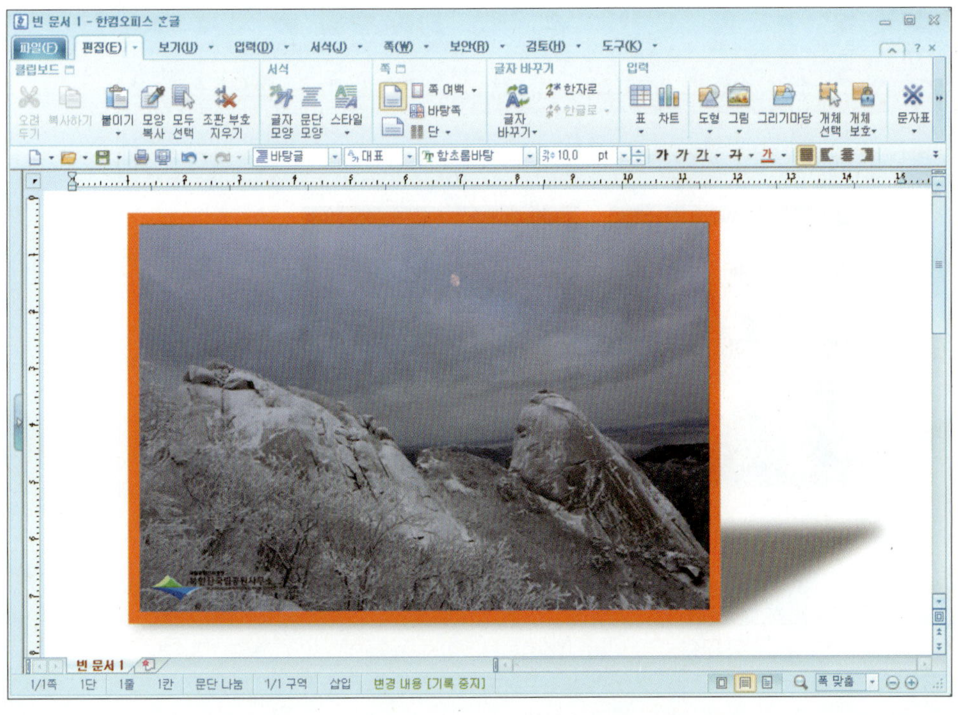

03 인터넷에서 좋아하는 꽃을 검색 후 컴퓨터에 저장하고 한글 문서에 불러와 원하는 스타일을 지정해 보세요.

04 인터넷에서 좋아하는 동물을 검색 후 컴퓨터에 저장하고 한글 문서에 불러와 원하는 스타일을 지정해 보세요.

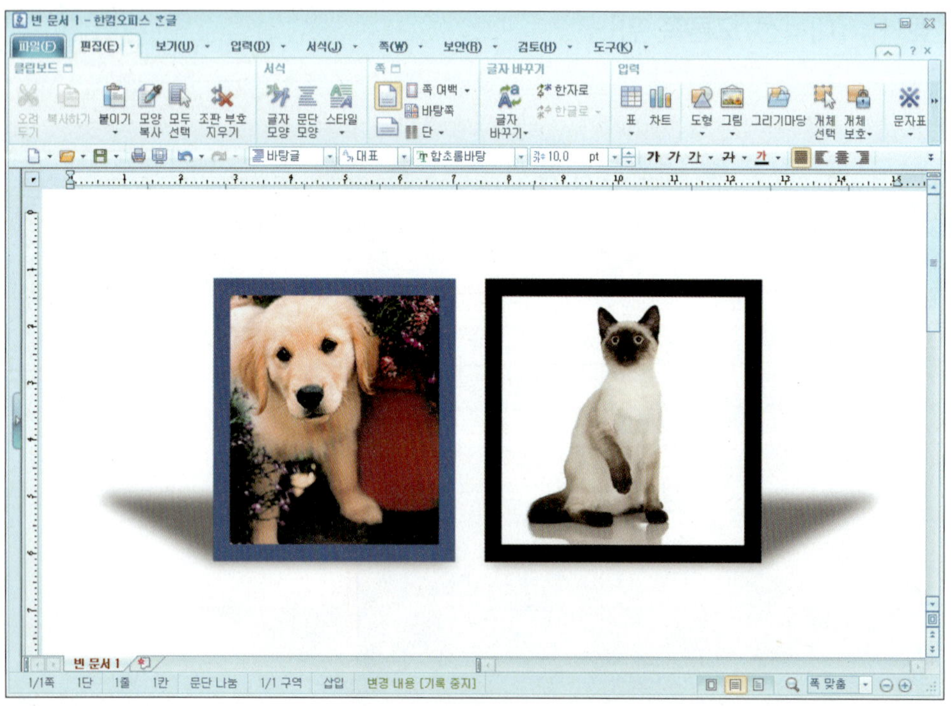

도형을 이용하여 문서 작성하기

Chapter 06

도형은 텍스트나 그림으로 표현할 수 없는 내용을 다양한 모양의 도형을 이용하여 표현할 수 있도록 제공하는 기능으로 도형을 그리고 회전 및 이동, 복사 방법과 도형의 선 색, 종류, 두께, 채우기 색 등을 지정하여 편집할 수 있습니다. 그럼 이번에는 도형을 작성하고 다양한 방법으로 편집하여 가족이 함께 즐길 수 있는 윷놀이판을 만들어보겠습니다.

Step · 01　도형 작성하기

1　빈 문서에서 [보기] 메뉴의 [쪽 윤곽]을 클릭하여 체크 표시한 후 [편집] 탭에서 [쪽 여백]-[좁게]를 클릭합니다.

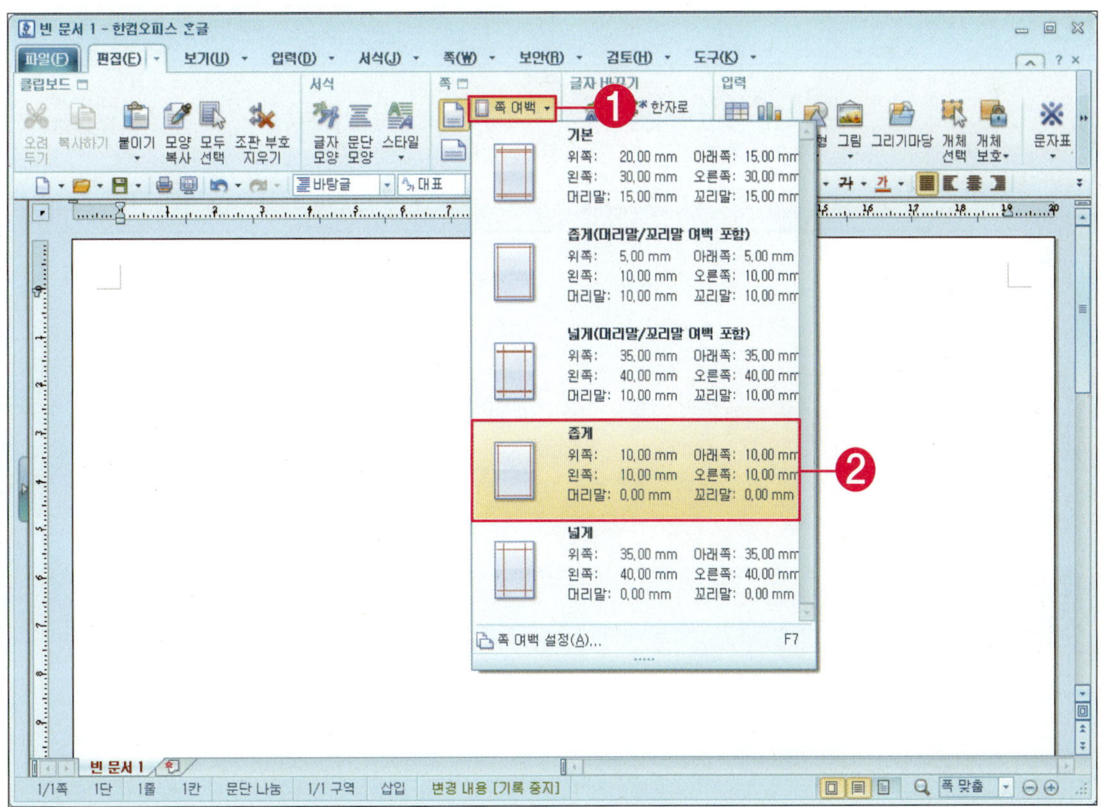

2 쪽 윤곽 및 용지 여백이 수정되면 도형을 삽입하기 위해 [편집] 탭에서 **[도형]-□[직사각형]**을 클릭합니다.

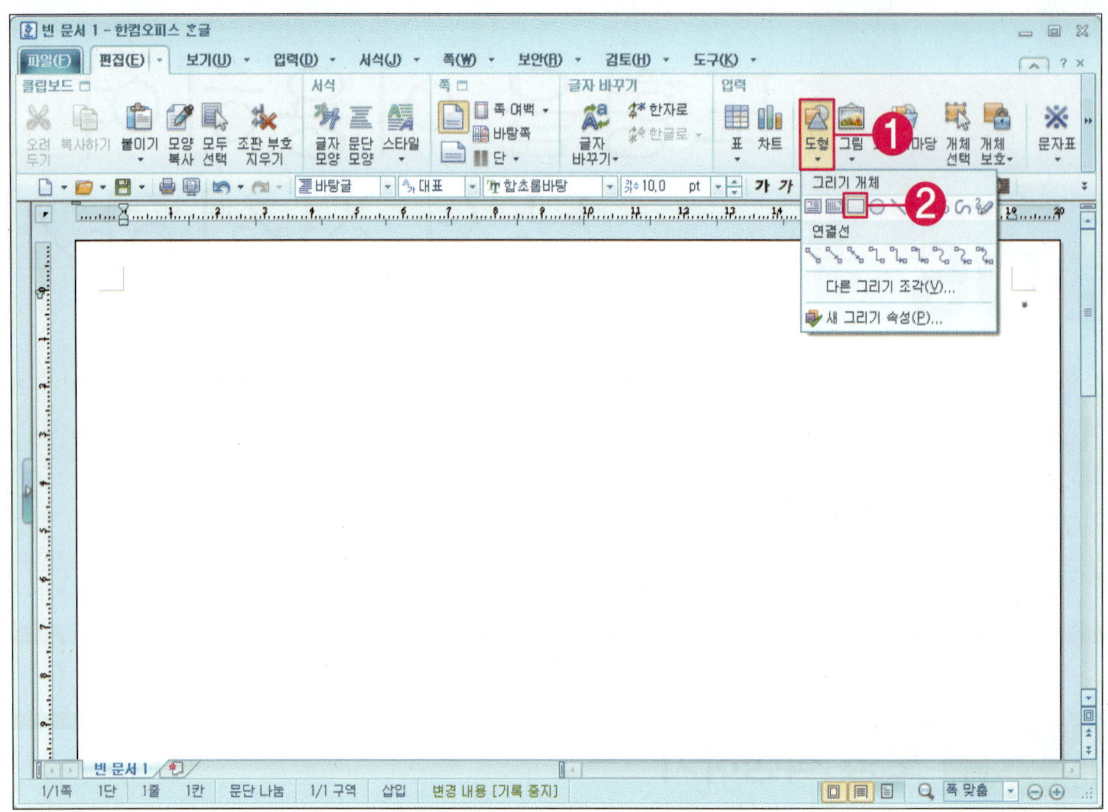

3 마우스 포인터 모양이 **+모양으로 바뀌면 드래그**하여 도형을 작성합니다.

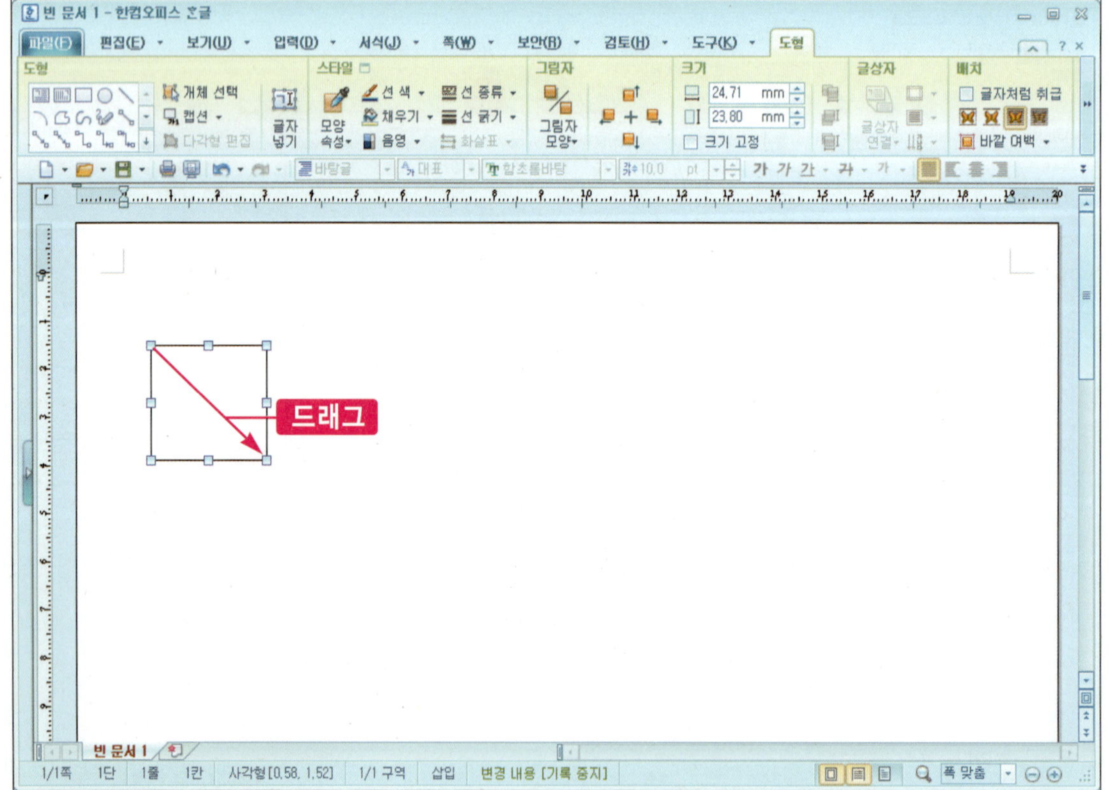

4 도형이 삽입되면 [도형] 탭에서 **선 색(파랑) 및 채우기(노랑 60% 밝게), 선 굵기(0.5mm) 등을 수정**합니다.

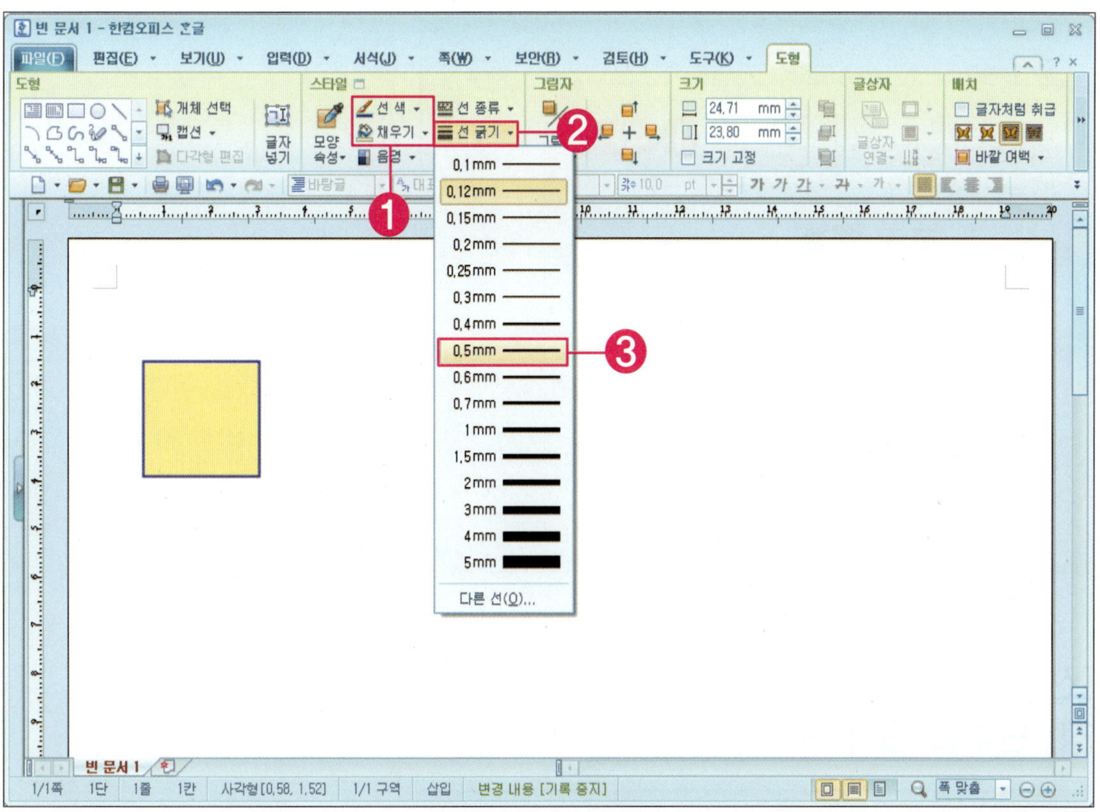

5 도형 모양을 수정하기 위해 도형이 선택된 상태에서 [도형] 탭에서 **[스타일]을 클릭**합니다.

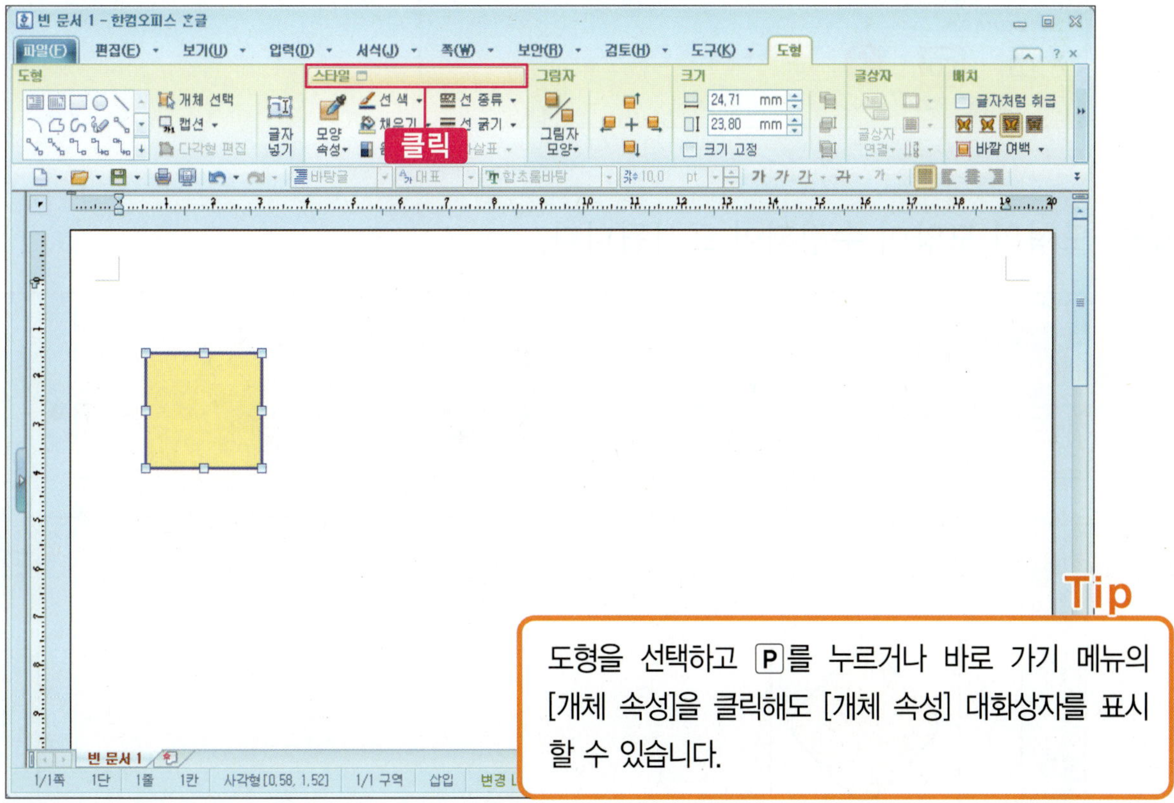

Tip

도형을 선택하고 P를 누르거나 바로 가기 메뉴의 [개체 속성]을 클릭해도 [개체 속성] 대화상자를 표시할 수 있습니다.

6 [개체 속성] 대화상자가 나타나면 [기본] 탭에서 **너비(25)와 높이(25) 및 회전각(45°)** 등을 수정합니다.

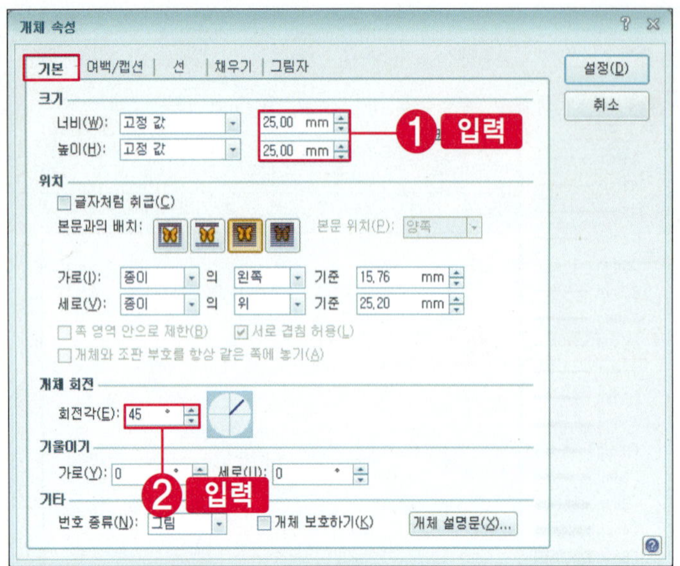

7 [선] 탭을 클릭하고 사각형 모서리 곡률의 ▢[둥근 모양]을 선택한 다음 [설정] 단추를 클릭합니다.

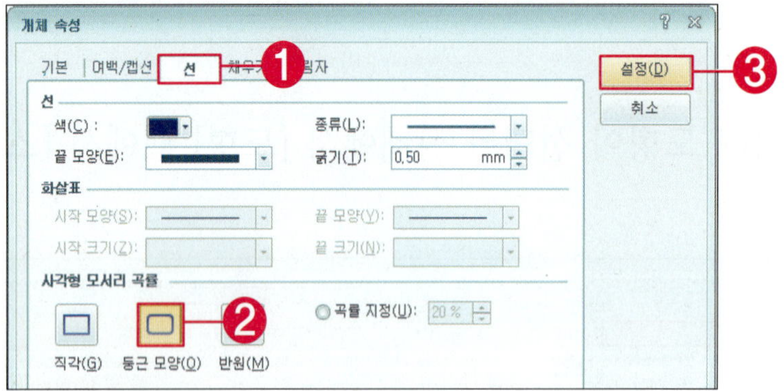

8 도형의 모양이 수정되어 표시됩니다.

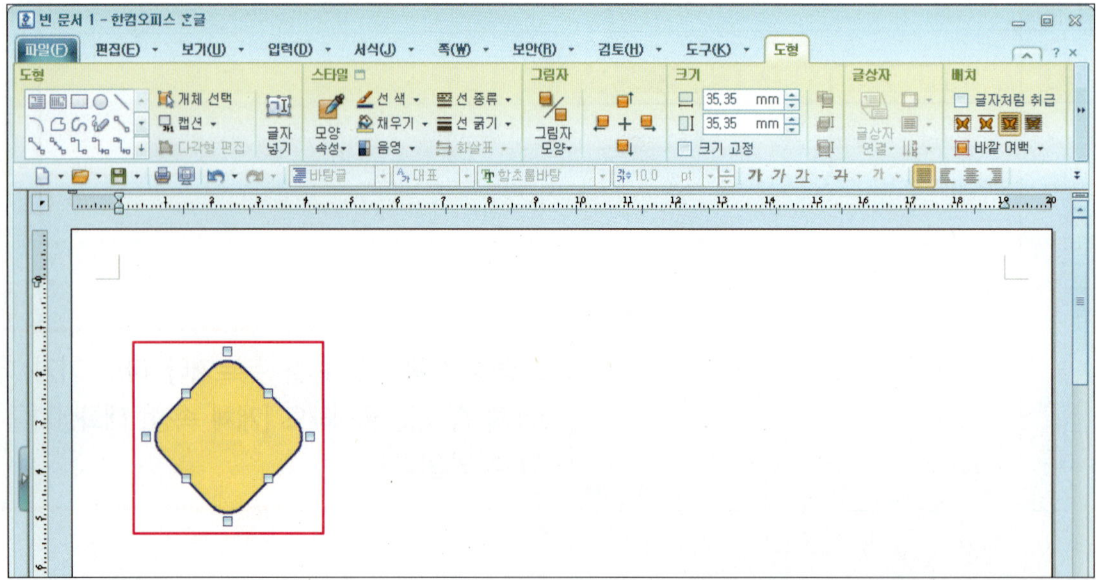

1 도형에 글자를 넣기 위해 선택된 상태에서 [도형] 탭의 **[글자 넣기]**를 **클릭**합니다.

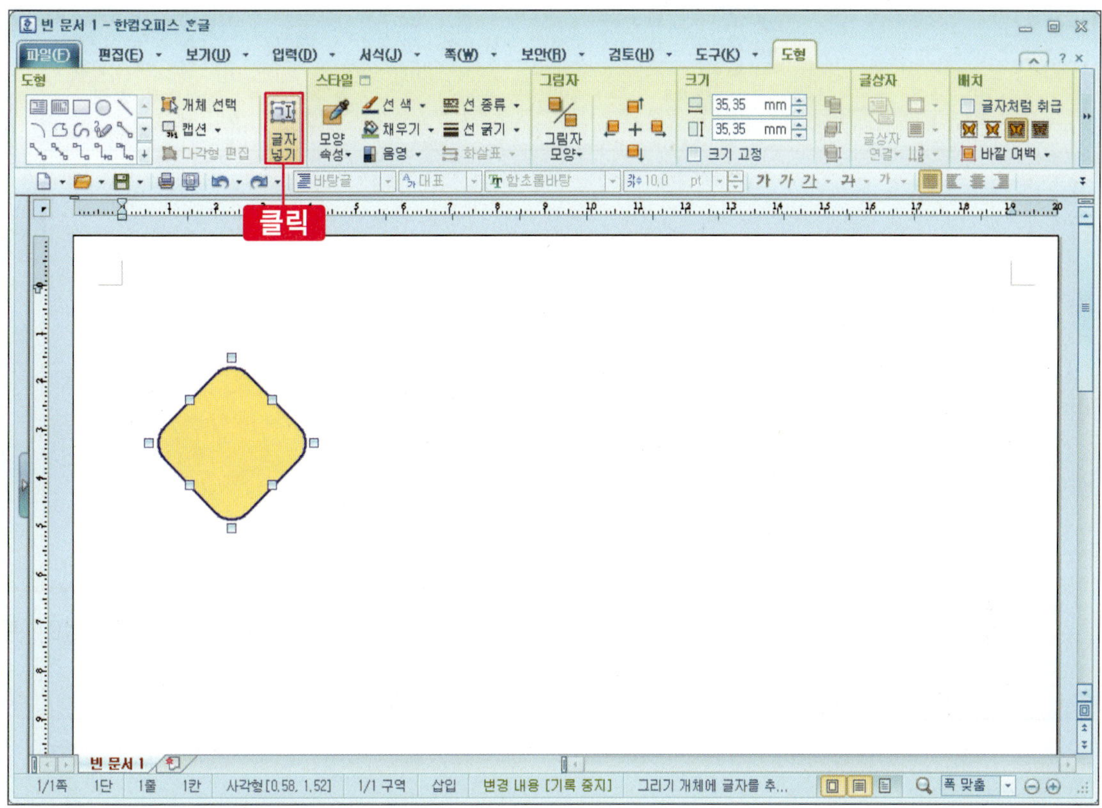

2 도형 안에 커서가 표시되면 **"가"**를 **입력**하고 드래그하여 블록 지정한 다음 **글꼴**(HY헤드라인M), 글자 크기(30), 글자색(파랑), ▤[가운데 정렬] 등을 수정합니다.

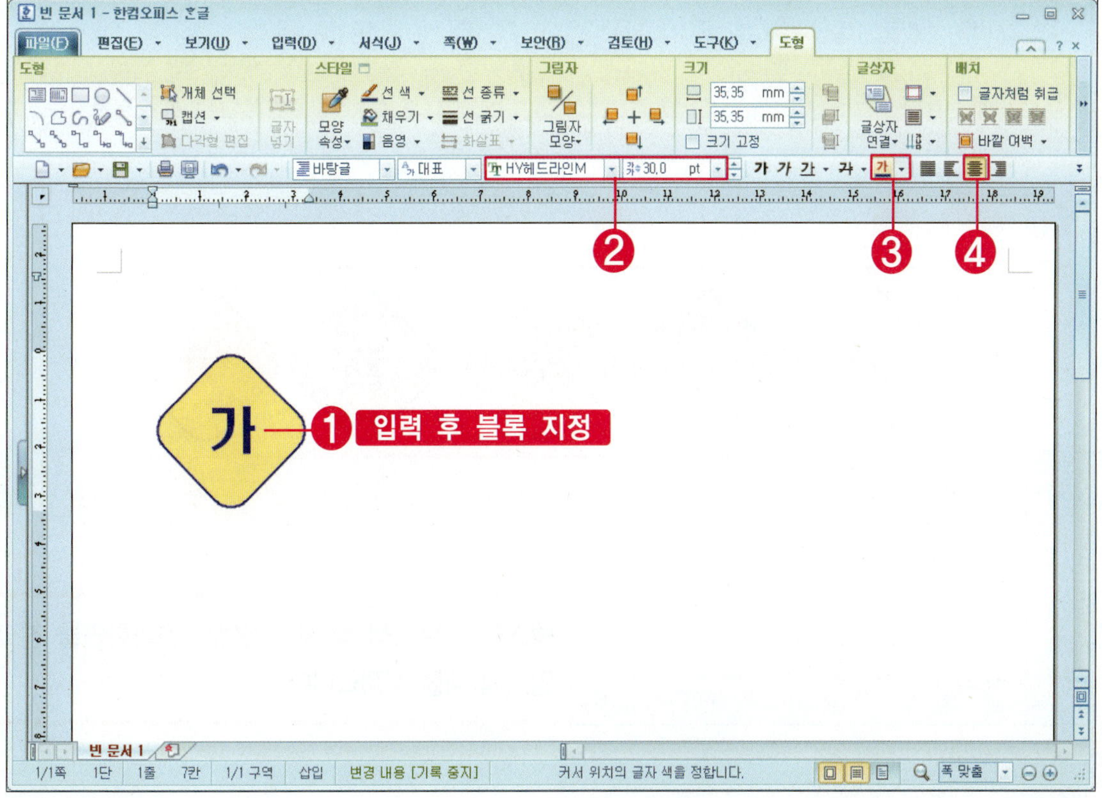

3 도형을 선택하고 Ctrl+Shift 를 누른 상태에서 **오른쪽으로 드래그**하여 수평 방향으로 일정하게 도형을 복사합니다.

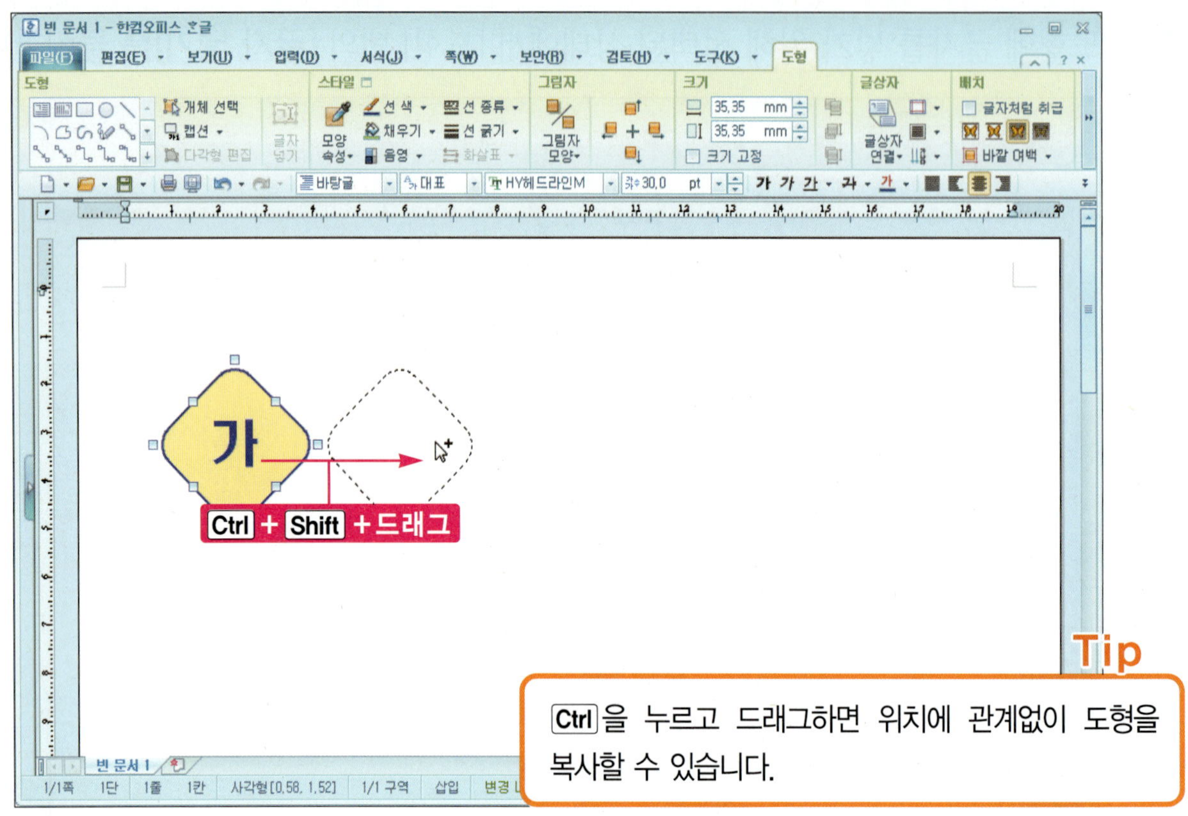

4 같은 방법으로 도형을 다음과 같이 복사하고 **텍스트 내용 및 글자색, 채우기 색을 수정**합니다.

5 도형의 위치를 수정하기 위해 **모든 도형을 선택**하고 ⊞▾[맞춤/배분]–[가로 간격을 동일하게]를 클릭합니다.

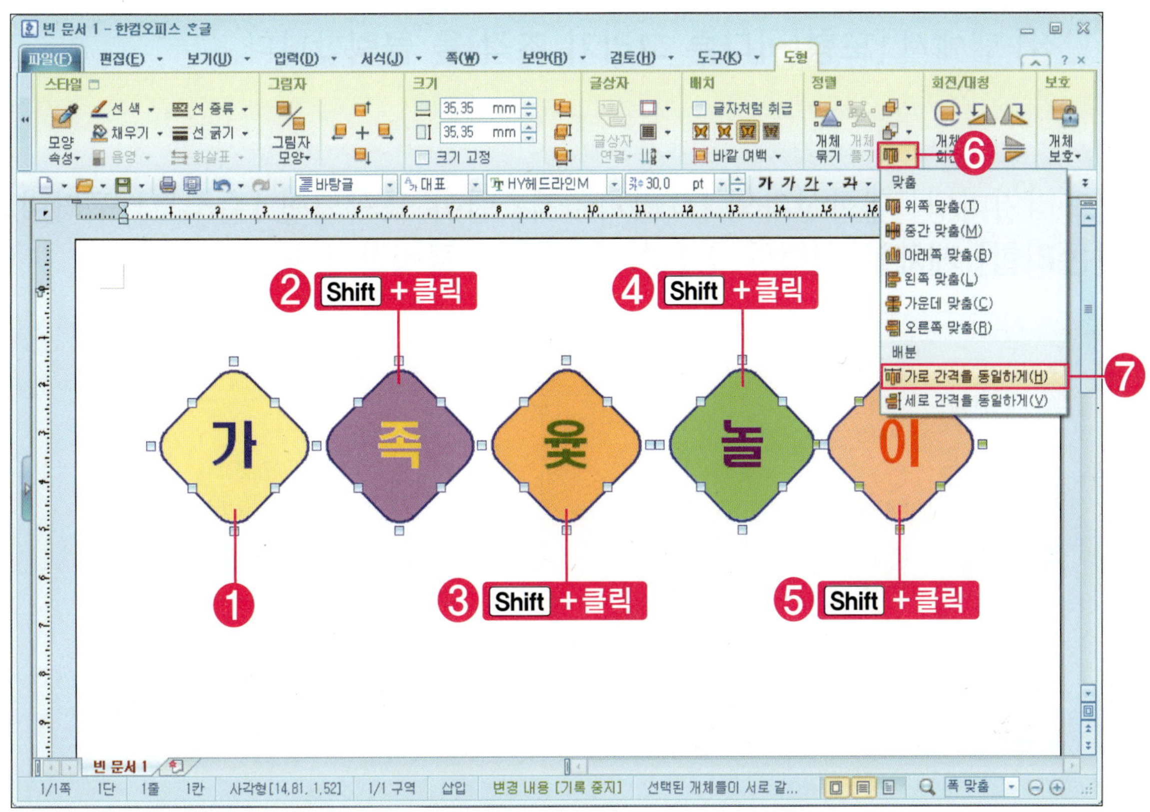

6 도형의 간격이 일정하게 배치됩니다.

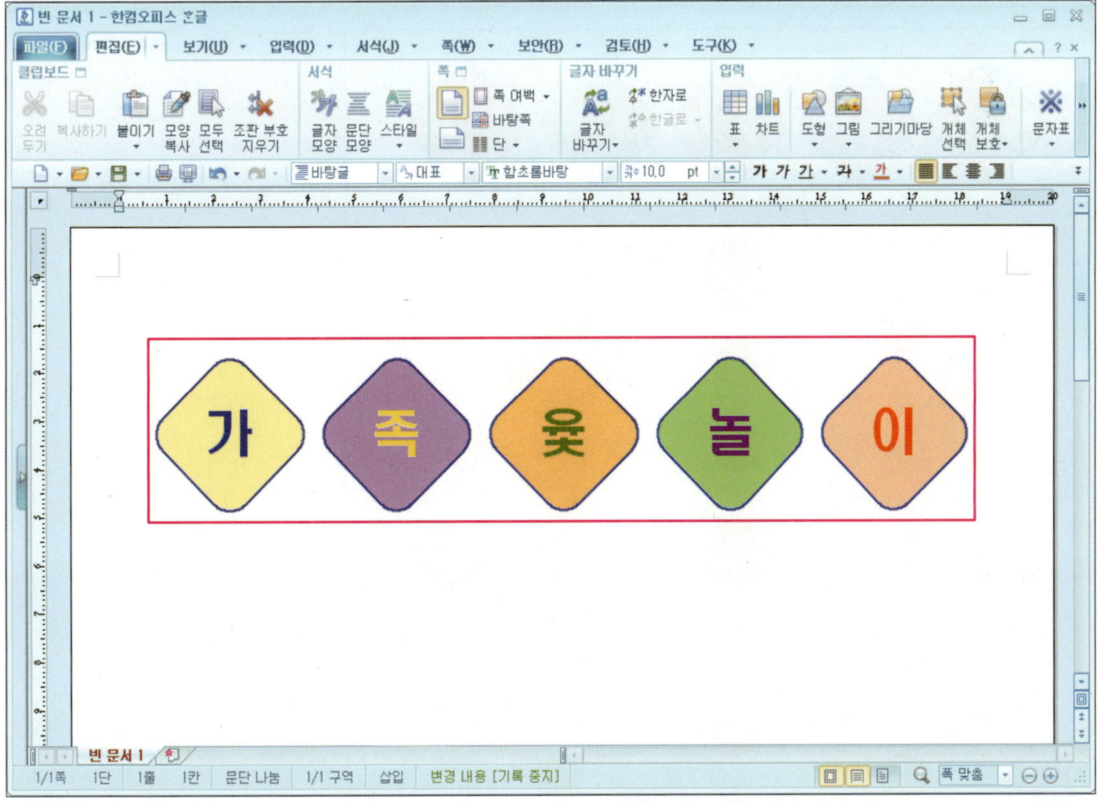

1 [편집] 탭에서 **[도형]-[다른 그리기 조각]**을 클릭합니다.

2 [그리기마당] 대화상자의 [그리기조각] 탭이 표시되면 [순서도] 꾸러미의 ⊕ **[논리합] 개체를 선택**한 후 **[넣기] 단추를 클릭**합니다.

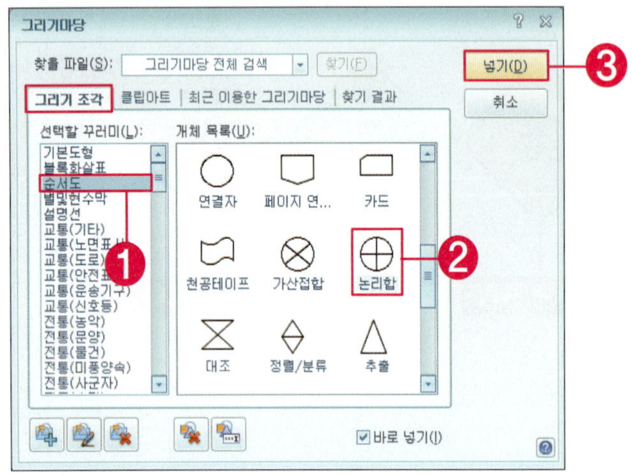

3 마우스 포인터 모양이 **+모양으로 바뀌면 드래그**하여 도형을 표시하고 ○[타원] 도형을 이용하여 다음과 같이 **도형을 삽입한 후 채우기색을 수정**합니다.

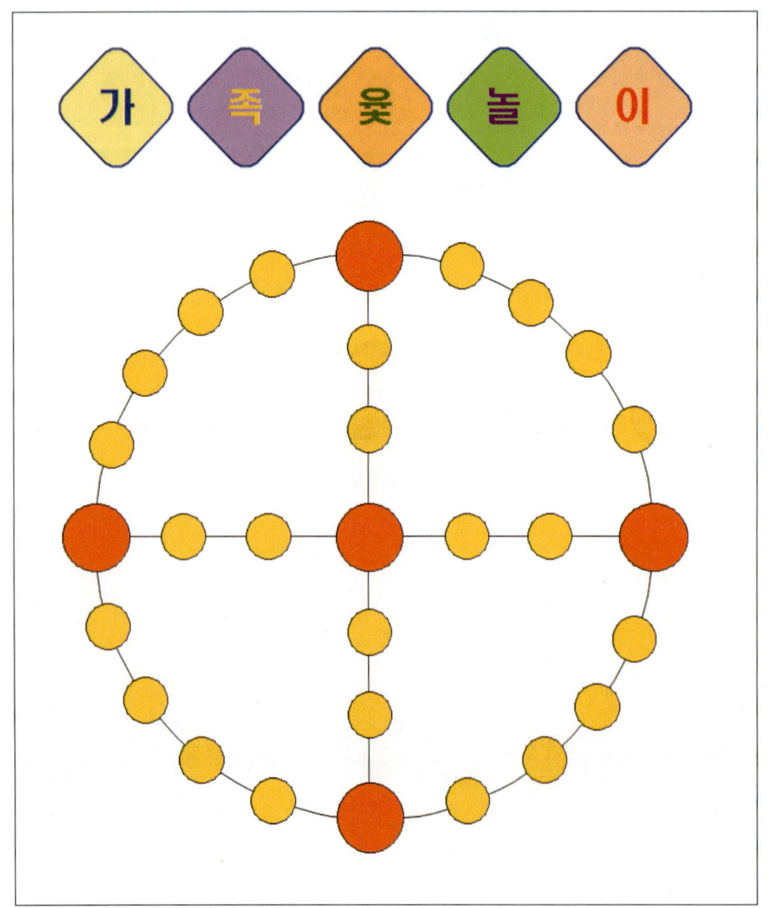

4 도형에 그림을 삽입하기 위해 ⊕**[논리합] 개체를 선택**하고 [도형] 탭에서 **[스타일]을 클릭**합니다.

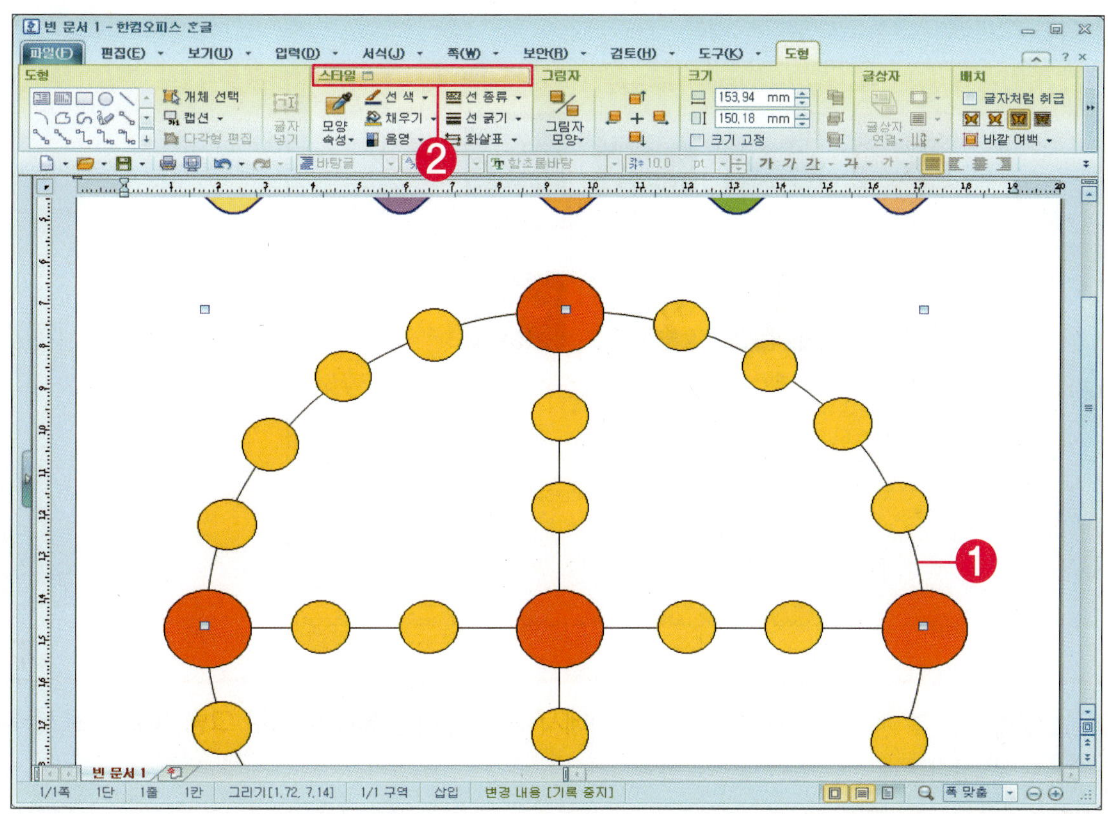

5 [개체 속성] 대화상자가 나타나면 [채우기] 탭에서 **[그림]을 클릭**하여 체크 표시한 다음 **[그림 선택]을 클릭**합니다.

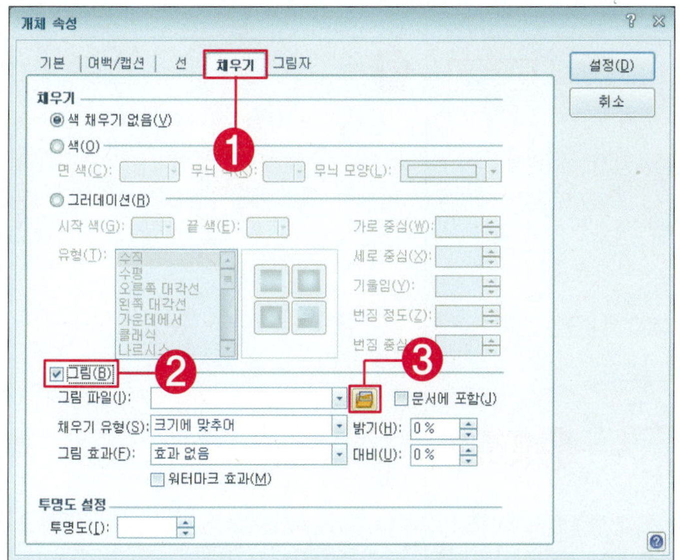

6 [그림 넣기] 대화상자가 나타나면 **찾는 위치(사진 샘플) 및 그림 파일(수국)을 선택**하고 **[넣기] 단추를 클릭**합니다.

Tip

> [문서에 포함]을 체크 해제하면 다른 컴퓨터에서 해당 문서를 불러올 경우 그림 파일이 표시되지 않을 수 있습니다.

7 [개체 속성] 대화상자의 [채우기] 탭에 그림 파일이 삽입되면 **밝기(50%) 및 대비(-30%) 등을 수정**하고 **[설정] 단추를 클릭**합니다.

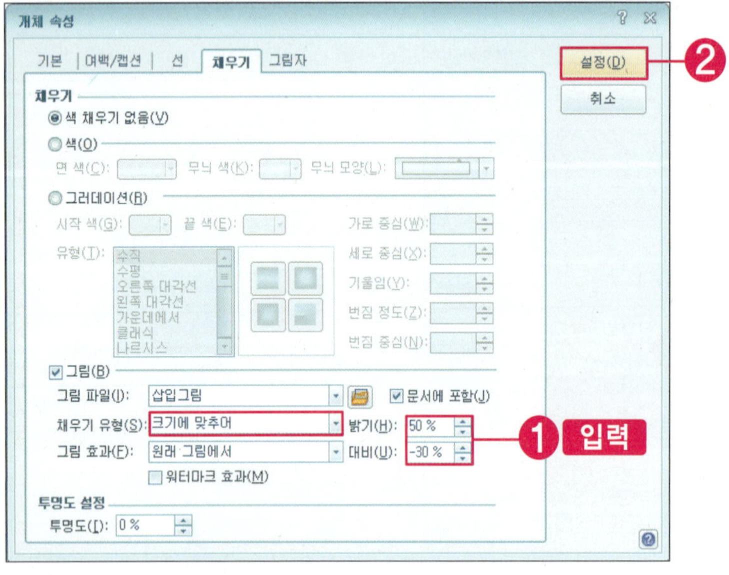

8 ⊕[논리합] 개체에 그림이 삽입되어 표시됩니다.

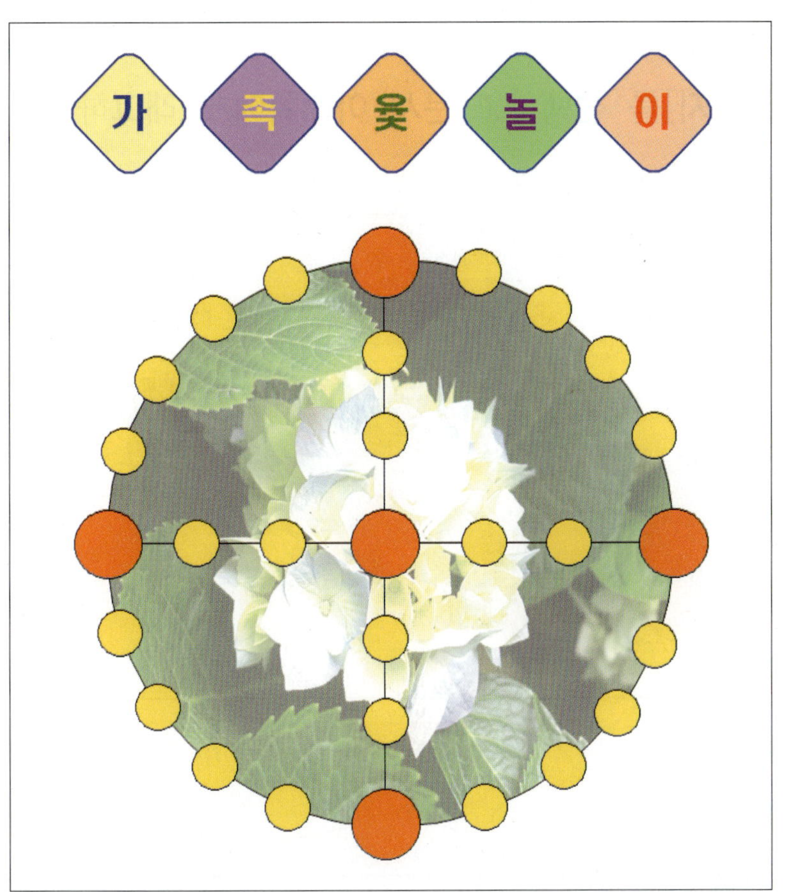

그림 효과

- **회색조** : 그림을 흑백 사진처럼 음영을 여러 단계의 회색으로 표현합니다.
- **흑백** : 그림을 검정색과 흰색 두 가지의 색으로 표현합니다.

▲ 효과 없음

▲ 회색조

▲ 흑백

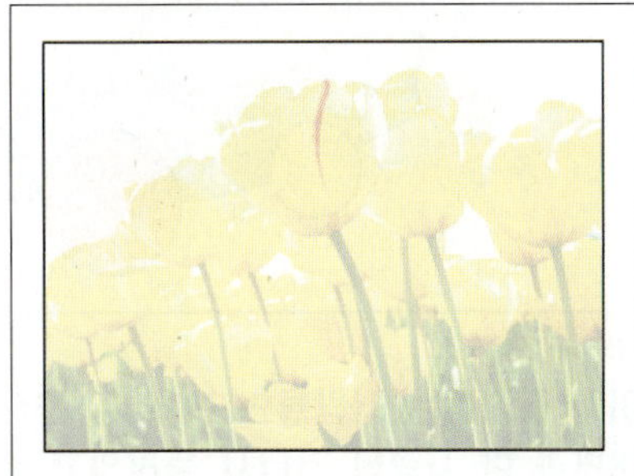

▲ 워터마크

1 [입력] 탭에서 [가로 글상자]를 선택하고 **문서 아래쪽에 드래그**하여 글상자를 표시합니다.

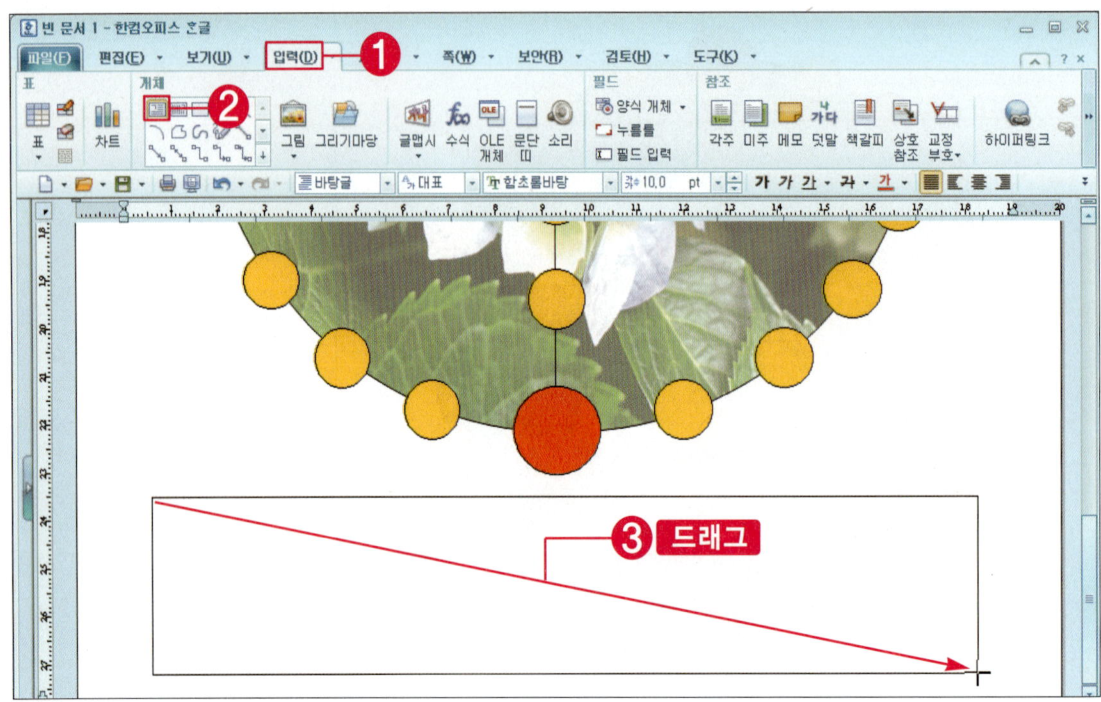

2 커서가 글상자 안에 표시되면 다음과 같이 내용을 입력하고 글꼴 서식을 수정합니다.
- 제목 : 글꼴(HY헤드라인M), 글자 크기(16), 진하게, 글자색(빨강)
- 내용 : 글꼴(HY헤드라인M), 글자 크기(14), 글자색(파랑)

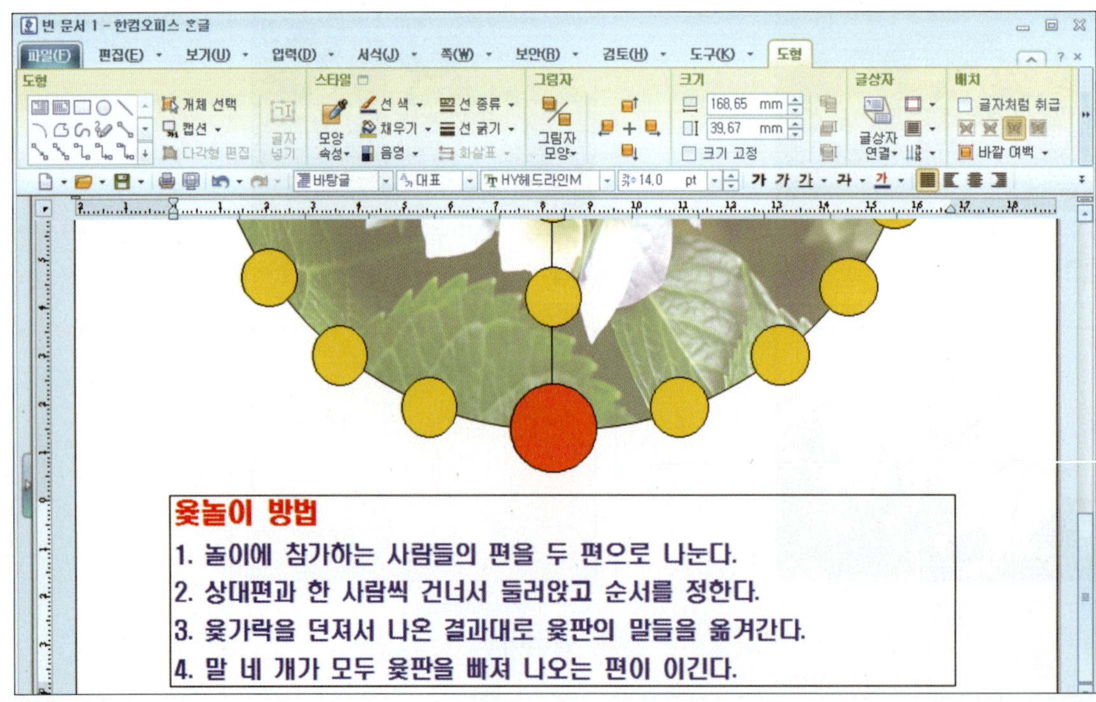

그리기 조각 사용하기

그리기 조각은 직선, 직사각형, 원형 등 그리기 기능을 사용하여 그린 조각 그림을 모아 놓은 곳으로 [편집] 탭의 [도형]–[다른 그리기 조각] 또는 [입력] 탭의 [그리기마당]을 이용하여 삽입할 수 있습니다.

❶ [입력] 탭의 [그리기마당]을 클릭합니다.

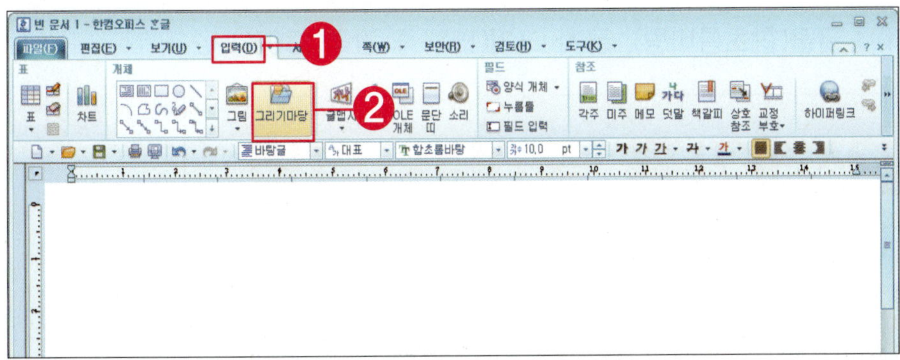

❷ [그리기마당] 대화상자가 나타나면 [그리기 조각] 탭에서 원하는 꾸러미와 개체 목록을 선택하고 [넣기] 단추를 클릭합니다.

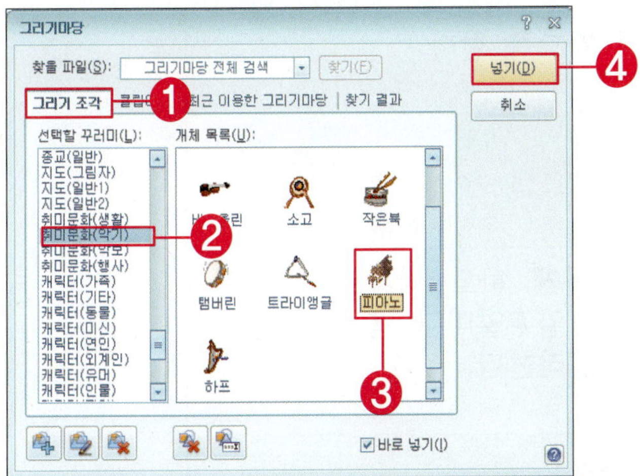

❸ 문서에서 마우스로 드래그하면 선택한 그리기 조각이 표시됩니다.

01 빈 문서에 다음과 같이 문서를 작성해 보세요.

- 제목 : 글꼴(HY헤드라인M), 글자 크기(30), 속성(양각), 글자색(빨강), 가운데 정렬
- 도형(타원) : 선 색(빨강), 채우기(노랑), 선 굵기(3mm), 글꼴(HY수평선B), 글자 크기(25)
- 도형(직사각형) : 선 색(파랑), 채우기(초록 80% 밝게), 글꼴(HY수평선B), 글자 크기(20)
- 내용(가로 글상자) : 글꼴(함초롬바탕), 글자 크기(15), 줄 간격(130%)

음식물쓰레기를 줄이는 방법

장보러 가기전에 식단에 따라 쓸것과 사야할 것들의 필요한 품목을 만든다. 식단을 짤 때, 남은 식품과 다 쓰지 않으면 상하기 쉬운 것을 포함해서 짜도록 한다.

냉장고에는 모든 식품이 눈에 보이게 하고 억지로 가득 채워 잊어버리는 일이 없게 하며, 일주일마다 음식을 돌려서 오래된 것이 앞으로 나오게 정리한다.

큰 그릇에 음식을 담으면 남는 음식이 생기며 다먹어도 건강에 문제가 생긴다. 요리를 샐러드 접시 크기에 담아서 먹으면 건강에도 좋고 음식물 쓰레기도 준다.

음식물 쓰리기의 재활용도 늘고 있긴 하지만 퇴비를 만드는 것도 한가지 방법이다. 주말 농장을 이용하거나 간단한 기구를 이용해서 집에서 만들 수도 있다.

02 빈 문서에 다음과 같이 문서를 작성해 보세요.

- 제목 : 글꼴(HY헤드라인M), 글자 크기(30), 가운데 정렬
- 도형(직사각형) : 결과화면을 참고하여 작성 후 임의의 선색 및 채우기 지정
- 소제목 : 글꼴(HY헤드라인M), 글자 크기(15)
- 내용 : 글꼴(함초롬바탕), 글자 크기(12)

가정 상비약 올바른 사용법

해열제, 상온에서 1개월까지만 보관해야

병원에서 처방받은 시럽제 형태의 해열제는 상온에서 1개월까지 보관이 가능하나, 간혹 시럽제를 냉장 보관하는 경우가 있는데 이 경우 걸쭉한 시럽액은 약 성분이 엉키고 침전이 생길 수 있다.

마시는 소화제, 냉장 보관하면 오히려 소화장애

가장 오남용하기 쉬운 약 중의 하나가 소화제다. 너무 자주 소화제를 복용하면 오히려 위장의 기능을 저하시켜 더욱 잦은 소화불량을 초래할 수 있다. 특히 물약 형태의 소화제는 냉장 보관하면 소화장애를 일으킬 수 있다.

파스, 삐어서 열이 나고 부으면 쿨파스 사용해야

단순 타박상이나 삐어서 순간적으로 열이 나고 부을 때는 쿨파스를 사용하는 것이 좋다. 타박상 초기에 온찜질이나 핫파스를 사용하면 손상 부위의 모세혈관이 확장돼 오히려 부종과 출혈을 더 악화시킬 수 있기 때문이다.

복잡한 문서 깔끔하게 편집하기

Chapter 07

모든 페이지에 반복되는 소제목 등을 위쪽 또는 아래쪽에 반복 표시하는 기능을 머리말/꼬리말 기능이라고 하며, 문단 첫 글자 장식은 문단을 강조하며 처음의 위치를 눈에 들어오도록 표시할 경우 사용합니다. 다단은 문서를 여러 개의 단으로 구분하여 신문, 잡지 등과 같이 편집할 때 사용하는 기능입니다.

Step · 01 머리말/꼬리말 삽입하기

1 [파일] 메뉴의 [불러오기]를 클릭하여 [불러오기] 대화상자가 나타나면 **찾는 위치(07강) 및 파일 이름(검은콩의 효능)을 선택**하고 [열기] 단추를 클릭합니다.

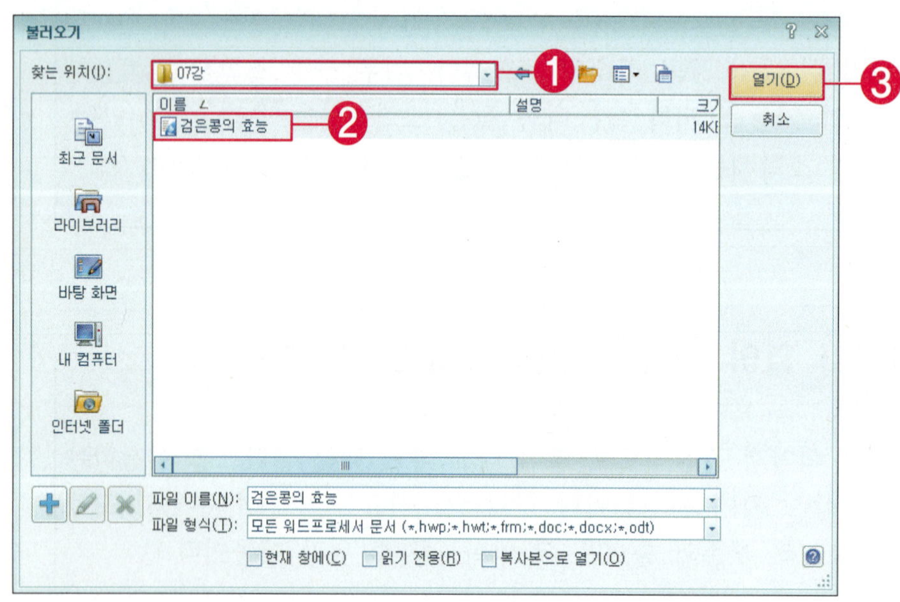

Tip

예제 자료는 렉스미디어 홈페이지(www.rexmedia.net)에서 다운로드 받아 사용할 수 있습니다.

2 문서가 열리면 쪽 윤곽 및 쪽 여백이 기본 설정되어 있는지 확인합니다.

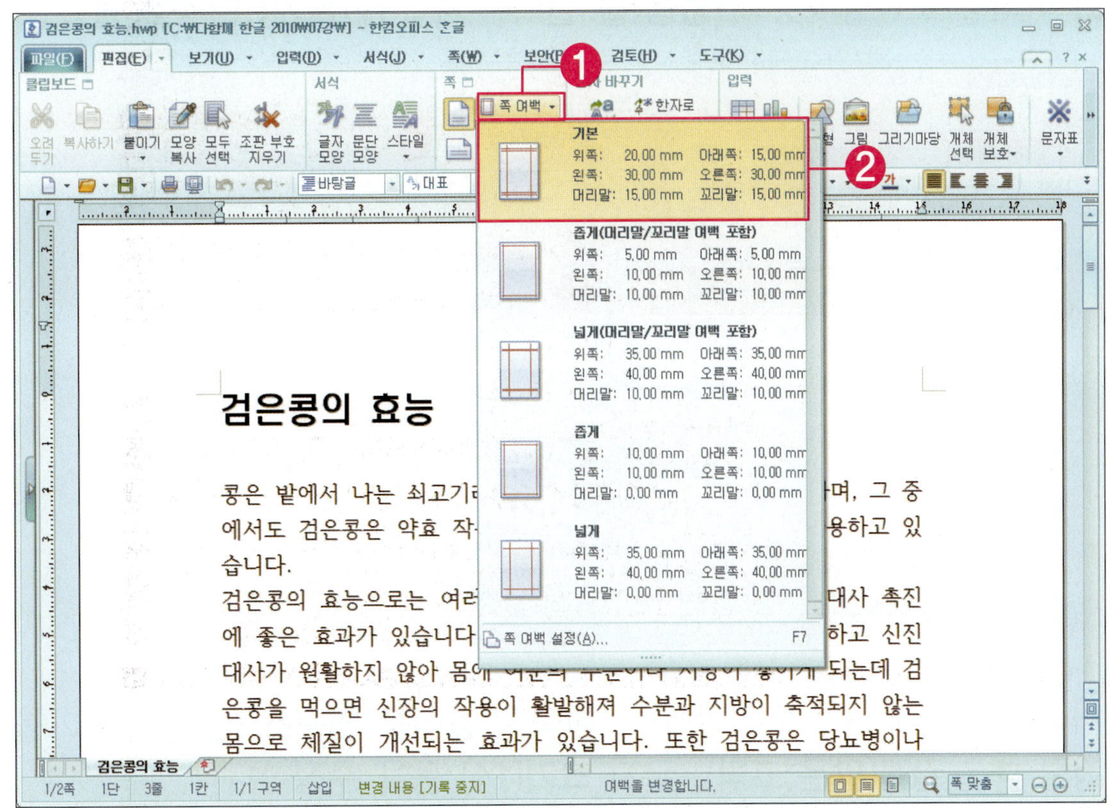

> **Tip**
> 문서 전체를 표시하는 쪽 윤곽은 [보기] 메뉴의 [쪽 윤곽]에 체크 표시가 되어 있어야 하며, 쪽 여백의 기본 설정은 [편집] 탭의 [쪽 여백]-[기본]이 선택되어 있어야 합니다.

3 [쪽] 메뉴에서 [머리말/꼬리말]을 클릭합니다.

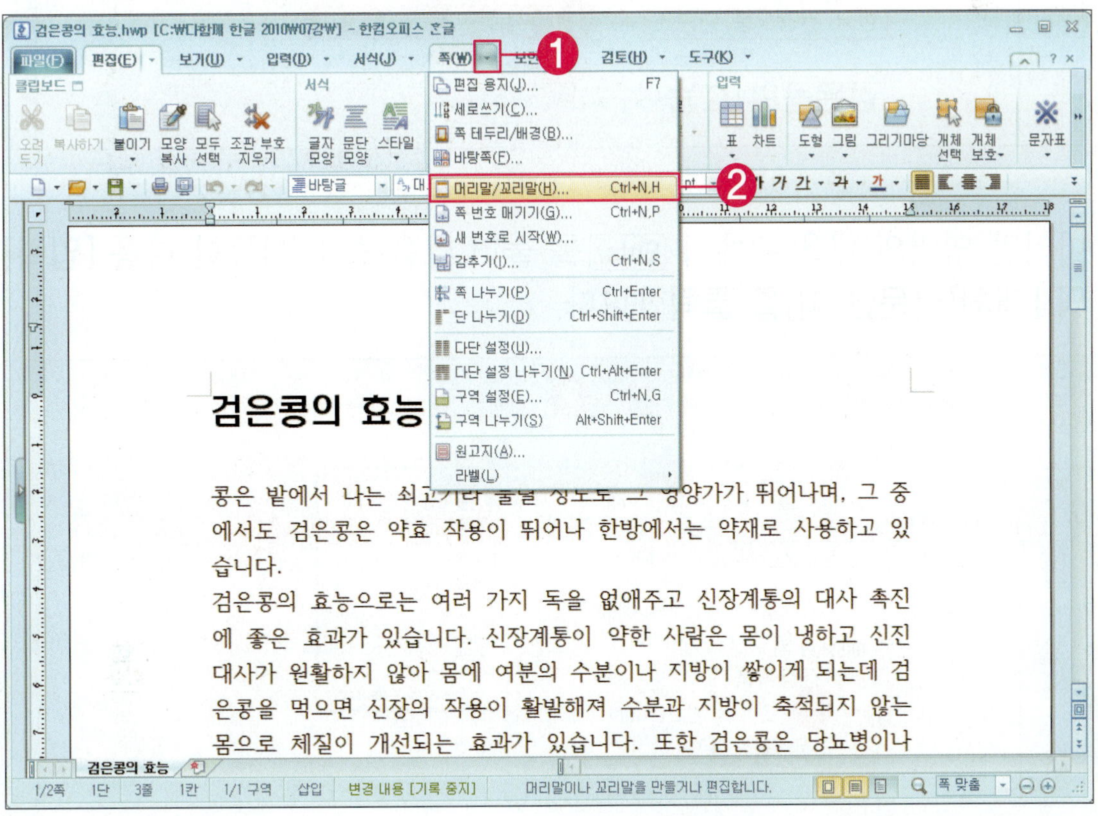

4 [머리말/꼬리말] 대화상자가 나타나면 종류(머리말), 위치(양쪽) 등을 확인하고 머리말/꼬리말마당의 **[없음]을 선택**한 다음 **[만들기]** 단추를 클릭합니다.

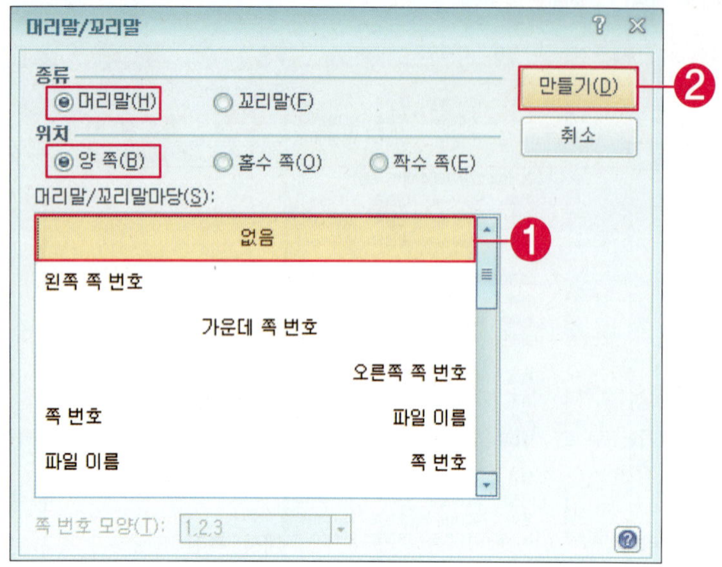

5 머리말 영역에 커서가 위치하면 **"한국 건강식품 연구소"를 입력**하고 블록 지정한 다음 **글꼴(맑은 고딕), 글자 크기(14)** 등을 수정합니다.

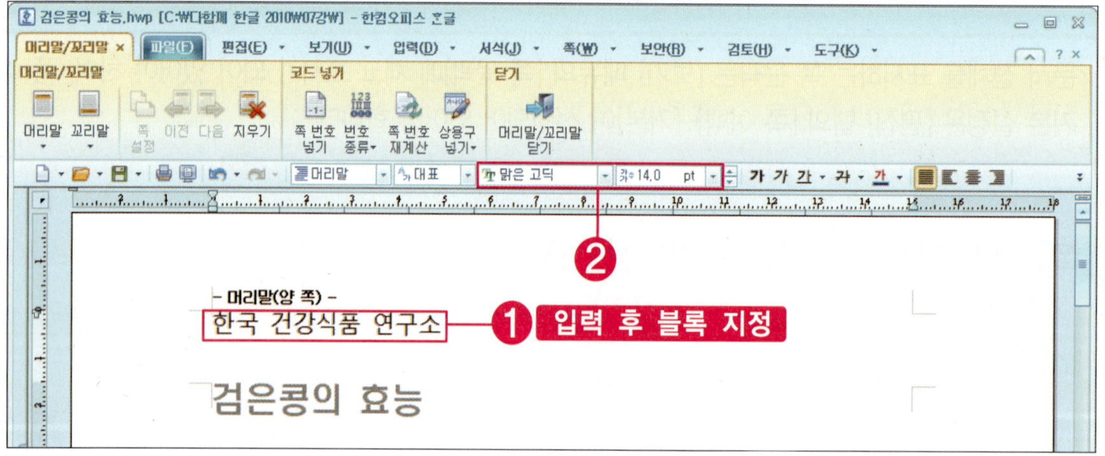

6 머리말 영역의 내용 뒤에서 Enter를 눌러 다음 줄로 이동한 다음 **[입력] 메뉴**의 **[개체]-[문단 띠]**를 클릭합니다.

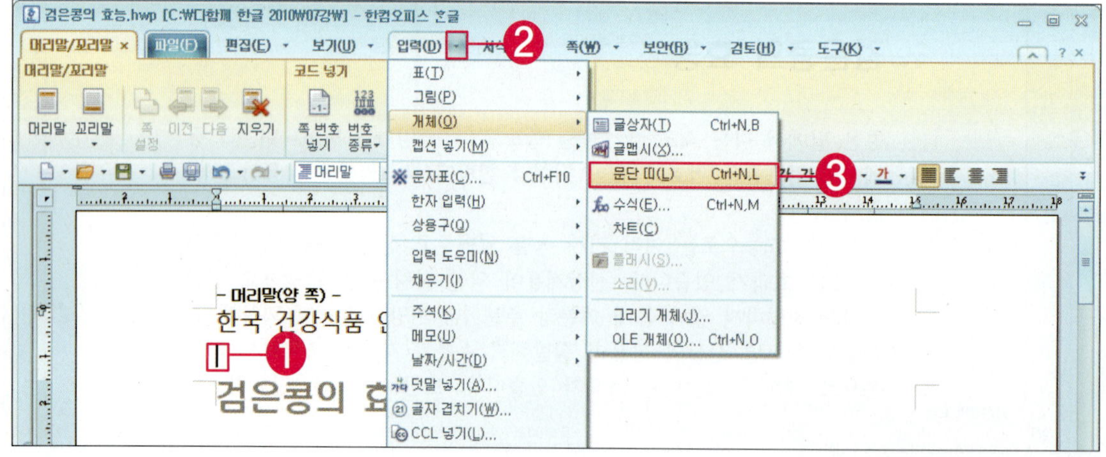

7 커서가 위치한 머리말 영역에 문단 띠가 표시됩니다.

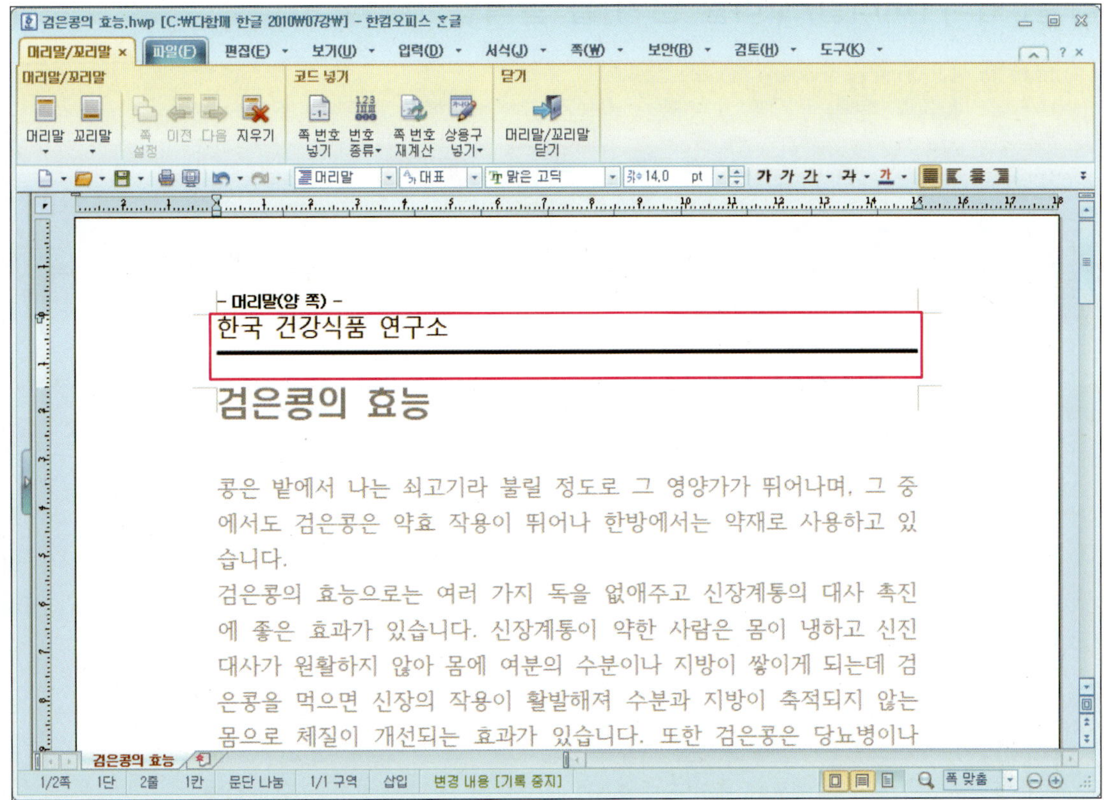

8 문단 띠가 선택된 상태에서 [도형] 탭의 [채우기] 목록 단추(▼)를 눌러 [파랑]을 클릭합니다.

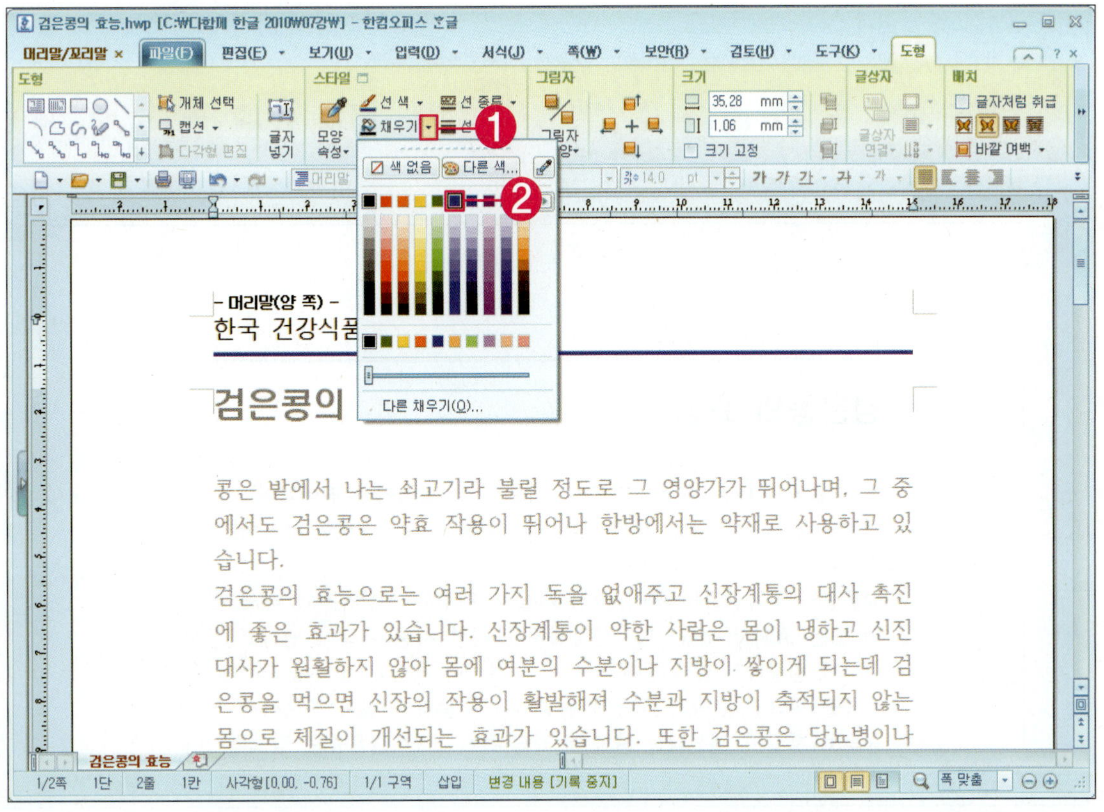

9 문단 띠에 채우기색이 수정됩니다. 머리말 편집을 종료하기 위해 [머리말/꼬리말] 탭의 **[머리말/꼬리말 닫기]를 클릭**합니다.

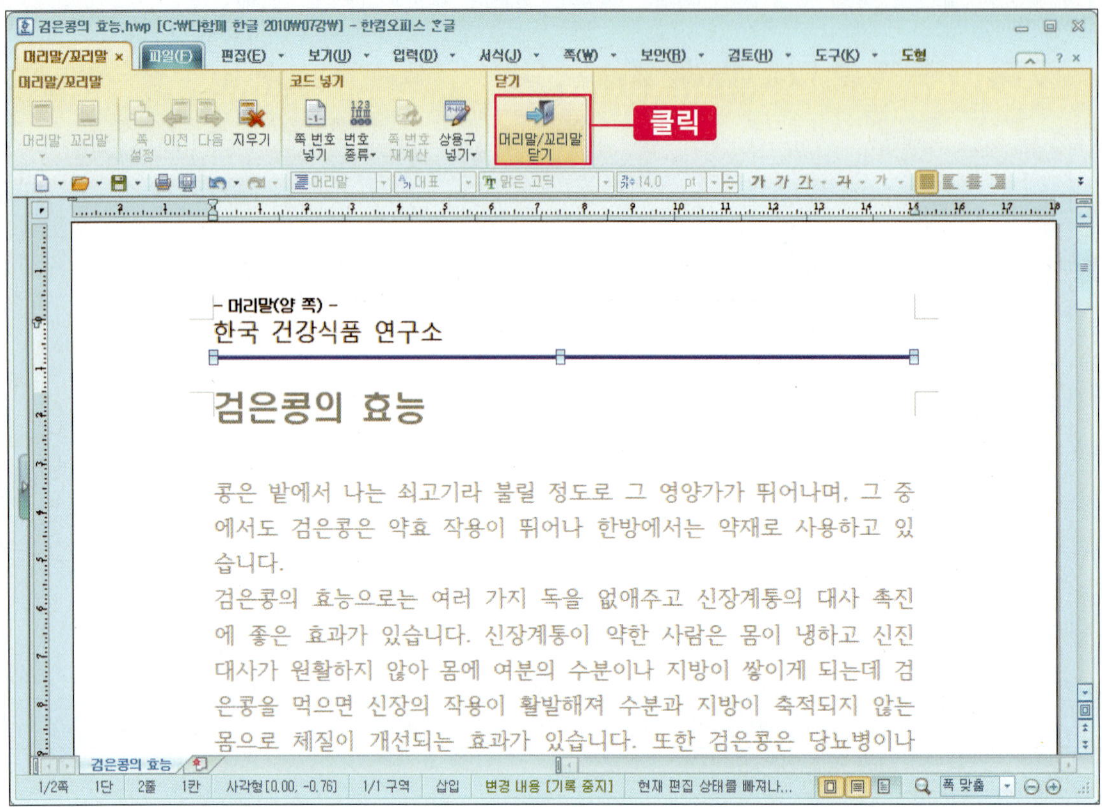

10 머리말 편집이 종료되고 문서 편집 화면으로 이동된 것을 확인할 수 있습니다.

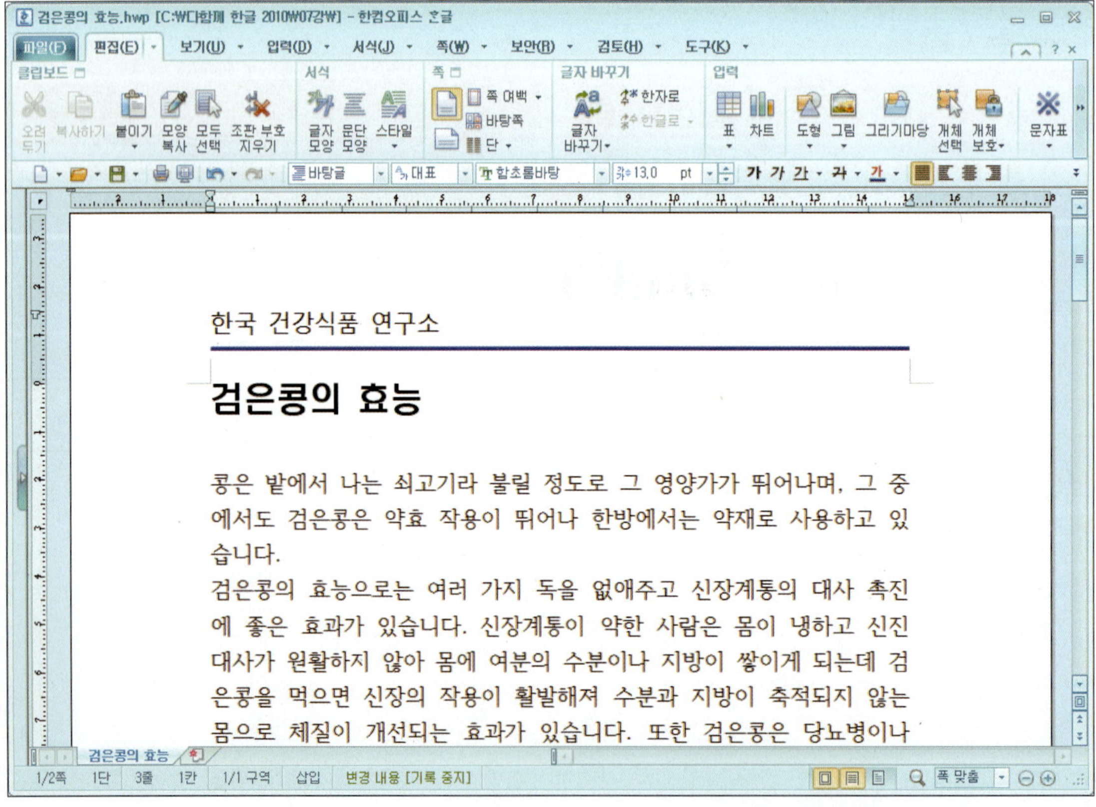

머리말 삭제 및 편집하기

• 머리말 삭제

[보기] 메뉴의 [표시/숨기기]–[조판 부호]를 클릭하면 현재 머리말의 위치가 빨간색 텍스트로 표시되며 드래그한 후 Delete 를 눌러 삭제할 수 있습니다.

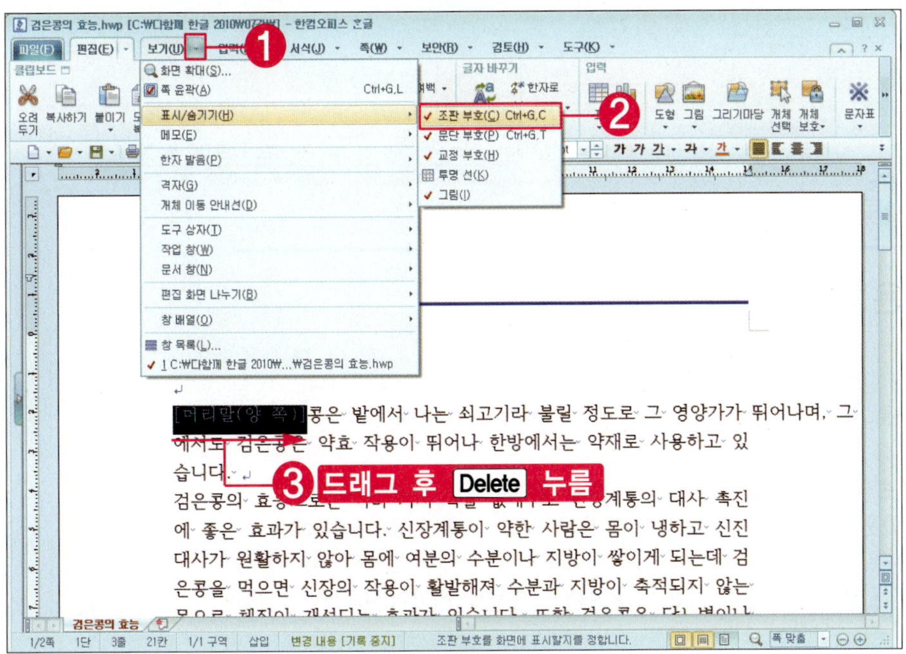

• 머리말 편집

문서의 위쪽에 표시된 머리말 영역을 더블클릭하면 커서가 머리말 영역으로 이동되며 내용을 편집할 수 있습니다.

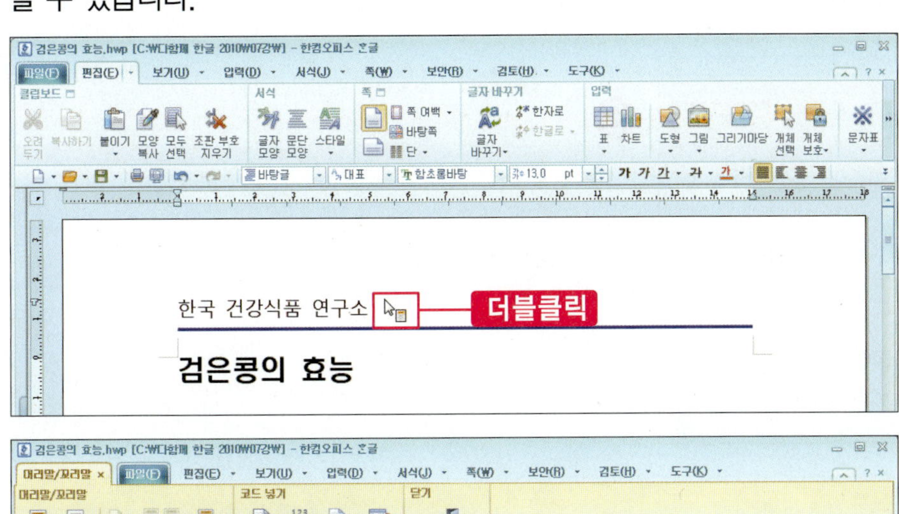

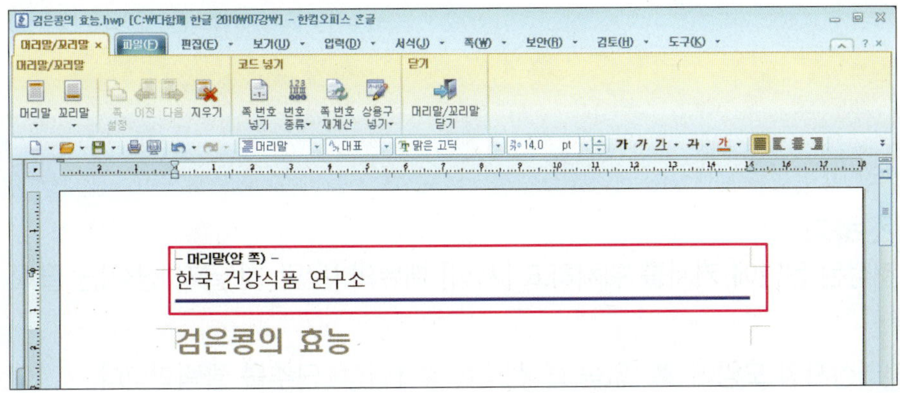

1 내용의 첫 번째 문단에 커서를 위치하고 [서식] 메뉴의 [문단 첫 글자 장식]을 클릭합니다.

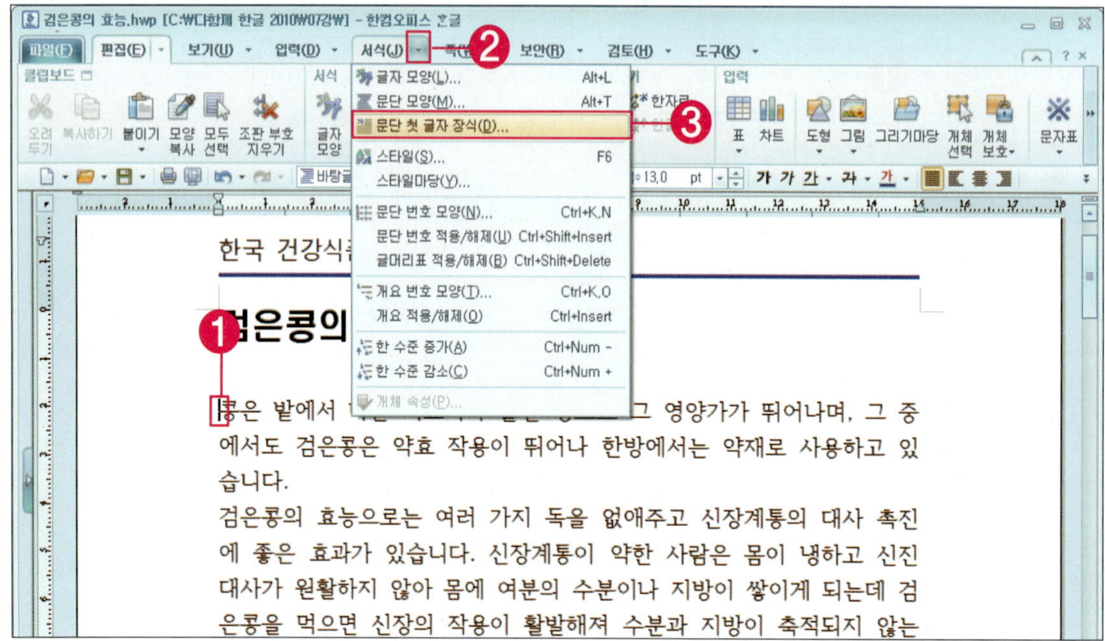

2 [문단 첫 글자 장식] 대화상자가 나타나면 [3줄(3)]을 클릭하고 글꼴(HY 헤드라인M), 선 종류(실선), 선 색(파랑), 면 색(노랑) 등을 선택한 다음 [설정] 단추를 클릭합니다.

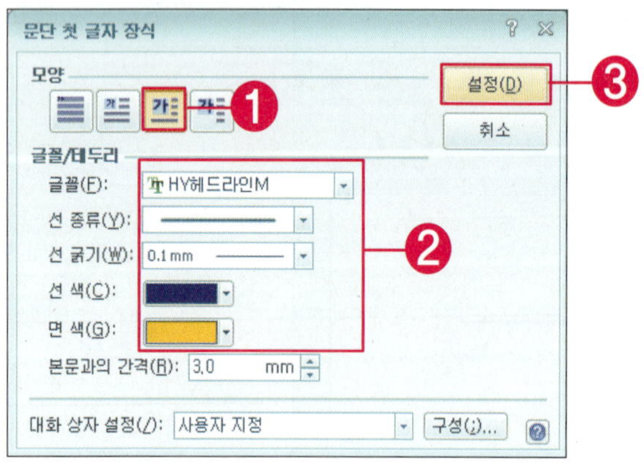

문단 첫 글자 장식 취소하기
❶ 문단 첫 글자 장식이 지정된 문단에 커서를 위치하고 [서식] 메뉴의 [문단 첫 글자 장식]을 클릭합니다.
❷ [문단 첫 글자 장식] 대화상자의 모양에 [없음]을 선택한 후 [설정] 단추를 클릭합니다.

3 내용 중 첫 번째 문단의 "콩"글자에 문단 첫 글자 장식이 지정됩니다.

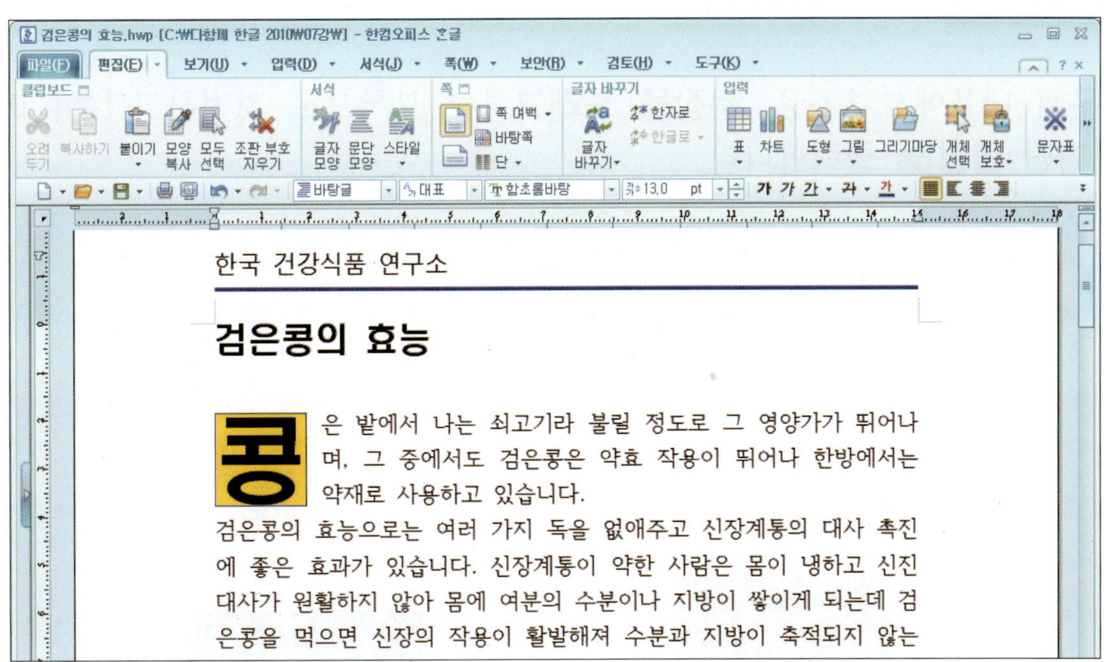

잠깐만요!

문단 첫 글자 장식 모양

문단 첫 글자 장식은 [2줄], [3줄], [여백] 등으로 지정할 수 있으며, [없음]을 클릭하면 해당 문단의 첫 글자 장식을 취소할 수 있습니다.

> **콩**은 밭에서 나는 쇠고기라 불릴 정도로 그 영양가가 뛰어나며, 그 중에서도 검은콩은 약효 작용이 뛰어나 한방에서는 약재로 사용하고 있습니다.

▲ [2줄]을 선택한 경우

> **콩**은 밭에서 나는 쇠고기라 불릴 정도로 그 영양가가 뛰어나며, 그 중에서도 검은콩은 약효 작용이 뛰어나 한방에서는 약재로 사용하고 있습니다.

▲ [3줄]을 선택한 경우

> **콩**은 밭에서 나는 쇠고기라 불릴 정도로 그 영양가가 뛰어나며, 그 중에서도 검은콩은 약효 작용이 뛰어나 한방에서는 약재로 사용하고 있습니다.

▲ [여백]을 선택한 경우

1 문서 내용에서 1.~2. 문장을 드래그하여 블록으로 지정하고 [쪽] 메뉴의 [다단 설정]을 클릭합니다.

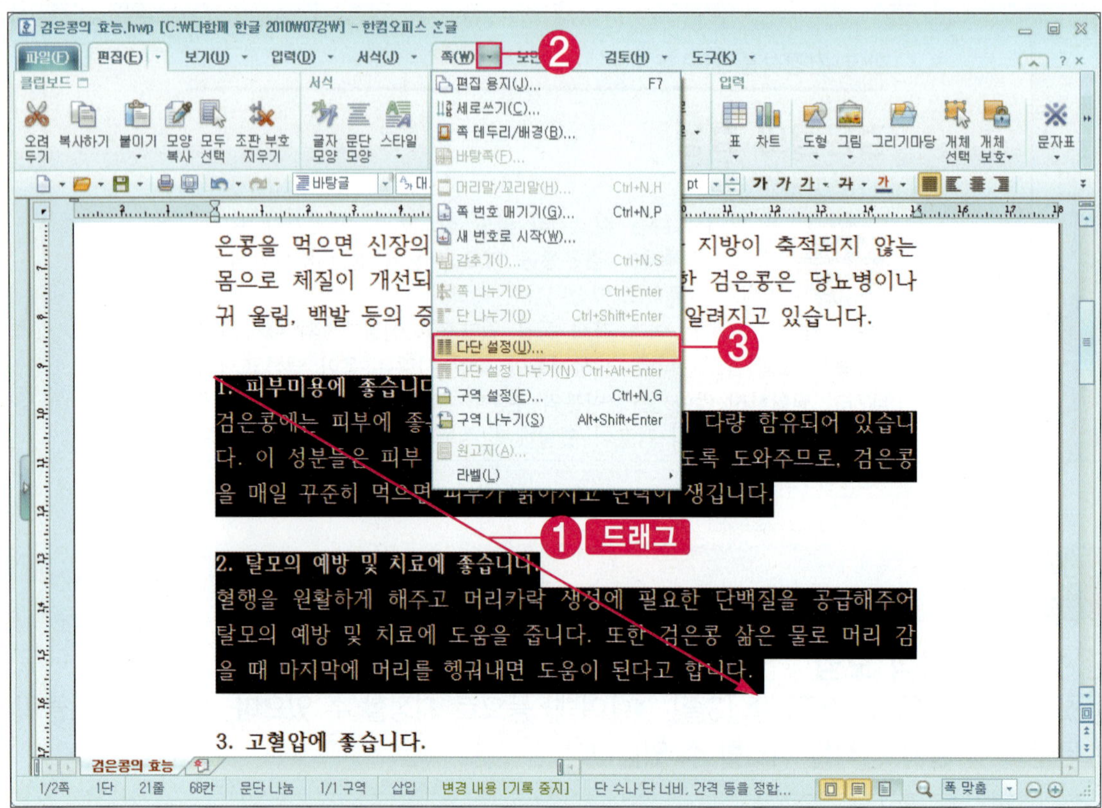

2 [단 설정] 대화상자가 나타나면 자주 쓰이는 모양에서 [둘]을 선택하고 [구분선 넣기]를 클릭하여 체크 표시한 다음 종류(실선), 굵기(0.12mm), 색(파랑)을 선택한 후 [설정] 단추를 클릭합니다.

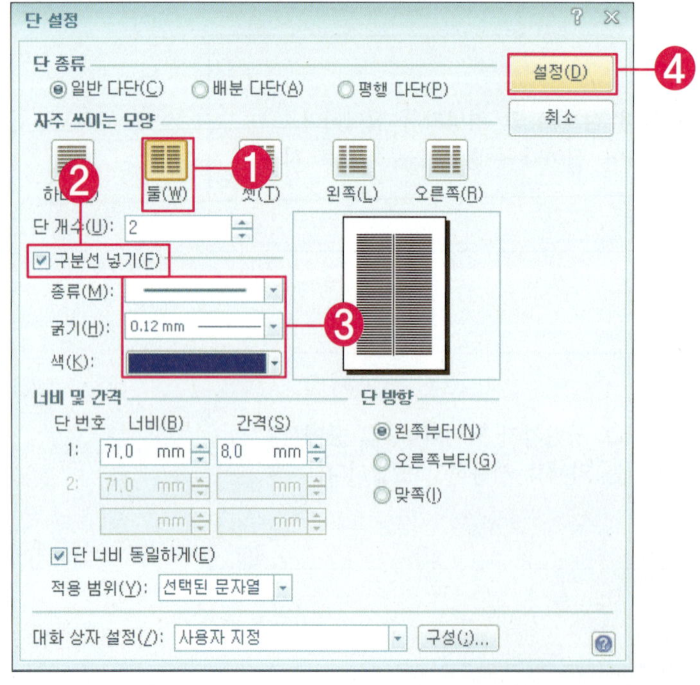

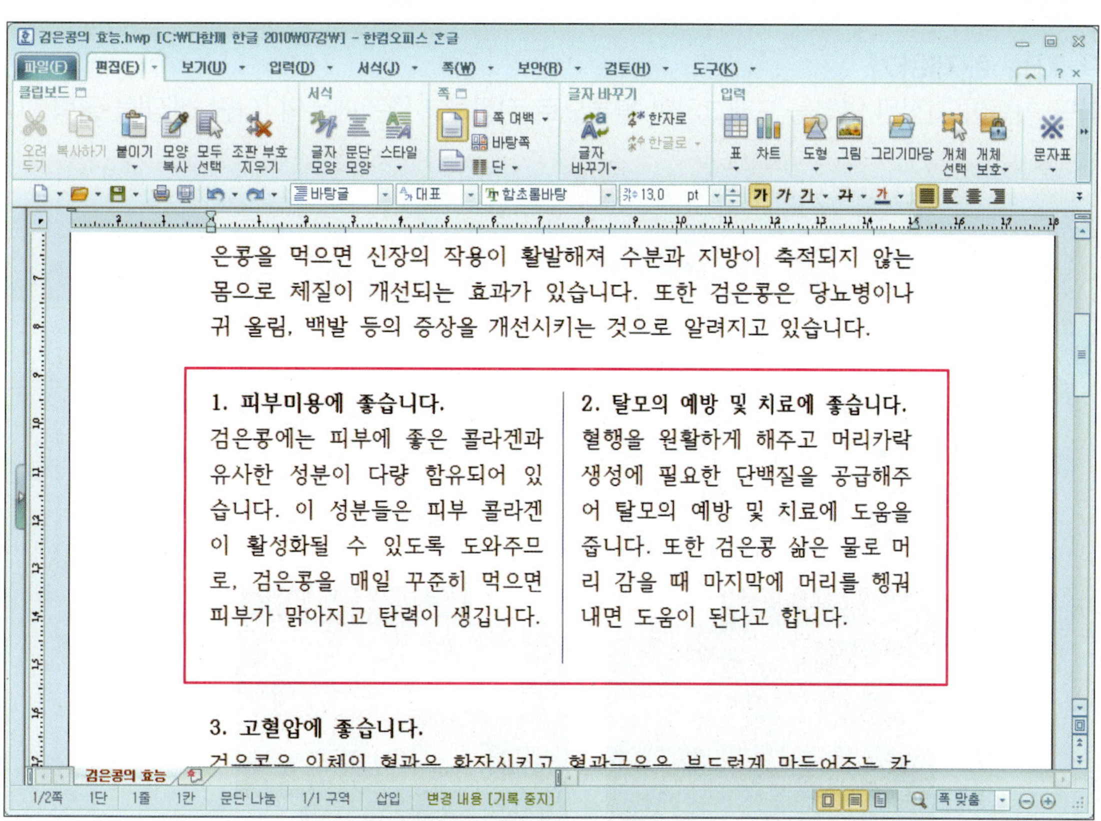

4 같은 방법으로 나머지 아래 문장을 3단으로 나눕니다.

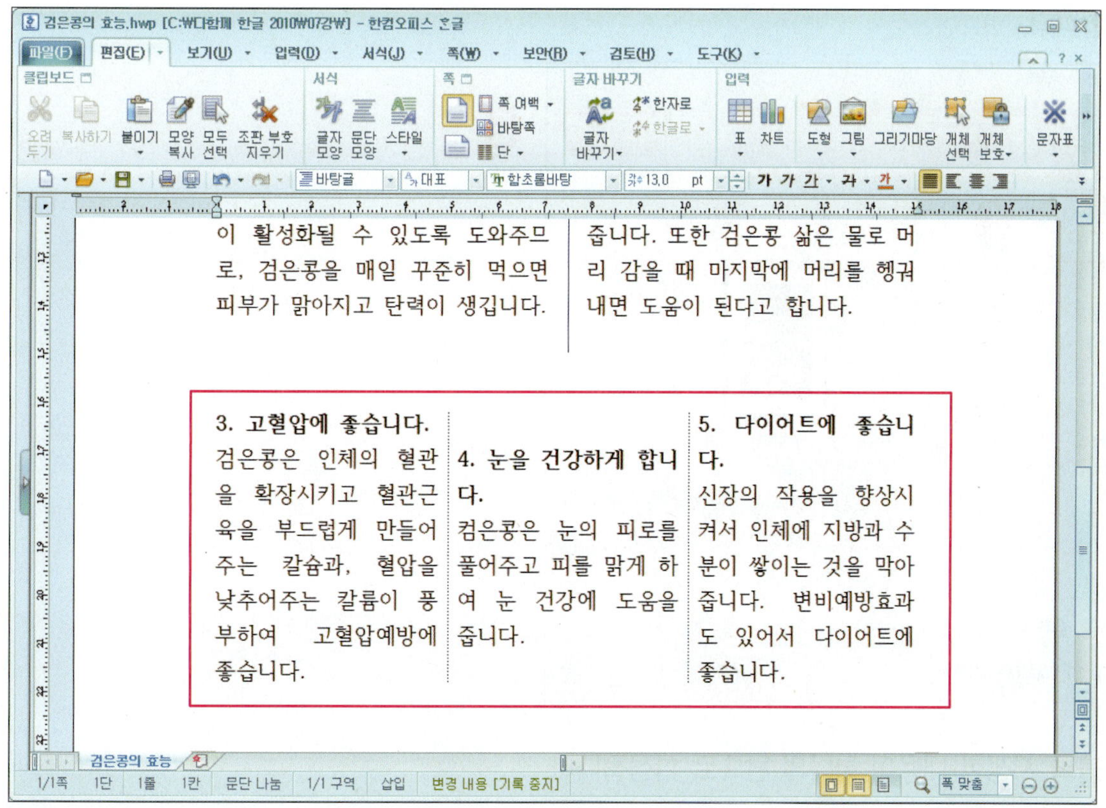

다단 기능 해제하기

❶ 다단 기능이 지정된 영역을 드래그하여 블록으로 지정하고 [쪽] 메뉴의 [다단 설정]을 클릭합니다.

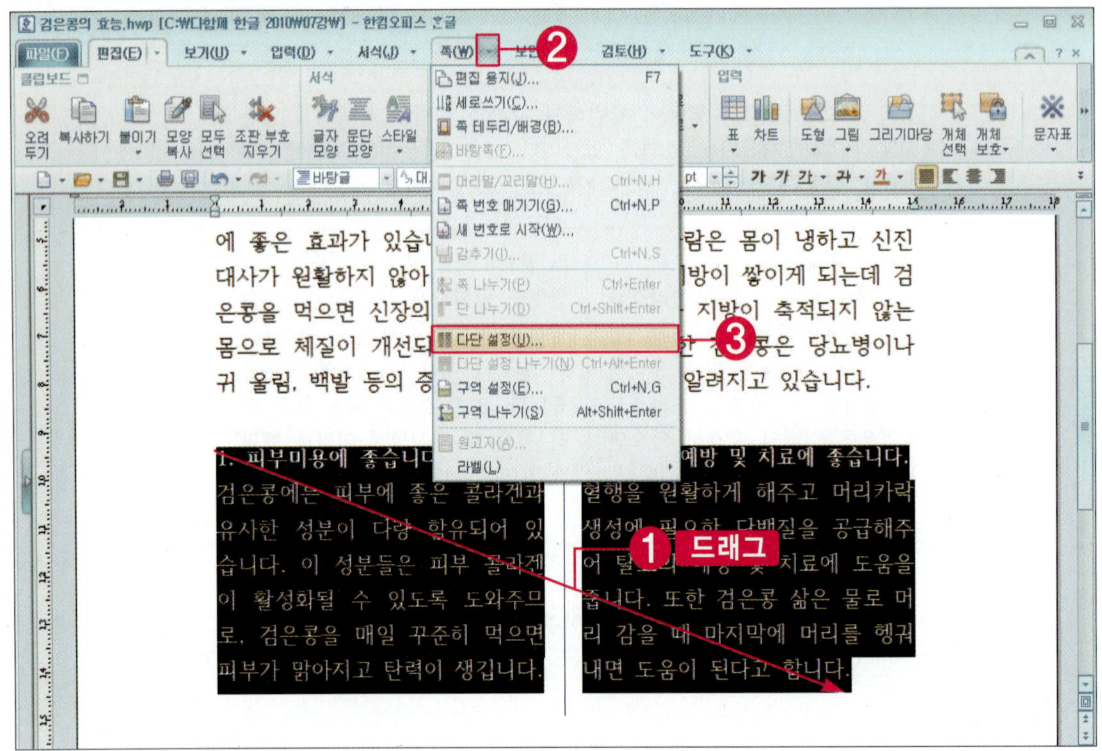

❷ [단 설정] 대화상자가 나타나면 자주 쓰이는 모양에서 ▥[하나]를 선택하고 [설정] 단추를 클릭합니다.

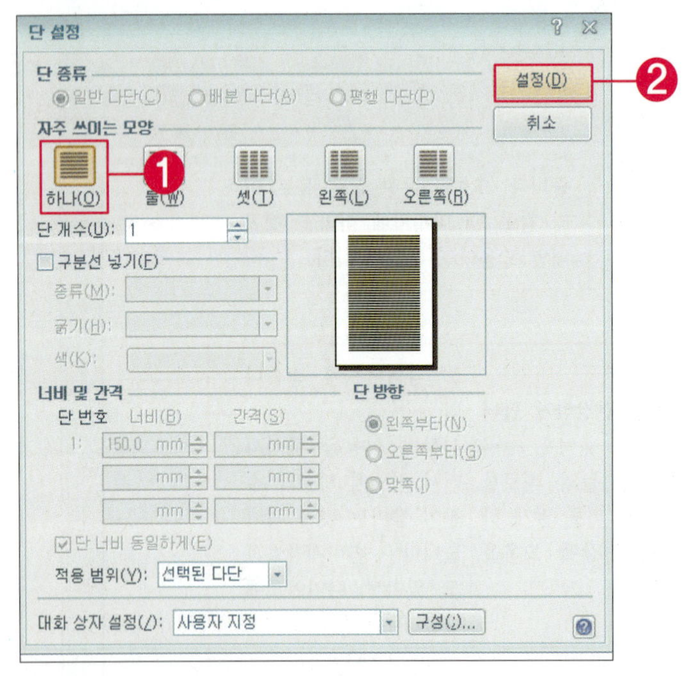

❸ 블록 지정한 내용이 하나의 단으로 설정됩니다.

 쪽 번호 매기기 및 새 번호로 시작하기

1 [쪽] 탭에서 [쪽 번호 매기기]를 클릭합니다.

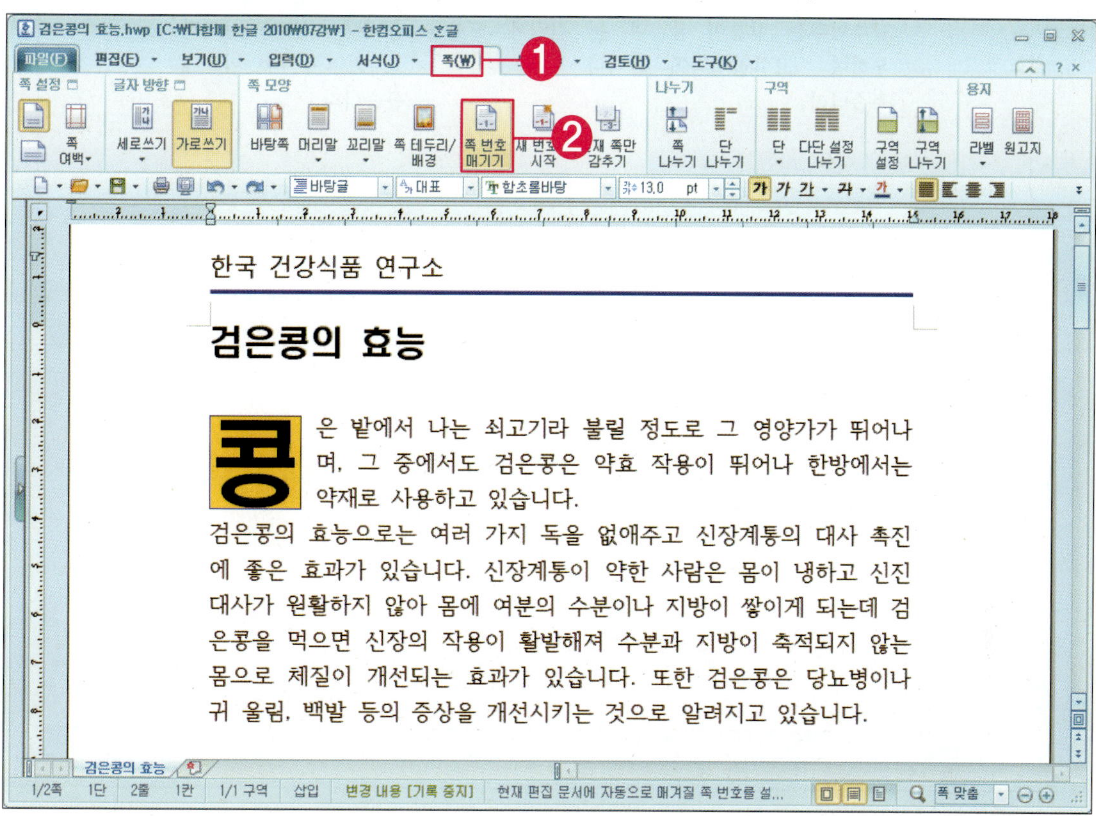

2 [쪽 번호 매기기] 대화상자가 나타나면 **번호 위치를 선택**하고 [넣기] 단추를 클릭합니다.

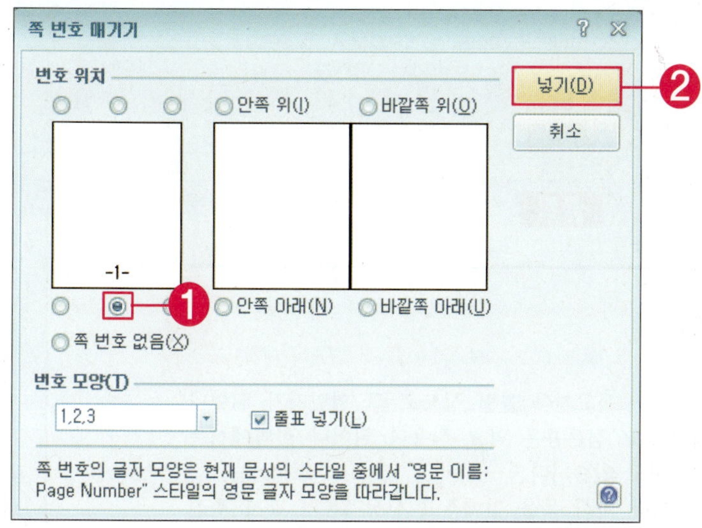

Tip

번호 모양 항목에서는 쪽 번호 모양을 선택하거나 줄표 넣기의 표시 또는 숨기기 등을 설정할 수 있습니다.

3 이동 막대를 아래로 드래그하면 쪽 번호가 페이지 마다 끝에 표시되는 것을
확인할 수 있습니다.

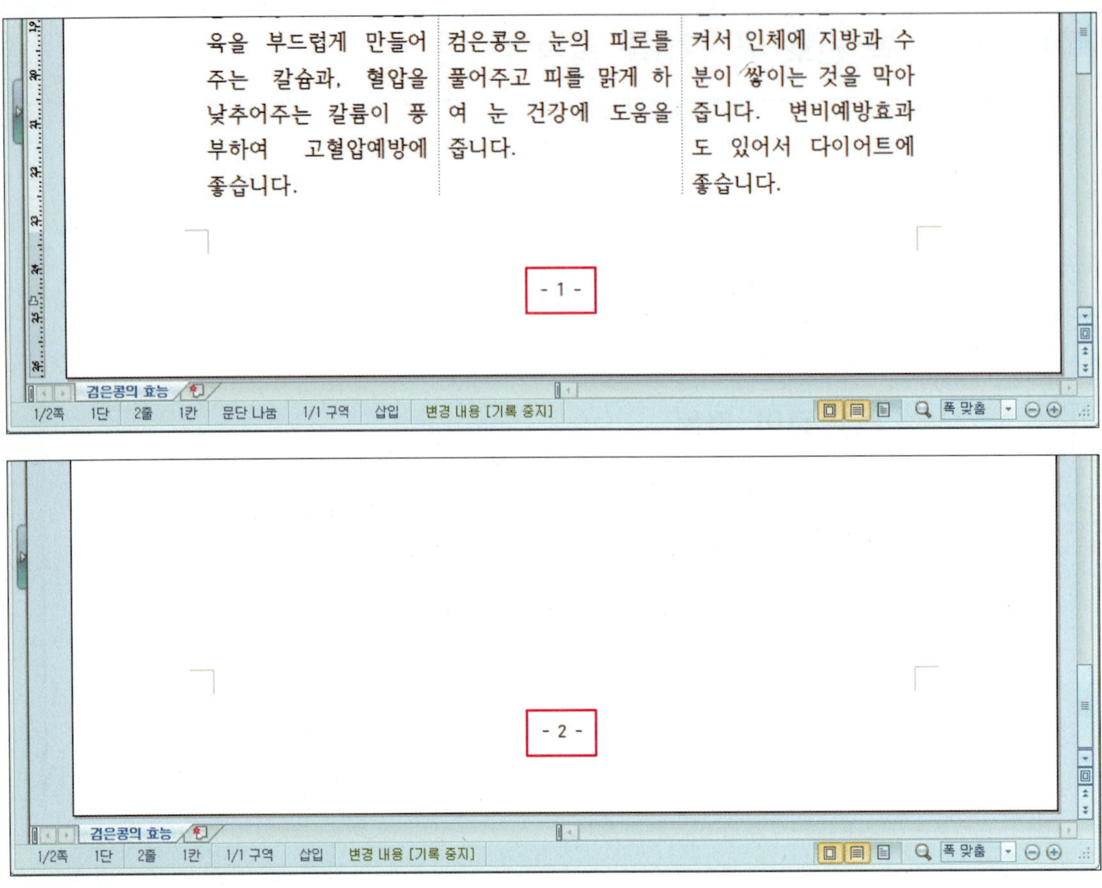

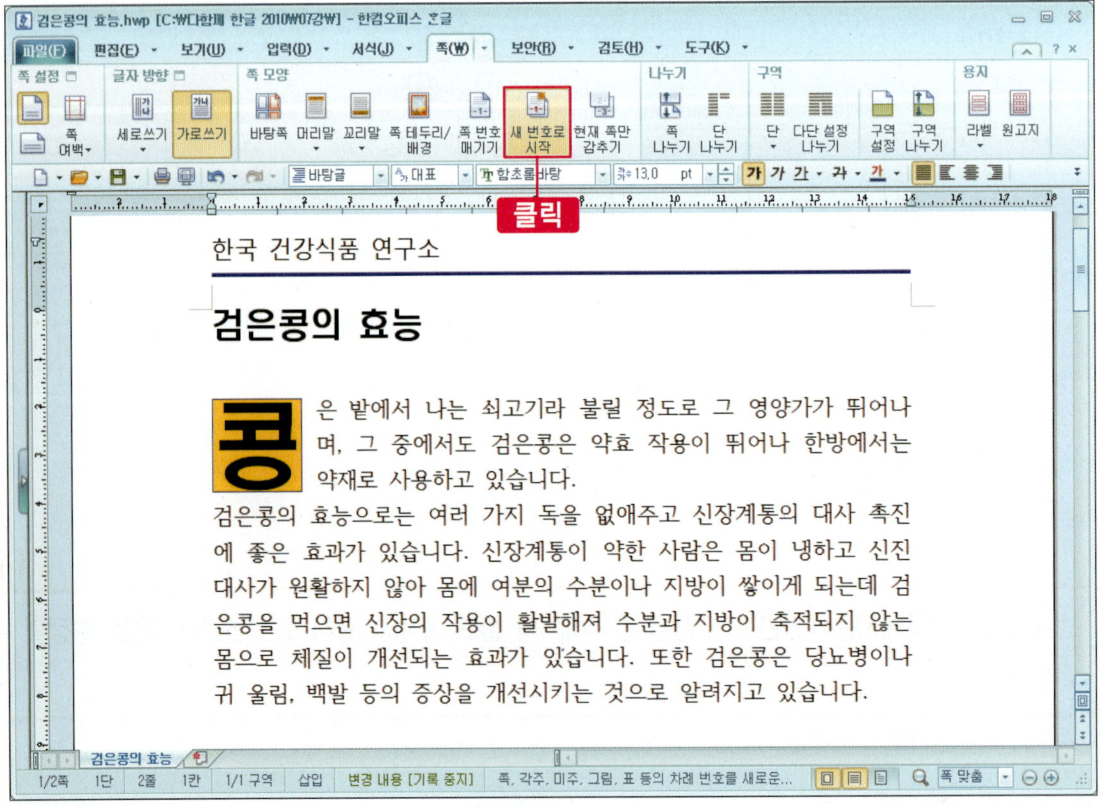

4 쪽 번호를 새 번호로 변경하기 위해 [쪽] 탭에서 **[새 번호로 시작]**을 클릭합
니다.

5 [새 번호로 시작] 대화상자가 나타나면 **시작 번호(3)를 수정**한 다음 **[넣기] 단추를 클릭**합니다.

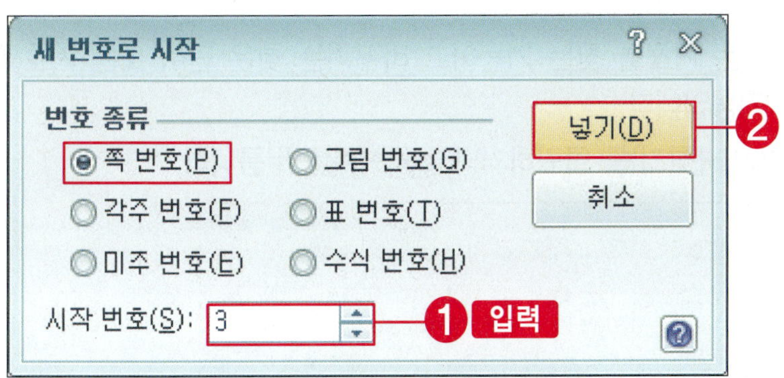

6 이동 막대를 아래로 드래그하면 쪽 번호가 페이지 마다 끝에 표시되는 것을 확인할 수 있습니다.

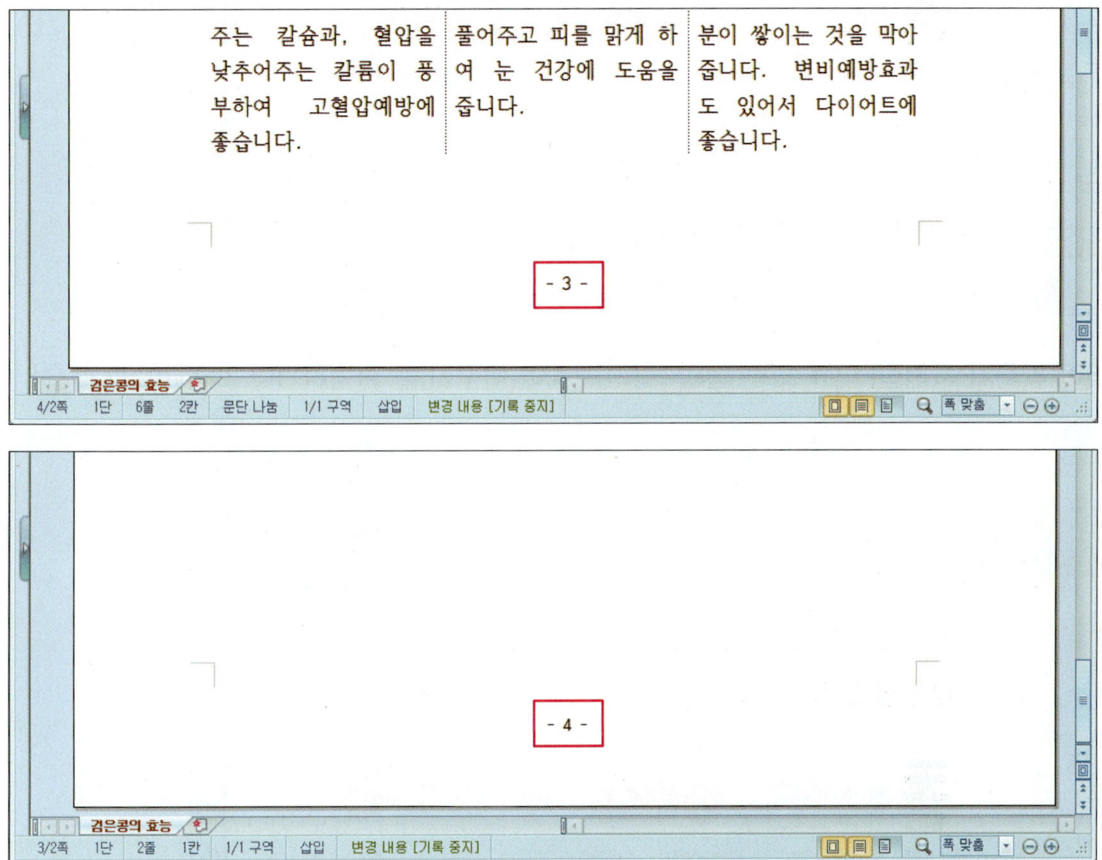

찾기와 찾아 바꾸기

찾기는 문서 영역에서 특정 단어 또는 기호를 찾는 기능이고 바꾸기는 찾은 단어 또는 기호를 다른 단어 또는 기호로 바꾸어 주는 기능입니다.

- **찾기** : [편집] 메뉴 또는 탭의 [찾기]-[찾기]를 클릭하거나 Ctrl+F를 누릅니다.

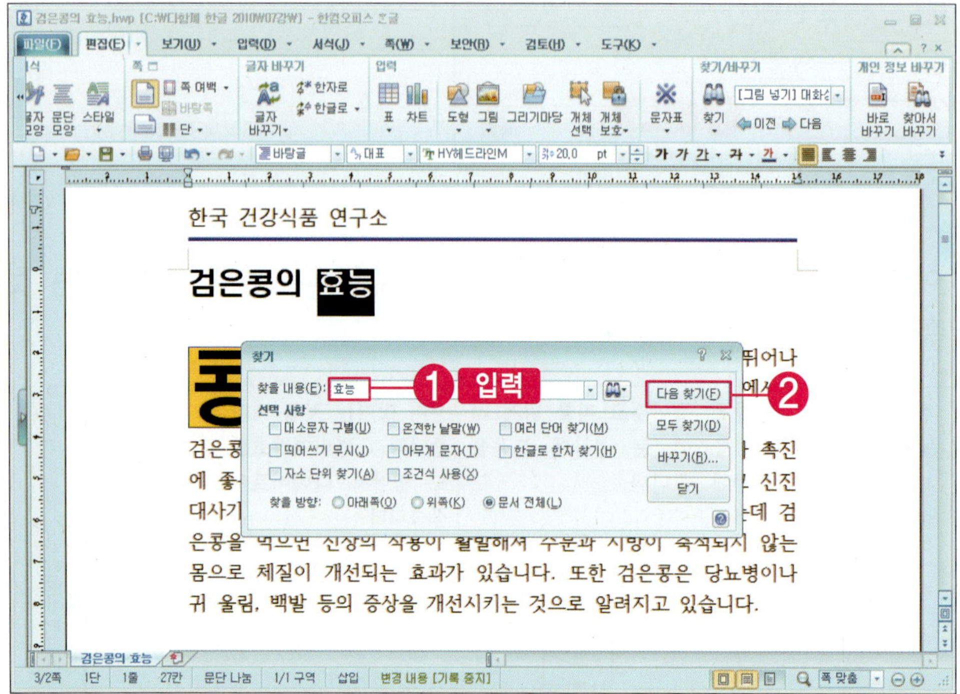

- **찾아 바꾸기** : [편집] 메뉴 또는 탭의 [찾기]-[찾아 바꾸기]를 클릭하거나 Ctrl+F2를 누릅니다.

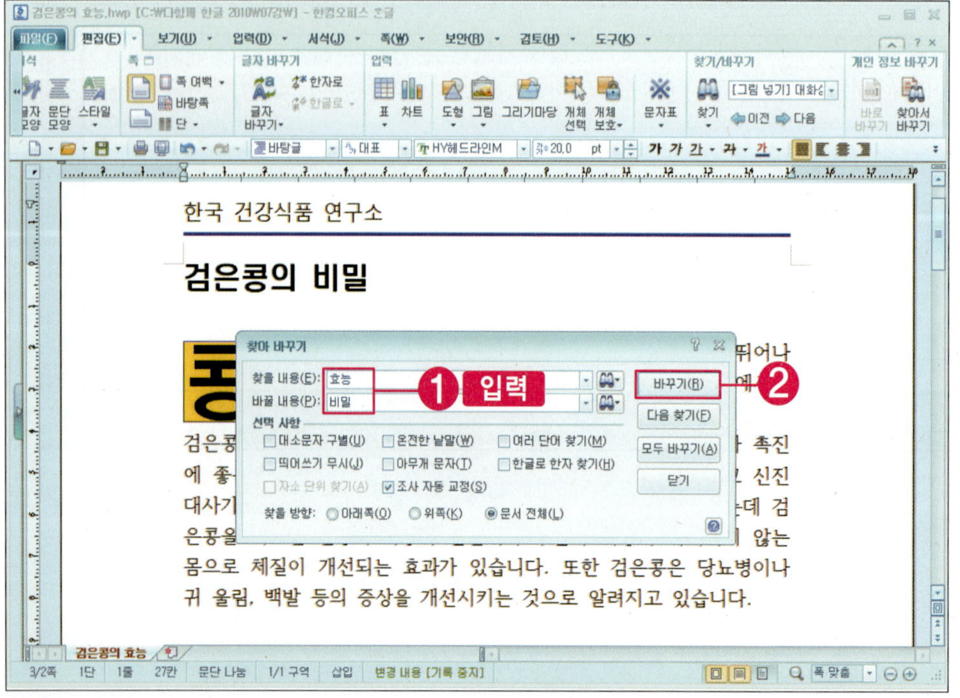

맞춤범 검사하기

문서에서 오자 및 탈자 등 잘못된 글자를 찾아 고쳐주는 기능으로 [검토] 메뉴 또는 탭의 [맞춤범 검사]를 클릭합니다.

연습해보세요···

01 "불면증.hwp" 파일을 이용하여 다음과 같이 작성해 보세요.

- **머리말** : 글꼴(맑은 고딕), 글자 크기(15), 가운데 정렬, 문단 때(채우기 색 : 파랑)
- **문단 첫 글자 장식** : 원래 글꼴을 적용하여 결과 화면과 같이 작성
- **다단** : 주의사항의 내용 부분을 2단으로 적용, 모양은 결과화면 참고
- **쪽 번호** : 하단 중앙에 ③ 페이지부터 시작하도록 지정

건강지식백과

불면증의 정의

적절한 환경과 잠을 잘 수 있는 조건이 구비되었으나 잠을 이루지 못하는 것을 불면증이라고 합니다. 불면증 환자는 잠들기가 힘들다거나 야간에 자주 깬다거나, 혹은 새벽녘에 일어나 잠을 설치게 됩니다.

불면증의 3가지 형태

- **일시적 불면증** : 며칠 밤 지속되지 않으며 수면주기의 변화, 스트레스, 단기 질병에 의해 보통 발생합니다.
- **단기 불면증** : 2주에서 3주까지 지속되는 것으로 스트레스 혹은 신체적, 정신적 질병과 관련되어 있습니다.
- **장기 혹은 만성 불면증** : 몇 주 이상 지속되는 것으로 매일 밤, 대부분의 야간시간대 혹은 한 달에 여러 번 밤에 잠을 못이루게 되는 것입니다. 신체적, 정신적 문제를 포함하여 많은 원인이 있습니다.

주의사항

잠자리에 들기 6시간 전부터 커피나 홍차 등 카페인이 함유된 음식을 피하고 잠지리에 들기 2시간 전부터는 술을 마시거나 담배를 피우지 않아야 합니다. 규칙적으로 적당한 운동을 하는 것은 도움이 되지만 자기 전 격렬한 운동은 오히려 수면을 방해할 수 있습니다.

낮잠을 자지 않도록 하고 만약 낮잠을 자는 습관이 있다면 매일 같은 시간에 자도록 합니다. 잠자리에 들기 전에 온수 목욕이나 독서를 하는 등의 규칙적인 습관을 만드는 것도 도움이 될 수 있습니다. 졸음이 오기 시작할 때만 잠자리에 들고, 잠자리에서 일을 하거나 텔레비전을 본다거나 하지 않도록 하고 침대는 오직 잠을 자기 위한 것으로만 사용해야 합니다. 언제 잠들었는지에 상관없이 매일 일정한 시간에 일어나도록 하는 것도 필요합니다. 수면제는 되도록 피하는 것이 좋습니다.

- ③ -

한글 2010 기초 표 만들기

Chapter 08

표는 복잡한 내용이나 수치 자료를 보기 쉽게 정리할 때 주로 사용합니다. 표를 만들려면 먼저 줄 수와 칸 수를 생각해야 하며, 표가 만들어진 후에도 줄과 칸은 언제든지 추가하거나 지울 수 있습니다. 그럼 지금부터 표를 작성하는 방법에 대해 알아보겠습니다.

Step · 01 표 만들기

1 빈 문서에 다음과 같이 **제목을 입력**하고 **글꼴(HY헤드라인M) 및 글자 크기 (30), 글자색(파랑),** ≡[가운데 정렬] 등을 수정합니다.

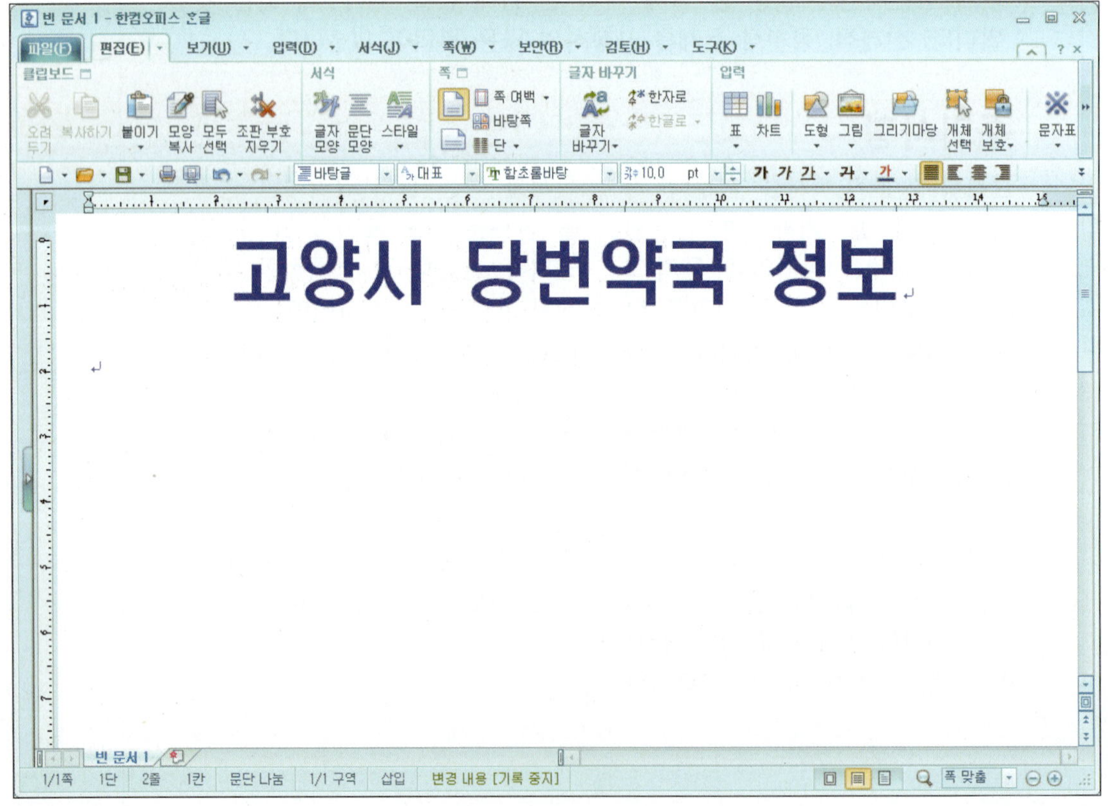

2 표를 작성하기 위해 [편집] 탭에서 **[표]를 눌러 원하는 줄과 칸(5줄×4칸)의 위치에서 클릭**합니다.

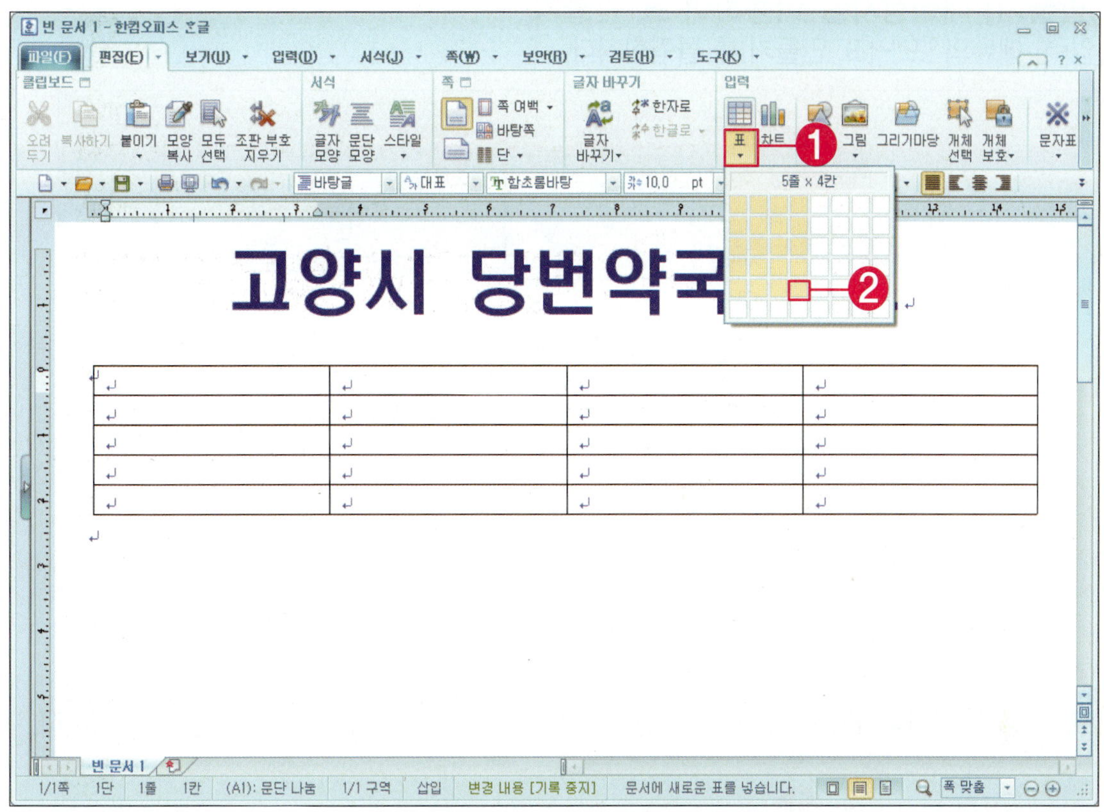

3 표가 만들어지면 [표] 탭의 **[글자처럼 취급]을 클릭**하여 체크 표시합니다.

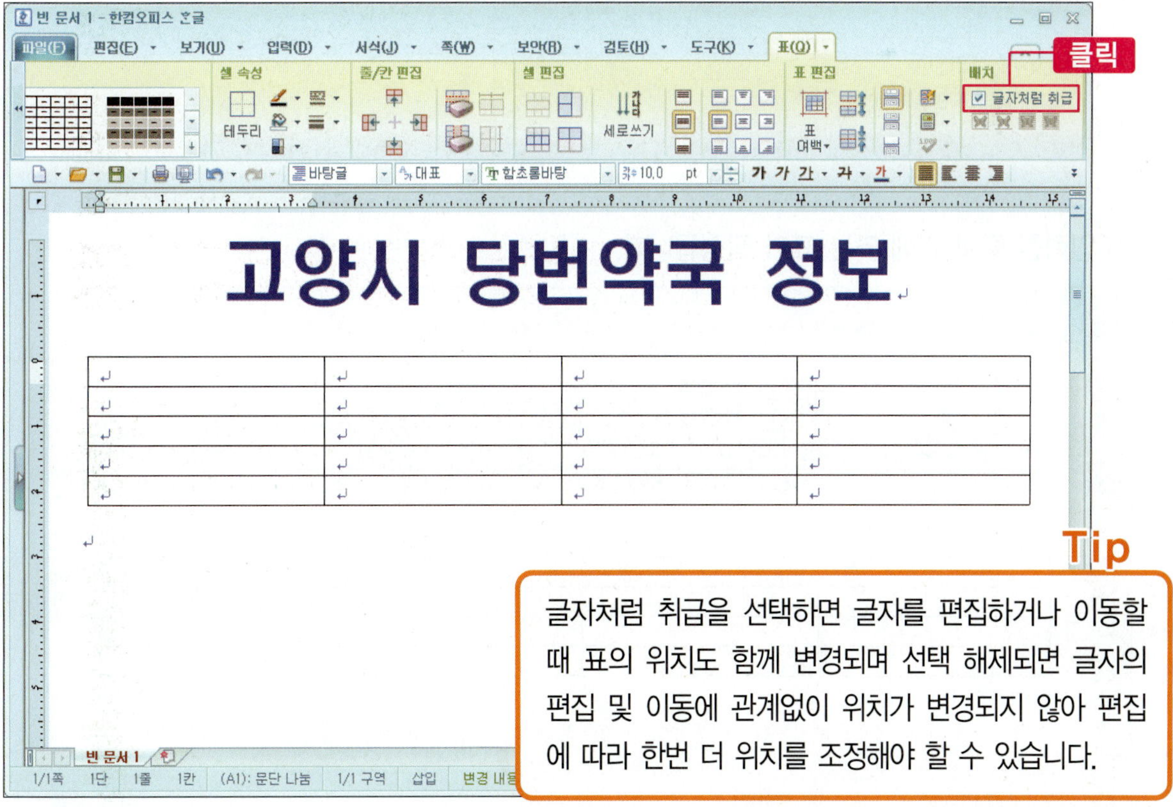

Tip

글자처럼 취급을 선택하면 글자를 편집하거나 이동할 때 표의 위치도 함께 변경되며 선택 해제되면 글자의 편집 및 이동에 관계없이 위치가 변경되지 않아 편집에 따라 한번 더 위치를 조정해야 할 수 있습니다.

[표 만들기] 대화상자를 이용하여 표 만들기

❶ [입력] 메뉴의 [표]–[표 만들기]를 클릭합니다.

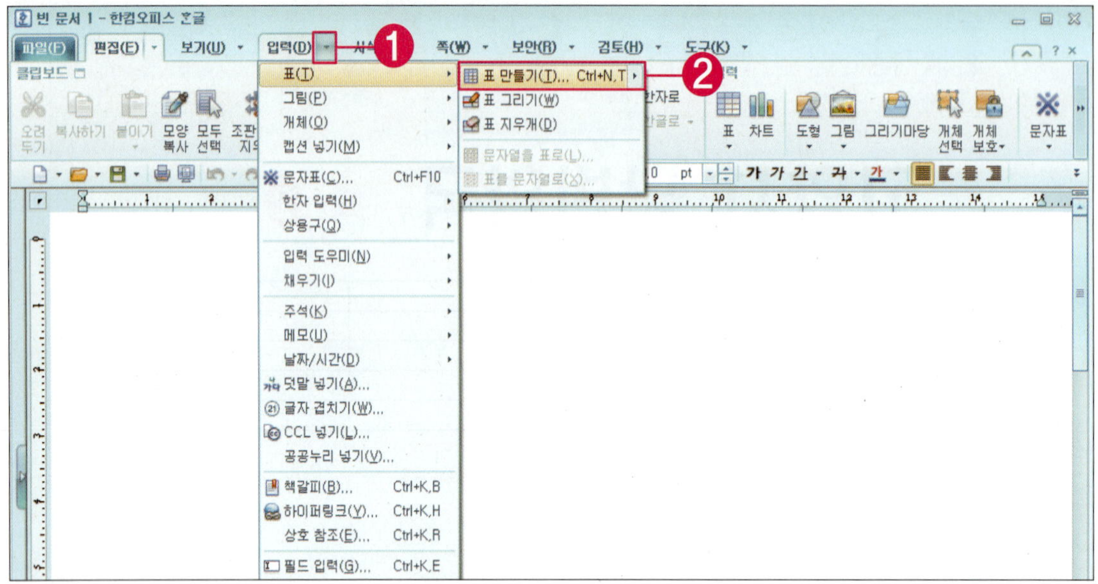

❷ [표 만들기] 대화상자가 나타나면 줄 수 및 칸 수를 입력하고 [만들기] 단추를 클릭합니다.

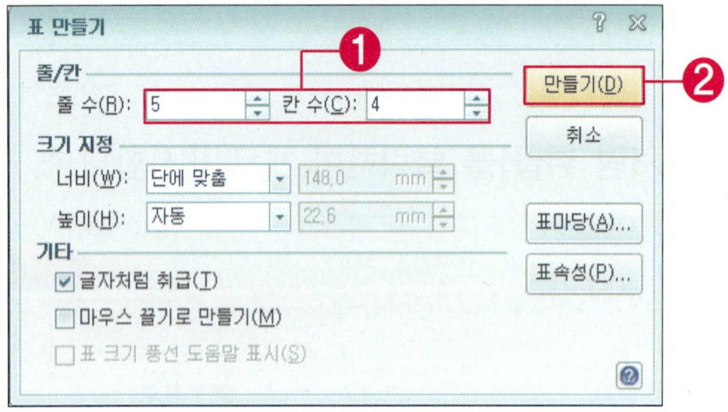

❸ 입력한 줄과 칸에 맞는 표가 작성됩니다.

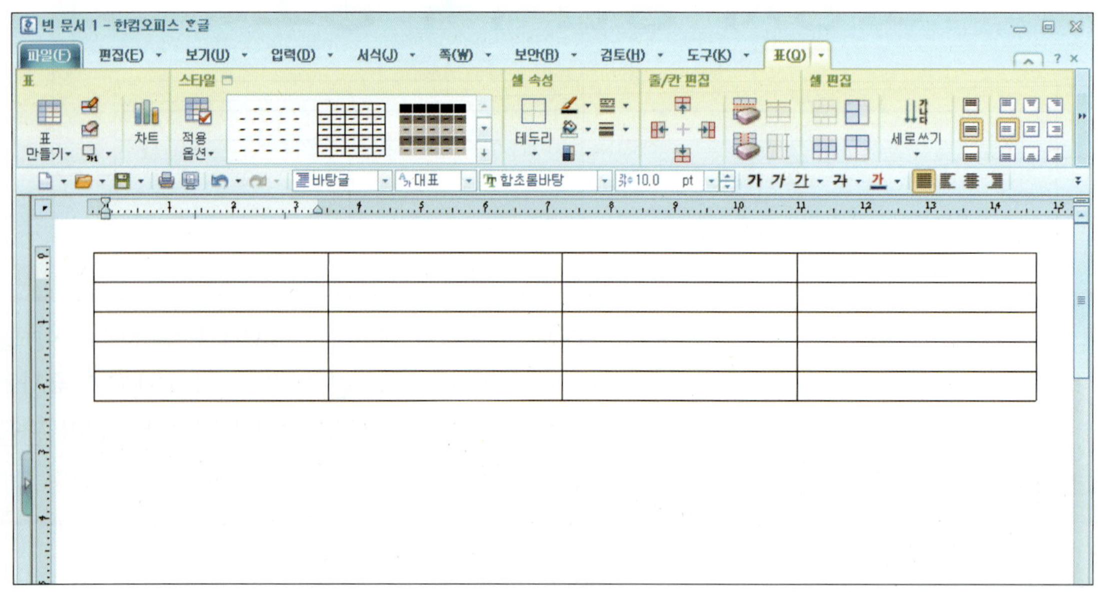

1 표를 선택하고 **크기 조절점(⊕)**을 드래그하여 높이를 늘려줍니다.

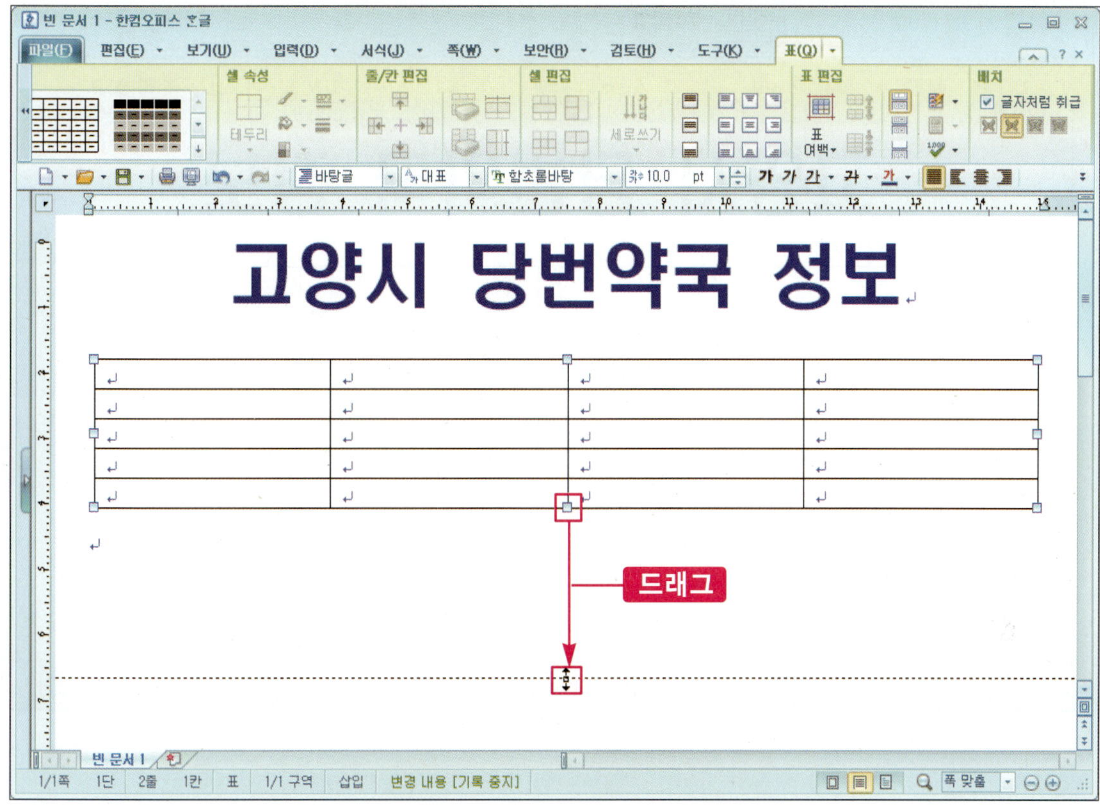

2 표의 높이가 드래그한 만큼 늘어납니다. 키보드의 Esc 를 눌러 표 선택을 해제합니다.

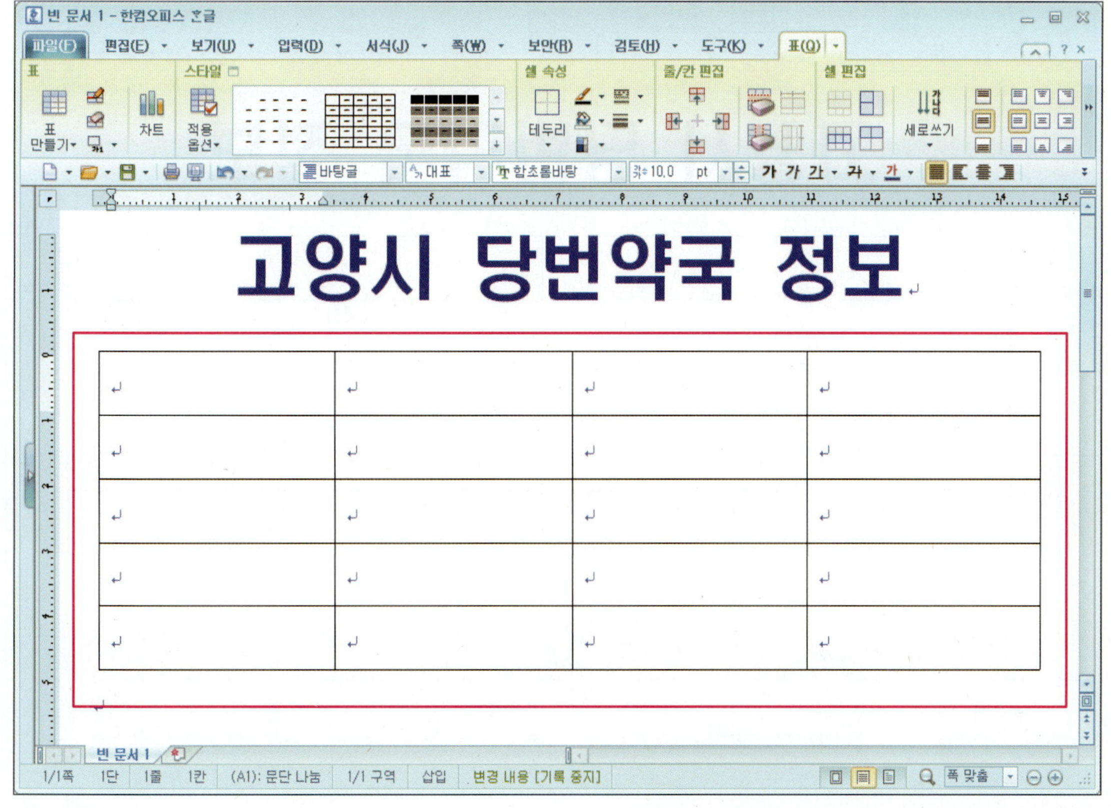

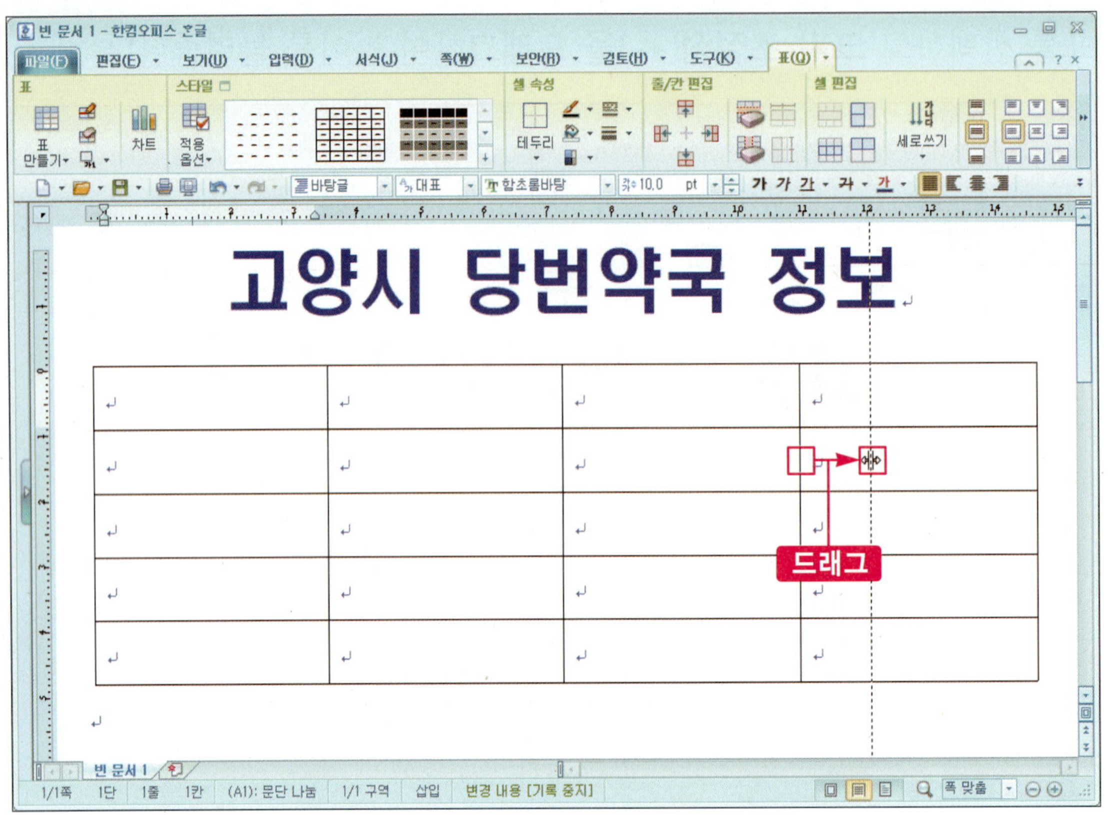

3 셀의 세로 경계선에 위치하여 마우스 포인터 모양이 ◀▶ **모양으로 바뀌면 오른쪽으로 드래그**합니다.

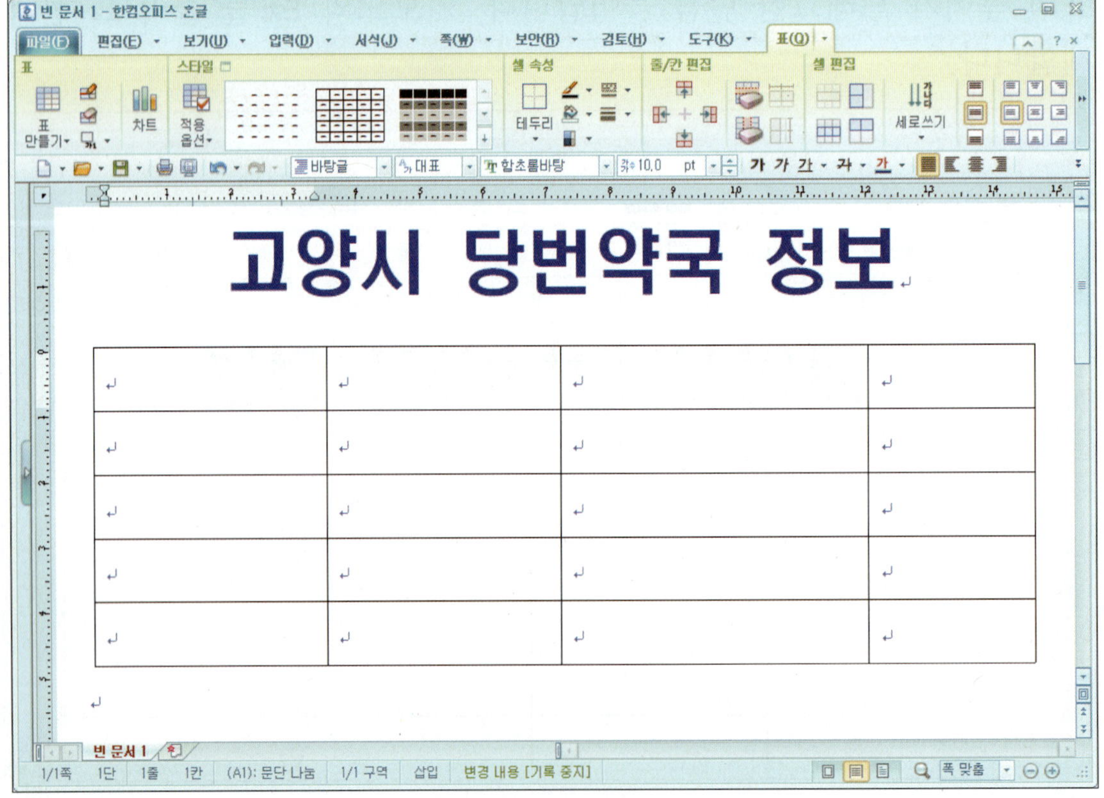

4 셀의 너비가 드래그한 만큼 조정됩니다.

셀 블록으로 설정하기

셀 블록은 표 전체에서 필요한 셀만을 지정하여 서식을 바꾸거나 셀 합치기, 셀 나누기 등을 하기 위해 지정합니다. 셀 블록으로 지정된 상태에서 Esc 를 누르거나 문서의 빈 공간을 클릭하면 블록 지정이 해제됩니다.

• F5 한 번 : 표에서 커서가 위치한 셀만 블록으로 설정합니다.

• F5 두 번+방향키 : 커서가 위치한 셀부터 왼쪽/오른쪽/위쪽/아래쪽으로 연속된 셀을 블록으로 설정합니다.

• F5 세 번 : 표 전체를 셀 블록으로 설정합니다.

• **마우스로 드래그** : 마우스로 드래그하면 표에서 드래그한 셀 범위만 블록으로 설정합니다.

• Shift +클릭 : 커서가 위치한 셀부터 Shift 를 누른 상태에서 클릭한 셀까지 연속된 셀을 블록으로 설정합니다.

• Ctrl +클릭 : Ctrl 을 누른 상태에서 클릭하면 떨어져 있는 셀을 블록으로 설정합니다.

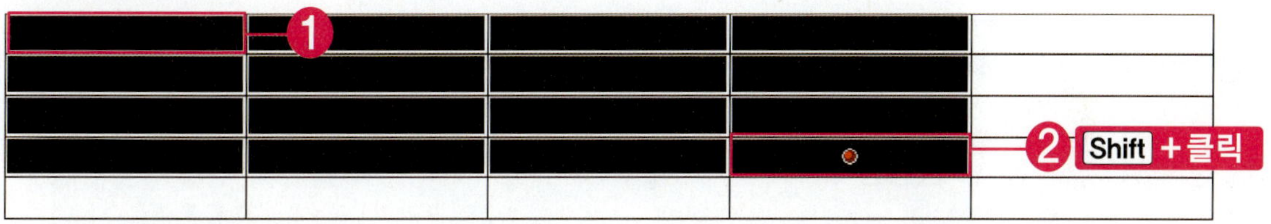

5 특정 범위의 셀 너비를 같게 조정하기 위해 해당 범위를 드래그하여 블록 지정하고 [표] 탭에서 ⊞[너비를 같게]를 클릭합니다.

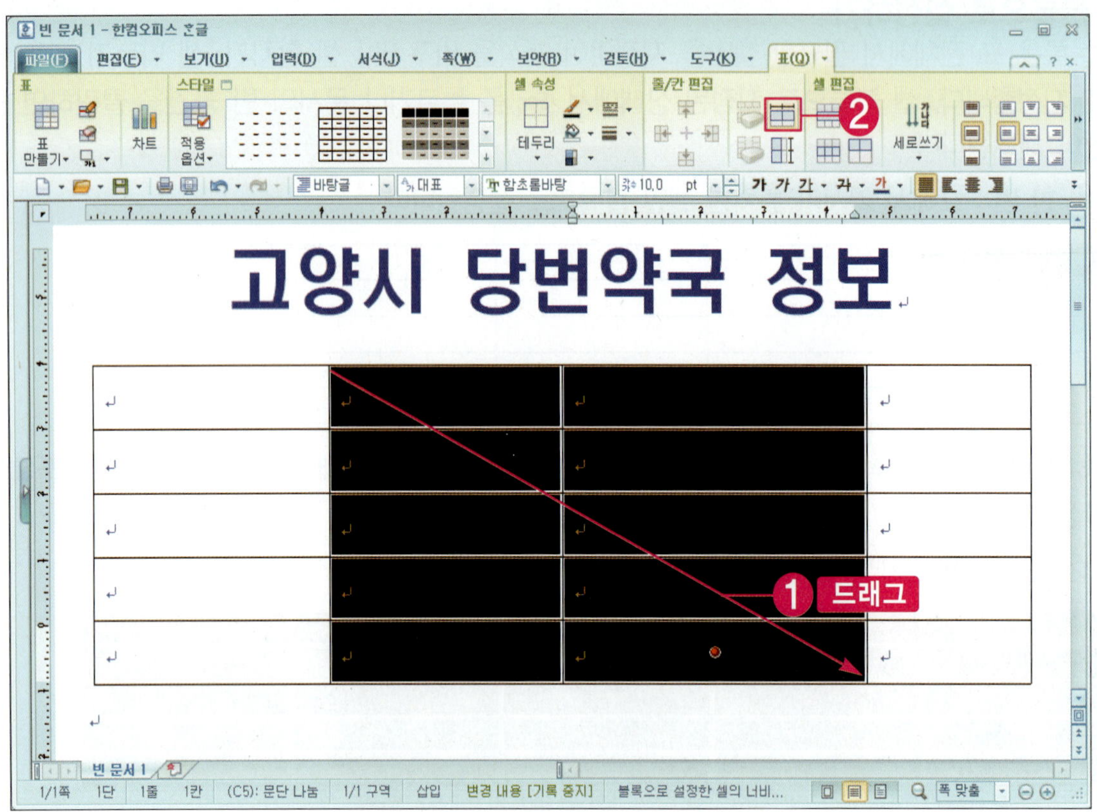

6 블록 지정한 셀 너비가 같게 지정됩니다. Esc를 눌러 블록 지정을 해제합니다.

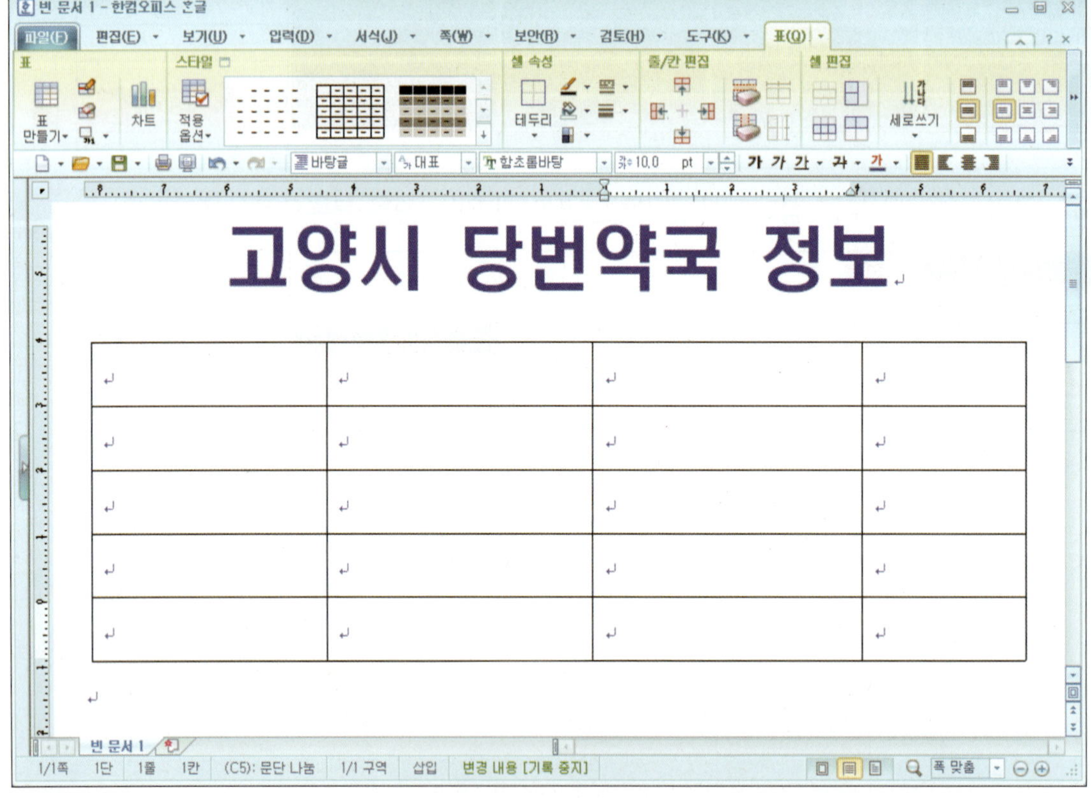

7 **1줄 2칸과 1줄 3칸을 드래그**하여 블록 지정한 다음 [표] 탭에서 ⊞[셀 나누기]를 클릭합니다.

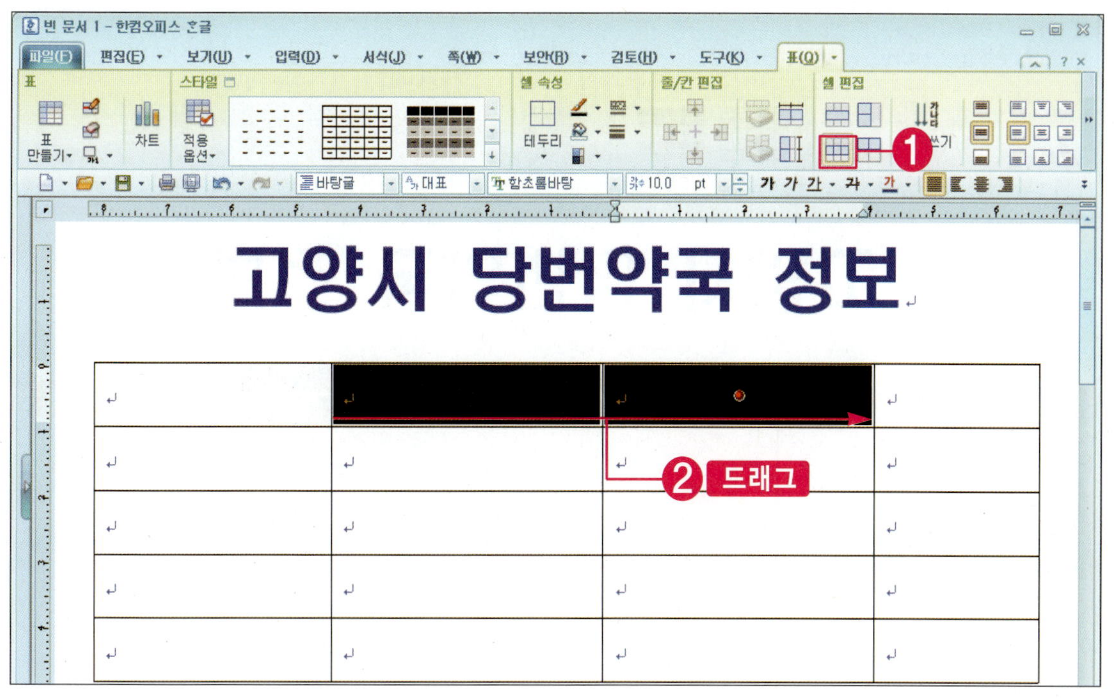

Tip

블록 지정 후 ⑤를 눌러도 [셀 나누기] 대화상자를 표시할 수 있습니다.

8 [셀 나누기] 대화상자가 나타나면 **줄 수(2)를 수정**하고 [줄 높이를 같게 나누기]를 체크한 다음 [나누기] 단추를 클릭합니다.

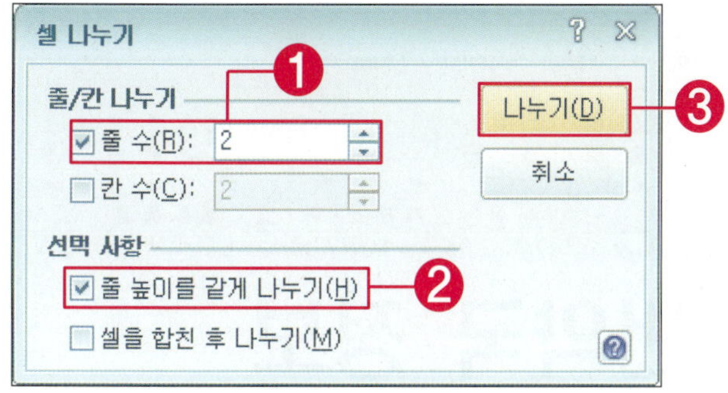

잠깐 만요!

셀 이름

줄(가로 방향)과 칸(세로 방향)이 교차하면서 생긴 사각형 모양의 영역을 '셀'이라고 합니다. 각 셀의 이름은 다음과 같이 나타냅니다.

	1칸	2칸	3칸	4칸
1줄	1줄 1칸	1줄 2칸	1줄 3칸	1줄 4칸
2줄	2줄 1칸	2줄 2칸	2줄 3칸	2줄 4칸
3줄	3줄 1칸	3줄 2칸	3줄 3칸	3줄 4칸

9 블록 지정한 범위의 줄이 2줄로 나누어지면 Ctrl+↓를 여러 번 눌러 높이를 늘려줍니다.

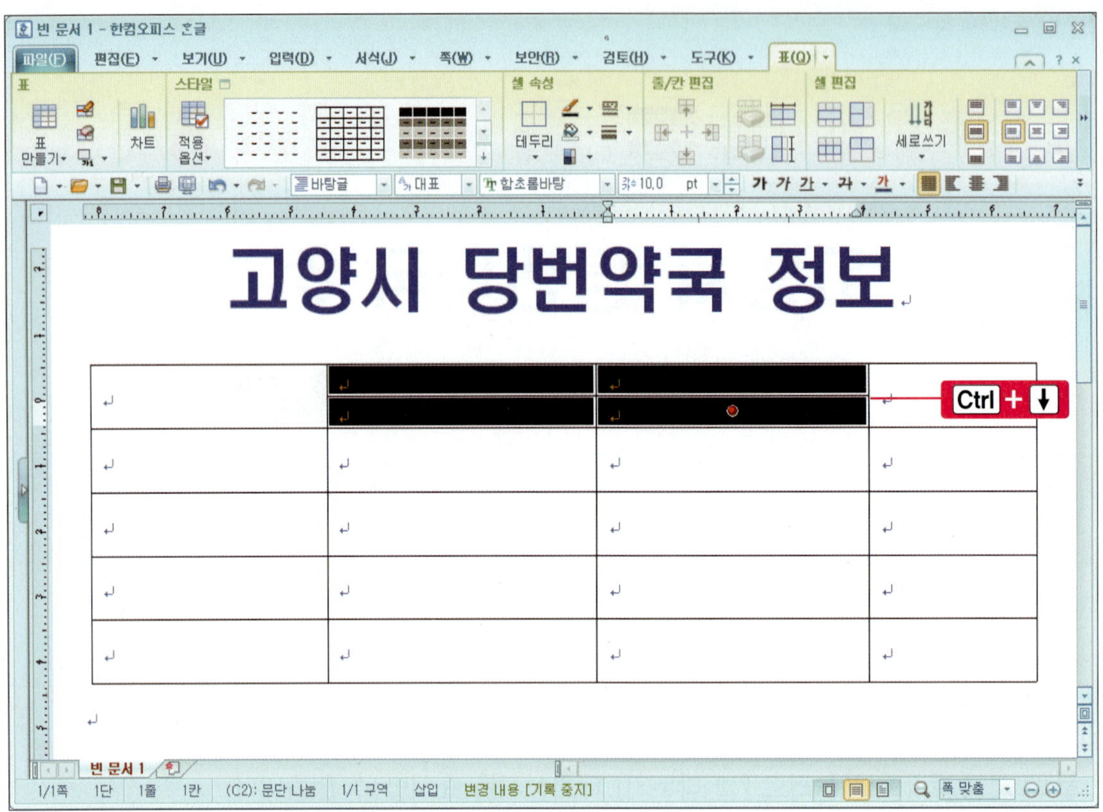

10 블록 지정한 행의 높이가 늘어나며 표 높이도 수정됩니다. Esc를 눌러 블록 지정을 해제합니다.

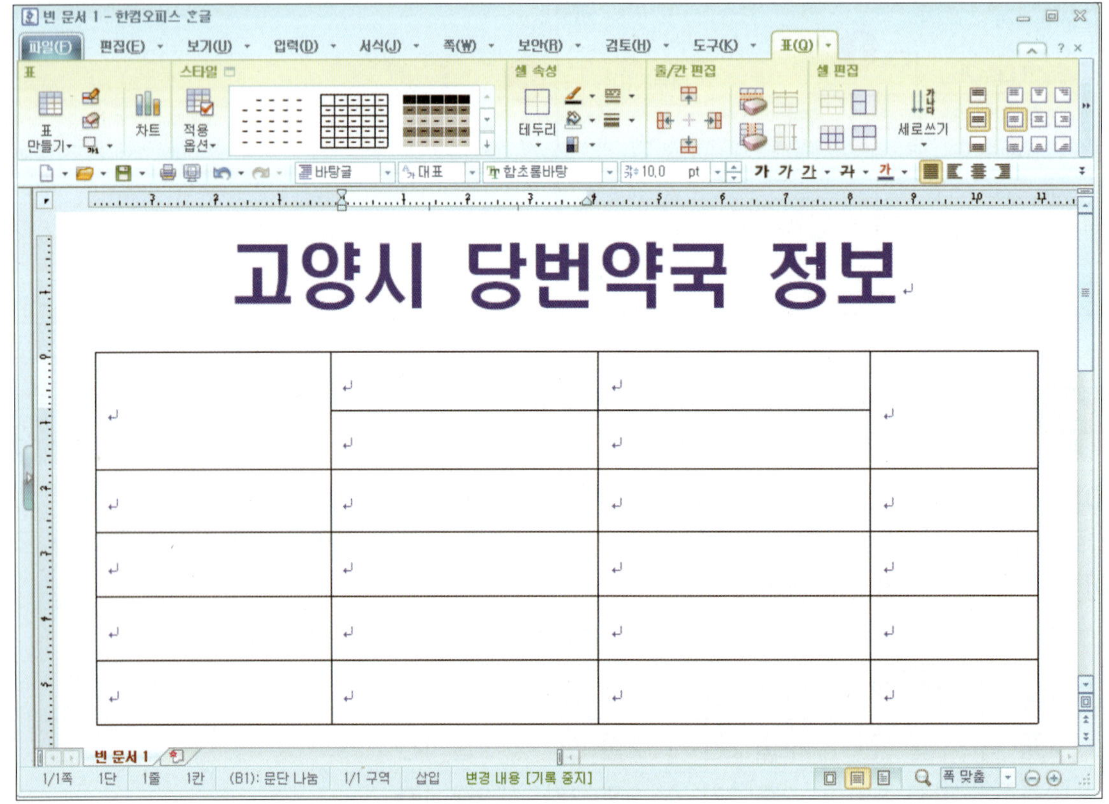

키보드를 사용하여 셀의 크기 조정하기

- Ctrl+방향키 : 블록으로 지정한 셀의 줄 또는 칸의 크기가 수정되며 전체 표의 크기에 영향을 미칩니다.

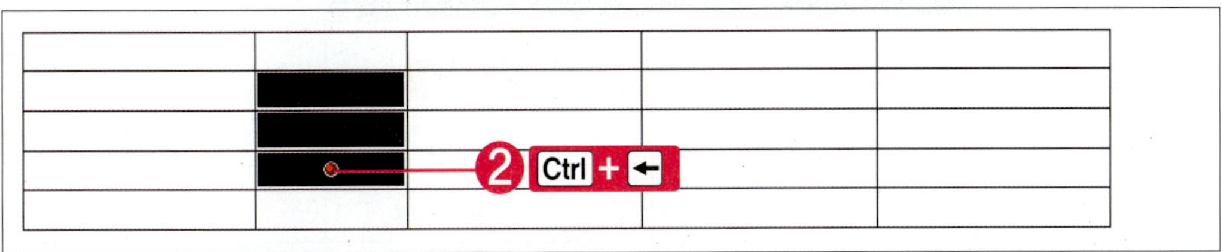

- Alt+방향키 : 블록으로 지정한 셀의 줄 또는 칸의 크기가 수정되며 전체 표의 크기에는 영향을 미치지 않습니다(이웃한 줄 또는 칸에 영향을 미침).

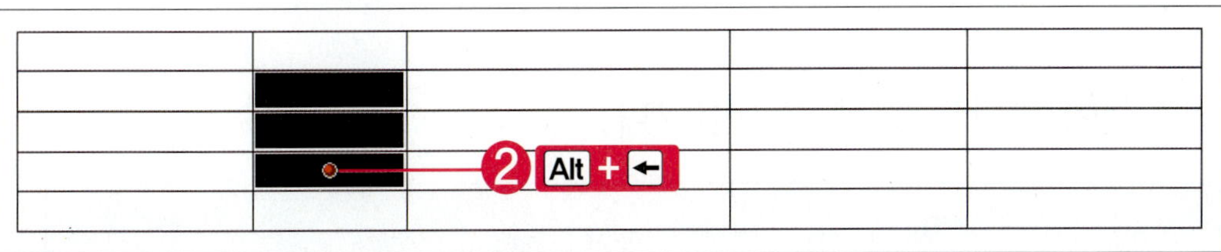

- Shift+방향키 : 블록으로 지정한 셀만 크기가 수정되며, 전체 표의 크기에 영향을 미치지 않습니다(이웃한 줄 또는 칸에 영향을 미침).

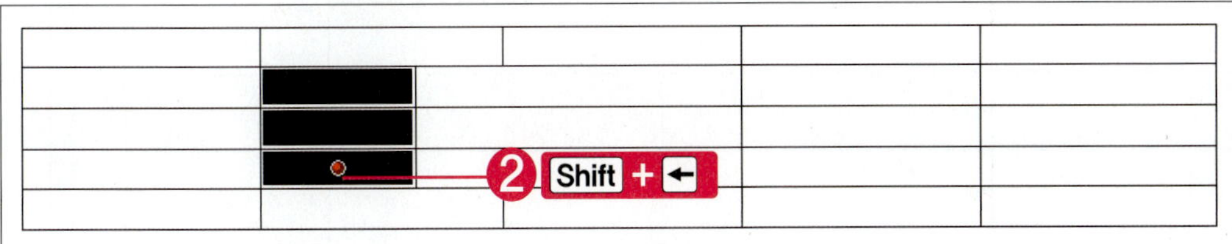

11 1줄 2칸과 1줄 3칸을 드래그하여 블록 지정한 다음 ⊞[셀 합치기]를 클릭합니다.

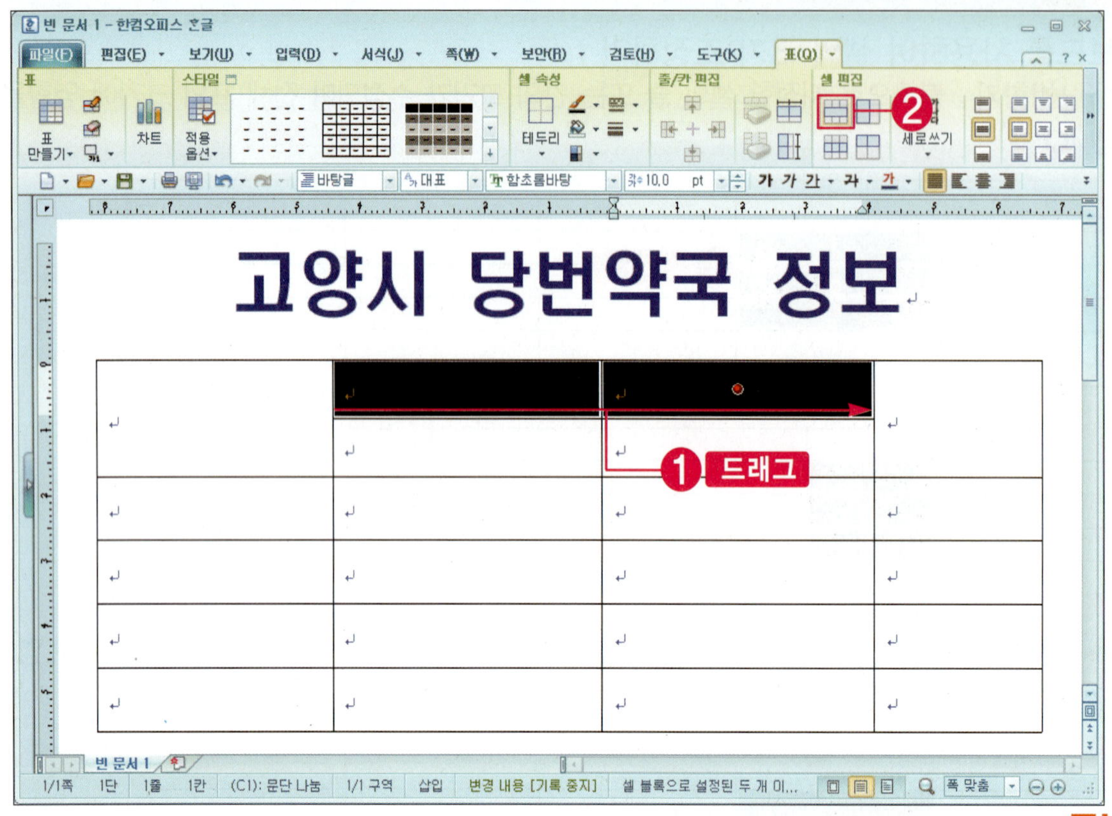

12 블록 지정한 셀이 하나의 셀로 합쳐집니다.

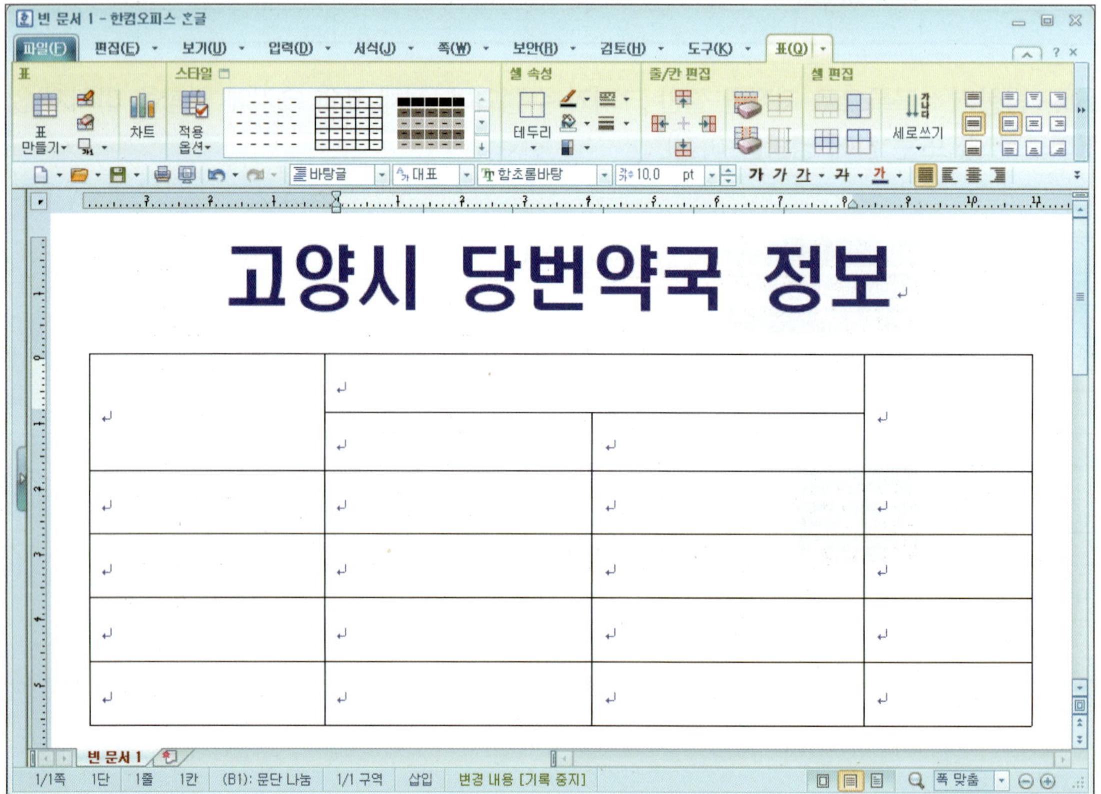

1 표 안에 셀을 클릭하고 다음과 같이 **내용을 입력**합니다.

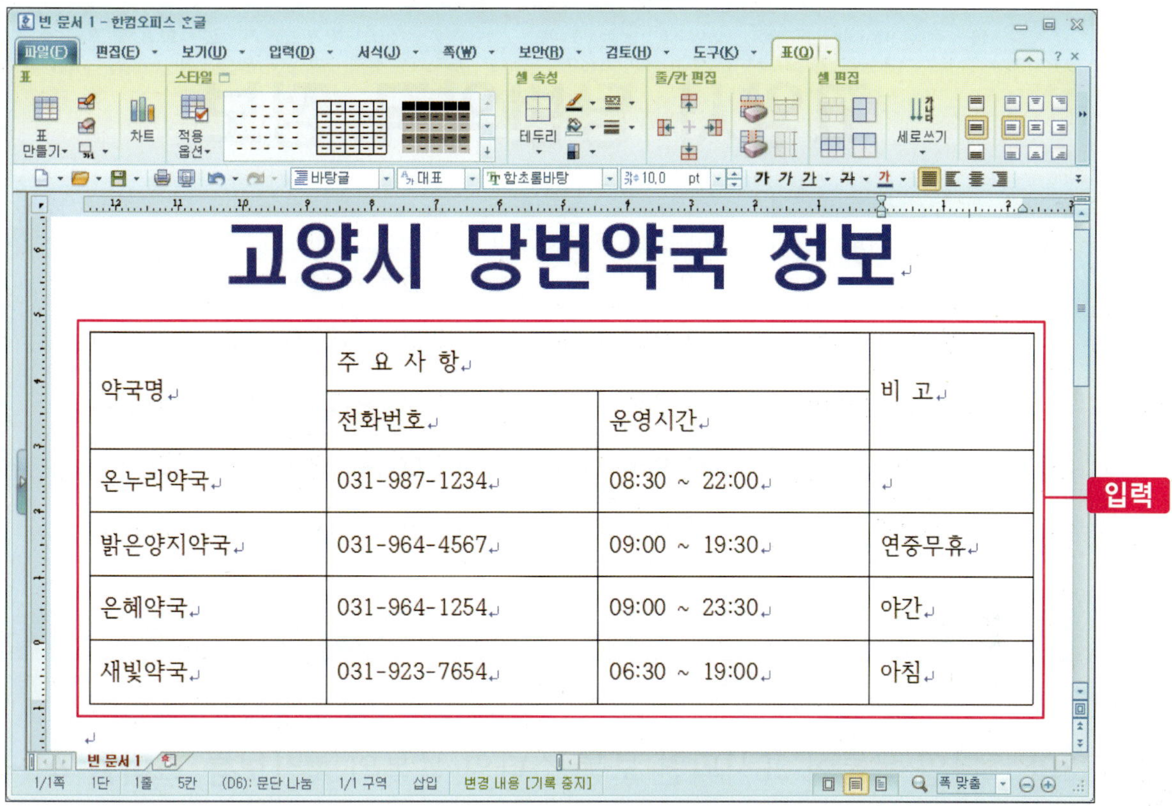

2 표를 선택하고 서식 도구 상자의 **글꼴(맑은 고딕), 글자 크기(13)**, [가운데 정렬] 등을 수정합니다.

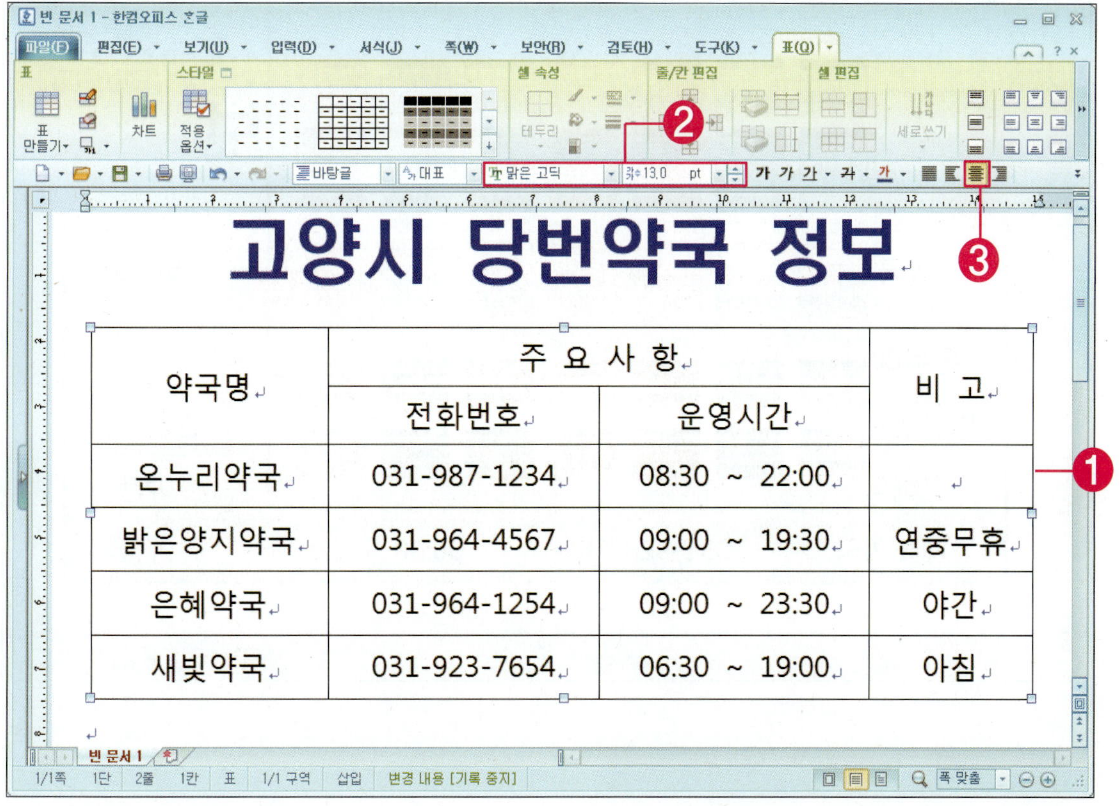

3 표가 선택된 상태에서 [표] 탭의 [스타일] 그룹에서 ▼[자세히]를 클릭합니다.

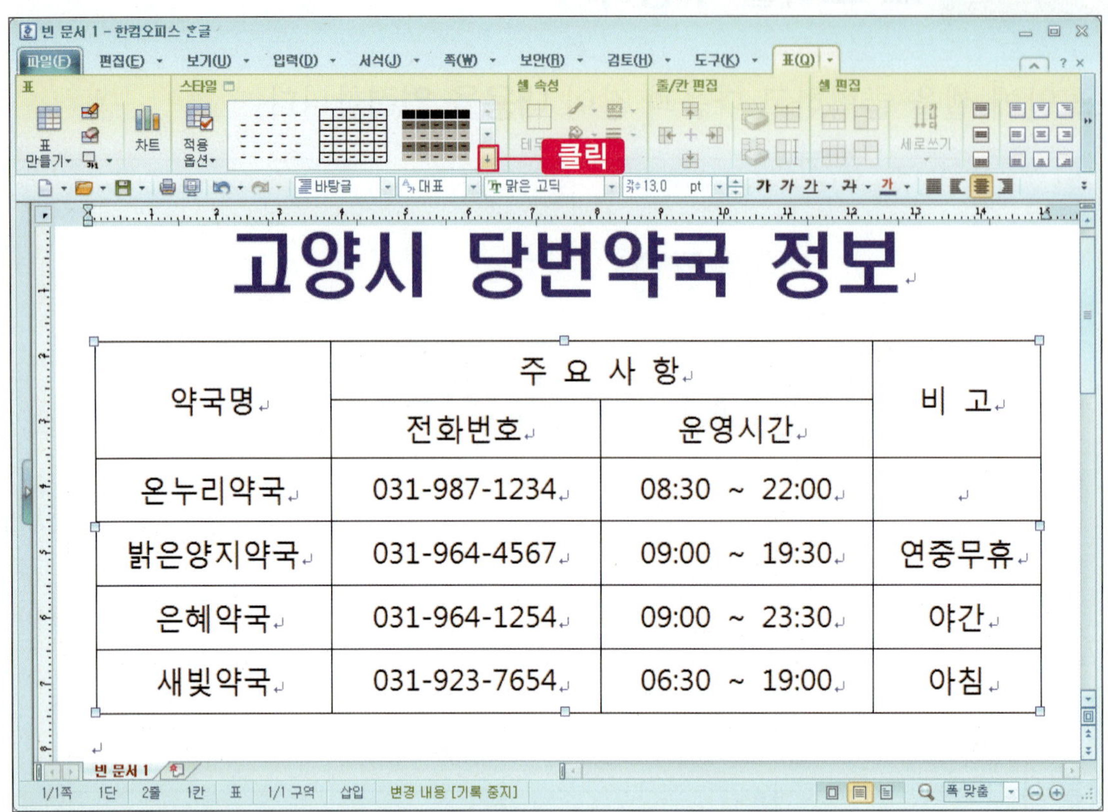

4 표의 스타일 목록이 표시되면 보통 스타일 목록의 ▦[보통 스타일 4 - 청록 색조]를 클릭합니다.

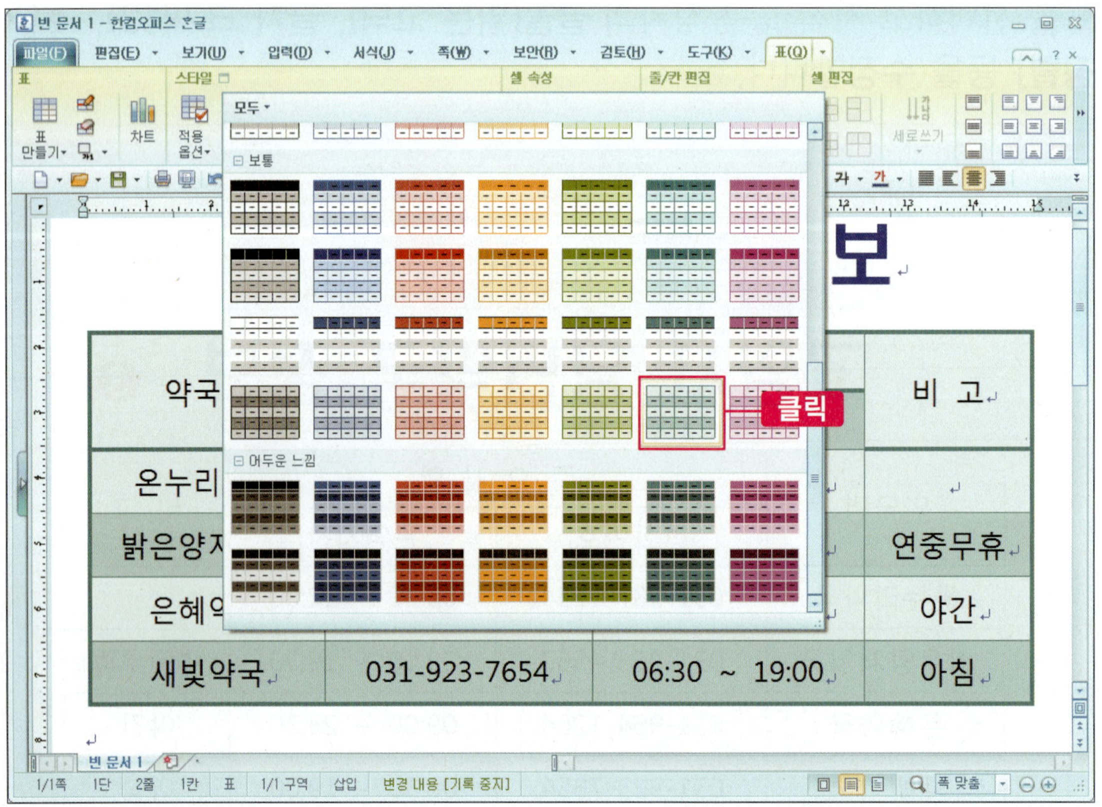

 선택한 스타일이 표에 적용됩니다.

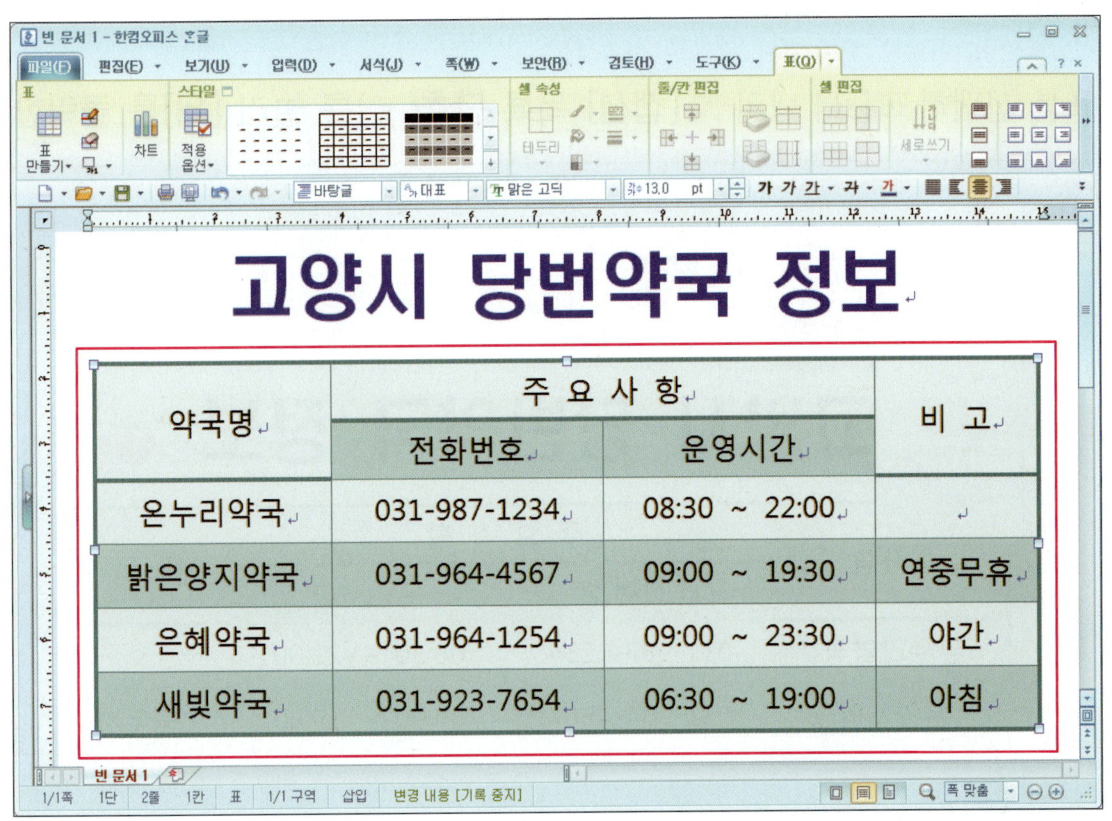

표 스타일 취소하기

[표] 탭의 [스타일] 그룹에서 스타일 목록의 ▦[일반 – 기본]을 클릭하면 표 스타일이 취소됩니다.

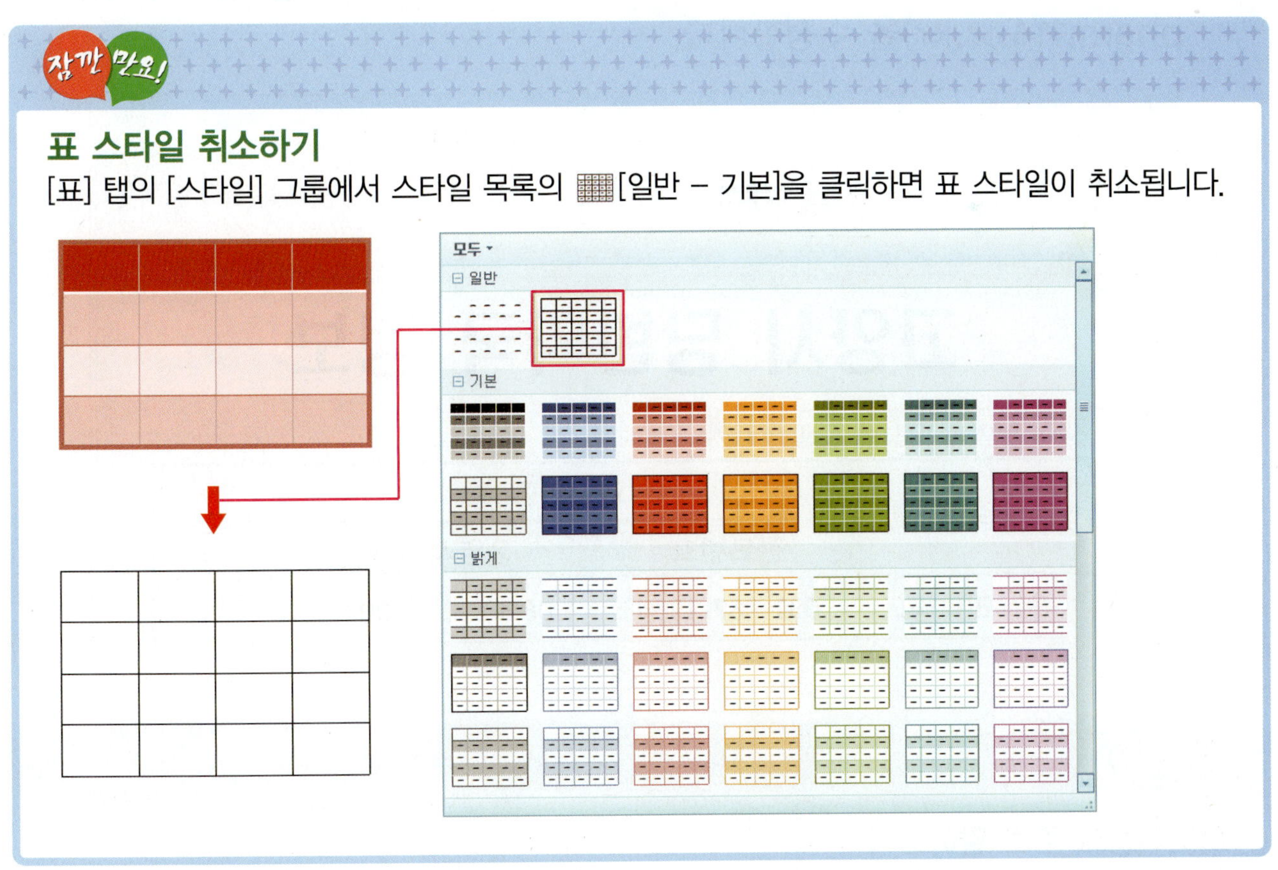

1 표를 선택하고 [표] 탭의 [캡션] 목록 단추(▼)를 눌러 [위]를 클릭합니다.

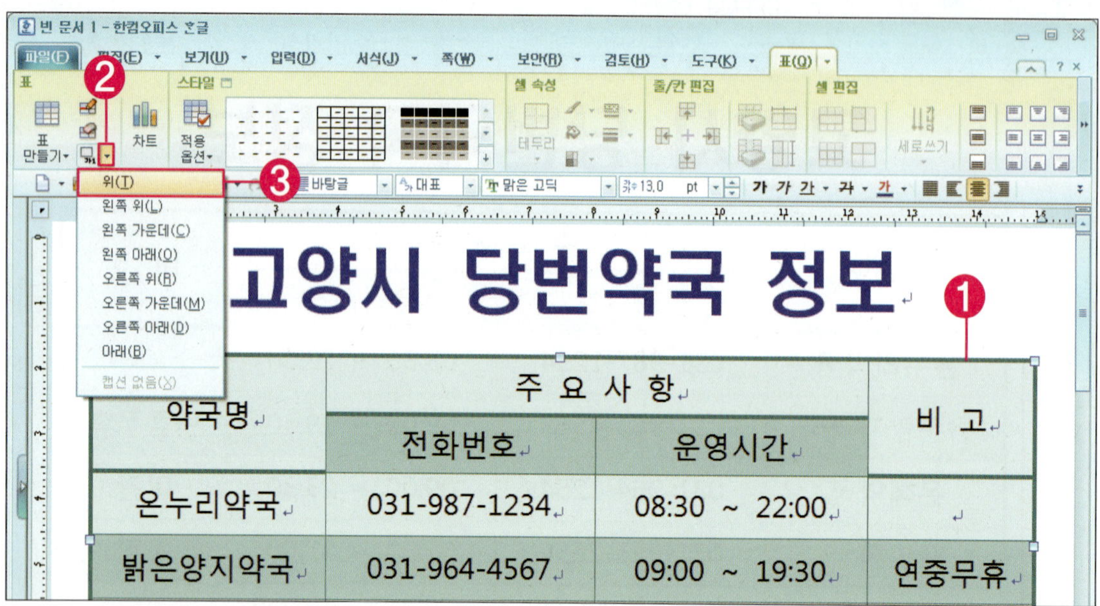

2 표의 위쪽에 캡션 이름(표 1)이 표시되면 클릭 후 **내용(http://www. pharm114.or.kr)**을 수정합니다.

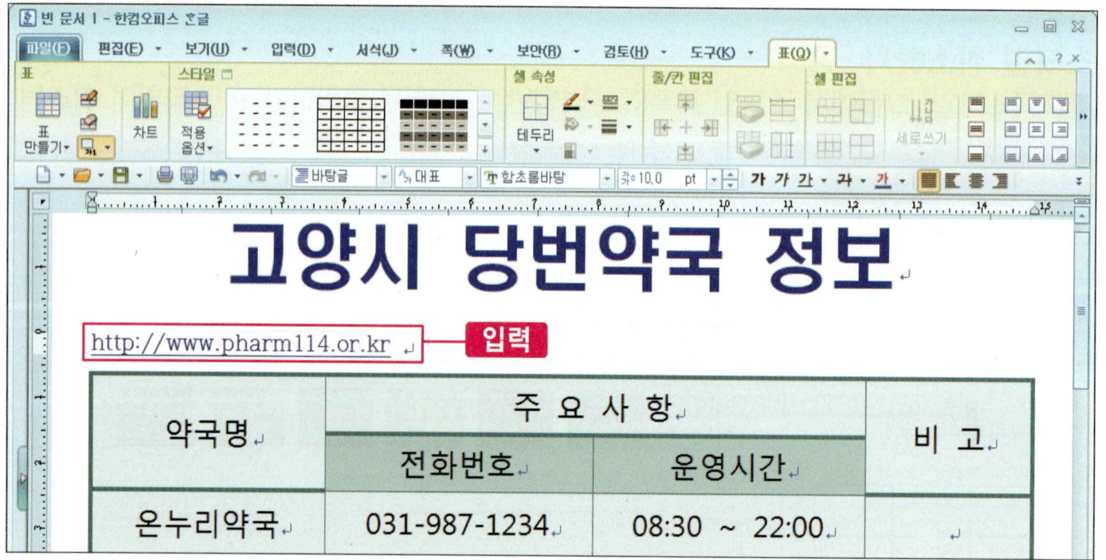

잠깐만요!

하이퍼링크 주소 알아보기

캡션 제목에 인터넷 주소를 입력하고 SpaceBar 를 눌러 한 칸을 띄우면 자동으로 하이퍼링크 기능이 적용되어 밑줄 및 글꼴색(파랑)이 표시되고 클릭하여 해당 홈페이지로 이동할 수 있습니다. 하이퍼링크 기능을 해제하려면 입력된 인터넷 주소에서 바로 가기 메뉴의 [하이퍼링크 지우기]를 클릭합니다.

 **3** 캡션 제목이 수정되면 ▤[오른쪽 정렬]을 클릭하여 오른쪽으로 이동합니다.

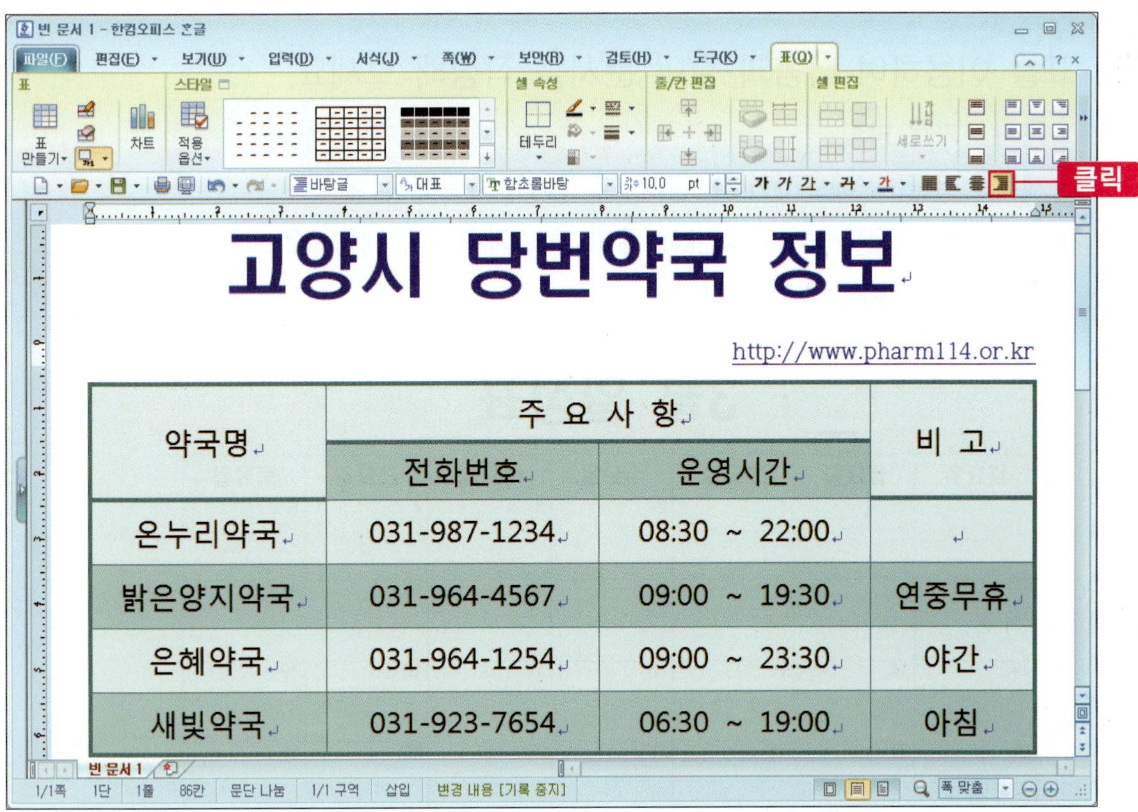

캡션 제목 삭제하기

[표] 탭의 [캡션] 목록 단추(▼)를 눌러 [캡션 없음]을 클릭하거나 표의 바로 가기 메뉴의 [캡션 없음]을 클릭하면 현재 적용된 표의 캡션 제목을 삭제할 수 있습니다.

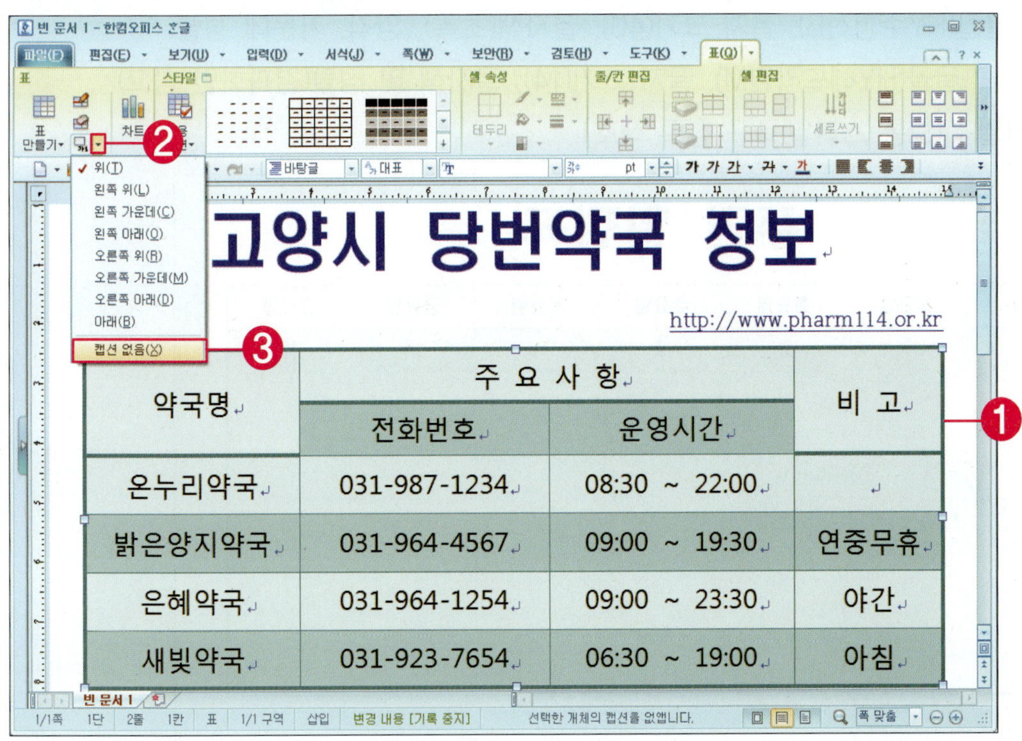

01 표를 이용하여 다음과 같이 문서를 작성해 보세요.

- 용지 : 가로 방향
- 제목 : 글꼴(HY헤드라인M), 글자 크기(40), 가운데 정렬
- 표(6×7) : 글꼴(HY헤드라인M), 글자 크기(제목-17, 내용-12), 글자색 및 정렬(결과화면 참고)

3월 일정표

일요일	월요일	화요일	수요일	목요일	금요일	토요일
		1	2	3	4	5
6	7	8	9	10	11	12
13	14	15	16	17	18	19
20	21	22	23	24	25	26
27	28	29	30			

02 표를 이용하여 다음과 같이 문서를 작성해 보세요.

- 용지 : 가로 방향
- 제목 : 글꼴(HY수평선B), 글자 크기(40), 글자색(초록), 양각, 가운데 정렬
- 표(3×7) : 글꼴(HY헤드라인M), 글자 크기(14), 글자색 및 정렬(결과화면 참고)
- 표 스타일 : [보통 스타일 4 – 청록 색조]

주간 일정표

일요일	월요일	화요일	수요일	목요일	금요일	토요일
6	7	8	9	10	11	12

03 표를 이용하여 다음과 같이 문서를 작성해 보세요.

- 제목 행 : 글꼴(맑은 고딕), 글자 크기(25), 글자색(노랑), 가운데 정렬
- 표 내용 : 글꼴(맑은 고딕), 글자 크기(12), 가운데 정렬
- 표 스타일 : [보통 스타일 1 – 초록 색조]

덕양중학교 21회 동창 연락처			
회 장		김익수	010-1234-5678
총 무		강재윤	011-4578-8745
곽남식	010-1122-4455	이상철	010-4747-8585
김경숙	010-4545-5656	정규현	010-5656-4141
김시진	010-7878-8989	최동걸	010-9696-8585
문영진	010-3636-2525	한명숙	010-3131-6464

04 표를 이용하여 다음과 같이 문서를 작성해 보세요.

- 표 내용 : 글꼴(맑은 고딕), 글자 크기(10), 가운데 정렬
- 표 스타일 : [밝은 스타일 1 – 초록 색조]

		2일(월)	4일(화)	5일(수)	6일(목)	7일(금)
1주	오전간식	야채죽	현미죽	버섯죽	콩나물죽	들깨죽
	점심	감자양파국 장조림 나물 김치	도토리묵 새우살볶음 가지나물 김치	떡국 김치	팽이버섯국 달걀말이 나물 김치	맑은장국 고등어조림 콩나물무침 김치
	오후간식	과일, 주먹밥	과일, 모닝빵	과일, 떡볶이	과일, 물만두	과일, 순대
		10일(월)	11일(화)	12일(수)	13일(목)	14일(금)
2주	오전간식	감자죽	야채죽	당근죽	호박죽	쇠고기죽
	점심	호박국 계란조림 애호박나물 김치	명태국 불고기 무생채 김치	육개장 갈치조림 도토리묵 김치	순두부국 버섯볶음 나물 김치	된장국 버섯볶음 김자반 김치
	오후간식	과일, 물만두	과일, 샐러드	과일, 야채전	과일, 순대	과일, 주먹밥

수치 계산표와 차트 작성하기

Chapter
09

표는 단순히 내용을 알아보기 쉽게 요약하는 기능 이외에 입력된 수치 데이터를 합계, 평균 등 다양하게 계산하는 기능이 포함되어 있습니다. 또한 차트는 표의 정리된 내용을 한눈에 알아보기 쉽게 그림(그래프)으로 표현하는 방법입니다. 그럼 이번에는 수치 계산표와 차트를 작성하는 방법에 대해 알아보겠습니다.

Step · 01 표 작성 및 1,000 단위 구분기호 사용하기

1 빈 문서에 다음과 같이 문서를 작성합니다.

- 제목 : 글꼴(HY헤드라인M), 글자 크기(30), 속성(양각), 글자색(초록), 가운데 정렬
- 표 만들기(6×5) : 글꼴(굴림), 글자 크기(12), 진하게, 문자(가운데 정렬), 숫자(오른쪽 정렬)

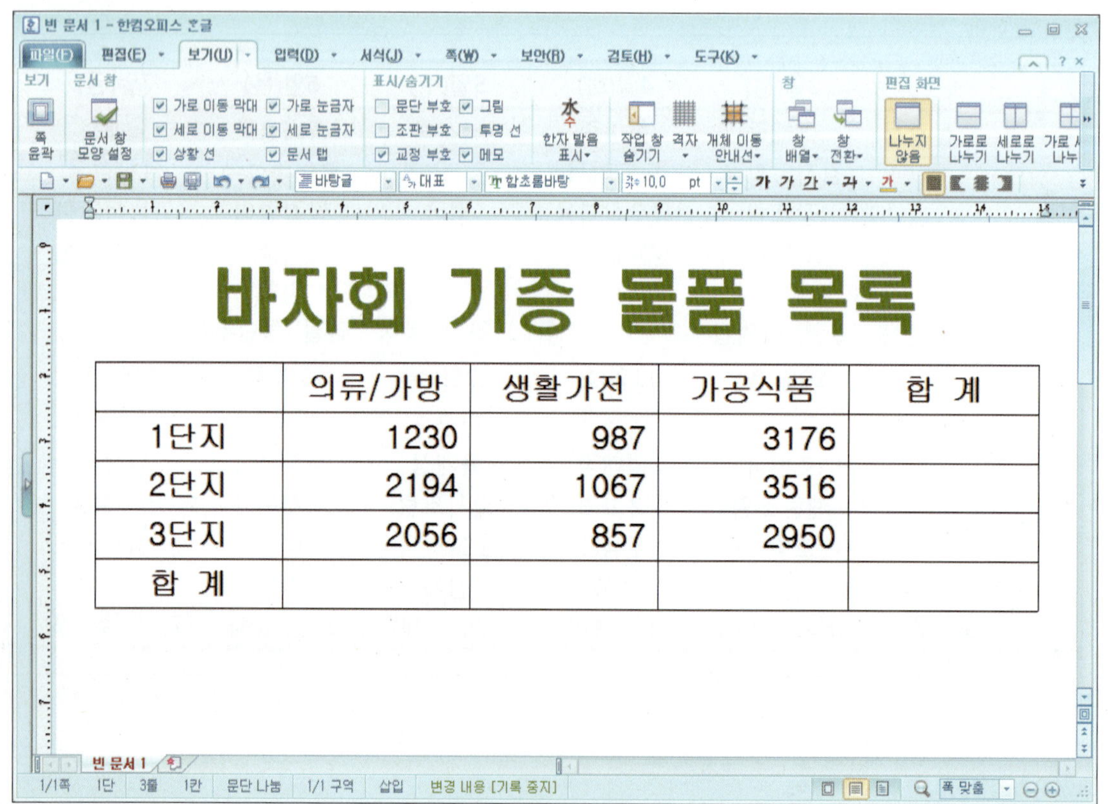

	의류/가방	생활가전	가공식품	합 계
1단지	1230	987	3176	
2단지	2194	1067	3516	
3단지	2056	857	2950	
합 계				

2 숫자 데이터가 입력된 셀을 드래그하여 블록 지정하고 [1,000 단위 구분 쉼표]를 눌러 [자릿점 넣기]를 클릭합니다.

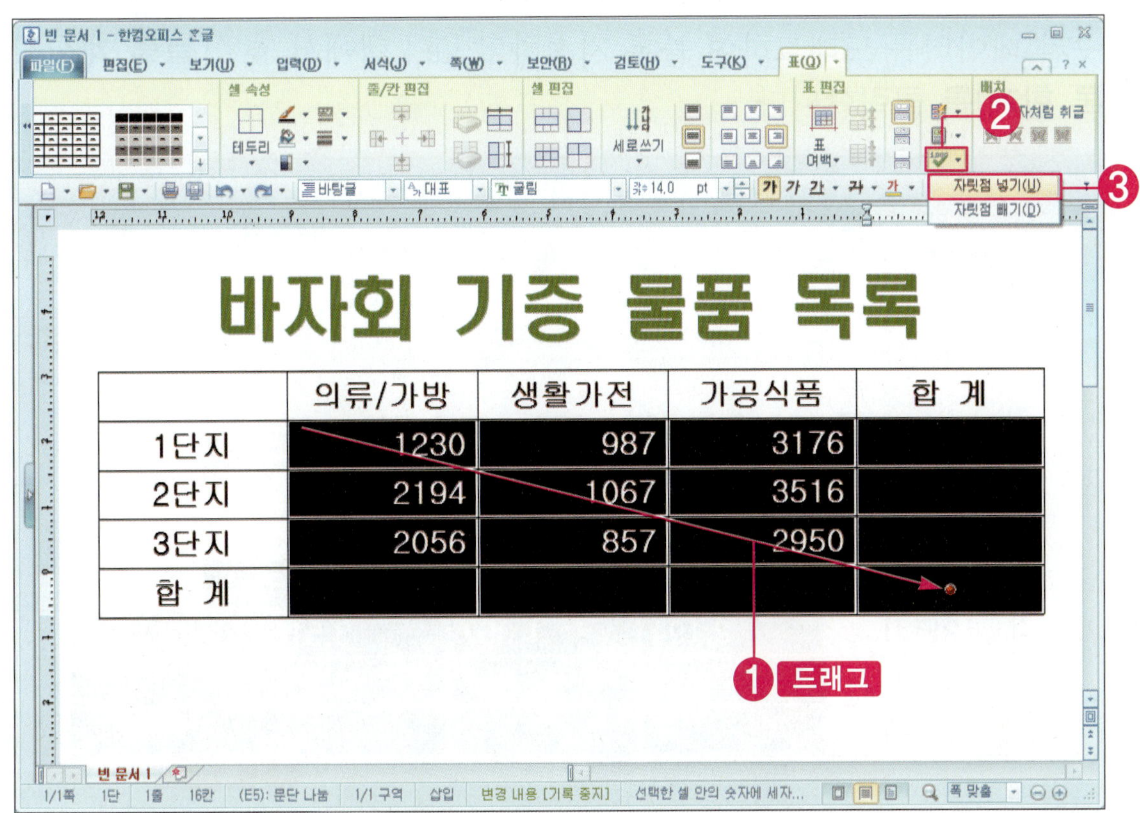

3 블록 지정한 숫자 데이터에 천 단위 구분기호가 삽입됩니다.

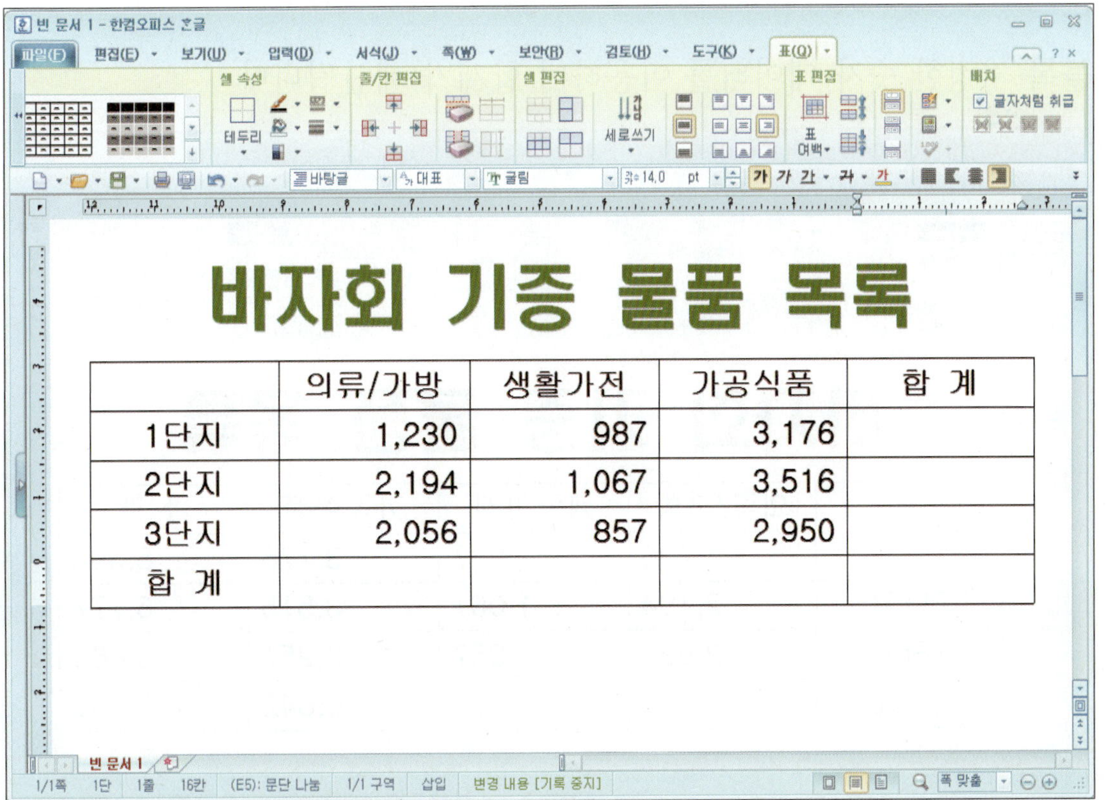

1 숫자 데이터를 드래그하여 블록 지정하고 [표] 탭에서 ▦ · [블록 계산식]–[블록 합계]를 클릭합니다.

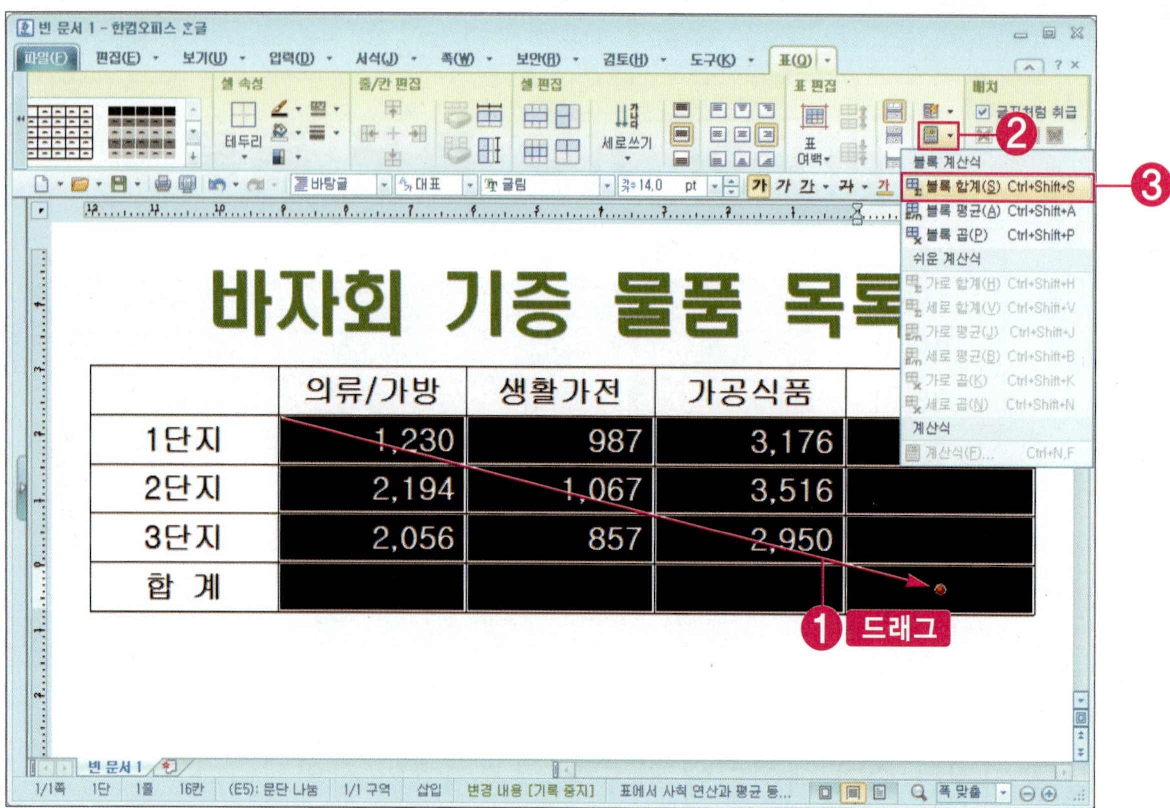

2 블록 지정한 숫자 데이터를 이용하여 합계가 계산됩니다.

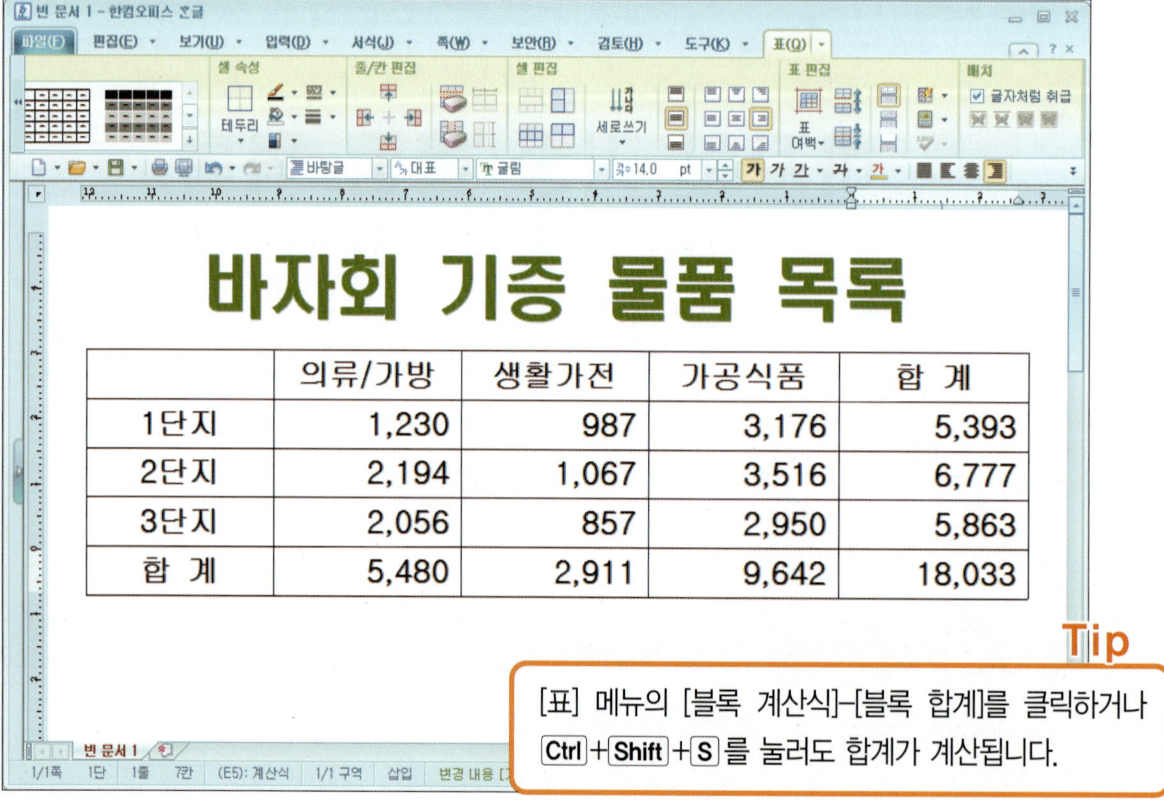

	의류/가방	생활가전	가공식품	합 계
1단지	1,230	987	3,176	5,393
2단지	2,194	1,067	3,516	6,777
3단지	2,056	857	2,950	5,863
합 계	5,480	2,911	9,642	18,033

Tip

[표] 메뉴의 [블록 계산식]–[블록 합계]를 클릭하거나 Ctrl + Shift + S 를 눌러도 합계가 계산됩니다.

3 표의 아래쪽에 줄을 삽입하기 위해 **"합 계"가 입력된 셀을 클릭**하고 [표] 탭에서 ▦[**아래에 줄 추가하기**]를 클릭합니다.

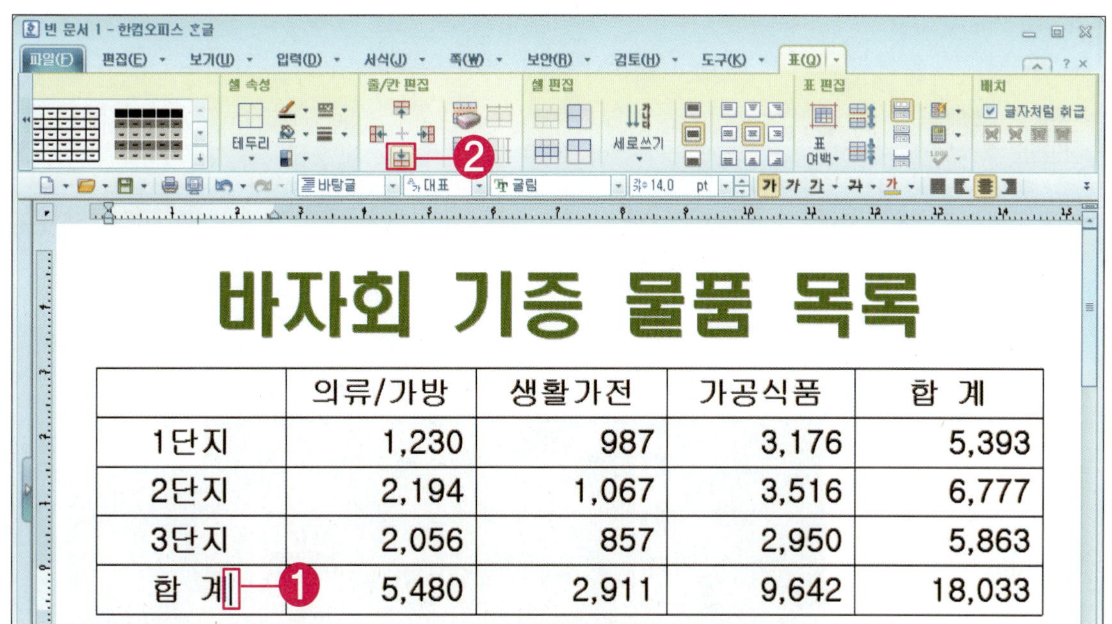

	의류/가방	생활가전	가공식품	합 계
1단지	1,230	987	3,176	5,393
2단지	2,194	1,067	3,516	6,777
3단지	2,056	857	2,950	5,863
합 계	5,480	2,911	9,642	18,033

4 표 아래에 줄이 추가되면 첫 번째 칸에 **"평 균"을 입력**합니다.

	의류/가방	생활가전	가공식품	합 계
1단지	1,230	987	3,176	5,393
2단지	2,194	1,067	3,516	6,777
3단지	2,056	857	2,950	5,863
합 계	5,480	2,911	9,642	18,033
평 균	입력			

잠깐 만요!

[표] 탭의 [줄/칸 편집] 그룹 살펴보기

❶ ▦ [위에 줄 추가하기] : 커서가 위치한 셀의 위쪽에 줄을 추가합니다.

❷ ▦ [아래에 줄 추가하기] : 커서가 위치한 셀의 아래쪽에 줄을 추가합니다.

❸ ▦ [왼쪽에 칸 추가하기] : 커서가 위치한 셀의 왼쪽에 칸을 추가합니다.

❹ ▦ [오른쪽에 칸 추가하기] : 커서가 위치한 셀의 오른쪽에 칸을 추가합니다.

❺ ▦ [줄 지우기] : 커서가 위치한 줄(행) 전체를 지웁니다.

❻ ▦ [칸 지우기] : 커서가 위치한 칸(열) 전체를 지웁니다.

5 평균을 구하기 위해 **숫자 데이터를 드래그**하여 블록 지정하고 [표] 탭의 **[블록 계산식]–[블록 평균]**을 클릭합니다.

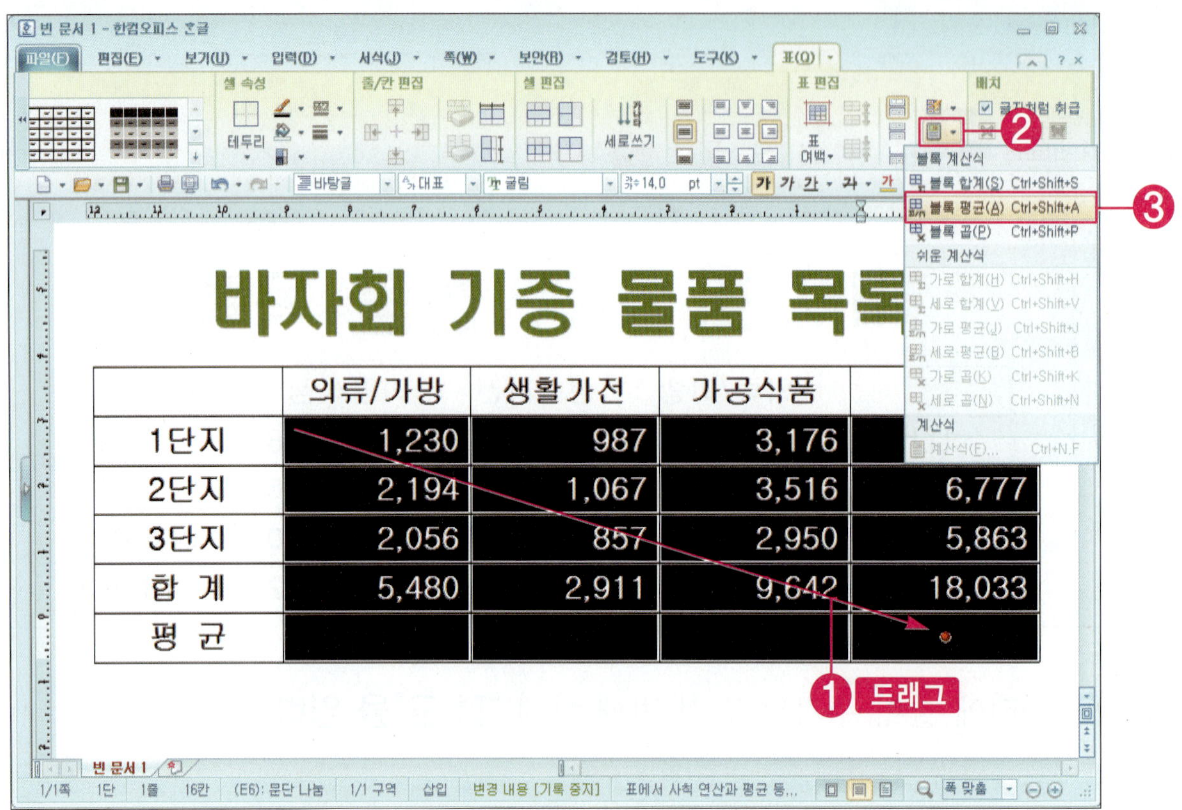

6 표의 아래쪽 줄에 평균이 계산되어 표시됩니다.

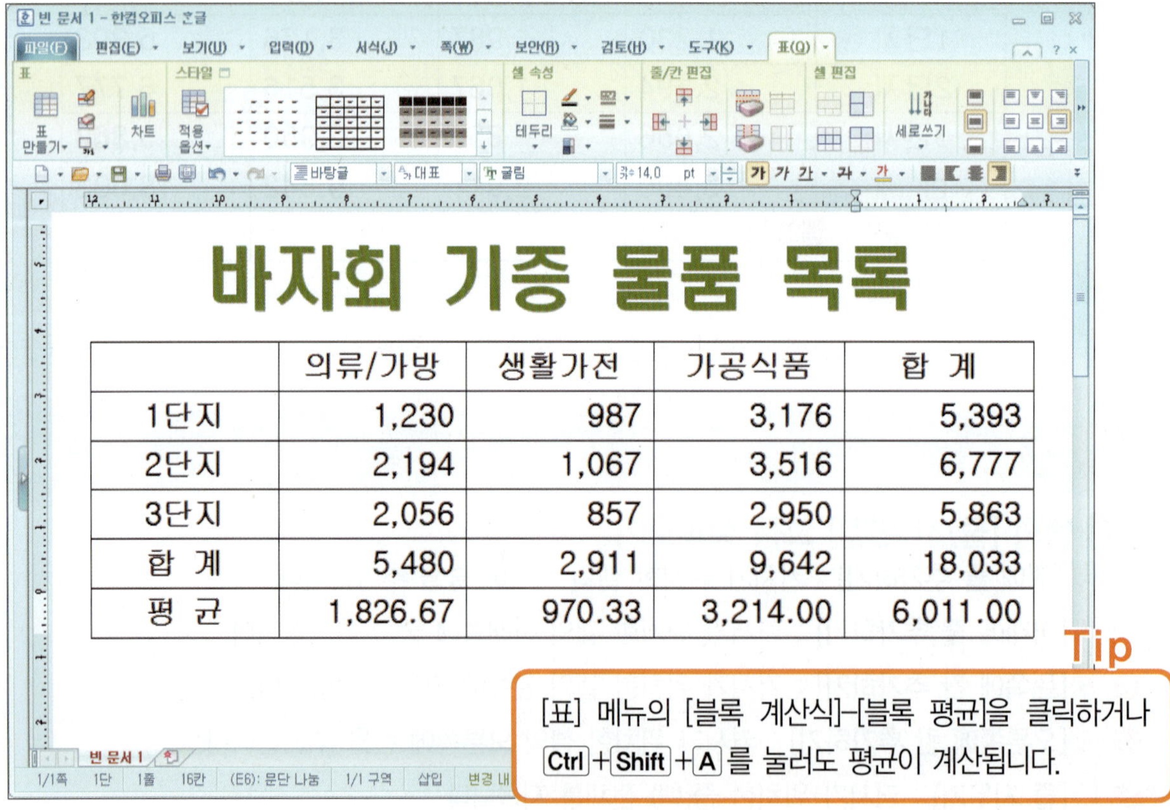

바자회 기증 물품 목록

	의류/가방	생활가전	가공식품	합 계
1단지	1,230	987	3,176	5,393
2단지	2,194	1,067	3,516	6,777
3단지	2,056	857	2,950	5,863
합 계	5,480	2,911	9,642	18,033
평 균	1,826.67	970.33	3,214.00	6,011.00

Tip

[표] 메뉴의 [블록 계산식]–[블록 평균]을 클릭하거나 Ctrl+Shift+A 를 눌러도 평균이 계산됩니다.

표 나누기 및 표 붙이기

표는 필요에 따라 원하는 부분만 나누거나 합칠 수 있습니다. 사용 방법은 표를 나누거나 붙이고자 하는 표 위치에 커서를 클릭하고 ▦[표 나누기] 또는 ▦[표 붙이기]를 클릭합니다. 여기서 중요한 점은 표 붙이기를 할 때 두 개의 표 중에서 위쪽 표에 커서가 위치해야 한다는 것입니다.

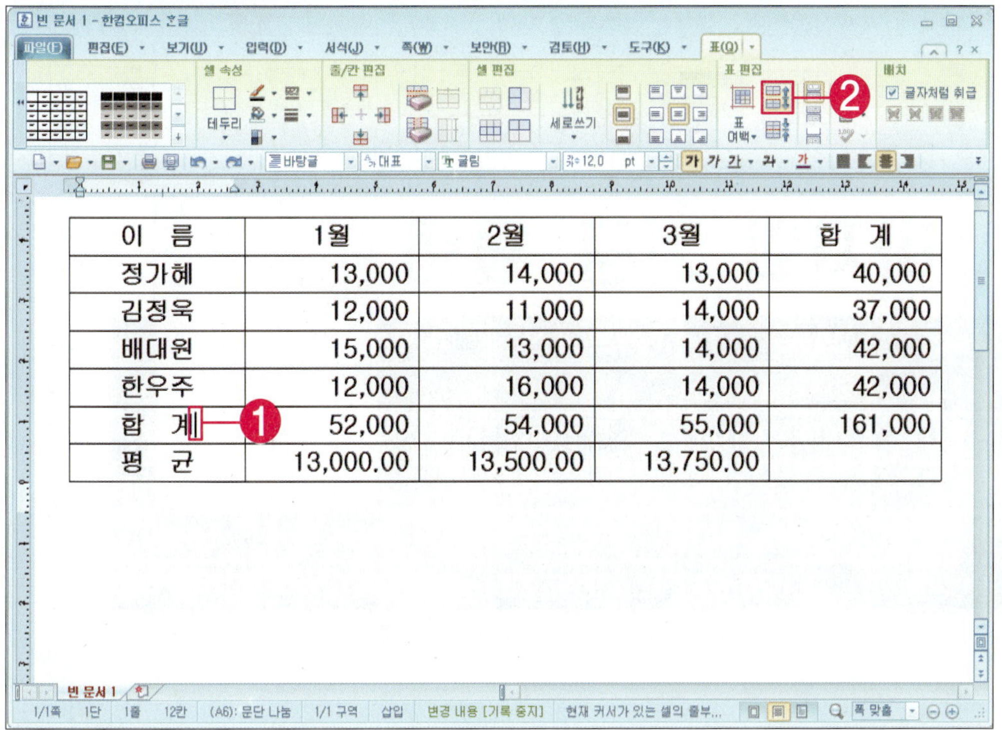

▲ 표 나누기

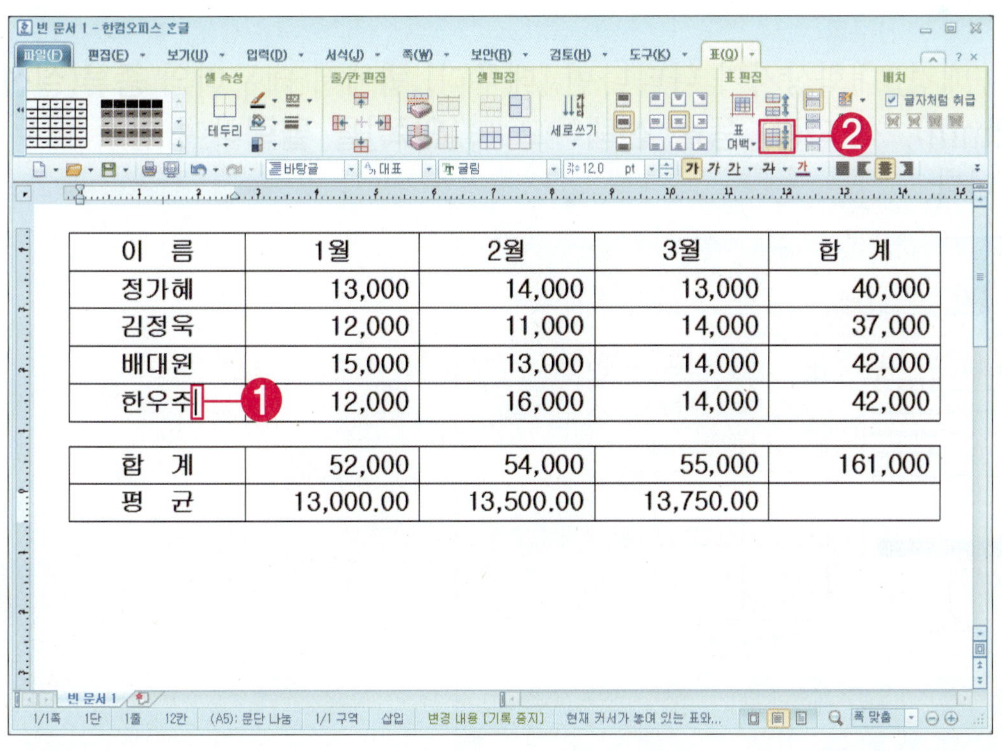

▲ 표 붙이기

1 표 전체를 드래그하여 블록 지정하고 [표] 메뉴의 [셀 테두리/배경]–[각 셀 마다 적용]을 클릭합니다.

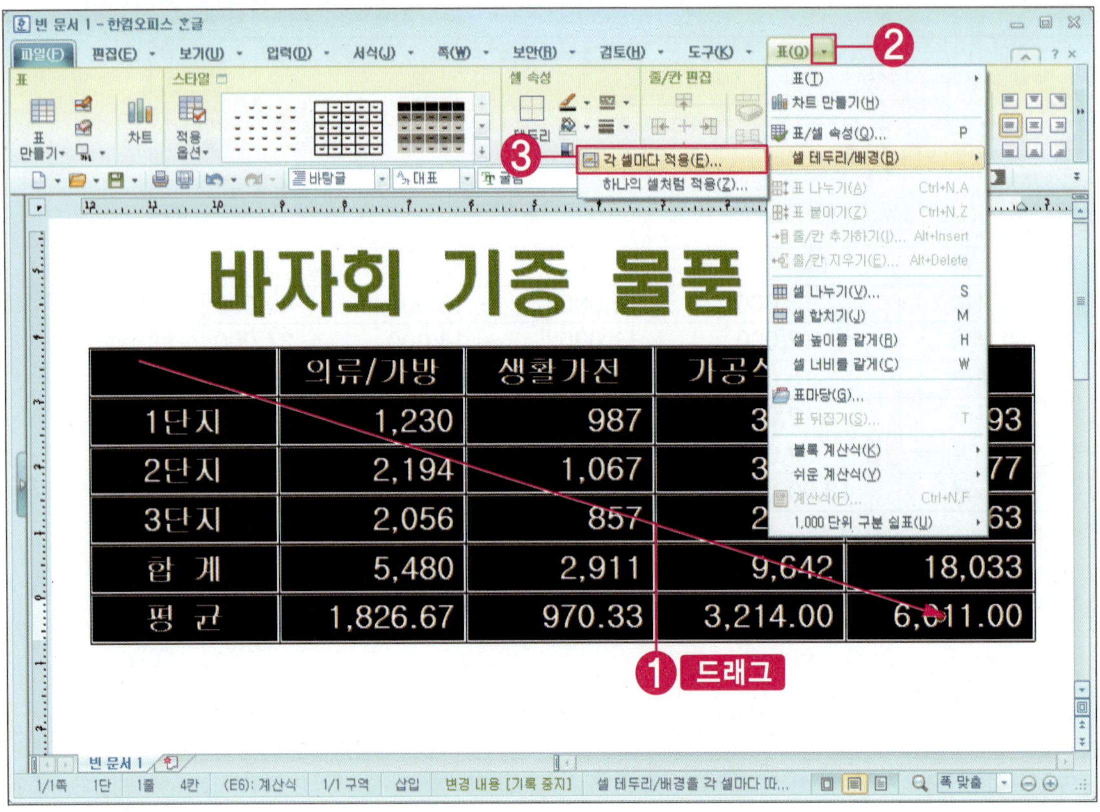

2 [셀 테두리/배경] 대화상자가 나타나면 [테두리] 탭에서 테두리의 **종류(실선)**, **굵기(0.12mm)**, **색(파랑)** 등을 선택하고 ⊞[안쪽]을 클릭하여 안쪽 테두리 선을 바꿉니다.

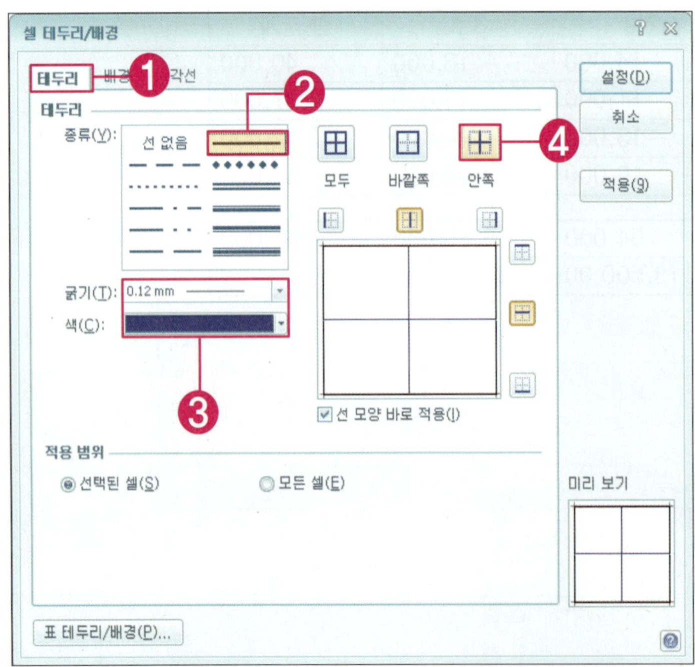

3 다시 [선 모양 바로 적용]을 클릭하여 채크 해제하고 **종류(이중 실선), 굵기 (0.5mm), 색(파랑)**을 선택한 다음 [바깥쪽]을 **클릭**하여 바깥쪽 테두리를 수정한 후 **[설정] 단추를 클릭**합니다.

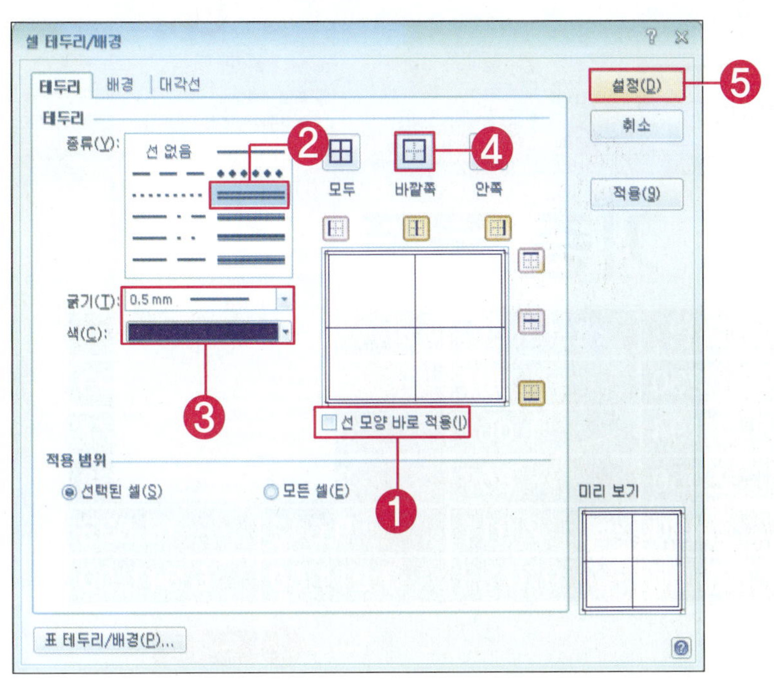

4 표의 테두리가 설정에 따라 바뀌어 표시됩니다.

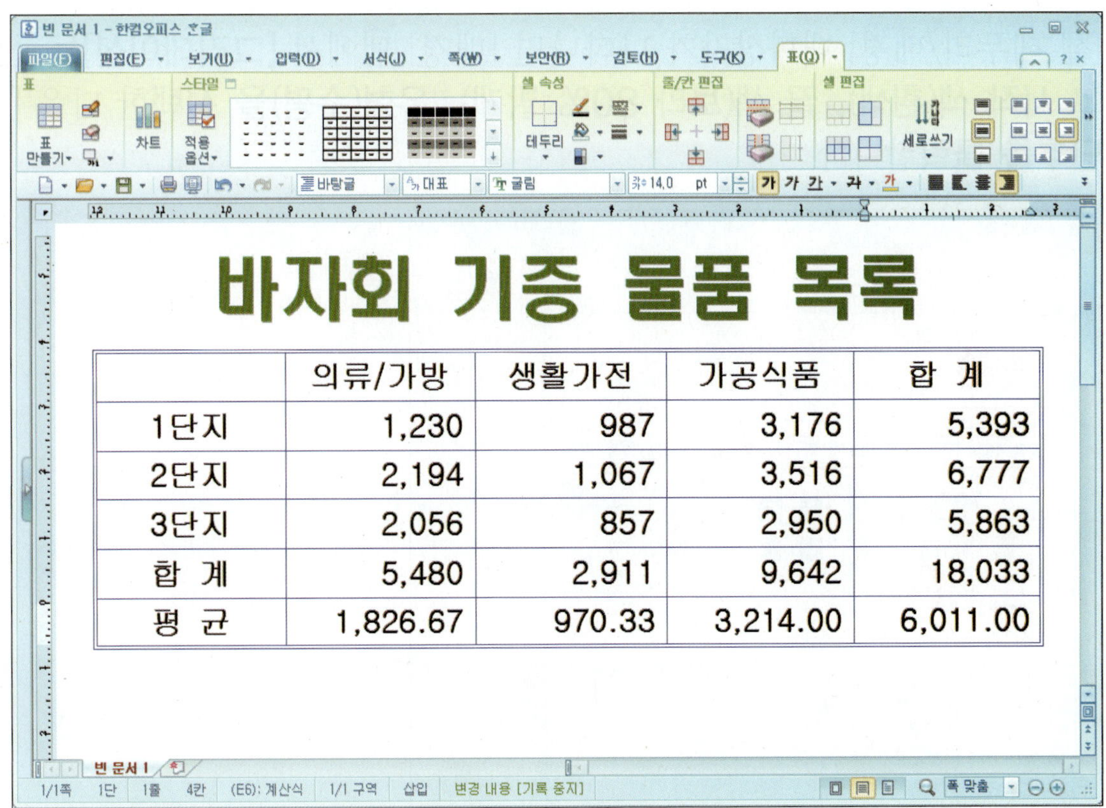

	의류/가방	생활가전	가공식품	합 계
1단지	1,230	987	3,176	5,393
2단지	2,194	1,067	3,516	6,777
3단지	2,056	857	2,950	5,863
합 계	5,480	2,911	9,642	18,033
평 균	1,826.67	970.33	3,214.00	6,011.00

5 배경을 수정하기 위해 **표 전체를 드래그하여** 블록 지정하고 **[표] 메뉴**의 **[셀 테두리/배경]–[하나의 셀처럼 적용]**을 클릭합니다.

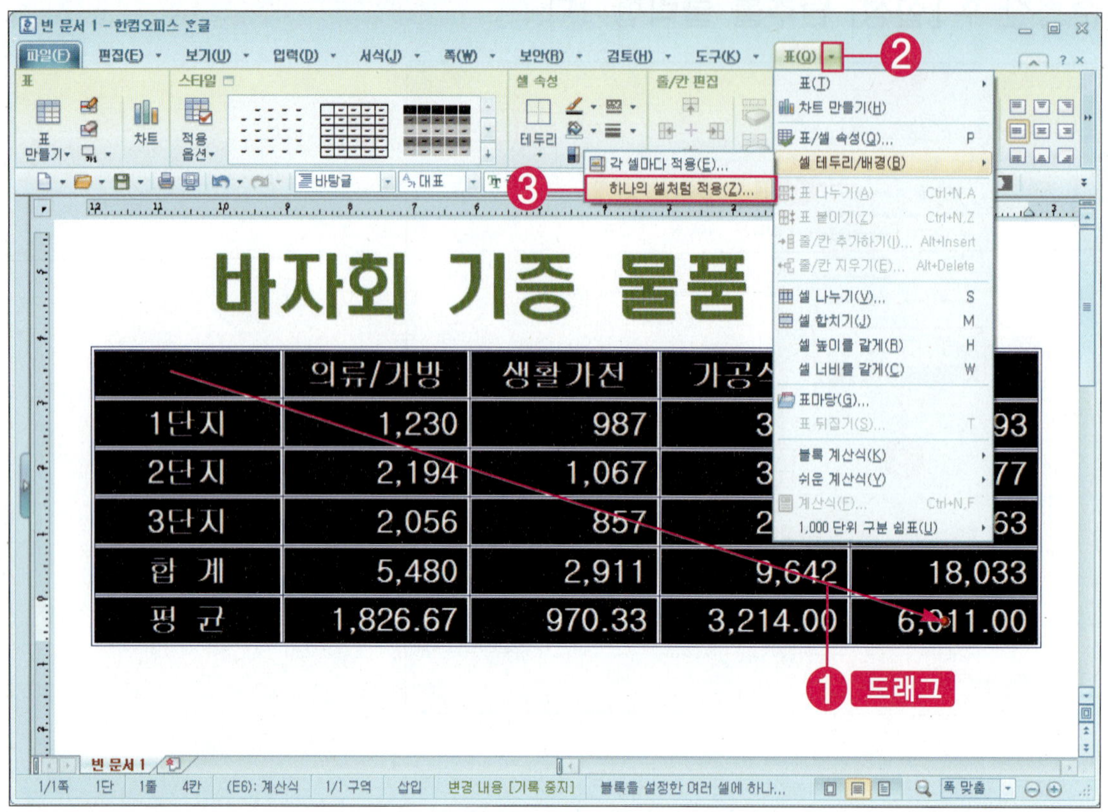

6 [셀 테두리/배경] 대화상자가 나타나면 [배경] 탭에서 **[그러데이션]을 선택**하고 **시작 색(흰색), 끝 색(보라 80% 밝게), 유형(수평)을 선택**한 다음 **[설정]** 단추를 클릭합니다.

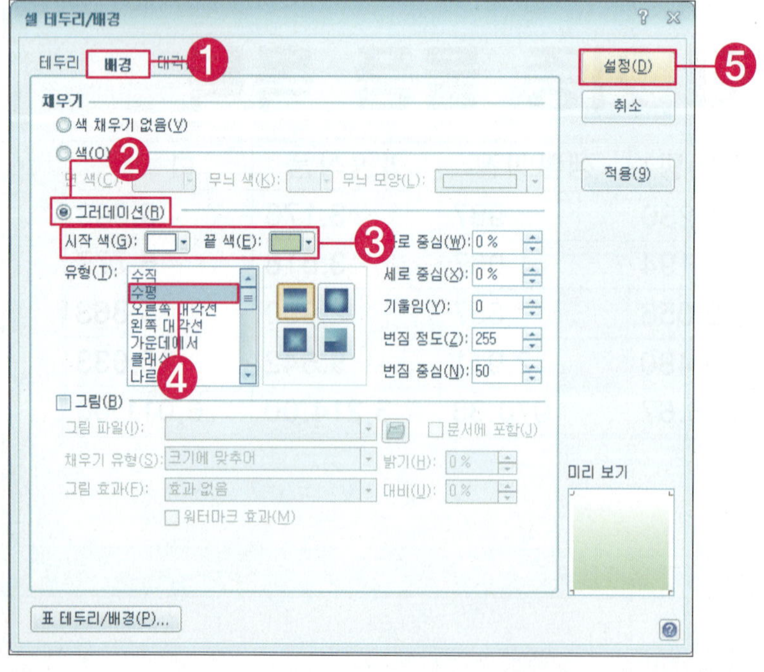

7

표 전체에 그러데이션 색이 표시되는 것을 확인할 수 있습니다.

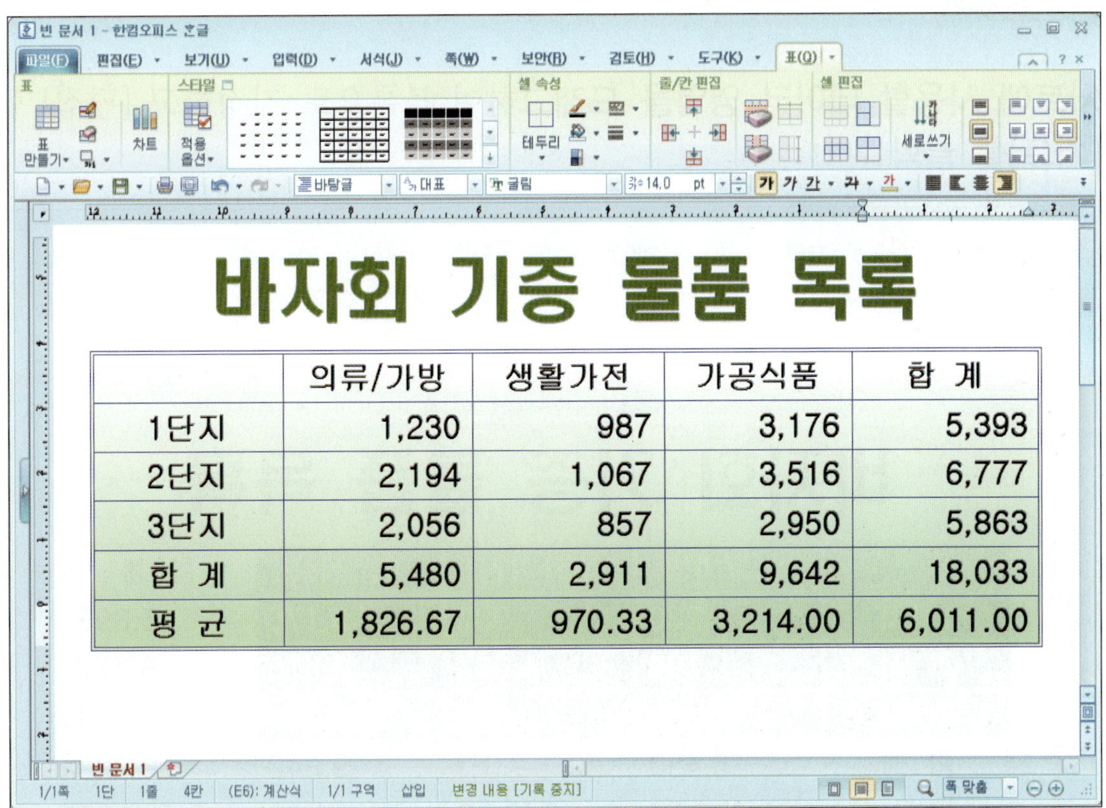

셀 단위의 그러데이션 색 적용하기

표 전체를 블록 지정하고 [표] 메뉴의 [셀 테두리/배경]–[각 셀마다 적용]을 클릭하면 [셀 테두리/배경] 대화상자의 [배경] 탭에서 지정한 색이 셀 단위의 그러데이션 색으로 적용됩니다.

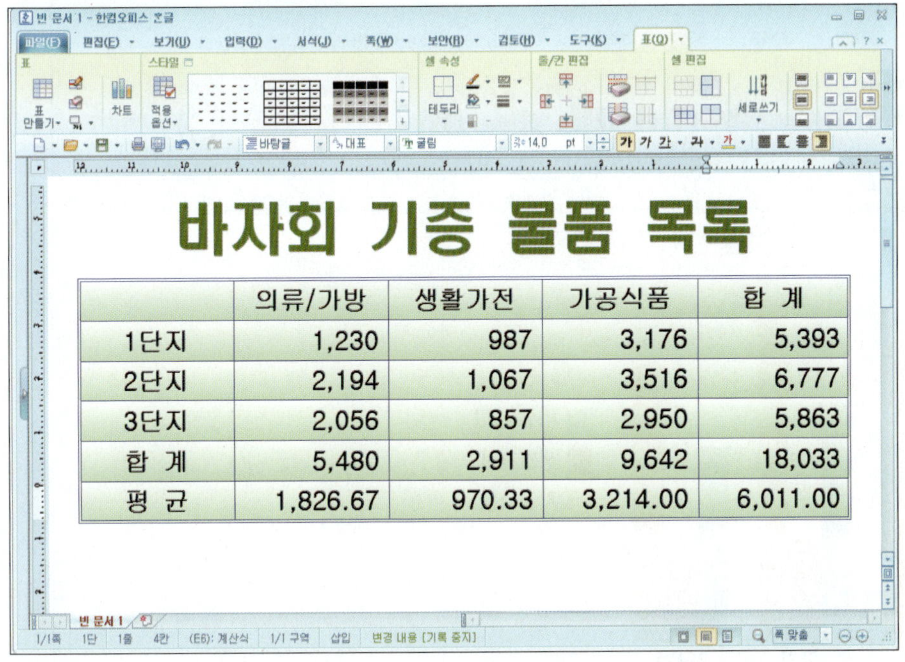

1 **차트에 사용할 데이터 영역을 드래그**하여 블록으로 지정하고 [편집] 탭에서 [차트]를 클릭합니다.

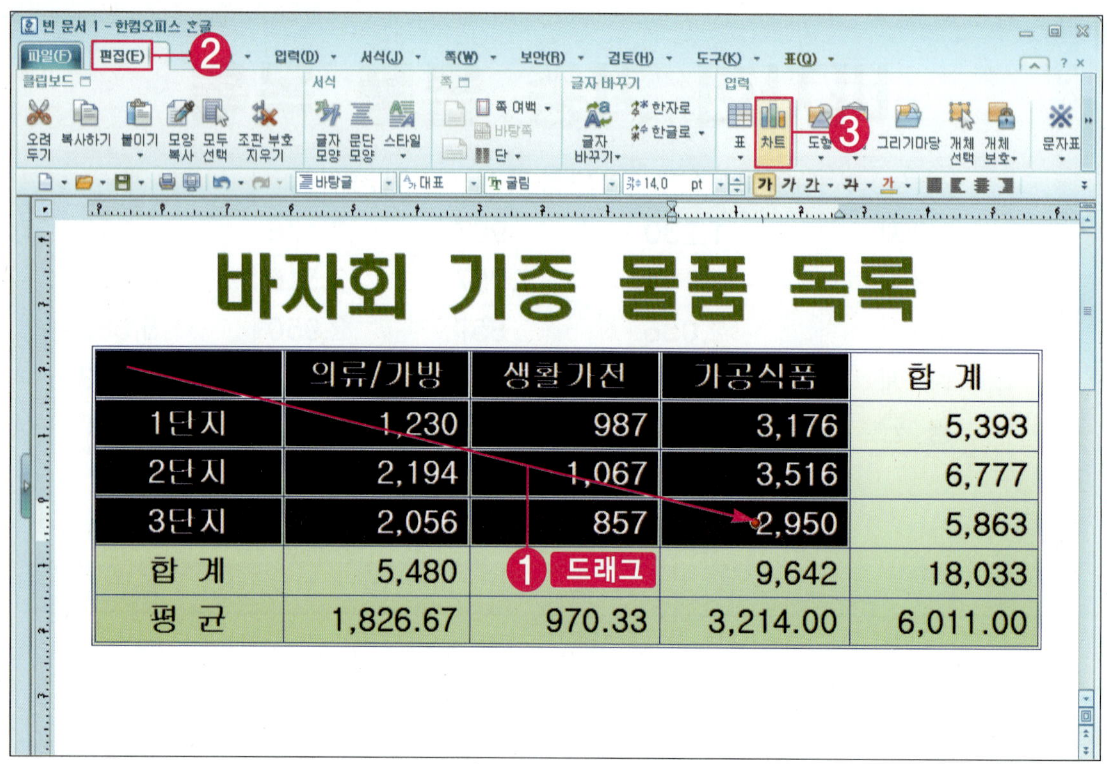

2 차트가 만들어지면 차트를 선택하고 [차트] 탭의 [스타일] 그룹에서 [자세히]를 클릭합니다.

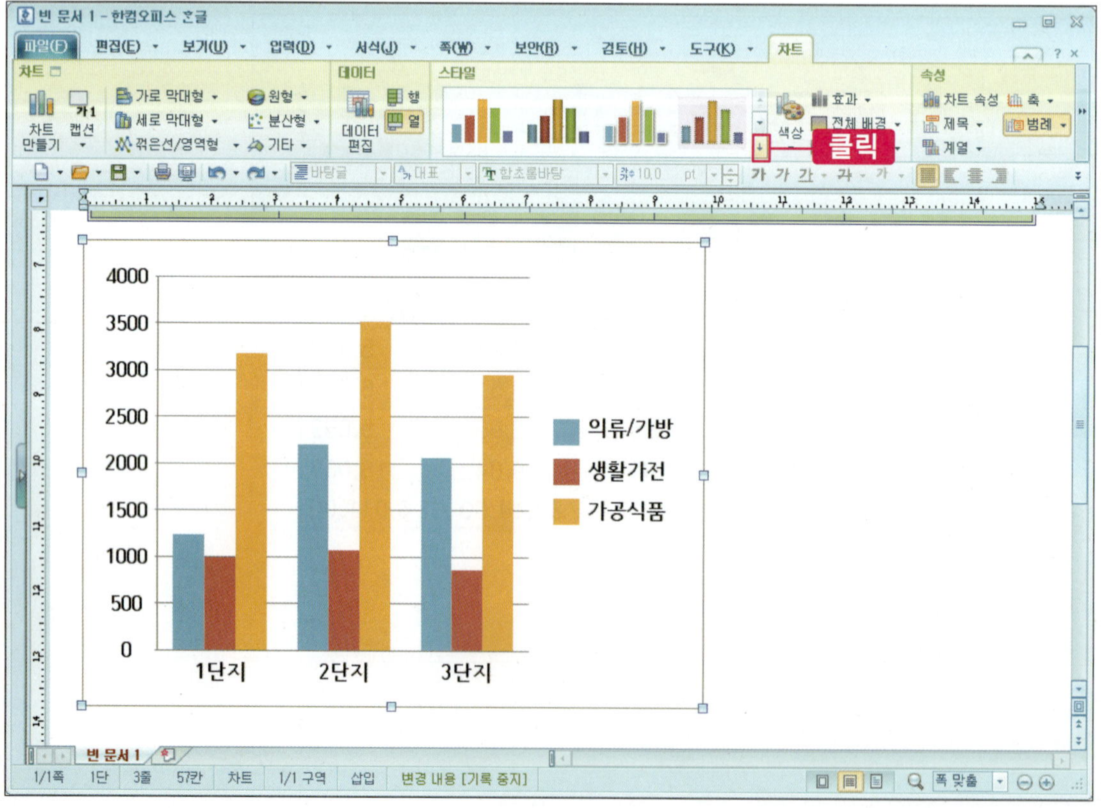

3 차트 스타일 목록이 표시되면 **원하는 스타일( )을 선택**합니다.

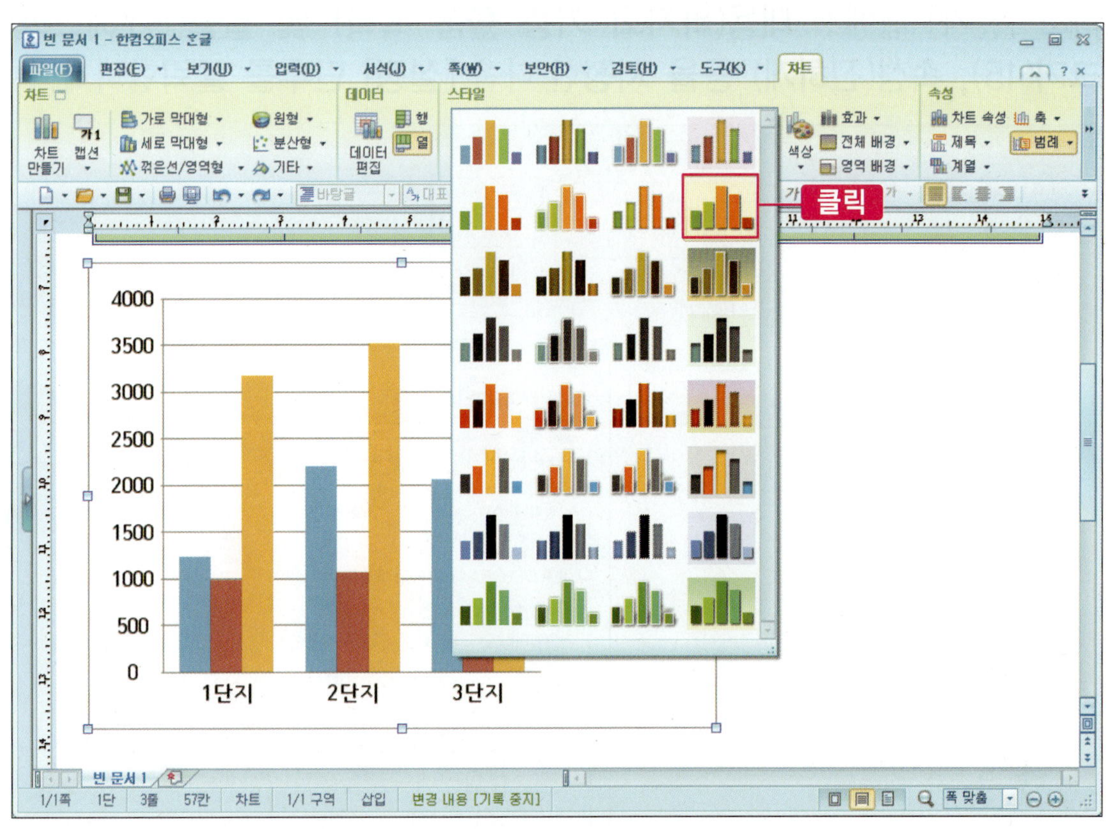

4 차트 스타일이 수정되면 제목을 표시하기 위해 [차트] 탭에서 **[제목]의 목록 단추(▾)를** 눌러 **[제목 모양]을** 클릭합니다.

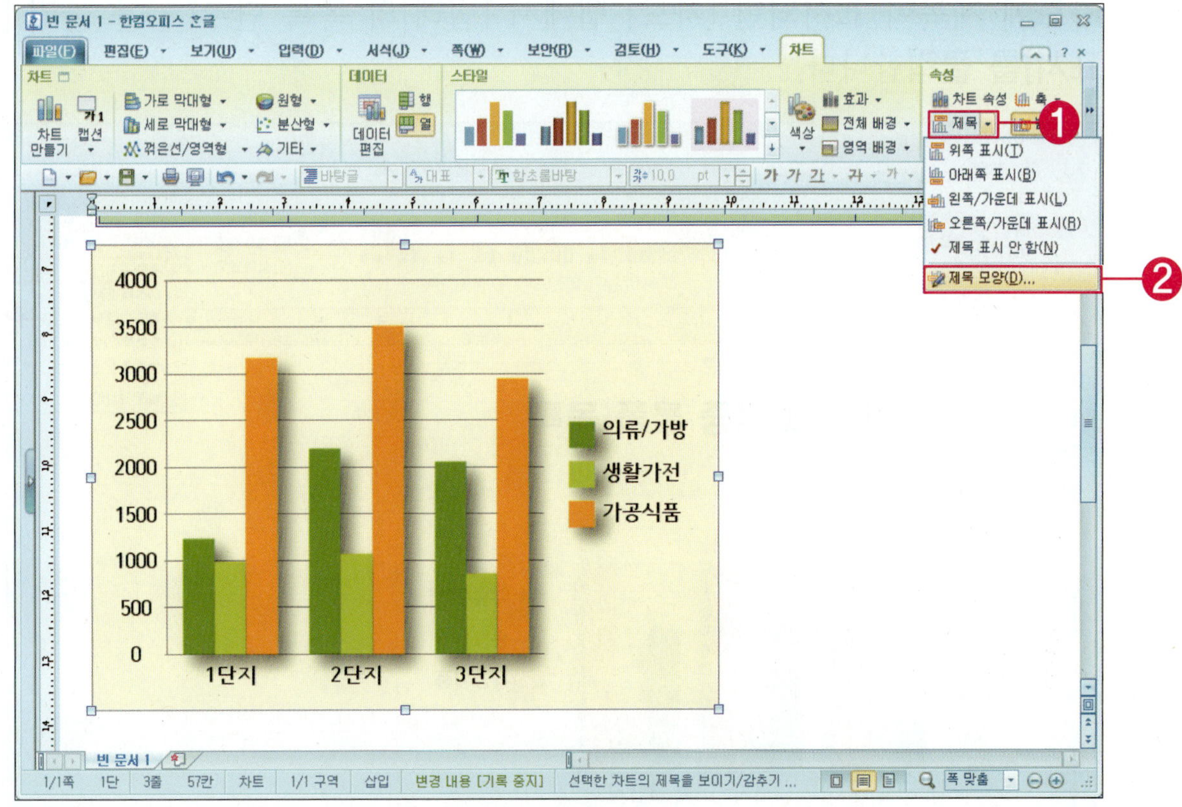

5 [제목 모양] 대화상자가 나타나면 [위치] 탭에서 [보임]을 클릭하여 체크 표시하고 [글자] 탭에서 **내용(바자회 기증 물품 목록)** 및 **글꼴(HY헤드라인M), 크기(15), 속성(진하게)** 등을 지정한 다음 [설정] 단추를 클릭합니다.

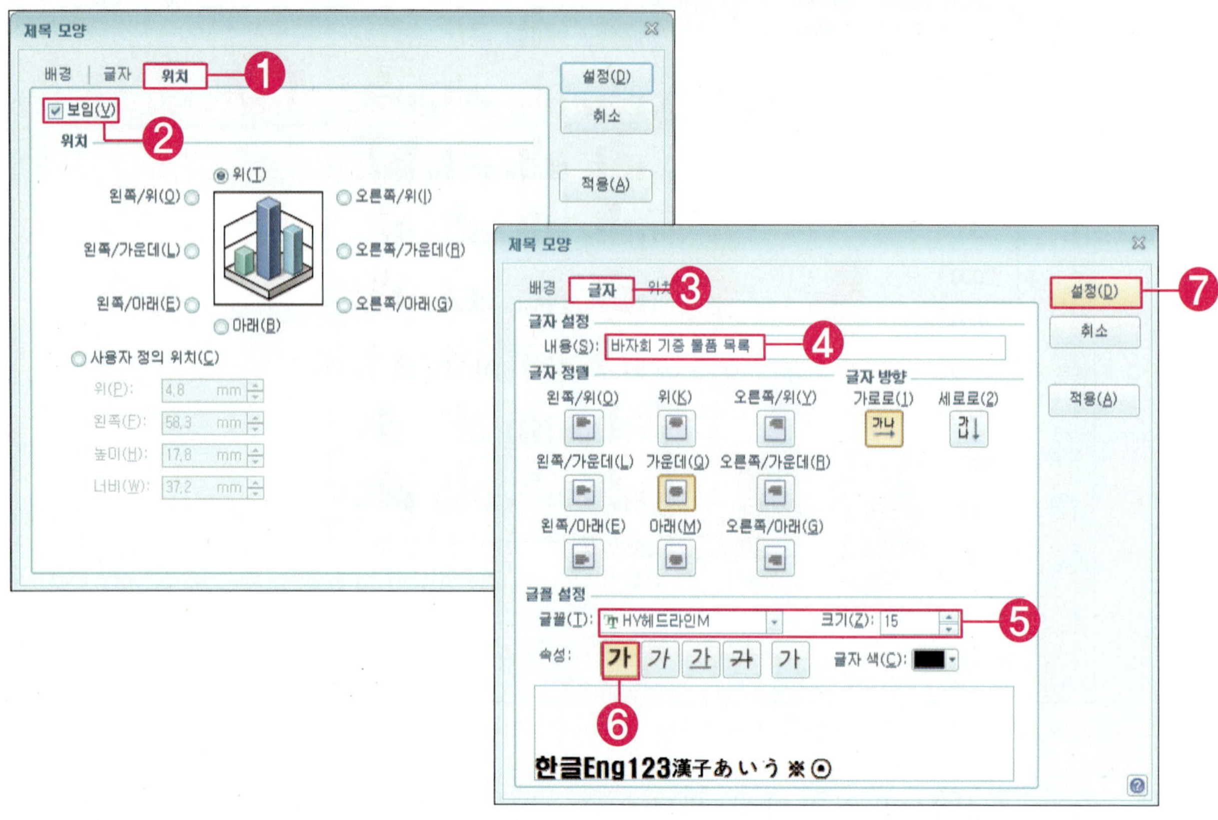

6 차트에 제목이 표시되면 [차트] 탭에서 [범례]의 목록 단추(▾)를 눌러 [위쪽 표시]를 클릭합니다.

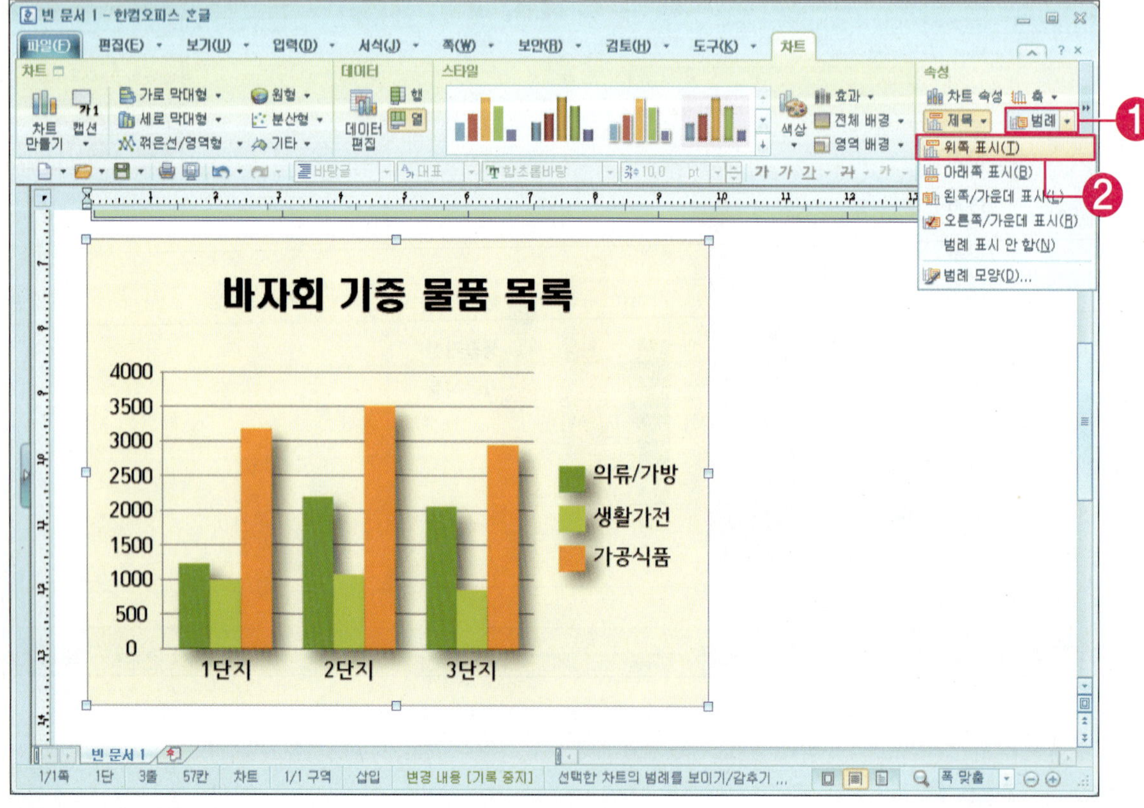

7 차트의 범례 위치가 위쪽으로 수정됩니다. 차트가 완성되면 크기 조절점을
이용하여 다음과 같이 크기를 수정합니다.

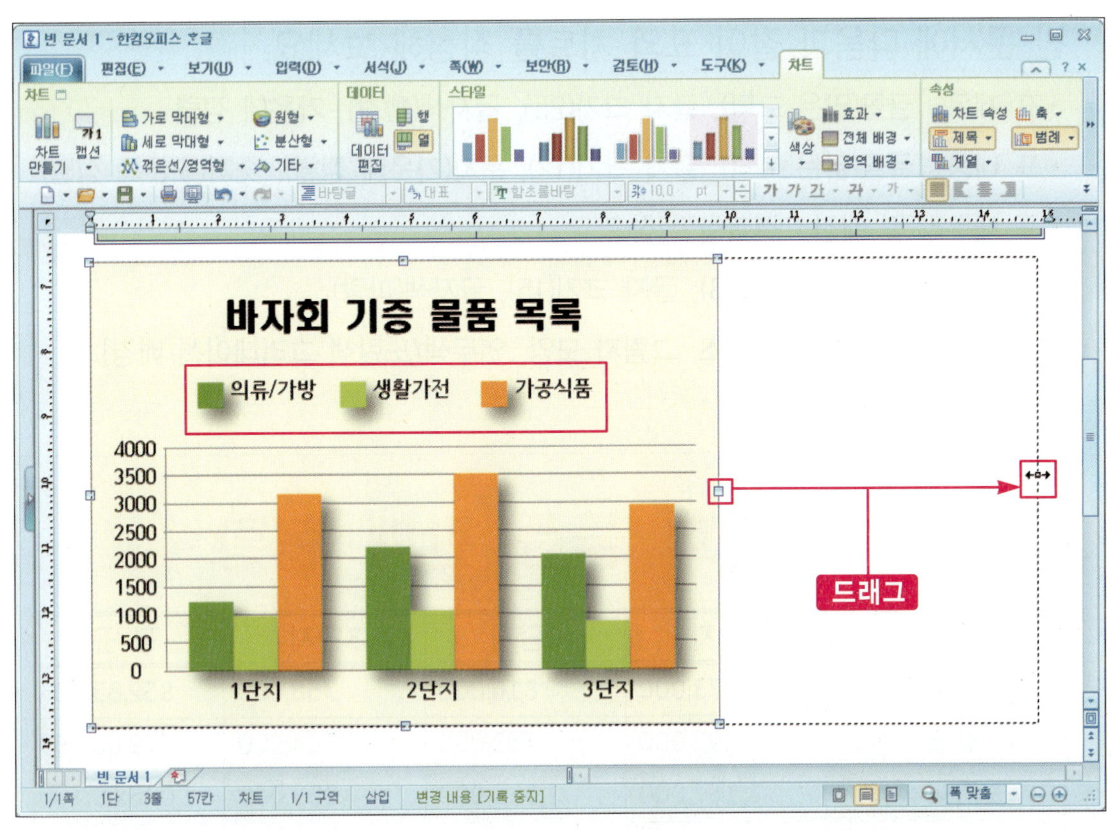

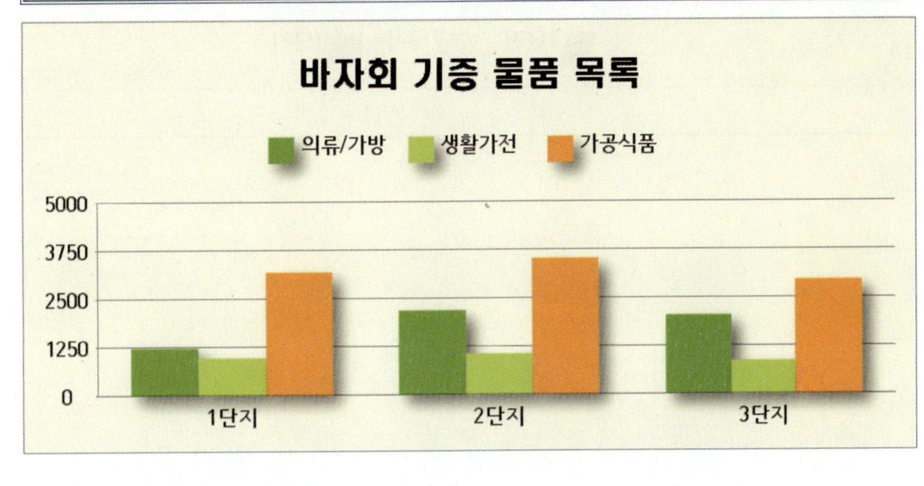

	의류/가방	생활가전	가공식품	합 계
1단지	1,230	987	3,176	5,393
2단지	2,194	1,067	3,516	6,777
3단지	2,056	857	2,950	5,863
합 계	5,480	2,911	9,642	18,033
평 균	1,826.67	970.33	3,214.00	6,011.00

01 빈 문서에 다음과 같이 표와 차트를 작성해 보세요.

- 표 제목 : 글꼴(맑은 고딕), 글자 크기(25), 글자색(빨강), 가운데 정렬
- 표 내용 : 글꼴(맑은 고딕), 글자 크기(12), 문자(가운데 정렬), 숫자(오른쪽 정렬)
- 표 테두리 및 배경 : 결과화면 참고
- 차트 제목 : 글꼴(HY태백B), 글자 크기(15), 글자색(파랑)
- 차트 스타일 : [초록색조, 그림자 모양, 연두색/노란색 그러데이션 배경]
- 범례 위치 : 아래쪽

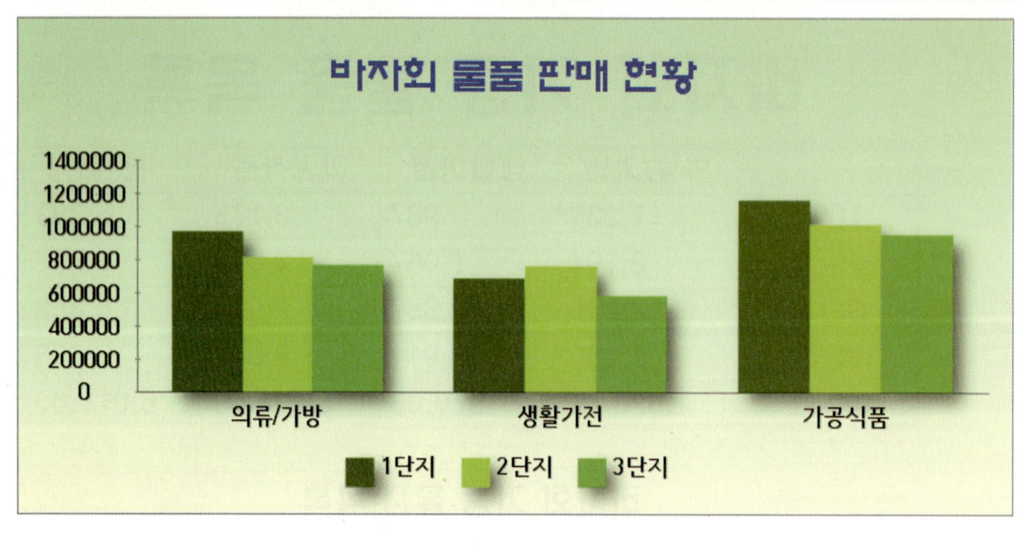

바자회 물품 판매 현황

	1단지	2단지	3단지	평 균
의류/가방	973,000	816,000	768,000	852,333.33
생활가전	692,000	763,000	584,000	679,666.67
가공식품	1,167,000	1,015,000	953,000	1,045,000.00
합 계	2,832,000	2,594,000	2,305,000	

02 빈 문서에 다음과 같이 표와 차트를 작성해 보세요.

- 표 제목 : 글꼴(휴먼둥근헤드라인), 글자 크기(20), 가운데 정렬
- 표 내용 : 글꼴(맑은 고딕), 글자 크기(12), 문자(가운데 정렬), 숫자(오른쪽 정렬)
- 표 테두리 및 배경 : 결과화면 참고
- 차트 스타일 : [회색/노란색/파란색 혼합, 흰색 테두리, 그림자 모양]
- 전체 배경(배경–연두색), 범례 위치(아래쪽)

회비 내역서

이 름	1월	2월	3월	합 계
유재식	13000	14000	13000	40,000
노형철	12000	11000	14000	37,000
하동선	15000	13000	14000	42,000
정준희	12000	16000	14000	42,000
합 계	52,000	54,000	55,000	161,000
평 균	13,000.00	13,500.00	13,750.00	

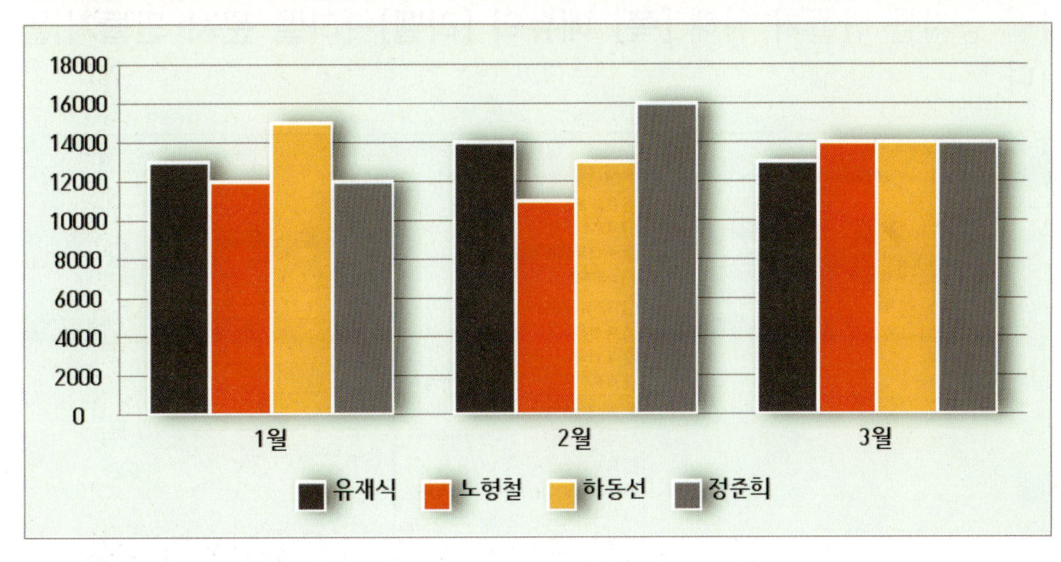

메일 머지로 우편 발송 라벨 만들기

Chapter
10

초대장, 안내장 등과 같이 내용은 같고 받는 사람의 주소와 이름 등 간단한 항목들만 다른 문서를 만들 때 문서를 여러장 만들려면 시간과 노력이 많이 소요됩니다. 이런 경우 메일 머지 기능을 이용하면 간단하게 문서를 작성할 수 있습니다. 그럼 이번에는 라벨 용지를 이용하여 우편발송 라벨을 만드는 방법에 대해 알아보겠습니다.

Step · 01　라벨 문서 만들기

1 라벨 용지를 만들기 위해 [쪽] 메뉴의 [라벨]-[라벨 문서 만들기]를 클릭합니다.

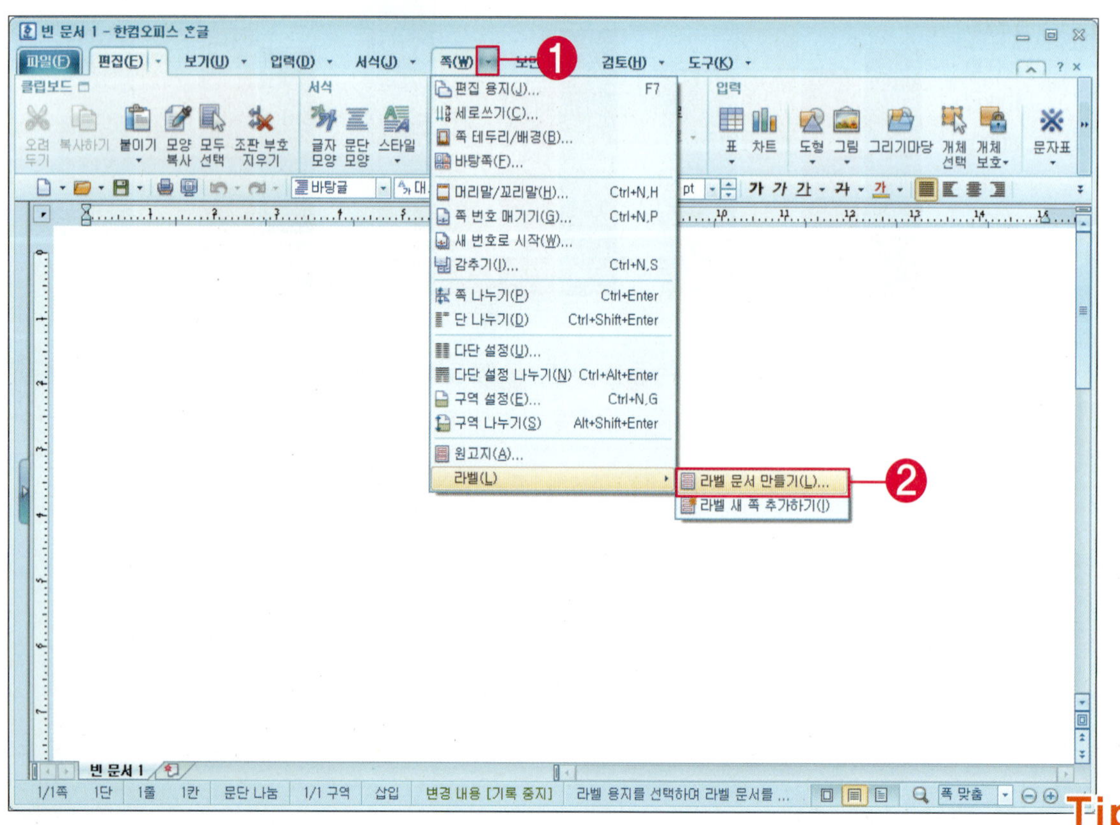

Tip

[쪽] 탭의 [라벨]-[라벨 문서 만들기]를 클릭해도 [라벨 문서 만들기] 대화상자를 표시할 수 있습니다.

2 [라벨 문서 만들기] 대화상자가 나타나면 [라벨 문서 꾸미기] 탭에서 **라벨 용지(AnyLabel) 및 규격(우편발송 라벨(12칸)) 등을 선택**하고 **[열기] 단추를 클릭**합니다.

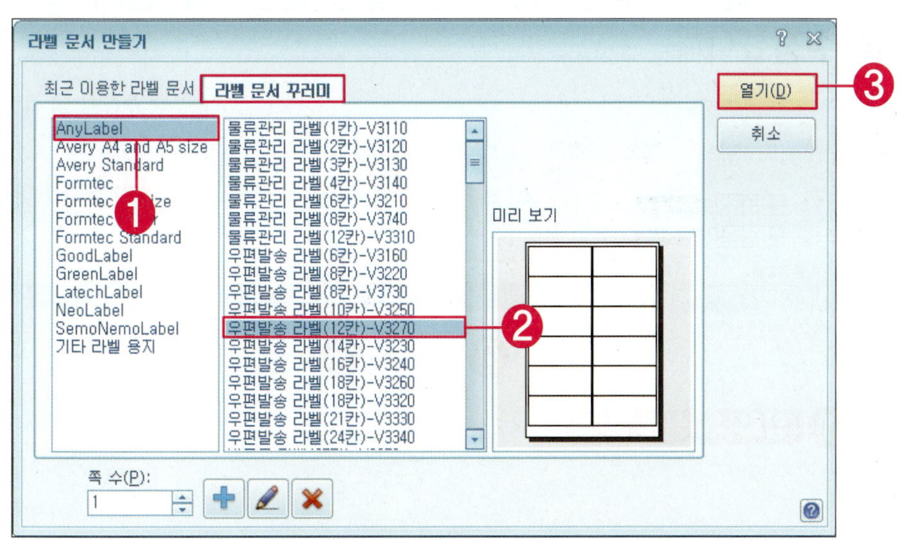

Tip

라벨 문서는 물류 및 보관을 위한 서류철에 기록물을 만들거나 우편 발송을 위한 주소 등을 인쇄하기 위해 라벨 스티커 용지 및 문서의 규격을 맞춰 출력할 수 있도록 제공하는 기능입니다.

3 선택한 라벨 용지의 문서가 나타납니다.

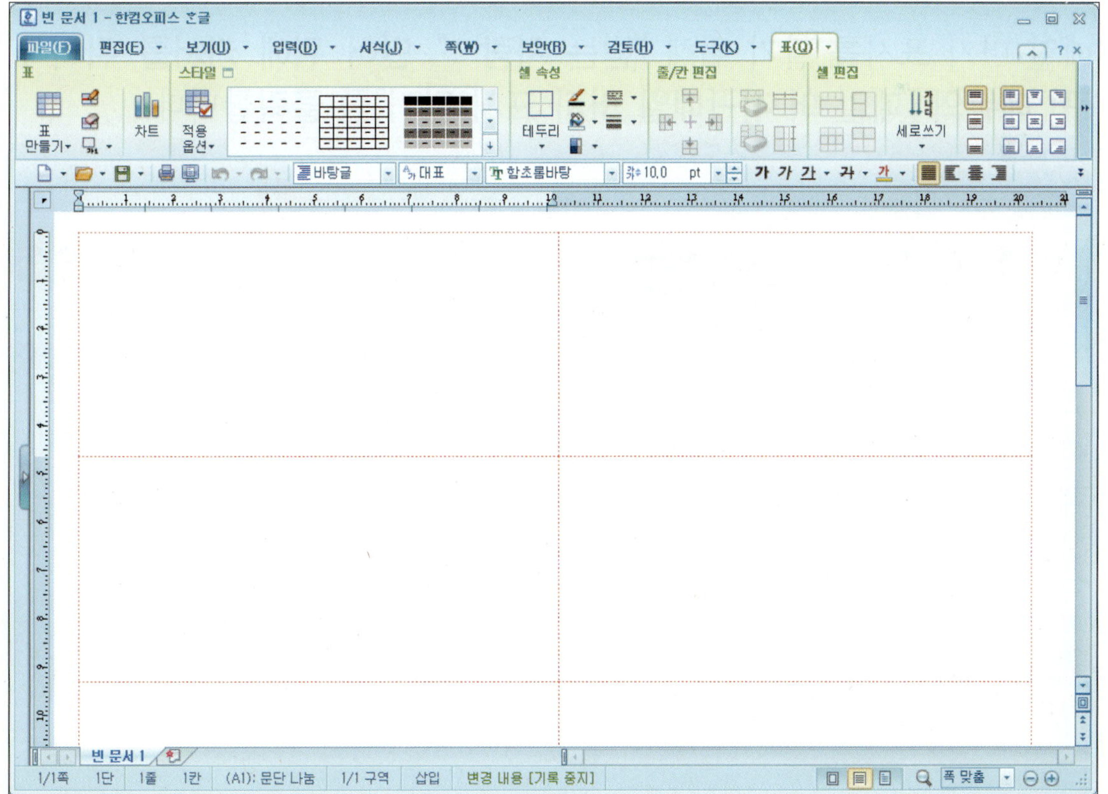

1 라벨 용지의 **첫 번째 셀에 내용을 입력**하고 **글꼴(굴림) 및 글자 크기(12),** 가[진하게] 등을 수정합니다.

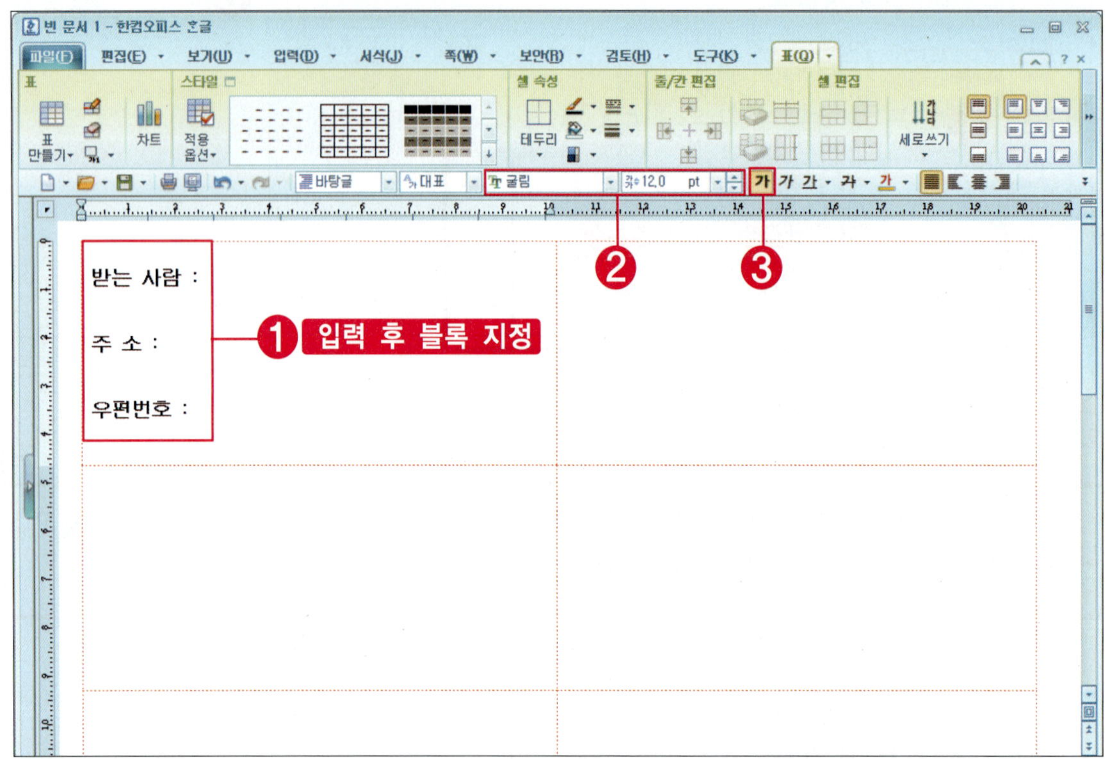

2 메일 머지 표시를 달기 위해 "받는 사람 :" 단어 뒤에 커서를 위치하고 [도구] 메뉴의 [메일 머지]–[메일 머지 표시 달기]를 클릭합니다.

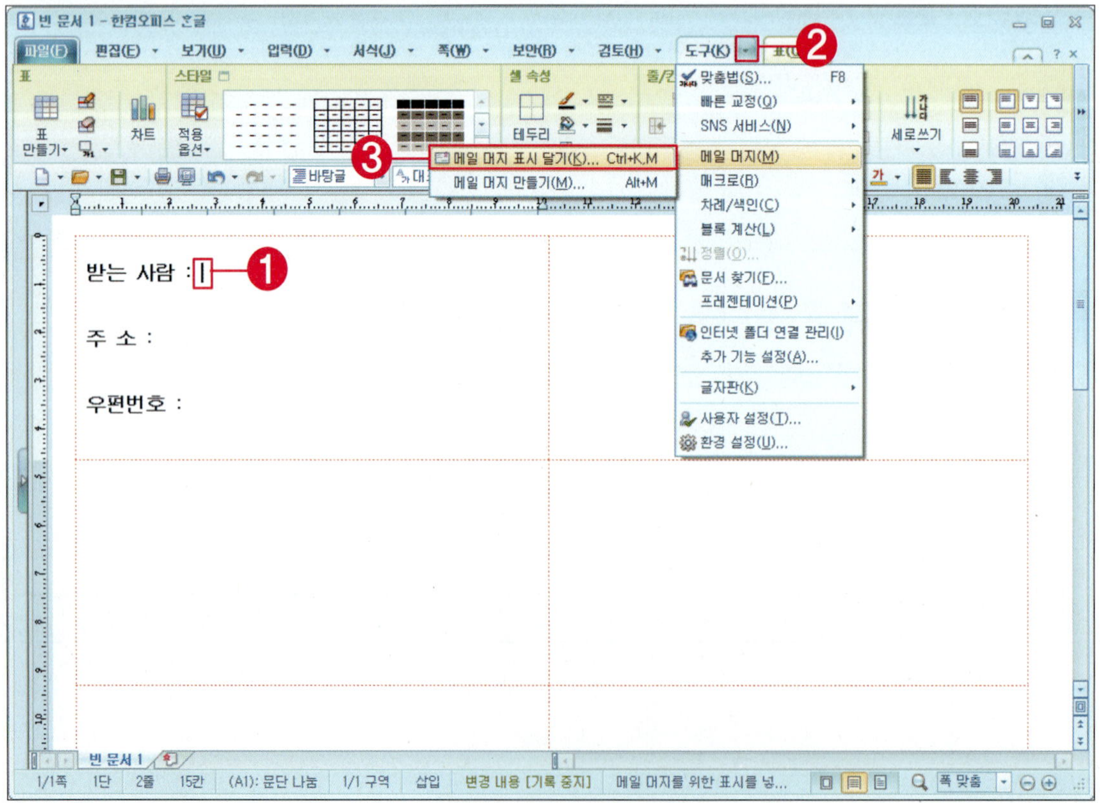

3 [메일 머지 표시 달기] 대화상자가 나타나면 [필드 만들기] 탭에서 **필드 번호 (1)를 입력**하고 [넣기] 단추를 클릭합니다.

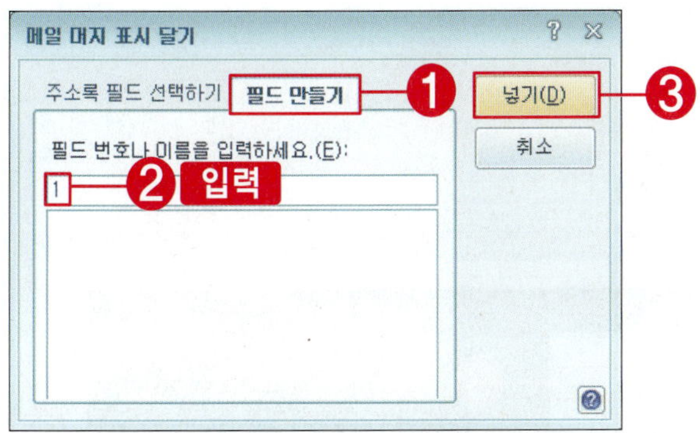

4 받는 사람 단어 뒤에 메일 머지 표시({{1}})가 표시됩니다. 같은 방법으로 주소 및 우편 번호 뒤에도 메일 머지를 표시합니다.

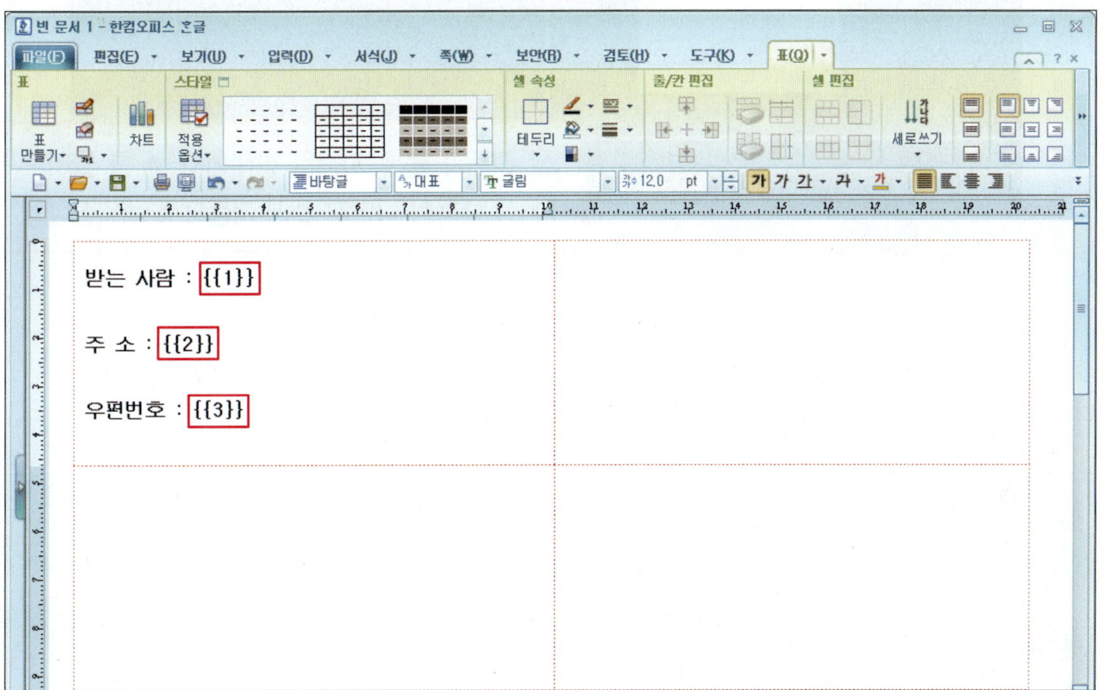

잠깐 만요!

주소

❶ "주소 :" 단어 뒤에서 [도구] 메뉴의 [메일 머지]-[메일 머지 표시 달기]를 클릭합니다.

❷ [메일 머지 표시 달기] 대화상자가 나타나면 [필드 만들기] 탭에서 필드 번호(2)를 입력하고 [넣기] 단추를 클릭합니다.

우편번호

❶ "우편번호 :" 단어 뒤에서 [도구] 메뉴의 [메일 머지]-[메일 머지 표시 달기]를 클릭합니다.

❷ [메일 머지 표시 달기] 대화상자가 나타나면 [필드 만들기] 탭에서 필드 번호(3)를 입력하고 [넣기] 단추를 클릭합니다.

5 셀 안에서 F5 를 세 번 눌러 셀 전체를 선택하고 [입력] 메뉴의 [채우기]–[표 자동 채우기]를 클릭합니다.

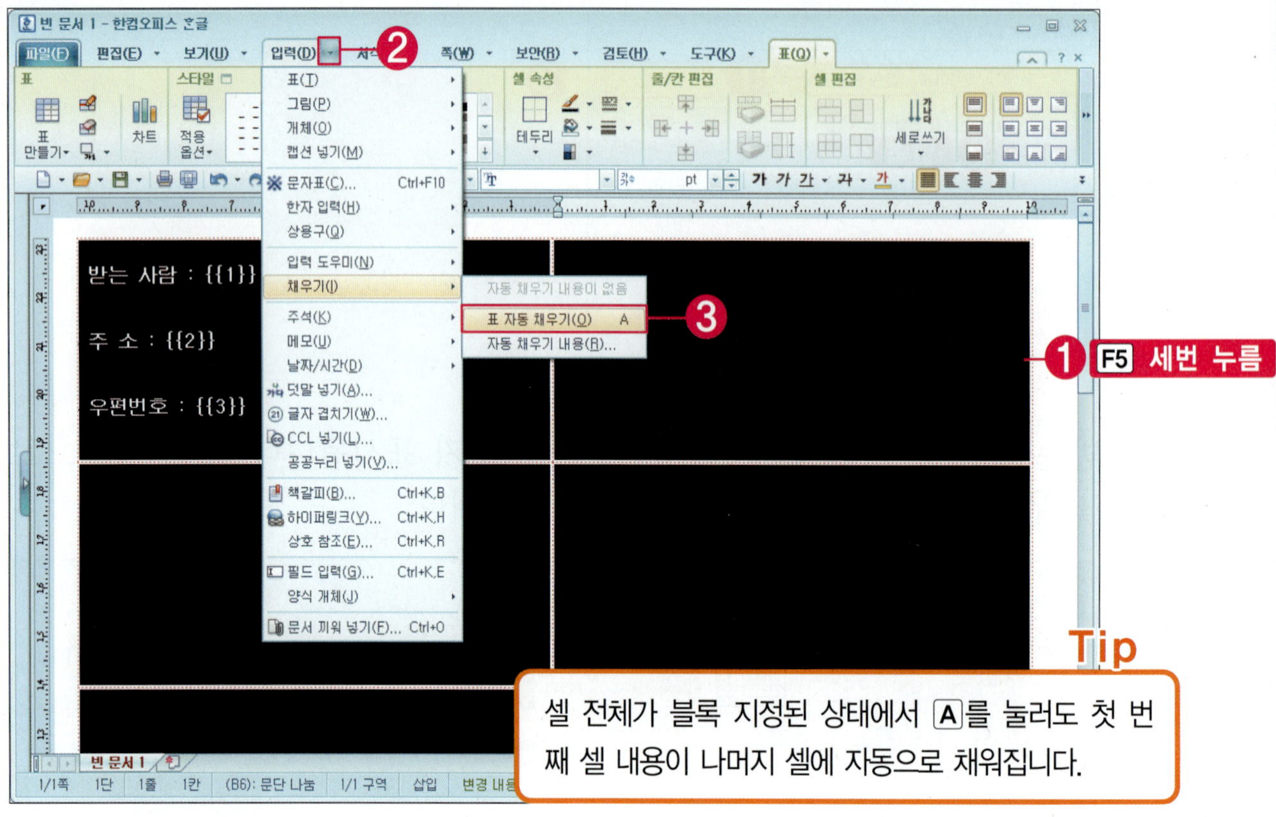

6 첫 번째 셀 내용이 나머지 셀에도 자동으로 채워집니다. 라벨 본문이 완성되면 [파일] 메뉴의 [저장하기]를 클릭합니다.

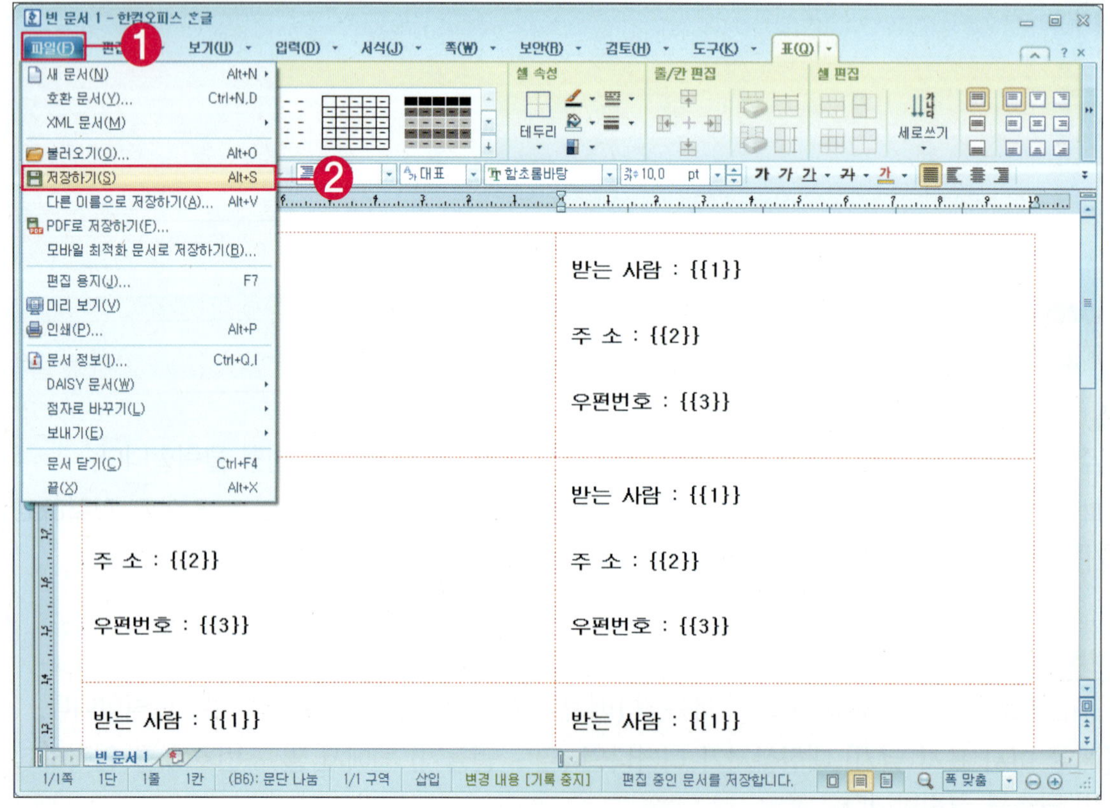

7 [다른 이름으로 저장하기] 대화상자가 나타나면 **저장 위치(바탕 화면)를 선택**하고 **파일 이름(우편라벨)을 입력**한 다음 **[저장]** 단추를 클릭합니다.

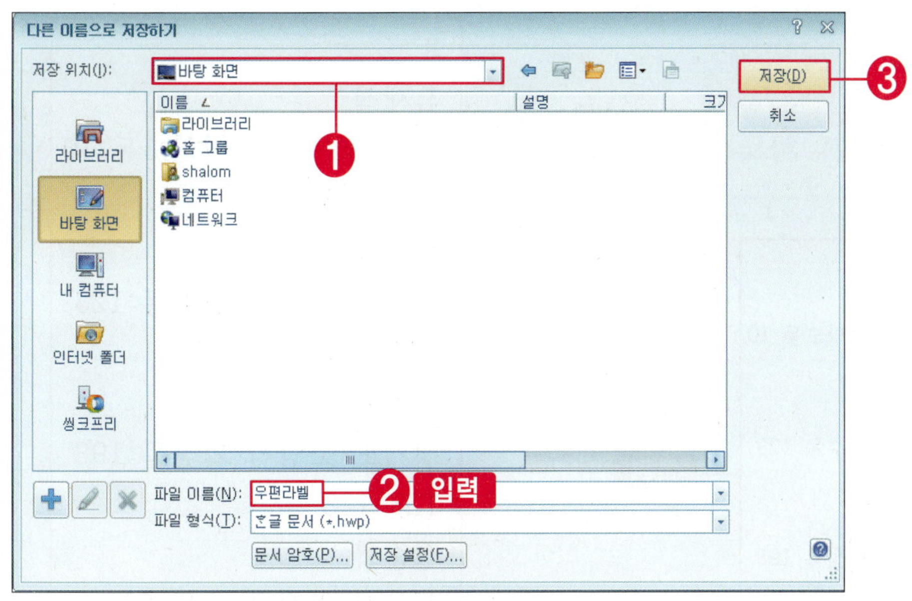

Tip

> 저장은 [파일] 메뉴의 [저장하기] 또는 Alt + S 를 눌러도 저장할 수 있습니다.

8 문서가 저장되면 **[파일]–[새 문서] ▶ –[새 탭]을 클릭**합니다.

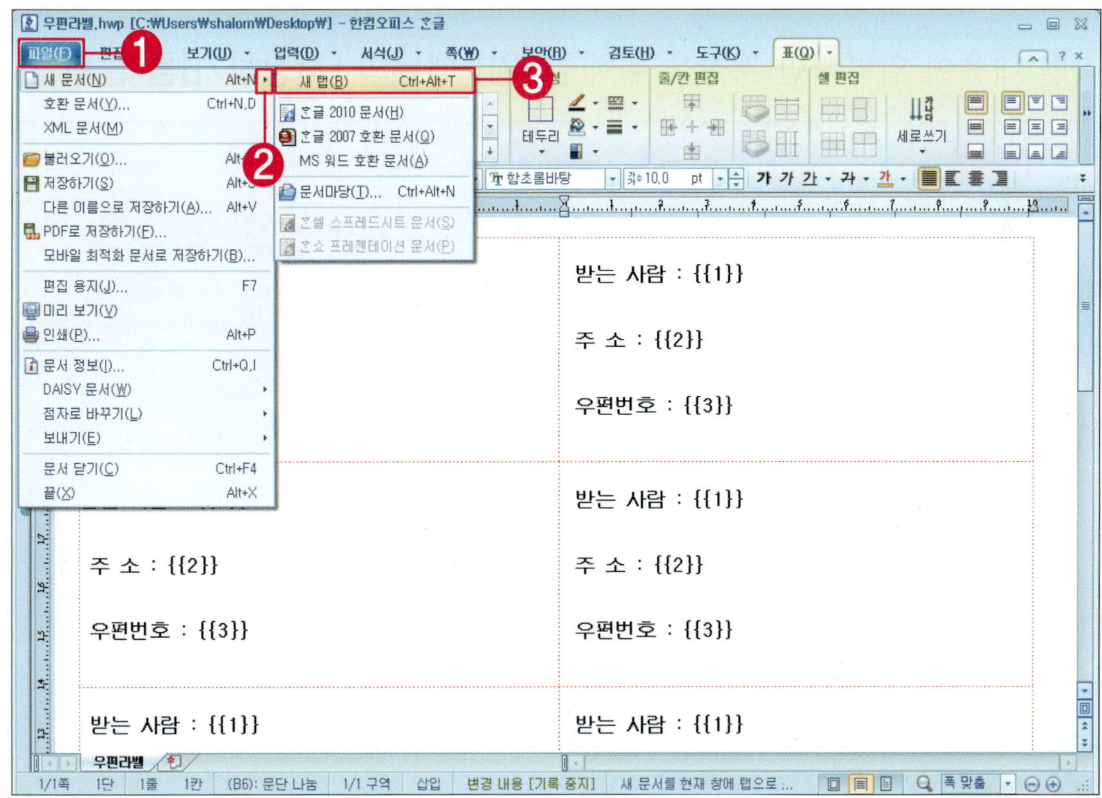

Tip

> 문서 아래쪽의 [새 탭]을 클릭하거나 Ctrl + Alt + T 를 눌러도 새 탭을 추가할 수 있습니다.

9 새 탭에 빈 문서가 추가되면 첫 번째 줄에 바뀌는 **필드 수(3)를 입력하고 이름, 주소, 우편번호 등 라벨 내용을 입력**합니다.

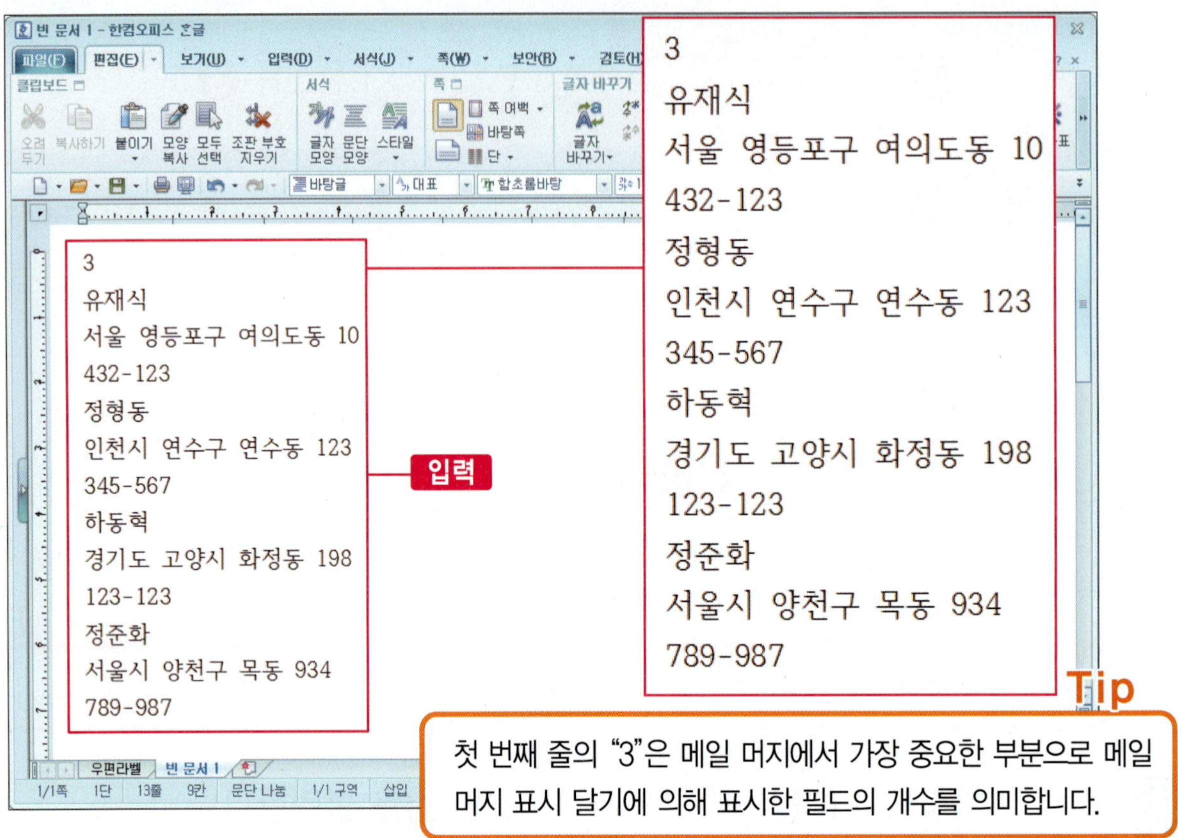

10 라벨 내용이 입력되면 저장을 위해 **[파일] 메뉴의 [저장하기]를 클릭**합니다.

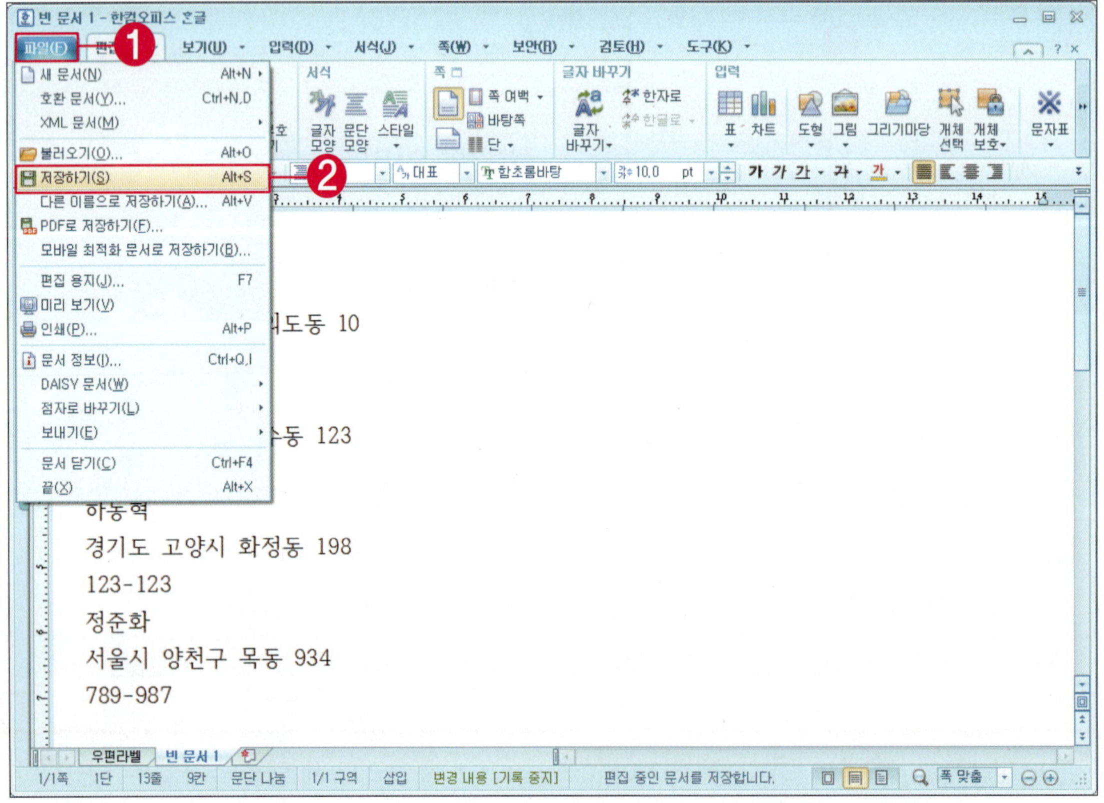

11 [다른 이름으로 저장하기] 대화상자가 나타나면 **저장 위치(바탕 화면) 및 파일 이름(우편주소록)을 입력**하고 **[저장] 단추를 클릭**합니다.

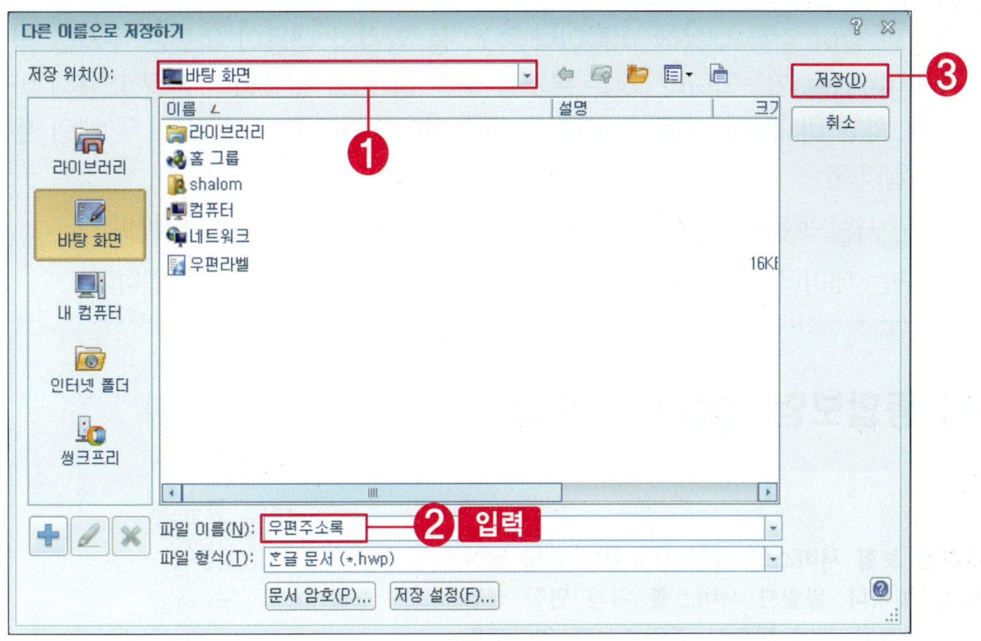

12 입력한 내용이 "우편주소록"이란 이름으로 저장됩니다.

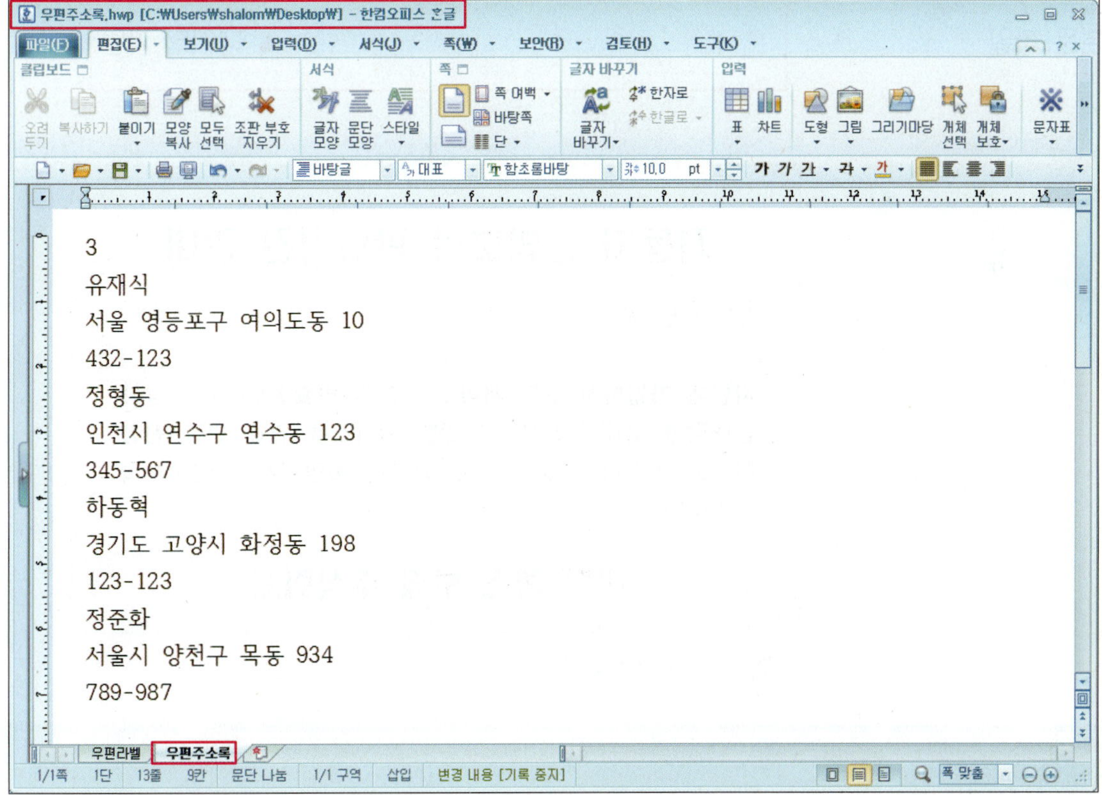

메일 머지 만들기

메일 머지란 초대장과 같이 같은 내용에 이름이나 주소 등 약간의 내용이 바뀌는 문서를 작성할 때 편리하게 사용할 수 있는 기능입니다. 같은 문서를 여러 장 만들 필요없이 본문 내용에 바뀌는 부분만 따로 표시를 하고 바뀌는 내용을 새로운 문서에 데이터 파일로 작성하여 두 개의 문서를 합쳐서 만드는 방식입니다.

- **본문 파일** : 공통된 사항의 문서 내용에서 바뀌는 부분만 표시해 놓은 문서 파일입니다.

- **데이터 파일** : 바뀌는 데이터(사람 이름이나 직책, 주소 등)를 작성한 문서 파일입니다.

자동차 종합보험 만료기간 안내

{{1}} 님 귀하

지난해 가입하신 보험 서비스의 기간 만료일이 {{2}} 남아 안내장을 보내드립니다. 원활한 서비스를 위해 연장 신청이 필요항오니 만료일 전에 반드시 확인하시고 연락부탁드립니다.

대한 렉스 보험 주식회사

▲ 본문 파일

```
2
유재식
30일
정준형
20일
정형동
30일
하동욱
20일
```

▲ 데이터 파일

자동차 종합보험 만료기간 안내

유재식 님 귀하

지난해 가입하신 보험 서비스의 기간 만료일이 30일 남아 안내장을 보내드립니다. 원활한 서비스를 위해 연장 신청이 필요항오니 만료일 전에 반드시 확인하시고 연락부탁드립니다.

대한 렉스 보험 주식회사

▲ 메일 머지 만들기

1 본문에 해당하는 "우편라벨" 문서에서 [도구] 메뉴의 **[메일 머지]–[메일 머지 만들기]**를 클릭합니다.

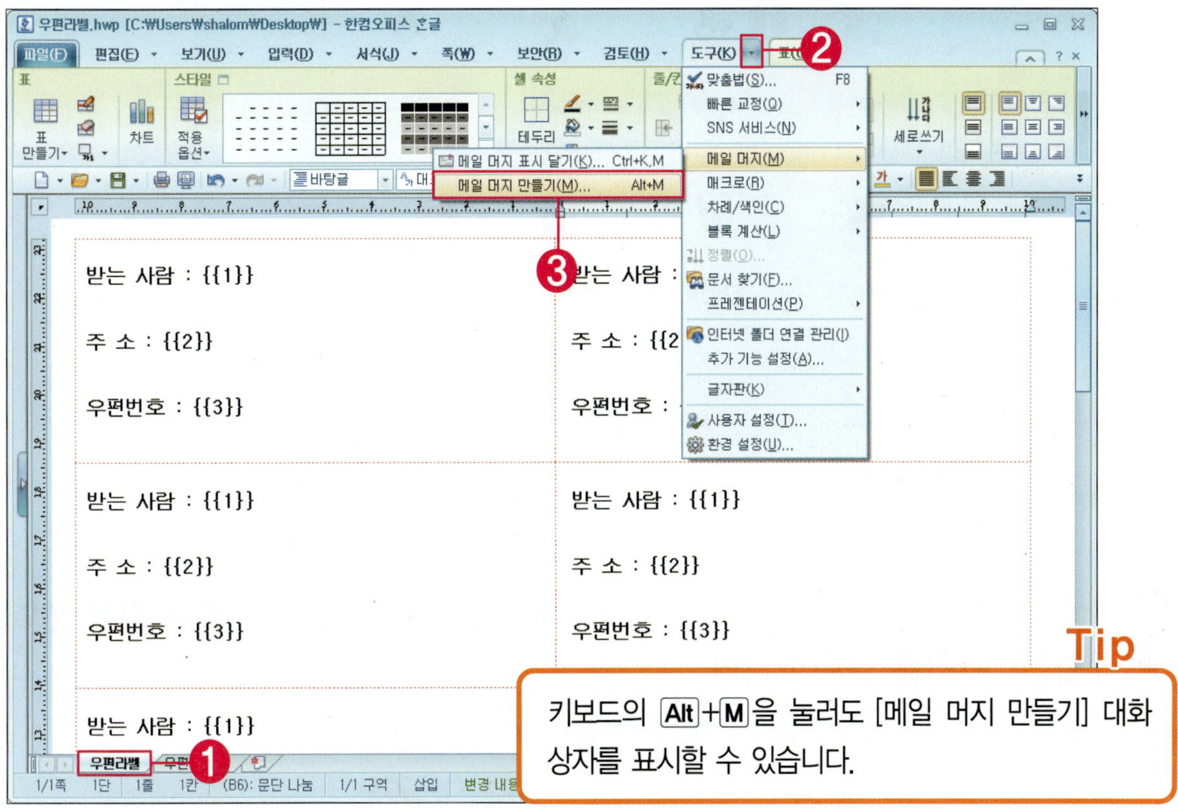

2 [메일 머지 만들기] 대화상자가 나타나면 **[한글 파일]을 선택**하고 📁**[파일 선택]을 클릭**합니다.

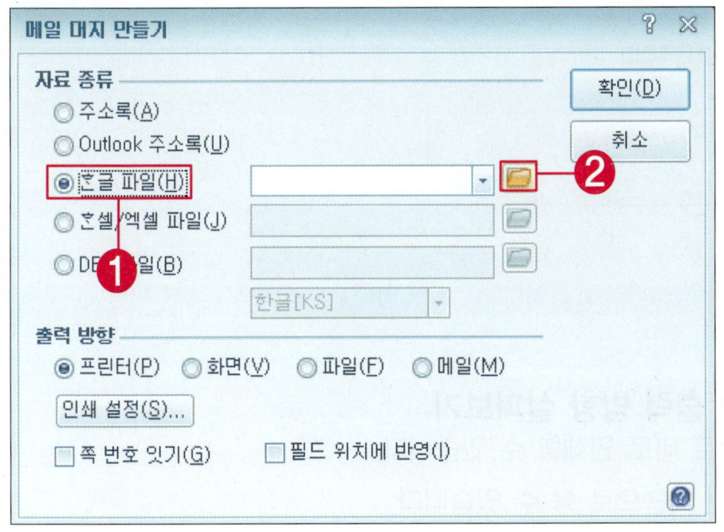

3 [한글 파일 불러오기] 대화상자가 나타나면 **찾는 위치(바탕 화면) 및 파일 이름(우편주소록)을 선택**하고 **[열기] 단추를 클릭**합니다.

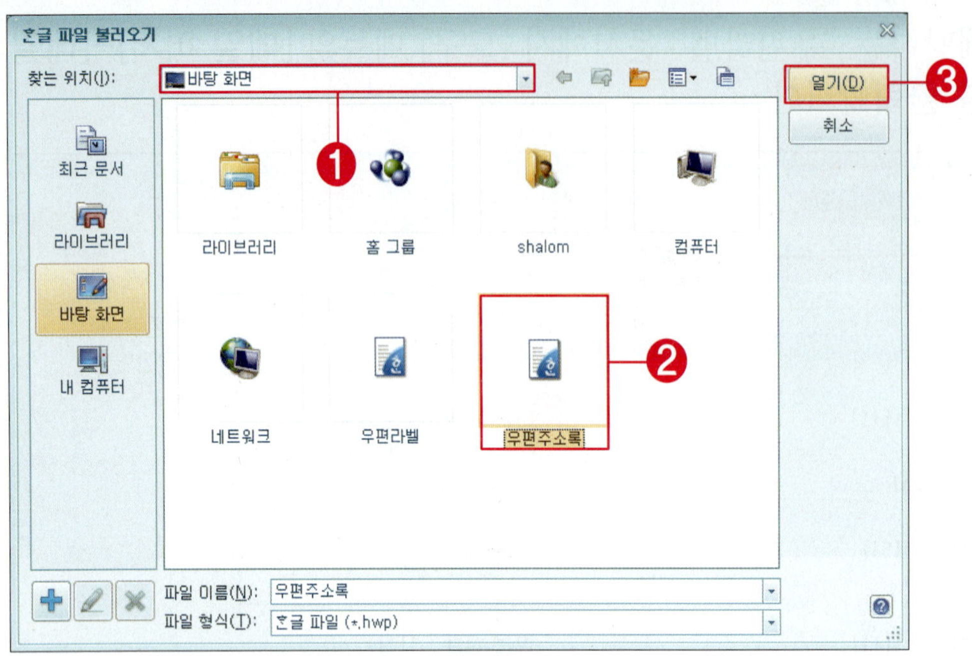

4 [메일 머지 만들기] 대화상자가 다시 나타나면 **출력 방향(화면)을 선택**하고 **[확인] 단추를 클릭**합니다.

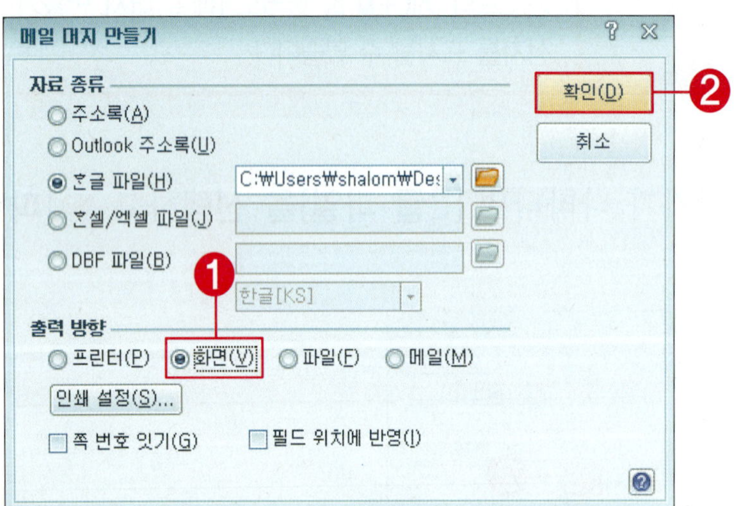

[메일 머지 만들기] 대화상자의 출력 방향 살펴보기
- **프린터** : 메일 머지 결과를 프린터로 바로 인쇄할 수 있습니다.
- **화면** : 메일 머지 결과를 미리 보기 화면으로 볼 수 있습니다.
- **파일** : 메일 머지 결과를 지정한 파일에 저장할 수 있습니다.
- **메일** : 메일 머지 결과를 전자우편으로 발송할 수 있습니다.

5 인쇄 미리 보기 상태에서 **[폭 맞춤]을 선택**하면 우편라벨 문서 내용에 표시 달기에 의해 우편주소록 내용이 표시되어 라벨 문서가 완성된 것을 확인할 수 있습니다.

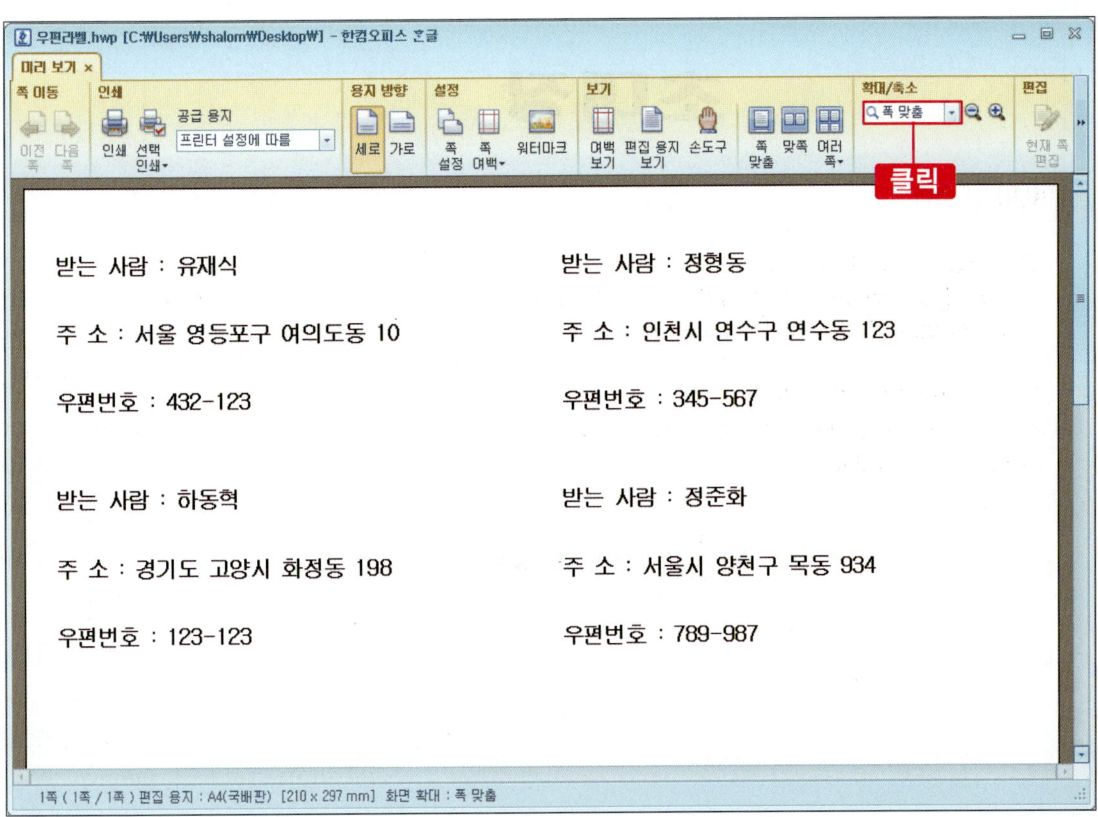

라벨 문서 인쇄하기

프린터기에 라벨 용지를 넣고 [인쇄]를 클릭하면 [인쇄] 대화상자가 나타나며, 프린터 선택, 인쇄 범위, 인쇄 매수, 인쇄 방식 등을 지정 후 [인쇄]를 클릭하여 인쇄할 수 있습니다.

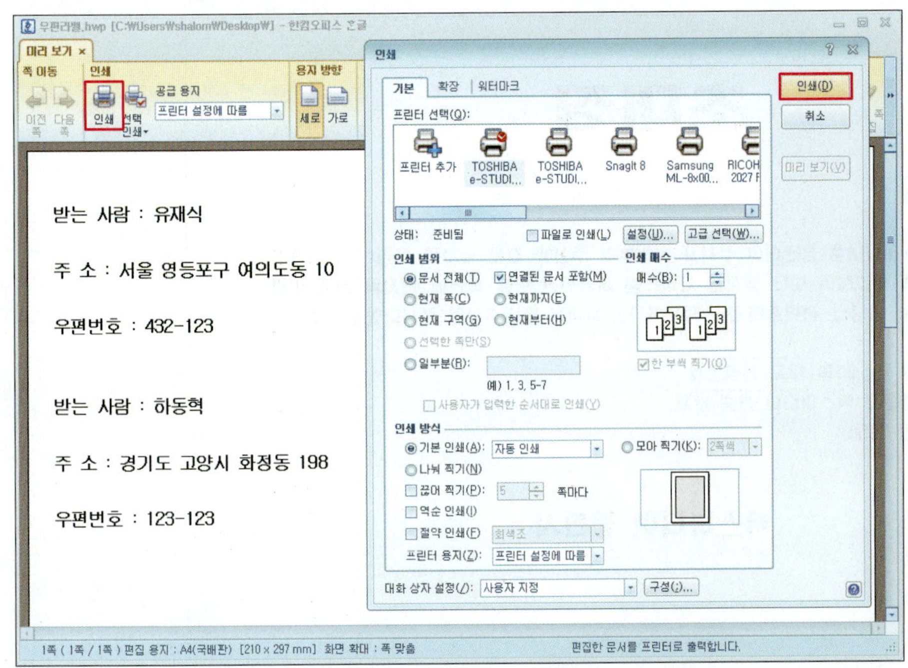

01 다음과 같이 두 개의 파일을 만들어 저장해 보세요.

초대장

{{1}} 님 귀하

항상 저희 렉스미디어를 성원하여 주시고 사랑하여 주심에 깊은 감사를 드립니다. 급변하는 기업 환경에 대비하여 보다 향상된 서비스를 제공하기 위해 이번에 본사를 신축 이전하게 되어 인사드립니다. 바쁘시더라도 참석하시어 자리를 빛내주시면 감사하겠습니다.

일 시 : 2014년 4월 21일 {{2}}
장 소 : 서울 영등포 렉스미디어 신축 본사
전 화 : 02-123-3456

렉스미디어 출판사

▲ 초대장.hwp

| 2 |
| 유재식 |
| 12시 협력업체 |
| 정준희 |
| 14시 일반기업 |
| 하동후 |
| 14시 일반기업 |
| 정형동 |
| 12시 협력업체 |
| 강호돈 |
| 14시 일반기업 |
| 박명식 |
| 12시 협력업체 |

주소록.hwp ▶

02 작성한 "초대장" 문서에 "주소록" 명단을 이용하여 메일 머지 만들기(화면)를 해보세요.

초대장

유재식 님 귀하

항상 저희 렉스미디어를 성원하여 주시고 사랑하여 주심에 깊은 감사를 드립니다. 급변하는 기업 환경에 대비하여 보다 향상된 서비스를 제공하기 위해 이번에 본사를 신축 이전하게 되어 인사드립니다. 바쁘시더라도 참석하시어 자리를 빛내주시면 감사하겠습니다.

일 시 : 2014년 4월 21일 12시 협력업체
장 소 : 서울 영등포 렉스미디어 신축 본사
전 화 : 02-123-3456

렉스미디어 출판사

찾아보기로 정리하세요!